T&P BOOKS

I0168693

BIRMANISCH

WORTSCHATZ

FÜR DAS SELBSTSTUDIUM

DEUTSCH
BIRMANISCH

Die nützlichsten Wörter
Zur Erweiterung Ihres Wortschatzes und
Verbesserung der Sprachfertigkeit

9000 Wörter

Wortschatz Deutsch-Birmanisch für das Selbststudium - 9000 Wörter

Von Andrey Taranov

T&P Books Vokabelbücher sind dafür vorgesehen, beim Lernen einer Fremdsprache zu helfen, Wörter zu memorieren und zu wiederholen. Das Wörterbuch ist nach Themen aufgeteilt und deckt alle wichtigen Bereiche des täglichen Lebens, Berufs, Wissenschaft, Kultur etc. ab.

Durch das Benutzen der themenbezogenen T&P Books ergeben sich folgende Vorteile für den Lernprozess:

- Sachgemäß geordnete Informationen bestimmen den späteren Erfolg auf den darauffolgenden Stufen der Memorisierung
- Die Verfügbarkeit von Wörtern, die sich aus der gleichen Wurzel ableiten lassen, erlaubt die Memorisierung von Worteinheiten (mehr als bei einzeln stehenden Wörtern)
- Kleine Worteinheiten unterstützen den Aufbauprozess von assoziativen Verbindungen für die Festigung des Wortschatzes
- Die Kenntnis der Sprache kann aufgrund der Anzahl der gelernten Wörter eingeschätzt werden

Copyright © 2019 T&P Books Publishing

Alle Rechte vorbehalten. Auszüge dieses Buches dürfen nicht ohne schriftliche Erlaubnis des Herausgebers abgedruckt oder mit anderen elektronischen oder mechanischen Mitteln, einschließlich Photokopierung, Aufzeichnung oder durch Informationsspeicherung- und Rückgewinnungssysteme, oder in irgendeiner anderen Form verwendet werden.

T&P Books Publishing
www.tpbooks.com

ISBN: 978-1-83955-057-7

Dieses Buch ist auch im E-Book Format erhältlich.
Besuchen Sie uns auch auf www.tpbooks.com oder auf einer der bedeutenden Buchhandlungen online.

WORTSCHATZ DEUTSCH-BIRMANISCH
für das Selbststudium

Die Vokabelbücher von T&P Books sind dafür vorgesehen, Ihnen beim Lernen einer Fremdsprache zu helfen, Wörter zu memorieren und zu wiederholen. Der Wortschatz enthält über 9000 häufig gebrauchte, thematisch geordnete Wörter.

- Der Wortschatz enthält die am häufigsten benutzten Wörter
- Eignet sich als Ergänzung zu jedem Sprachkurs
- Erfüllt die Bedürfnisse von Anfängern und fortgeschrittenen Lernenden von Fremdsprachen
- Praktisch für den täglichen Gebrauch, zur Wiederholung und um sich selbst zu testen
- Ermöglicht es, Ihren Wortschatz einzuschätzen

Besondere Merkmale des Wortschatzes:

- Wörter sind entsprechend ihrer Bedeutung und nicht alphabetisch organisiert
- Wörter werden in drei Spalten präsentiert, um das Wiederholen und den Selbstüberprüfungsprozess zu erleichtern
- Wortgruppen werden in kleinere Einheiten aufgespalten, um den Lernprozess zu fördern
- Der Wortschatz bietet eine praktische und einfache Lautschrift jedes Wortes der Fremdsprache

Der Wortschatz hat 256 Themen, einschließlich:

Grundbegriffe, Zahlen, Farben, Monate, Jahreszeiten, Maßeinheiten, Kleidung und Accessoires, Essen und Ernährung, Restaurant, Familienangehörige, Verwandte, Charaktereigenschaften, Empfindungen, Gefühle, Krankheiten, Großstadt, Kleinstadt, Sehenswürdigkeiten, Einkaufen, Geld, Haus, Zuhause, Büro, Import & Export, Marketing, Arbeitssuche, Sport, Ausbildung, Computer, Internet, Werkzeug, Natur, Länder, Nationalitäten und vieles mehr...

INHALT

LEITFADEN FÜR DIE AUSSPRACHE

Anmerkungen

MLC Transcription System (MLCTS) wird in diesem Buch als Transkription verwendet.
Eine Beschreibung dieses Systems finden Sie hier:
https://en.wiktionary.org/wiki/Wiktionary:Burmese_transliteration
https://en.wikipedia.org/wiki/MLC_Transcription_System

ABKÜRZUNGEN
die im Vokabular verwendet werden

Deutsch. Abkürzungen

Adj	-	Adjektiv
Adv	-	Adverb
Amtsspr.	-	Amtssprache
f	-	Femininum
f, n	-	Femininum, Neutrum
Fem.	-	Femininum
m	-	Maskulinum
m, f	-	Maskulinum, Femininum
m, n	-	Maskulinum, Neutrum
Mask.	-	Maskulinum
n	-	Neutrum
pl	-	Plural
Sg.	-	Singular
ugs.	-	umgangssprachlich
unzähl.	-	unzählbar
usw.	-	und so weiter
v mod	-	Modalverb
vi	-	intransitives Verb
vi, vt	-	intransitives, transitives Verb
vt	-	transitives Verb
zähl.	-	zählbar
z.B.	-	zum Beispiel

GRUNDBEGRIFFE

Grundbegriffe. Teil 1

1. Pronomen

ich	ကျွန်ုပ်	kjunou'
du	သင်	thin
er	သူ	thu
sie	သူမ	thu ma.
es	၎င်း	jin:
wir	ကျွန်ုပ်တို့	kjunou' tou.
wir (Mask.)	ကျွန်တော်တို့	kjun do. dou.
wir (Fem.)	ကျွန်မတို့	kjun ma. tou.
ihr	သင်တို့	thin dou.
Sie (Sg.)	သင်	thin
Sie (pl)	သင်တို့	thin dou.
sie (Mask.)	သူတို့	thu dou.
sie (Fem.)	သူမတို့	thu ma. dou.

2. Grüße. Begrüßungen. Verabschiedungen

Hallo! (ugs.)	မင်္ဂလာပါ	min ga. la ba
Hallo! (Amtsspr.)	မင်္ဂလာပါ	min ga. la ba
Guten Morgen!	မင်္ဂလာနံနက်ခင်းပါ	min ga, la nan ne' gin: ba
Guten Tag!	မင်္ဂလာနေ့လယ်ခင်းပါ	min ga. la nei. le gin: ba
Guten Abend!	မင်္ဂလာညနေခင်းပါ	min ga. la nja nei gin: ba
grüßen (vi, vt)	နှုတ်ဆက်သည်	hnou' hsei' te
Hallo! (ugs.)	ဟိုင်း	hain:
Gruß (m)	ဟလို	ha. lou
begrüßen (vt)	နှုတ်ဆက်သည်	hnou' hsei' te
Wie geht's?	နေကောင်းလား	nei gaun: la:
Wie geht es Ihnen?	နေကောင်းပါသလား	nei gaun: ba dha la:
Wie geht's dir?	အဆင်ပြေလား	ahsin bjei la:
Was gibt es Neues?	ဘာထူးသေးလဲ	ba du: dei: le:
Auf Wiedersehen!	နောက်မှတွေ့ကြမယ်	nau' hma. dwei. gja. me
Auf Wiedersehen!	ဝတ်ဘိုင်	gu' bain
Wiedersehen! Tschüs!	တာတာ	ta. da
Bis bald!	မကြာခင်ပြန်ဆုံကြမယ်	ma gja. gin bjan zoun gja. me
Lebe wohl!	နှုတ်ဆက်ပါတယ်	hnou' hsei' pa de
Leben Sie wohl!	နှုတ်ဆက်ပါတယ်	hnou' hsei' pa de
sich verabschieden	နှုတ်ဆက်သည်	hnou' hsei' te

Tschüs!	တာ့တာ	ta. da
Danke!	ကျေးဇူးတင်ပါတယ်	kjei: zu: din ba de
Dankeschön!	ကျေးဇူးအများကြီးတင်ပါတယ်	kjei: zu: amja: kji: din ba de
Bitte (Antwort)	ရပါတယ်	ja. ba de
Keine Ursache.	ကိစ္စမရှိပါဘူး	kei. sa ma. shi. ba bu:
Nichts zu danken.	ရပါတယ်	ja. ba de
Entschuldigen Sie!	ကျေးဇူးပြုပါ၊ခွင့်ပြုပါ	kjei: zu: pju. ba/ khwin bju ba
Entschuldige!	ဆောရီးနော်	hso: ji: no:
Entschuldigung!	တောင်းပန်ပါတယ်	thaun: ban ba de
entschuldigen (vt)	ခွင့်လွှတ်သည်	khwin. hlu' te
sich entschuldigen	တောင်းပန်သည်	thaun: ban de
Verzeihung!	တောင်းပန်ပါတယ်	thaun: ban ba de
Es tut mir leid!	ခွင့်လွှတ်ပါ	khwin. hlu' pa
verzeihen (vt)	ခွင့်လွှတ်သည်	khwin. hlu' te
Das macht nichts!	ကိစ္စမရှိပါဘူး	kei. sa ma. shi. ba bu:
bitte (Die Rechnung, ~!)	ကျေးဇူးပြု၍	kjei: zu: pju. i.
Nicht vergessen!	မမေ့ပါနဲ့	ma. mei. ba ne.
Natürlich!	ရတာပေါ့	ja. da bo.
Natürlich nicht!	မဟုတ်တာသေချာတယ်	ma hou' ta dhei gja de
Gut! Okay!	သဘောတူတယ်	dhabo: tu de
Es ist genug!	တော်ပြီ	to bji

3. Jemanden ansprechen

Entschuldigen Sie!	ခွင့်ပြုပါ	khwin. bju. ba
Herr	ဦး	u:
Frau	ဒေါ်	do
Frau (Fräulein)	မိန်းကလေး	mein: ga. lei:
Junger Mann	လူငယ်	lu nge
Junge	ကောင်ကလေး	keaagkle:
Mädchen	ကောင်မလေး	kaun ma. lei:

4. Grundzahlen. Teil 1

null	သုည	thoun nja.
eins	တစ်	ti'
zwei	နှစ်	hni'
drei	သုံး	thoun:
vier	လေး	lei:
fünf	ငါး	nga:
sechs	ခြောက်	chau'
sieben	ခုနှစ်	khun hni'
acht	ရှစ်	shi'
neun	ကိုး	kou:
zehn	တစ်ဆယ်	ti' hse
elf	တစ်ဆယ့်တစ်	ti' hse. ti'
zwölf	တစ်ဆယ့်နှစ်	ti' hse. hni'

| dreizehn | တစ်ဆယ့်သုံး | ti' hse. thoun: |
| vierzehn | တစ်ဆယ့်လေး | ti' hse. lei: |

fünfzehn	တစ်ဆယ့်ငါး	ti' hse. nga:
sechzehn	တစ်ဆယ့်ခြောက်	ti' hse. khau'
siebzehn	တစ်ဆယ့်ခုနစ်	ti' hse. khu ni'
achtzehn	တစ်ဆယ့်ရှစ်	ti' hse. shi'
neunzehn	တစ်ဆယ့်ကိုး	ti' hse. gou:

zwanzig	နှစ်ဆယ်	hni' hse
einundzwanzig	နှစ်ဆယ့်တစ်	hni' hse. ti'
zweiundzwanzig	နှစ်ဆယ့်နှစ်	hni' hse. hni'
dreiundzwanzig	နှစ်ဆယ့်သုံး	hni' hse. thuan:

dreißig	သုံးဆယ်	thoun: ze
einunddreißig	သုံးဆယ့်တစ်	thoun: ze. di'
zweiunddreißig	သုံးဆယ့်နှစ်	thoun: ze. hni'
dreiunddreißig	သုံးဆယ့်သုံး	thoun: ze. dhoun:

vierzig	လေးဆယ်	lei: hse
einundvierzig	လေးဆယ့်တစ်	lei: hse. ti'
zweiundvierzig	လေးဆယ့်နှစ်	lei: hse. hni'
dreiundvierzig	လေးဆယ့်သုံး	lei: hse. thaun:

fünfzig	ငါးဆယ်	nga: ze
einundfünfzig	ငါးဆယ့်တစ်	nga: ze di'
zweiundfünfzig	ငါးဆယ့်နှစ်	nga: ze hni'
dreiundfünfzig	ငါးဆယ့်သုံး	nga: ze dhoun:

sechzig	ခြောက်ဆယ်	chau' hse
einundsechzig	ခြောက်ဆယ့်တစ်	chau' hse. di'
zweiundsechzig	ခြောက်ဆယ့်နှစ်	chau' hse. hni'
dreiundsechzig	ခြောက်ဆယ့်သုံး	chau' hse. dhoun:

siebzig	ခုနစ်ဆယ်	khun hni' hse.
einundsiebzig	ခုနစ်ဆယ့်တစ်	qunxcy•tx
zweiundsiebzig	ခုနစ်ဆယ့်နှစ်	khun hni' hse. hni
dreiundsiebzig	ခုနစ်ဆယ့်သုံး	khu. ni' hse. dhoun:

achtzig	ရှစ်ဆယ်	shi' hse
einundachtzig	ရှစ်ဆယ့်တစ်	shi' hse. ti'
zweiundachtzig	ရှစ်ဆယ့်နှစ်	shi' hse. hni'
dreiundachtzig	ရှစ်ဆယ့်သုံး	shi' hse. dhun:

neunzig	ကိုးဆယ်	kou: hse
einundneunzig	ကိုးဆယ့်တစ်	kou: hse. ti'
zweiundneunzig	ကိုးဆယ့်နှစ်	kou: hse. hni'
dreiundneunzig	ကိုးဆယ့်သုံး	kou: hse. dhaun:

5. Grundzahlen. Teil 2

einhundert	တစ်ရာ	ti' ja
zweihundert	နှစ်ရာ	hni' ja
dreihundert	သုံးရာ	thoun: ja

| vierhundert | ‌လေးရာ | lei: ja |
| fünfhundert | ငါးရာ | nga: ja |

sechshundert	ခြောက်ရာ	chau' ja
siebenhundert	ခုနစ်ရာ	khun hni' ja
achthundert	ရှစ်ရာ	shi' ja
neunhundert	ကိုးရာ	kou: ja

eintausend	တစ်ထောင်	ti' htaun
zweitausend	နှစ်ထောင်	hni' taun
dreitausend	သုံးထောင်	thoun: daun
zehntausend	တစ်သောင်း	ti' thaun:
hunderttausend	တစ်သိန်း	ti' thein:
Million (f)	တစ်သန်း	ti' than:
Milliarde (f)	ဘီလီယံ	bi li jan

6. Ordnungszahlen

der erste	ပထမ	pahtama.
der zweite	ဒုတိယ	du. di. ja.
der dritte	တတိယ	tati, ja,
der vierte	စတုတ္ထ	zadou' hta.
der fünfte	ပဥ္စမ	pjin sama.

der sechste	ဆဋ္ဌမ	hsa. htama.
der siebte	သတ္တမ	tha' tama.
der achte	အဋ္ဌမ	a' htama.
der neunte	နဝမ	na. wa. ma.
der zehnte	ဒသမ	da dha ma

7. Zahlen. Brüche

Bruch (m)	အပိုင်းကိန်း	apain: gein:
Hälfte (f)	နှစ်ပိုင်းတစ်ပိုင်း	hni' bain: di' bain:
Drittel (n)	သုံးပိုင်းတစ်ပိုင်း	thoun: bain: di' bain:
Viertel (n)	လေးပိုင်းတစ်ပိုင်း	lei: bain: ti' pain:

Achtel (m, n)	ရှစ်ပိုင်းတစ်ပိုင်း	shi' bain: di' bain:
Zehntel (n)	ဆယ်ပိုင်းတစ်ပိုင်း	hse bain: da' bain:
zwei Drittel	သုံးပိုင်းနှစ်ပိုင်း	thoun: bain: hni' bain:
drei Viertel	လေးပိုင်းသုံးပိုင်း	lei: bain: dhoun: bain:

8. Zahlen. Grundrechenarten

Subtraktion (f)	နုတ်ခြင်း	nou' khjin:
subtrahieren (vt)	နုတ်သည်	nou' te
Division (f)	စားခြင်း	sa: gjin:
dividieren (vt)	စားသည်	sa: de
Addition (f)	ပေါင်းခြင်း	paun: gjin:
addieren (vt)	ပေါင်းသည်	paun: de

hinzufügen (vt)	ထပ်ပေါင်းသည်	hta' paun: de
Multiplikation (f)	မြှောက်ခြင်း	hmjau' chin:
multiplizieren (vt)	မြှောက်သည်	hmjau' de

9. Zahlen. Verschiedenes

Ziffer (f)	ကိန်းဂဏန်း	kein: ga nan:
Zahl (f)	ကိန်း	kein:
Zahlwort (n)	ဂဏန်းအက္ခရာ	ganan: e' kha ja
Minus (n)	အနုတ်	ahnou'
Plus (n)	အပေါင်း	apaun:
Formel (f)	ပုံသေနည်း	poun dhei ne:

Berechnung (f)	တွက်ချက်ခြင်း	twe' che' chin:
zählen (vt)	ရေတွက်သည်	jei dwe' te
berechnen (vt)	ရေတွက်သည်	jei dwe' te
vergleichen (vt)	နှိုင်းယှဉ်သည်	hnain: shin de

Wie viel, -e?	ဘယ်လောက်လဲ	be lau' le:
Summe (f)	ပေါင်းလဒ်	paun: la'
Ergebnis (n)	ရလဒ်	jala'
Rest (m)	အကြွင်း	akjwin:

einige (~ Tage)	အချို့	achou.
wenig (Adv)	အနည်းငယ်	ane: nge
einige, ein paar	အနည်းငယ်	ane: nge
wenig (es kostet ~)	အနည်းငယ်	ane: nge
Übrige (n)	ကျန်သော	kjan de.
anderthalb	တစ်ခုခွဲ	ti' khu. khwe:
Dutzend (n)	ဒါဇင်	da zin

entzwei (Adv)	တစ်ဝက်စီ	ti' we' si
zu gleichen Teilen	ညီတူညီမျ	nji du nji hmja.
Hälfte (f)	တစ်ဝက်	ti' we'
Mal (n)	ကြိမ်	kjein

10. Die wichtigsten Verben. Teil 1

abbiegen (nach links ~)	ကွေ့သည်	kwei. de
abschicken (vt)	ပို့သည်	pou. de
ändern (vt)	ပြောင်းလဲသည်	pjaun: le: de
andeuten (vt)	အရိပ်အမြွက်ပေးသည်	aji' ajmwe' pei: de
Angst haben	ကြောက်သည်	kjau' te

ankommen (vi)	ရောက်သည်	jau' te
antworten (vi)	ဖြေသည်	hpjei de
arbeiten (vi)	အလုပ်လုပ်သည်	alou' lou' te
auf ... zählen	အားကိုးသည်	a: kou: de
aufbewahren (vt)	ထိန်းထားသည်	htein: da: de

aufschreiben (vt)	ရေးထားသည်	jei: da: de
ausgehen (vi)	ထွက်သည်	htwe' te

17

aussprechen (vt)	အသံထွက်သည်	athan dwe' te
bedauern (vt)	နောင်တရသည်	naun da. ja. de
bedeuten (vt)	ဆိုလိုသည်	hsou lou de
beenden (vt)	ပြီးသည်	pji: de

befehlen (Milit.)	အမိန့်ပေးသည်	amin. bei: de
befreien (Stadt usw.)	လွတ်မြောက်စေသည်	lu' mjau' sei de
beginnen (vt)	စတင်သည်	sa. tin de
bemerken (vt)	သတိထားမိသည်	dhadi. da: mi. de
beobachten (vt)	စောင့်ကြည့်သည်	saun. gji. de

berühren (vt)	ကိုင်သည်	kain de
besitzen (vt)	ပိုင်ဆိုင်သည်	pain zain de
besprechen (vt)	ဆွေးနွေးသည်	hswe: nwe: de
bestehen auf	တိုက်တွန်းပြောဆိုသည်	tou' tun: bjo: zou de
bestellen (im Restaurant)	မှာသည်	hma de

bestrafen (vt)	အပြစ်ပေးသည်	apja' pei: de
beten (vi)	ရှိခိုးသည်	shi. gou: de
bitten (vt)	တောင်းဆိုသည်	taun: hsou: de
brechen (vt)	ဖျက်ဆီးသည်	hpje' hsi: de
denken (vi, vt)	ထင်သည်	htin de

drohen (vi)	ခြိမ်းခြောက်သည်	chein: gjau' te
Durst haben	ရေဆာသည်	jei za de
einladen (vt)	ဖိတ်သည်	hpi' de
einstellen (vt)	ရပ်သည်	ja' te
einwenden (vt)	ငြင်းသည်	njin: de
empfehlen (vt)	အကြံပြုထောက်ခံသည်	akjan pju htau' khan de

erklären (vt)	ရှင်းပြသည်	shin: bja. de
erlauben (vt)	ခွင့်ပြုသည်	khwin bju. de
ermorden (vt)	သတ်သည်	tha' te
erwähnen (vt)	ဖော်ပြသည်	hpjo bja. de
existieren (vi)	တည်ရှိသည်	ti shi. de

11. Die wichtigsten Verben. Teil 2

fallen (vi)	ကျဆင်းသည်	kja zin: de
fallen lassen	ဖြုတ်ချသည်	hpjou' cha. de
fangen (vt)	ဖမ်းသည်	hpan: de
finden (vt)	ရှာတွေ့သည်	sha dwei. de
fliegen (vi)	ပျံသန်းသည်	pjan dan: de

folgen (Folge mir!)	လိုက်သည်	lai' te
fortsetzen (vt)	ဆက်လုပ်သည်	hse' lou' te
fragen (vt)	မေးသည်	mei: de
frühstücken (vi)	နံနက်စာစားသည်	nan ne' za za: de
geben (vt)	ပေးသည်	pei: de

gefallen (vi)	ကြိုက်သည်	kjai' de
gehen (zu Fuß gehen)	သွားသည်	thwa: de
gehören (vi)	ပိုင်ဆိုင်သည်	pain zain de
graben (vt)	တူးသည်	tu: de

haben (vt)	ရှိသည်	shi. de
helfen (vi)	ကူညီသည်	ku nji de
herabsteigen (vi)	ဆင်းသည်	hsin: de
hereinkommen (vi)	ဝင်သည်	win de

hoffen (vi)	မျှော်လင့်သည်	hmjo. lin. de
hören (vt)	ကြားသည်	ka: de
hungrig sein	ဗိုက်ဆာသည်	bai' hsa de
informieren (vt)	အကြောင်းကြားသည်	akjaun: kja: de
jagen (vi)	အမဲလိုက်သည်	ame: lai' de

kennen (vt)	သိသည်	thi. de
klagen (vi)	တိုင်ကြားသည်	tain bjo: de
können (v mod)	တတ်နိုင်သည်	ta' nain de
kontrollieren (vt)	ထိန်းချုပ်သည်	htein: gjou' te
kosten (vt)	ကုန်ကျသည်	koun kja de

kränken (vt)	စော်ကားသည်	so ga: de
lächeln (vi)	ပြုံးသည်	pjoun: de
lachen (vi)	ရယ်သည်	je de
laufen (vi)	ပြေးသည်	pjei: de
leiten (Betrieb usw.)	ညွှန်ကြားသည်	hnjun gja: de

lernen (vt)	သင်ယူလေ့လာသည်	thin ju lei. la de
lesen (vi, vt)	ဖတ်သည်	hpa' te
lieben (vt)	ချစ်သည်	chi' te
machen (vt)	ပြုလုပ်သည်	pju. lou' te

mieten (Haus usw.)	ငှားသည်	hnga: de
nehmen (vt)	ယူသည်	ju de
noch einmal sagen	ထပ်လဲသည်	hta' lou' te
nötig sein	အလိုရှိသည်	alou' shi. de
öffnen (vt)	ဖွင့်သည်	hpwin. de

12. Die wichtigsten Verben. Teil 3

planen (vt)	စီစဉ်သည်	si zin de
prahlen (vi)	ကြွားသည်	kjwa: de
raten (vt)	အကြံပေးသည်	akjan bei: de
rechnen (vt)	ရေတွက်သည်	jei dwe' te
reservieren (vt)	မှာသည်	hma de

retten (vt)	ကယ်ဆယ်သည်	ke ze de
richtig raten (vt)	မှန်းဆသည်	hman za de
rufen (um Hilfe ~)	ခေါ်သည်	kho de
sagen (vt)	ပြောသည်	pjo: de
schaffen (Etwas Neues zu ~)	ဖန်တီးသည်	hpan di: de

schelten (vt)	ဆူသည်	hsu. de
schießen (vi)	ပစ်သည်	pi' te
schmücken (vt)	အလှဆင်သည်	ahla. zin dhe
schreiben (vi, vt)	ရေးသည်	jei: de
schreien (vi)	အော်သည်	o de
schweigen (vi)	နှုတ်ဆိတ်သည်	hnou' hsei' te

19

schwimmen (vi)	ရေကူးသည်	jei ku: de
schwimmen gehen	ရေကူးသည်	jei ku: de
sehen (vi, vt)	မြင်သည်	mjin de
sein (Lehrer ~)	ဖြစ်သည်	hpji' te
sein (müde ~)	ဖြစ်နေသည်	hpji' nei de
sich beeilen	လောသည်	lo de
sich entschuldigen	တောင်းပန်သည်	thaun: ban de
sich interessieren	စိတ်ဝင်စားသည်	sei' win za: de
sich irren	မှားသည်	hma: de
sich setzen	ထိုင်သည်	htain de
sich weigern	ငြင်းဆန်သည်	njin: zan de
spielen (vi, vt)	ကစားသည်	gaza: de
sprechen (vi)	ပြောသည်	pjo: de
staunen (vi)	အံ့သြသည်	an. o. de
stehlen (vt)	ခိုးသည်	khou: de
stoppen (vt)	ရပ်သည်	ja' te
suchen (vt)	ရှာသည်	sha de

13. Die wichtigsten Verben. Teil 4

täuschen (vt)	လိမ်ပြောသည်	lain bjo: de
teilnehmen (vi)	ပါဝင်သည်	pa win de
übersetzen (Buch usw.)	ဘာသာပြန်သည်	ba dha bjan de
unterschätzen (vt)	လျှော့တွက်သည်	sho. dwe' de
unterschreiben (vt)	လက်မှတ်ထိုးသည်	le' hma' htou: de
vereinigen (vt)	ပေါင်းစည်းသည်	paun: ze: de
vergessen (vt)	မေ့သည်	mei. de
vergleichen (vt)	နှိုင်းယှဉ်သည်	hnain: shin de
verkaufen (vt)	ရောင်းသည်	jaun: de
verlangen (vt)	တိုက်တွန်းသည်	tai' tun: de
versäumen (vt)	ပျက်ကွက်သည်	pje' kwe' te
versprechen (vt)	ကတိပေးသည်	gadi pei: de
verstecken (vt)	ဖုံးကွယ်သည်	hpoun: gwe de
verstehen (vt)	နားလည်သည်	na: le de
versuchen (vt)	စမ်းကြည့်သည်	san: kji. de
verteidigen (vt)	ကာကွယ်သည်	ka gwe de
vertrauen (vi)	ယုံကြည်သည်	joun kji de
verwechseln (vt)	ရောထွေးသည်	jo: dwei: de
verzeihen (vi, vt)	ခွင့်လွှတ်သည်	khwin. hlu' te
verzeihen (vt)	ခွင့်လွှတ်သည်	khwin. hlu' te
voraussehen (vt)	ကြိုမြင်သည်	kjou mjin de
vorschlagen (vt)	အဆိုပြုသည်	ahsou bju. de
vorziehen (vt)	ပိုကြိုက်သည်	pou gjai' te
wählen (vt)	ရွေးသည်	jwei: de
warnen (vt)	သတိပေးသည်	dhadi. pei: de
warten (vi)	စောင့်သည်	saun. de
weinen (vi)	ငိုသည်	ngou de

wissen (vt)	သိသည်	thi. de
Witz machen	စနောက်သည်	sanau' te
wollen (vt)	လိုချင်သည်	lou gjin de
zahlen (vt)	ပေးချေသည်	pei: gjei de
zeigen (jemandem etwas)	ပြသည်	pja. de

zu Abend essen	ညစာစားသည်	nja. za za: de
zu Mittag essen	နေ့လယ်စာစားသည်	nei. le za za de
zubereiten (vt)	ချက်ပြုတ်သည်	che' pjou' te
zustimmen (vi)	သဘောတူသည်	dhabo: tu de
zweifeln (vi)	သံသယဖြစ်သည်	than thaja. bji' te

14. Farben

Farbe (f)	အရောင်	ajaun
Schattierung (f)	အသွေးအဆင်း	athwei: ahsin:
Farbton (m)	အရောင်အသွေး	ajaun athwei:
Regenbogen (m)	သက်တံ	the' tan

weiß	အဖြူရောင်	ahpju jaun
schwarz	အနက်ရောင်	ane' jaun
grau	မဲရောင်	khe: jaun

grün	အစိမ်းရောင်	asain: jaun
gelb	အဝါရောင်	awa jaun
rot	အနီရောင်	ani jaun

blau	အပြာရောင်	apja jaun
hellblau	အပြာနုရောင်	apja nu. jaun
rosa	ပန်းရောင်	pan: jaun
orange	လိမ္မော်ရောင်	limmo jaun
violett	ခရမ်းရောင်	khajan: jaun
braun	အညိုရောင်	anjou jaun

golden	ရွှေရောင်	shwei jaun
silbrig	ငွေရောင်	ngwei jaun

beige	ဝါညိုနုရောင်	wa njou nu. jaun
cremefarben	နို့စိမ်ရောင်	nou. hni' jaun
türkis	စိမ်းပြာရောင်	sein: bja jaun
kirschrot	ချယ်ရီရောင်	che ji jaun

lila	ခရမ်းဖျော့ရောင်	khajan: bjo. jaun
himbeerrot	ကြက်သွေးရောင်	kje' thwei: jaun

hell	အရောင်ဖျော့သော	ajaun bjo. de.
dunkel	အရောင်ရင့်သော	ajaun jin. de.
grell	တောက်ပသော	tau' pa. de.

Farb- (z.B. -stifte)	အရောင်ရှိသော	ajaun shi. de.
Farb- (z.B. -film)	ရောင်စုံ	jau' soun
schwarz-weiß	အဖြူအမည်း	ahpju ame:
einfarbig	တစ်ရောင်တည်းရှိသော	ti' jaun te: shi. de.
bunt	အရောင်စုံသော	ajaun zoun de.

15. Fragen

Wer?	ဘယ်သူလဲ	be dhu le:
Was?	ဘာလဲ	ba le:
Wo?	ဘယ်မှာလဲ	be hma le;
Wohin?	ဘယ်ကိုလဲ	be gou le:
Woher?	ဘယ်ကလဲ	be ga. le:
Wann?	ဘယ်တော့လဲ	be do. le:
Wozu?	ဘာအတွက်လဲ	ba atwe' le:
Warum?	ဘာကြောင့်လဲ	ba gjaun. le:

Wofür?	ဘာအတွက်လဲ	ba atwe' le:
Wie?	ဘယ်လိုလဲ	be lau le:
Welcher?	ဘယ်လိုမျိုးလဲ	be lau mjou: le:

Wem?	ဘယ်သူ့ကိုလဲ	be dhu. gou le:
Über wen?	ဘယ်သူ့အကြောင်းလဲ	be dhu. kjaun: le:
Wovon? (~ sprichst du?)	ဘာအကြောင်းလဲ	ba akjain: le:
Mit wem?	ဘယ်သူ့နဲ့လဲ	be dhu ne. le:

Wie viel? Wie viele?	ဘယ်လောက်လဲ	be lau' le:
Wessen?	ဘယ်သူ့	be dhu.

16. Präpositionen

mit (Frau ~ Katzen)	နဲ့အတူ	ne. atu
ohne (~ Dich)	မပါဘဲ	ma. ba be:
nach (~ London)	သို့	thou.
über (~ Geschäfte sprechen)	အကြောင်း	akjaun:
vor (z.B. ~ acht Uhr)	မတိုင်မီ	ma. dain mi
vor (z.B. ~ dem Haus)	ရှေ့မှာ	shei. hma

unter (~ dem Schirm)	အောက်မှာ	au' hma
über (~ dem Meeresspiegel)	အပေါ်မှာ	apo hma
auf (~ dem Tisch)	အပေါ်	apo
aus (z.B. ~ München)	မှ	hma.
aus (z.B. ~ Porzellan)	ဖြင့်	hpjin.

in (~ zwei Tagen)	နောက်	nau'
über (~ zaun)	ဖြတ်လျက်	hpja' lje'

17. Funktionswörter. Adverbien. Teil 1

Wo?	ဘယ်မှာလဲ	be hma le:
hier	ဒီမှာ	di hma
dort	ဟိုမှာ	hou hma.

irgendwo	တစ်နေရာရာမှာ	ti' nei ja ja hma
nirgends	ဘယ်မှာမှ	be hma hma.
an (bei)	နားမှာ	na: hma
am Fenster	ပြုတင်းပေါက်နားမှာ	badin: pau' hna: hma

Wohin?	ဘယ်ကိုလဲ	be gou le:
hierher	ဒီဘက်ကို	di be' kou
dahin	ဟိုဘက်ကို	hou be' kou
von hier	ဒီဘက်မှ	di be' hma
von da	ဟိုဘက်မှ	hou be' hma.

| nah (Adv) | နီးသည် | ni: de |
| weit, fern (Adv) | အဝေးမှာ | awei: hma |

in der Nähe von …	နားမှာ	na: hma
in der Nähe	ဘေးမှာ	bei: hma
unweit (~ unseres Hotels)	မနီးမဝေး	ma. ni ma. wei:

link (Adj)	ဘယ်	be
links (Adv)	ဘယ်ဘက်မှာ	be be' hma
nach links	ဘယ်ဘက်	be be'

recht (Adj)	ညာဘက်	nja be'
rechts (Adv)	ညာဘက်မှာ	nja be' hma
nach rechts	ညာဘက်	nja be'

vorne (Adv)	ရှေ့မှာ	shei. hma
Vorder-	ရှေ့	shei.
vorwärts	ရှေ့	shei.

hinten (Adv)	နောက်မှာ	nau' hma
von hinten	နောက်က	nau' ka.
rückwärts (Adv)	နောက်	nau'

| Mitte (f) | အလယ် | ale |
| in der Mitte | အလယ်မှာ | ale hma |

seitlich (Adv)	ဘေးမှာ	bei: hma
überall (Adv)	နေရာတိုင်းမှာ	nei ja dain: hma
ringsherum (Adv)	ပတ်လည်မှာ	pa' le hma

von innen (Adv)	အထဲမှ	a hte: hma.
irgendwohin (Adv)	တစ်နေရာရာကို	ti' nei ja ja gou
geradeaus (Adv)	တိုက်ရိုက်	tai' jai'
zurück (Adv)	အပြန်	apjan

| irgendwoher (Adv) | တစ်နေရာရာမှ | ti' nei ja ja hma. |
| von irgendwo (Adv) | တစ်နေရာရာမှ | ti' nei ja ja hma. |

erstens	ပထမအနေဖြင့်	pahtama. anei gjin.
zweitens	ဒုတိယအနေဖြင့်	du. di. ja. anei bjin.
drittens	တတိယအနေဖြင့်	tati. ja. anei bjin.

plötzlich (Adv)	မတော်တဆ	ma. do da. za.
zuerst (Adv)	အစမှာ	asa. hma
zum ersten Mal	ပထမဆုံး	pahtama. zoun:
lange vor…	မတိုင်ခင် အတော်လေး အလိုက	ma. dain gin ato lei: alou ga.
von Anfang an	အသစ်တဖန်	athi' da. ban
für immer	အမြဲတမ်း	amje: dan:
nie (immer)	ဘယ်တော့မှ	be do hma.
wieder (Adv)	တဖန်	tahpan

jetzt (Adv)	အခုတော့	akhu dau.
oft (Adv)	ခဏခဏ	khana. khana.
damals (Adv)	ထိုသို့ဖြစ်လျှင်	htou dhou. bji' shin
dringend (Adv)	အမြန်	aman
gewöhnlich (Adv)	ပုံမှန်	poun hman
übrigens, …	စကားမစပ်	zaga: ma. za'
möglicherweise (Adv)	ဖြင်နိုင်သည်	hpjin nain de
wahrscheinlich (Adv)	ဖြစ်နိုင်သည်	hpji' nein de
vielleicht (Adv)	ဖြစ်နိုင်သည်	hpji' nein de
außerdem …	ဒါ့အပြင်	da. apjin
deshalb …	ဒါကြောင့်	da gjaun.
trotz …	သော်လည်း	tho lei:
dank …	ကြောင့်	kjaun.
was (~ ist denn?)	ဘာ	ba
das (~ ist alles)	ဟု	hu
etwas	တစ်ခုခု	ti' khu. gu.
irgendwas	တစ်ခုခု	ti' khu. gu.
nichts	ဘာမှ	ba hma.
wer (~ ist ~?)	ဘယ်သူ	be dhu.
jemand	တစ်ယောက်ယောက်	ti' jau' jau'
irgendwer	တစ်ယောက်ယောက်	ti' jau' jau'
niemand	ဘယ်သူမှ	be dhu hma.
nirgends	ဘယ်ကိုမှ	be gou hma.
niemandes (~ Eigentum)	ဘယ်သူမှမပိုင်သော	be dhu hma ma. bain de.
jemandes	တစ်ယောက်ယောက်ရဲ့	ti' jau' jau' je.
so (derart)	ဒီလို	di lou
auch	ထို့ပြင်လည်း	htou. bjin le:
ebenfalls	လည်းဘဲ	le: be:

18. Funktionswörter. Adverbien. Teil 2

Warum?	ဘာကြောင့်လဲ	ba gjaun. le:
aus irgendeinem Grund	တစ်ခုခုကြောင့်	ti' khu. gu. gjaun.
weil …	အဘယ်ကြောင့်ဆိုသော်	abe gjo:n. zou dho
zu irgendeinem Zweck	တစ်ခုခုအတွက်	ti' khu. gu. atwe'
und	နှင့်	hnin.
oder	သို့မဟုတ်	thou. ma. hou'
aber	ဒါပေမဲ့	da bei me.
für (präp)	အတွက်	atwe'
zu (~ viele)	အလွန်	alun
nur (~ einmal)	သာ	tha
genau (Adv)	အတိအကျ	ati. akja.
etwa	ခန့်	khan.
ungefähr (Adv)	ခန့်မှန်းခြေအားဖြင့်	khan hman: gjei a: bjin.
ungefähr (Adj)	ခန့်မှန်းခြေဖြစ်သော	khan hman: gjei bji' te.
fast	နီးပါး	ni: ba:

Übrige (n)	ကျန်သော	kjan de.
der andere	တခြားသော	tacha: de.
andere	အခြားသော	apja: de.
jeder (~ Mann)	တိုင်း	tain:
beliebig (Adj)	မဆို	ma. zou
viel (zähl.)	အမြောက်အများ	amjau' amja:
viel (unzähl.)	အများကြီး	amja: gji:
viele Menschen	များစွာသော	mja: zwa de.
alle (wir ~)	အားလုံး	a: loun:

im Austausch gegen ...	အစား	asa:
dafür (Adv)	အစား	asa:
mit der Hand (Hand-)	လက်ဖြင့်	le' hpjin.
schwerlich (Adv)	ဖြစ်နိုင်ခြေ နည်းသည်	hpji' nain gjei ni: de

wahrscheinlich (Adv)	ဖြစ်နိုင်သည်	hpji' nein de
absichtlich (Adv)	တမင်	tamin
zufällig (Adv)	အမှတ်တမဲ့	ahma' ta. me.

sehr (Adv)	သိပ်	thei'
zum Beispiel	ဥပမာအားဖြင့်	upama a: bjin.
zwischen	ကြား	kja:
unter (Wir sind ~ Mördern)	ကြားထဲတွင်	ka: de: dwin:
so viele (~ Ideen)	ဒီလောက်	di lau'
besonders (Adv)	အထူးသဖြင့်	a htu: dha. hjin.

25

Grundbegriffe. Teil 2

19. Gegenteile

reich (Adj)	ချမ်းသာသော	chan: dha de.
arm (Adj)	ဆင်းရဲသော	hsin: je: de.
krank (Adj)	နေမကောင်းသော	nei ma. kaun: de.
gesund (Adj)	ကျန်းမာသော	kjan: ma de.
groß (Adj)	ကြီးသော	kji: de.
klein (Adj)	သေးသော	thei: de.
schnell (Adv)	မြန်မြန်	mjan mjan
langsam (Adv)	ဖြည်းဖြည်း	hpjei: bjei:
schnell (Adj)	မြန်သော	mjan de.
langsam (Adj)	ဖြည်းသော	hpjei: de.
froh (Adj)	ပျော်ရွှင်သော	pjo shwin de.
traurig (Adj)	ဝမ်းနည်းသော	wan: ne: de.
zusammen	အတူတကွ	atu da. kwa.
getrennt (Adv)	သီးခြားစီ	thi: gjin: zi
laut (~ lesen)	ကျယ်လောင်စွာ	kje laun zwa
still (~ lesen)	တိတ်ဆိတ်စွာ	tei' hsei' swa
hoch (Adj)	မြင့်သော	mjin. de.
niedrig (Adj)	ပုသော	pu dho:
tief (Adj)	နက်သော	ne' te.
flach (Adj)	တိမ်သော	tein de
ja	ဟုတ်တယ်	hou' te
nein	မဟုတ်ဘူး	ma hou' bu:
fern (Adj)	ဝေးသော	wei: de.
nah (Adj)	နီးသော	ni: de.
weit (Adv)	အဝေးမှာ	awei: hma
nebenan (Adv)	အနီးမှာ	ani: hma
lang (Adj)	ရှည်သော	shei lja: zu: sha. zwa ode
kurz (Adj)	တိုသော	tou de.
gut (gütig)	သဘောကောင်းသော	thabo: kaun: de.
böse (der ~ Geist)	ယုတ်မာသော	jou' ma de.

| verheiratet (Ehemann) | မိန်းမရှိသော | mein: ma. shi. de. |
| ledig (Adj) | တစ်ဦးတည်းဖြစ်သော | ti' u: te: hpi' te. |

| verbieten (vt) | တားမြစ်သည် | ta: mji' te |
| erlauben (vt) | ခွင့်ပြုသည် | khwin bju. de |

| Ende (n) | အဆုံး | ahsoun: |
| Anfang (m) | အစ | asa. |

| link (Adj) | ဘယ် | be |
| recht (Adj) | ညာဘက် | nja be' |

| der erste | ပထမ | pahtama. |
| der letzte | နောက်ဆုံးဖြစ်သော | nau' hsoun: bji' te. |

| Verbrechen (n) | ရာဇဝတ်မှု | raza. wu' hma. |
| Bestrafung (f) | အပြစ်ပေးခြင်း | apja' pei: gjin: |

| befehlen (vt) | အမိန့်ချသည် | amin. gja. de |
| gehorchen (vi) | နာခံသည် | na gan de |

| gerade (Adj) | ဖြောင့်တန်းသော | hpjaun. dan: de. |
| krumm (Adj) | ကောက်ကွေ့သော | kau' kwe. de. |

| Paradies (n) | ကောင်းကင်ဘုံ | kaun: gin boun |
| Hölle (f) | ငရဲ | nga. je: |

| geboren sein | မွေးဖွားသည် | mwei: bwa: de |
| sterben (vi) | ကွယ်လွန်သည် | kwe lun de |

| stark (Adj) | သန်မာသော | than ma de. |
| schwach (Adj) | အားပျော့သော | a: bjo. de. |

| alt | အိုမင်းသော | ou min de. |
| jung (Adj) | ငယ်ရွယ်သော | ngwe jwe de. |

| alt (Adj) | အိုဟောင်းသော | ou haun: de. |
| neu (Adj) | သစ်သော | thi' te. |

| hart (Adj) | မာသော | ma de. |
| weich (Adj) | နူးညံ့သော | nu: njan. de. |

| warm (Adj) | နွေးသော | nwei: de. |
| kalt (Adj) | အေးသော | ei: de. |

| dick (Adj) | ဝသော | wa. de. |
| mager (Adj) | ပိန်သော | pein de. |

| eng (Adj) | ကျဉ်းသော | kjin de. |
| breit (Adj) | ကျယ်သော | kje de. |

| gut (Adj) | ကောင်းသော | kaun: de. |
| schlecht (Adj) | ဆိုးသော | hsou: de. |

| tapfer (Adj) | ရဲရင့်သော | je: jin. de. |
| feige (Adj) | ကြောက်တတ်သော | kjau' ta' te. |

20. Wochentage

Montag (m)	တနင်္လာ	tanin: la
Dienstag (m)	အင်္ဂါ	in ga
Mittwoch (m)	ဗုဒ္ဓဟူး	bou' da, hu:
Donnerstag (m)	ကြာသပတေး	kja dha ba. dei:
Freitag (m)	သောကြာ	thau' kja
Samstag (m)	စနေ	sanei
Sonntag (m)	တနင်္ဂနွေ	tanin: ganwei

heute	ယနေ့	ja. nei.
morgen	မနက်ဖြန်	mane' bjan
übermorgen	သဘက်ခါ	dhabe' kha
gestern	မနေ့က	ma. nei. ka.
vorgestern	တနေ့က	ta. nei. ga.

Tag (m)	နေ့	nei.
Arbeitstag (m)	ရုံးဖွင့်ရက်	joun: hpwin je'
Feiertag (m)	ပွဲတော်ရက်	pwe: do je'
freier Tag (m)	ရုံးပိတ်ရက်	joun: bei' je'
Wochenende (n)	ရုံးပိတ်ရက်များ	joun: hpwin je' mja:

den ganzen Tag	တနေ့လုံး	ta. nei. loun:
am nächsten Tag	နောက်တနေ့	nau' nei.
zwei Tage vorher	လွန်ခဲ့သော နှစ်ရက်က	lun ge: de. hni' ja' ka.
am Vortag	အကြိုနေ့မှာ	akjou nei. hma
täglich (Adj)	နေ့စဉ်	nei. zin
täglich (Adv)	နေ့တိုင်း	nei dain:

Woche (f)	ရက်သတ္တပတ်	je' tha' daba'
letzte Woche	ပြီးခဲ့တဲ့အပတ်က	pji: ge. de. apa' ka.
nächste Woche	လာမယ့်အပတ်မှာ	la. me. apa' hma
wöchentlich (Adj)	အပတ်စဉ်	apa' sin
wöchentlich (Adv)	အပတ်စဉ်	apa' sin
zweimal pro Woche	တစ်ပတ် နှစ်ကြိမ်	ti' pa' hni' kjein
jeden Dienstag	အင်္ဂါနေ့တိုင်း	in ga nei. dain:

21. Stunden. Tag und Nacht

Morgen (m)	နံနက်ခင်း	nan ne' gin:
morgens	နံနက်ခင်းမှာ	nan ne' gin: hma
Mittag (m)	မွန်းတည့်	mun: de,
nachmittags	နေ့လယ်စာစားချိန်ပြီးနောက်	nei. le za za: gjein bji: nau'

Abend (m)	ညနေခင်း	nja. nei gin:
abends	ညနေခင်းမှာ	nja. nei gin: hma
Nacht (f)	ည	nja
nachts	ညမှာ	nja hma
Mitternacht (f)	သန်းခေါင်ယံ	than: gaun jan

Sekunde (f)	စက္ကန့်	se' kan.
Minute (f)	မိနစ်	mi. ni'
Stunde (f)	နာရီ	na ji

eine halbe Stunde	နာရီဝက်	na ji we'
Viertelstunde (f)	ဆယ့်ငါးမိနစ်	hse. nga: mi. ni'
fünfzehn Minuten	၁၅ မိနစ်	ta' hse. nga: mi ni'
Tag und Nacht	နံ့ဆယ်လေးနာရီ	hni' hse lei: na ji
Sonnenaufgang (m)	နေထွက်ချိန်	nei dwe' gjein
Morgendämmerung (f)	အာရုဏ်ဦး	a joun u:
früher Morgen (m)	နံနက်စောစော	nan ne' so: zo:
Sonnenuntergang (m)	နေဝင်ချိန်	nei win gjein
früh am Morgen	နံနက်အစောပိုင်း	nan ne' aso: bain:
heute Morgen	ယနေ့နံနက်	ja. nei. nan ne'
morgen früh	မနက်ဖြန်နံနက်	mane' bjan nan ne'
heute Mittag	ယနေ့နေ့လယ်	ja. nei. nei. le
nachmittags	နေ့လယ်စာစားချိန်ပြီးနောက်	nei. le za za: gjein bji: nau'
morgen Nachmittag	မနက်ဖြန်မွန်းလွဲပိုင်း	mane' bjan mun: lwe: bain:
heute Abend	ယနေ့ညနေ	ja. nei. nja. nei
morgen Abend	မနက်ဖြန်ညနေ	mane' bjan nja. nei
Punkt drei Uhr	၃ နာရီတွင်	thoun: na ji dwin
gegen vier Uhr	၄ နာရီခန့်တွင်	lei: na ji khan dwin
um zwölf Uhr	၁၂ နာရီအရောက်	hse. hni' na ji ajau'
in zwanzig Minuten	နောက် မိနစ် ၂၀ မှာ	nau' mi. ni' hni' se hma
in einer Stunde	နောက်တစ်နာရီမှာ	nau' ti' na ji hma
rechtzeitig (Adv)	အချိန်ကိုက်	achein kai'
Viertel vor …	မတ်တင်း	ma' tin:
innerhalb einer Stunde	တစ်နာရီအတွင်း	ti' na ji atwin:
alle fünfzehn Minuten	၁၅ မိနစ်တိုင်း	ta' hse. nga: mi ni' htain:
Tag und Nacht	၂၄ နာရီလုံး	hna' hse. lei: na ji

22. Monate. Jahreszeiten

Januar (m)	ဇန်နဝါရီလ	zan na. wa ji la.
Februar (m)	ဖေဖော်ဝါရီလ	hpei bo wa ji la
März (m)	မတ်လ	ma' la.
April (m)	ဧပြီလ	ei bji la.
Mai (m)	မေလ	mei la.
Juni (m)	ဇွန်လ	zun la.
Juli (m)	ဇူလိုင်လ	zu lain la.
August (m)	ဩဂုတ်လ	o: gou' la.
September (m)	စက်တင်ဘာလ	sa' htin ba la.
Oktober (m)	အောက်တိုဘာလ	au' tou ba la
November (m)	နိုဝင်ဘာလ	nou win ba la.
Dezember (m)	ဒီဇင်ဘာလ	di zin ba la.
Frühling (m)	နွေဦးရာသီ	nwei: u: ja dhi
im Frühling	နွေဦးရာသီမှာ	nwei: u: ja dhi hma
Frühlings-	နွေဦးရာသီနှင့်ဆိုင်သော	nwei: u: ja dhi hnin. zain de.
Sommer (m)	နွေရာသီ	nwei: ja dhi

im Sommer	နွေရာသီမှာ	nwei: ja dhi hma
Sommer-	နွေရာသီနှင့်ဆိုင်သော	nwei: ja dhi hnin. zain de.
Herbst (m)	ဆောင်းဦးရာသီ	hsaun: u: ja dhi
im Herbst	ဆောင်းဦးရာသီမှာ	hsaun: u: ja dhi hma
Herbst-	ဆောင်းဦးရာသီနှင့်ဆိုင်သော	hsaun: u: ja dhi hnin. zain de.
Winter (m)	ဆောင်းရာသီ	hsaun: ja dhi
im Winter	ဆောင်းရာသီမှာ	hsaun: ja dhi hma
Winter-	ဆောင်းရာသီနှင့်ဆိုင်သော	hsaun: ja dhi hnin. zain de.
Monat (m)	လ	la.
in diesem Monat	ဒီလ	di la.
nächsten Monat	နောက်လ	nau' la
letzten Monat	ယခင်လ	jakhin la.
vor einem Monat	ပြီးခဲ့တဲ့တစ်လကျော်	pji: ge. de. di' la. gjo
über eine Monat	နောက်တစ်လကျော်	nau' ti' la. gjo
in zwei Monaten	နောက်နှစ်လကျော်	nau' hni' la. gjo
den ganzen Monat	တစ်လလုံး	ti' la. loun:
monatlich (Adj)	လစဉ်	la. zin
monatlich (Adv)	လစဉ်	la. zin
jeden Monat	လတိုင်း	la. dain:
zweimal pro Monat	တစ်လနှစ်ကြိမ်	ti' la. hni' kjein:
Jahr (n)	နှစ်	hni'
dieses Jahr	ဒီနှစ်မှာ	di hna' hma
nächstes Jahr	နောက်နှစ်မှာ	nau' hni' hnma
voriges Jahr	ယခင်နှစ်မှာ	jakhin hni' hma
vor einem Jahr	ပြီးခဲ့တဲ့တစ်နှစ်ကျော်က	pji: ge. de. di' hni' kjo ga.
in einem Jahr	နောက်တစ်နှစ်ကျော်	nau' ti' hni' gjo
in zwei Jahren	နောက်နှစ်နှစ်ကျော်	nau' hni' hni' gjo
das ganze Jahr	တစ်နှစ်လုံး	ti' hni' loun:
jedes Jahr	နှစ်တိုင်း	hni' tain:
jährlich (Adj)	နှစ်စဉ်ဖြစ်သော	hni' san bji' te.
jährlich (Adv)	နှစ်စဉ်	hni' san
viermal pro Jahr	တစ်နှစ်လေးကြိမ်	ti' hni' lei: gjein
Datum (heutige ~)	နေ့စွဲ	nei. zwe:
Datum (Geburts-)	ရက်စွဲ	je' swe:
Kalender (m)	ပြက္ခဒိန်	pje' gadein
ein halbes Jahr	နှစ်ဝက်	hni' we'
Halbjahr (n)	နှစ်ဝက်	hni' we'
Saison (f)	ရာသီ	ja dhi
Jahrhundert (n)	ရာစု	jazu.

23. Zeit. Verschiedenes

Zeit (f)	အရှိန်	achein
Augenblick (m)	အခိုက်အတန့်	akhai' atan.

Moment (m)	ခဏ	khana.
augenblicklich (Adj)	ချက်ချင်း	che' chin:
Zeitspanne (f)	ကာလအပိုင်းအခြား	ka la apain: acha:
Leben (n)	ဘဝ	ba. wa.
Ewigkeit (f)	ထာဝရ	hta wa. ja.
Epoche (f)	ခေတ်	khi'
Ära (f)	ခေတ်	khi'
Zyklus (m)	စက်ဝန်း	se' wun:
Periode (f)	အချိန်ပိုင်း	achein bain:
Frist (äußerste ~)	သက်တမ်း	the' tan
Zukunft (f)	အနာဂတ်	ana ga'
zukünftig (Adj)	အနာဂတ်	ana ga'
nächstes Mal	နောက်တစ်ကြိမ်	nau' ti' kjein
Vergangenheit (f)	အတိတ်	ati'
vorig (Adj)	လွန်ခဲ့သော	lun ge. de.
letztes Mal	ပြီးခဲ့သောတစ်ခေါက်	pji: ge. dho di' gau'
später (Adv)	နောက်မှ	nau' hma.
danach	ပြီးနောက်	pji: nau'
zur Zeit	ယခုအချိန်	jakhu. achein
jetzt	အခု	akhu.
sofort	ချက်ချင်း	che' chin:
bald	မကြာခင်	ma. gja gin
im Voraus	ကြိုတင်	kjou tin
lange her	တော်တော်ကြာကြာက	to do gja gja
vor kurzem	သိပ်မကြာခင်က	thei' ma. gja gjin ga.
Schicksal (n)	ကံတရား	kan daja:
Erinnerungen (pl)	အမှတ်တရ	ahma' ta ra
Archiv (n)	မော်ကွန်း	mo gun:
während ...	အချိန်အတွင်း	achein atwin
lange (Adv)	ကြာကြာ	kja gja
nicht lange (Adv)	ခဏ	khana.
früh (~ am Morgen)	စောစော	so: zo:
spät (Adv)	နောက်ကျမှ	nau' kja. hma.
für immer	အမြဲတမ်း	amje: dan:
beginnen (vt)	စတင်သည်	sa. tin de
verschieben (vt)	ရွှေ့ဆိုင်းသည်	shwei. zain: de
gleichzeitig	တချိန်တည်းမှာ	takhein de: hma
ständig (Adv)	အမြဲတမ်း	amje: dan:
konstant (Adj)	ဆက်တိုက်ဖြစ်သော	hse' dain bja' de.
zeitweilig (Adj)	ယာယီဖြစ်သော	ja ji bji' te.
manchmal	တခါတလေ	takha talei
selten (Adv)	ရှားရှားပါးပါး	sha: sha: ba: ba:
oft	ခဏခဏ	khana. khana.

24. Linien und Formen

Quadrat (n)	စတုရန်း	satu. jan:
quadratisch	စတုရန်းပုံဖြစ်သော	satu. jan: boun bji' te.

Kreis (m)	အ၀ိုင်း	awain:
rund	ဝိုင်းသော	wain: de.
Dreieck (n)	တြိဂံ	tri. gan
dreieckig	တြိဂံပုံဖြစ်သော	tri. gan bou hpi' te

Oval (n)	ဘဲဥပုံ	be: u. boun
oval	ဘဲဥပုံဖြစ်သော	be: u. boun pja' de.
Rechteck (n)	ထောင့်မှန်စတုဂံ	htaun. hman zatu. gan
rechteckig	ထောင့်မှန်ဖြစ်သော	htaun. hman hpji' te.

Pyramide (f)	ပိရမစ်ပုံ	htu. gjwan: boun
Rhombus (m)	ရမ်ဘ	ran bu
Trapez (n)	ထရာပီဇီးယမ်း	htaja bi: zi: jan:
Würfel (m)	ကုဗတုံး	ku ba. toun:
Prisma (n)	ပရစ်ဇမ်	pa. ji' zan

Kreis (m)	အ၀န်း	awun:
Sphäre (f)	ထုလုံး	htu. loun:
Kugel (f)	မို့မောင်လုံးဝန်းသော	mou maun loun: wun: de.
Durchmesser (m)	အချင်း	achin:
Radius (m)	အချင်း၀က်	achin: we'
Umfang (m)	ပတ်လည်အနား	pa' le ana:
Zentrum (n)	ဗဟို	ba hou

waagerecht (Adj)	အလျားလိုက်	alja: lai'
senkrecht (Adj)	ဒေါင်လိုက်	daun lou'
Parallele (f)	အပြိုင်	apjain
parallel (Adj)	အပြိုင်ဖြစ်သော	apjain bja' te.

Linie (f)	မျဉ်း	mjin:
Strich (m)	ချက်	che'
Gerade (f)	မျဉ်းဖြောင့်	mjin: baun.
Kurve (f)	မျဉ်းကွေး	mjin: gwei:
dünn (schmal)	ပါးသော	pa: de.
Kontur (f)	ကွန်တိုမျဉ်း	kun tou mjin:

Schnittpunkt (m)	ဖြတ်မှတ်	hpja' hma'
rechter Winkel (m)	ထောင့်မှန်	htaun. hman
Segment (n)	အ၀ိုင်း	apain:
Sektor (m)	စက်ဝိုင်းစိတ်	se' wain: zei'
Seite (f)	အနား	ana:
Winkel (m)	ထောင့်	htaun.

25. Maßeinheiten

Gewicht (n)	အလေးချိန်	alei: gjein
Länge (f)	အရှည်	ashei
Breite (f)	အကျယ်	akje
Höhe (f)	အမြင့်	amjin.
Tiefe (f)	အနက်	ane'
Volumen (n)	ထုထည်	du. de
Fläche (f)	အကျယ်အ၀န်း	akje awun:
Gramm (n)	ဂရမ်	ga ran
Milligramm (n)	မီလီဂရမ်	mi li ga. jan

Kilo (n)	ကီလိုဂရမ်	ki lou ga jan
Tonne (f)	တန်	tan
Pfund (n)	ပေါင်	paun
Unze (f)	အောင်စ	aun sa.

Meter (m)	မီတာ	mi ta
Millimeter (m)	မီလီမီတာ	mi li mi ta
Zentimeter (m)	စင်တီမီတာ	sin ti mi ta
Kilometer (m)	ကီလိုမီတာ	ki lou mi ta
Meile (f)	မိုင်	main

Zoll (m)	လက်မ	le' ma
Fuß (m)	ပေ	pei
Yard (n)	ကိုက်	kou'

| Quadratmeter (m) | စတုရန်းမီတာ | satu. jan: mi ta |
| Hektar (n) | ဟက်တာ | he' ta |

Liter (m)	လီတာ	li ta
Grad (m)	ဒီဂရီ	di ga ji
Volt (n)	ဗို့	boi.
Ampere (n)	အမ်ပီယာ	an bi ja
Pferdestärke (f)	မြင်းကောင်ရေအား	mjin: gaun jei a:

Anzahl (f)	အရေအတွက်	ajei adwe'
etwas ...	နည်းနည်း	ne: ne:
Hälfte (f)	တစ်ဝက်	ti' we'
Dutzend (n)	ဒါဇင်	da zin
Stück (n)	ခု	khu.

| Größe (f) | အတိုင်းအတာ | atain: ata |
| Maßstab (m) | စကေး | sakei: |

minimal (Adj)	အနည်းဆုံး	ane: zoun
der kleinste	အသေးဆုံး	athei: zoun:
mittler, mittel-	အလယ်အလတ်	ale ala'
maximal (Adj)	အများဆုံး	amja: zoun:
der größte	အကြီးဆုံး	akji: zoun:

26. Behälter

Glas (Einmachglas)	ဖန်ဘူး	hpan bu:
Dose (z.B. Bierdose)	သံဘူး	than bu:
Eimer (m)	ရေပုံး	jei boun:
Fass (n), Tonne (f)	စည်ပိုင်း	si bain:

Waschschüssel (n)	ဇလုံ	za loun
Tank (m)	သံစည်	than zi
Flachmann (m)	အရက်ပုလင်းပြား	aje' pu lin: pja:
Kanister (m)	တာတ်ဆီပုံး	da' hsi boun:
Zisterne (f)	တိုင်ကီ	tain ki

| Kaffeebecher (m) | မတ်ခွက် | ma' khwe' |
| Tasse (f) | ခွက် | khwe' |

Untertasse (f)	အောက်ခံပန်းကန်ပြား	au' khan ban: kan pja:
Wasserglas (n)	ဖန်ခွက်	hpan gwe'
Weinglas (n)	ဝိုင်ခွက်	wain gwe'
Kochtopf (m)	ပေါင်းအိုး	paun: ou:

Flasche (f)	ပုလင်း	palin:
Flaschenhals (m)	ပုလင်းလည်ပင်း	palin: le bin:

Karaffe (f)	ဖန်ရှိုင့်	hpan gjain.
Tonkrug (m)	ကရား	kaja:
Gefäß (n)	အိုးခွက်	ou: khwe'
Tontopf (m)	မြေအိုး	mjei ou:
Vase (f)	ပန်းအိုး	pan: ou:

Flakon (n)	ပုလင်း	palin:
Fläschchen (n)	ပုလင်းကလေး	palin: galei:
Tube (z.B. Zahnpasta)	ဘူး	bu:

Sack (~ Kartoffeln)	ဂုန်အိတ်	goun ni ei'
Tüte (z.B. Plastiktüte)	အိတ်	ei'
Schachtel (z.B. Zigaretten~)	ဘူး	bu:

Karton (z.B. Schuhkarton)	စက္ကူဘူး	se' ku bu:
Kiste (z.B. Bananenkiste)	သေတ္တာ	thi' ta
Korb (m)	တောင်း	taun:

27. Werkstoffe

Stoff (z.B. Baustoffe)	အထည်	a hte
Holz (n)	သစ်သား	thi' tha:
hölzern	သစ်သားနှင့်လုပ်သော	thi' tha: hnin. lou' te.

Glas (n)	ဖန်	hpan
gläsern, Glas-	ဖန်နှင့်လုပ်သော	hpan hnin. lou' te

Stein (m)	ကျောက်	kjau'
steinern	ကျောက်ဖြင့်လုပ်ထားသော	kjau' hpjin. lou' hta: de.

Kunststoff (m)	ပလပ်စတစ်	pa. la' sa. ti'
Kunststoff-	ပလပ်စတစ်နှင့်လုပ်သော	pa. la' sa. ti' hnin. zain de

Gummi (n)	ရော်ဘာ	jo ba
Gummi-	ရော်ဘာနှင့်လုပ်သော	jo ba hnin. lou' te.

Stoff (m)	အထည်	a hte
aus Stoff	အထည်နှင့်လုပ်သော	a hte hnin. lou' te.

Papier (n)	စက္ကူ	se' ku
Papier-	စက္ကူနှင့်လုပ်သော	se' ku hnin. lou' te.

Pappe (f)	စက္ကူထူ	se' ku htu
Pappen-	စက္ကူထူနှင့်လုပ်သော	se' ku htu hnin. lou' te.
Polyäthylen (n)	ပေါလီလီသင်း	po li thin:

Zellophan (n)	မှန်ကြည်စတ္တာ။	hman gji se' ku
Linoleum (n)	ကြမ်းခင်း	kjan: khin:
	ဖိယောင်းပုဆိုး	hpa jaun: pou hsou:
Furnier (n)	အထပ်သား	a hta' tha:

Porzellan (n)	ကြွေ	kjwei
aus Porzellan	ကြွေနှင့်လုပ်သော	kjwei hnin. lou' te
Ton (m)	မြေစေး	mjei zei:
Ton-	မြေထည်	mjei de
Keramik (f)	ကြွေထည်မြေထည်	kjwei de mjei de
keramisch	ကြွေထည်မြေထည်နှင့်လုပ်သော	kjwei de mjei de hnin. lou' te.

28. Metalle

Metall (n)	သတ္တု	tha' tu.
metallisch, Metall-	သတ္တုနှင့်လုပ်သော	tha' tu. hnin. lou' te.
Legierung (f)	သတ္တုစပ်	tha' tu. za'

Gold (n)	ရွှေ	shwei
golden	ရွှေနှင့်လုပ်သော	shwei hnin. lou' te
Silber (n)	ငွေ	ngwei
silbern, Silber-	ငွေနှင့်လုပ်သော	ngwei hnin. lou' de.

Eisen (n)	သံ	than
eisern, Eisen-	သံနှင့်လုပ်သော	than hnin. lou' te.
Stahl (m)	သံမကို	than mani.
stählern	သံမကိုနှင့်လုပ်သော	than mani. hnin. lou' te.
Kupfer (n)	ကြေးနီ	kjei: ni
kupfern, Kupfer-	ကြေးနီနှင့်လုပ်သော	kjei: ni hnin. lou. de.

Aluminium (n)	အလူမီနီယံ	alu mi ni jan
Aluminium-	အလူမီနီယံနှင့်လုပ်သော	alu mi ni jan hnin. lou' te.
Bronze (f)	ကြေးညို	kjei: njou
bronzen	ကြေးညိုနှင့်လုပ်သော	kjei: njou hnin. lou' de.

Messing (n)	ကြေးဝါ	kjei: wa
Nickel (n)	နီကယ်	ni ke
Platin (n)	ရွှေဖြူ	shwei bju
Quecksilber (n)	ပြဒါး	bada:
Zinn (n)	သံဖြူ	than bju
Blei (n)	ခဲ	khe:
Zink (n)	သွပ်	thu'

DER MENSCH

Der Mensch. Körper

29. Menschen. Grundbegriffe

Mensch (m)	လူ	lu
Mann (m)	အမျိုးသား	amjou: dha:
Frau (f)	အမျိုးသမီး	amjou: dhami:
Kind (n)	ကလေး	kalei:
Mädchen (n)	ကောင်မလေး	kaun ma. lei:
Junge (m)	ကောင်လေး	kaun lei:
Teenager (m)	ဆယ်ကျော်သက်	hse gjo dhe'
Greis (m)	လူကြီး	lu gji:
alte Frau (f)	အမျိုးသမီးကြီး	amjou: dhami: gji:

30. Anatomie des Menschen

Organismus (m)	ဇီဝရုပ်	zi wa ju'
Herz (n)	နှလုံး	hnaloun:
Blut (n)	သွေး	thwei:
Arterie (f)	သွေးလွှတ်ကြော	thwei hlwa' kjo:
Vene (f)	သွေးပြန်ကြော	thwei: bjan gjo:
Gehirn (n)	ဦးနှောက်	oun: hnau'
Nerv (m)	အာရုံကြော	a joun gjo:
Nerven (pl)	အာရုံကြောများ	a joun gjo: mja:
Wirbel (m)	ကျောရိုးအဆစ်	kjo: jou: ahsi'
Wirbelsäule (f)	ကျောရိုး	kjo: jou:
Magen (m)	အစာအိမ်	asa: ein
Gedärm (n)	အူ	au
Darm (z.B. Dickdarm)	အူ	au
Leber (f)	အသည်း	athe:
Niere (f)	ကျောက်ကပ်	kjau' ka'
Knochen (m)	အရိုး	ajou:
Skelett (n)	အရိုးစု	ajou: zu
Rippe (f)	နံရိုး	nan jou:
Schädel (m)	ဦးခေါင်းခွံ	u: gaun: gwan
Muskel (m)	ကြွက်သား	kjwe' tha:
Bizeps (m)	လက်ရုံးကြွက်သား	le' jou: gjwe' tha:
Trizeps (m)	လက်မောင်းနောက်သား	le' maun: nau' tha:
Sehne (f)	အရွတ်	ajwa'
Gelenk (n)	အဆစ်	ahsi'

Lungen (pl)	အဆုတ်	ahsou'
Geschlechtsorgane (pl)	အင်္ဂါဇာတ်	in ga za'
Haut (f)	အရေပြား	ajei bja:

31. Kopf

Kopf (m)	ခေါင်း	gaun:
Gesicht (n)	မျက်နှာ	mje' hna
Nase (f)	နှာခေါင်း	hna gaun:
Mund (m)	ပါးစပ်	pa: zi'

Auge (n)	မျက်စိ	mje' si.
Augen (pl)	မျက်စိများ	mje' si. mja:
Pupille (f)	သူငယ်အိမ်	thu nge ein
Augenbraue (f)	မျက်ခုံး	mje' khoun:
Wimper (f)	မျက်တောင်	mje' taun
Augenlid (n)	မျက်ခွံ	mje' khwan

Zunge (f)	လျှာ	sha
Zahn (m)	သွား	thwa:
Lippen (pl)	နှုတ်ခမ်း	hna' khan:
Backenknochen (pl)	ပါးရိုး	pa: jou:
Zahnfleisch (n)	သွားဖုံး	thwahpoun:
Gaumen (m)	အာခေါင်	a gaun

Nasenlöcher (pl)	နှာခေါင်းပေါက်	hna gaun: bau'
Kinn (n)	မေးစေ့	mei: zei.
Kiefer (m)	မေးရိုး	mei: jou:
Wange (f)	ပါး	pa:

Stirn (f)	နဖူး	na. hpu:
Schläfe (f)	နားထင်	na: din
Ohr (n)	နားရွက်	na: jwe'
Nacken (m)	နောက်စေ့	nau' sei.
Hals (m)	လည်ပင်း	le bin:
Kehle (f)	လည်ချောင်း	le gjaun:

Haare (pl)	ဆံပင်	zabin
Frisur (f)	ဆံပင်ပုံစံ	zabin boun zan
Haarschnitt (m)	ဆံပင်ညှပ်သည့်ပုံစံ	zabin hnja' thi. boun zan
Perücke (f)	ဆံပင်တု	zabin du.

Schnurrbart (m)	နှုတ်ခမ်းမွေး	hnou' khan: hmwei:
Bart (m)	မုတ်ဆိတ်မွေး	mou' hsei' hmwei:
haben (einen Bart ~)	အရှည်ထားသည်	ashei hta: de
Zopf (m)	ကျစ်ဆံမြီး	kji' zan mji:
Backenbart (m)	ပါးသိုင်းမွေး	pa: dhain: hmwei:

rothaarig	ဆံပင်အနီရောင်ရှိသော	zabin ani jaun shi. de
grau	အရောင်ဖျော့သော	ajaun bjo. de.
kahl	ထိပ်ပြောင်သော	htei' pjaun de.
Glatze (f)	ဆံပင်ကျွတ်နေသောနေရာ	zabin kju' nei dho nei ja
Pferdeschwanz (m)	မြင်းမြီးပုံစံဆံပင်	mjin: mji: boun zan zan bin
Pony (Ponyfrisur)	ဆံရစ်	hsaji'

32. Menschlicher Körper

Hand (f)	လက်	le'
Arm (m)	လက်မောင်း	le' maun:

Finger (m)	လက်ရောင်း	le' chaun:
Zehe (f)	ခြေရောင်း	chei gjaun:
Daumen (m)	လက်မ	le' ma
kleiner Finger (m)	လက်သန်း	le' than:
Nagel (m)	လက်သည်းခွံ	le' the: dou' tan zin:

Faust (f)	လက်သီး	le' thi:
Handfläche (f)	လက်ဝါး	le' wa:
Handgelenk (n)	လက်ကောက်ဝတ်	le' kau' wa'
Unterarm (m)	လက်ဖျံ	le' hpjan
Ellbogen (m)	တံတောင်ဆစ်	daduan zi'
Schulter (f)	ပခုံး	pakhoun:

Bein (n)	ခြေထောက်	chei htau'
Fuß (m)	ခြေထောက်	chei htau'
Knie (n)	ဒူး	du:
Wade (f)	ခြေသလုံးကြွက်သား	chei dha. loun: gjwe' dha:
Hüfte (f)	တင်ပါး	tin ba:
Ferse (f)	ခြေဖနောင့်	chei ba. naun.

Körper (m)	ခန္ဓာကိုယ်	khan da kou
Bauch (m)	ဗိုက်	bai'
Brust (f)	ရင်ဘတ်	jin ba'
Busen (m)	နို့	nou.
Seite (f), Flanke (f)	နံပါး	nan ba:
Rücken (m)	ကျော	kjo:
Kreuz (n)	ခါးအောက်ပိုင်း	kha: au' pain:
Taille (f)	ခါး	kha:

Nabel (m)	ချက်	che'
Gesäßbacken (pl)	တင်ပါး	tin ba:
Hinterteil (n)	နောက်ပိုင်း	nau' pain:

Leberfleck (m)	မဲ့	hme.
Muttermal (n)	မွေးရာပါအမှတ်	mwei: ja ba ahma'
Tätowierung (f)	တက်တူး	te' tu:
Narbe (f)	အမာရွတ်	ama ju'

Kleidung & Accessoires

33. Oberbekleidung. Mäntel

33. Oberbekleidung. Mäntel

Kleidung (f)	အဝတ်အစား	awu' aza:
Oberkleidung (f)	အပေါ်ဝတ်အကျႝ	apo we' in: gji
Winterkleidung (f)	ဆောင်းတွင်းဝတ်အဝတ်အစား	hsaun: dwin: wu' awu' asa:
Mantel (m)	ကုတ်အကျႝရှည်	kou' akji shi
Pelzmantel (m)	သားမွေးအနွေးထည်	tha: mwei: anwei: de
Pelzjacke (f)	အမွေးပွအပေါ်အကျႝ	ahmwei pwa po akji.
Daunenjacke (f)	ငှက်မွေးကုတ်အကျႝ	hnge' hmwei: kou' akji.
Jacke (z.B. Lederjacke)	အပေါ်အကျႝ	apo akji.
Regenmantel (m)	မိုးကာအကျႝ	mou: ga akji
wasserdicht	ရေလုံသော	jei loun de.

34. Herren- & Damenbekleidung

Hemd (n)	ရှပ်အကျႝ	sha' in gji
Hose (f)	ဘောင်းဘီ	baun: bi
Jeans (pl)	ဂျင်းဘောင်းဘီ	gjin: bain: bi
Jackett (n)	အပေါ်အကျႝ	apo akji.
Anzug (m)	အနောက်တိုင်းဝတ်စုံ	anau' tain: wu' saun
Damenkleid (n)	ဂါဝန်	ga wun
Rock (m)	စကတ်	saka'
Bluse (f)	ဘလောက်စ်အကျႝ	ba. lau' s in: gji
Strickjacke (f)	ကြယ်သီးပါသော အနွေးထည်	kje dhi: ba de. anwei: dhe
Jacke (Damen Kostüm)	အပေါ်ဖုံးအကျႝ	apo hpoun akji.
T-Shirt (n)	တီရှပ်	ti shi'
Shorts (pl)	ဘောင်းဘီတို	baun: bi dou
Sportanzug (m)	အားကစားဝတ်စုံ	a: gaza: wu' soun
Bademantel (m)	ရေချိုးခန်းဝတ်စုံ	jei gjou: gan: wu' soun
Schlafanzug (m)	ညအိပ်ဝတ်စုံ	nja a' wu' soun
Sweater (m)	ဆွယ်တာ	hswe da
Pullover (m)	ဆွယ်တာ	hswe da
Weste (f)	ဝင်ကုတ်	wi' kou'
Frack (m)	တေးလိကုတ်အကျႝ	tei: l kou' in: gji
Smoking (m)	ညစာစားပွဲဝတ်စုံ	nja. za za: bwe: wu' soun
Uniform (f)	တူညီဝတ်စုံ	tu nji wa' soun
Arbeitskleidung (f)	အလုပ်ဝင် ဝတ်စုံ	alou' win wu' zoun
Overall (m)	စက်ရှုံဝတ်စုံ	se' joun wu' soun
Kittel (z.B. Arztkittel)	ဂျူတိကုတ်	gju di gou'

35. Kleidung. Unterwäsche

Unterwäsche (f)	အတွင်းခံ	atwin: gan
Herrenslip (m)	ယောက်ျားဝတ်အတွင်းခံ	jau' kja: wu' atwin: gan
Damenslip (m)	မိန်းကလေးဝတ်အတွင်းခံ	mein: galei; wa' atwin: gan
Unterhemd (n)	စွပ်ကျယ်	su' kje
Socken (pl)	ခြေအိတ်များ	chei ei' mja:
Nachthemd (n)	ညအိပ်ဝါဝန်ရှည်	nja a' ga wun she
Büstenhalter (m)	ဘရာစီယာ	ba ra si ja
Kniestrümpfe (pl)	ခြေအိတ်ရှည်	chei ei' shi
Strumpfhose (f)	အသားကပ်-ဘောင်းဘီရှည်	atha: ka' baun: bi shei
Strümpfe (pl)	စတော့ကင်	sato. kin
Badeanzug (m)	ရေကူးဝတ်စုံ	jei ku: wa' zoun

36. Kopfbekleidung

Mütze (f)	ဦးထုပ်	u: htou'
Filzhut (m)	ဦးထုပ်ပျော့	u: htou' pjo.
Baseballkappe (f)	ရှာဒိုးဦးထုပ်	sha dou; u: dou'
Schiebermütze (f)	လူကြီးဆောင်းဦးထုပ်ပြား	lu gji: zaun: u: dou' pja:
Baskenmütze (f)	ဘယ်ဂျီးဦးထုပ်	be ji u: htu'
Kapuze (f)	အကျီတွင်ပါသော ခေါင်းစွပ်	akji. twin pa dho: gaun: zu'
Panamahut (m)	ဦးထုပ်အဝိုင်း	u: htou' awain:
Strickmütze (f)	သိုးမွှေးခေါင်းစွပ်	thou: mwei: gaun: zu'
Kopftuch (n)	ခေါင်းစည်းပုဝါ	gaun: zi: bu. wa
Damenhut (m)	အမျိုးသမီးဆောင်းဦးထုပ်	amjou: dhami: zaun: u: htou'
Schutzhelm (m)	ဦးထုပ်အမာ	u: htou' ama
Feldmütze (f)	တပ်မတော်သုံးဦးထုပ်	ta' mado dhoun: u: dou'
Helm (z.B. Motorradhelm)	အမာစားဦးထုပ်	ama za: u: htou'
Melone (f)	ဦးထုပ်လုံး	u: htou' loun:
Zylinder (m)	ဦးထုပ်မြင့်	u: htou' mjin.

37. Schuhwerk

Schuhe (pl)	ဖိနပ်	hpana'
Stiefeletten (pl)	ရှူးဖိနပ်	shu: hpi. na'
Halbschuhe (pl)	မိန်းကလေးစီးရှူးဖိနပ်	mein: galei: zi: shu: bi. na'
Stiefel (pl)	လည်ရှည်ဖိနပ်	le she bi. na'
Hausschuhe (pl)	အိမ်တွင်းစီးကွင်းထိုးဖိနပ်	ein dwin:
Tennisschuhe (pl)	အားကစားဖိနပ်	a: gaza: bana'
Leinenschuhe (pl)	ပထ္ထူဖိနပ်	pa' tu bi. na'
Sandalen (pl)	ကြိုးသိုင်းဖိနပ်	kjou: dhain: bi. na'
Schuster (m)	ဖိနပ်ချုပ်သမား	hpana' chou' tha ma:
Absatz (m)	ဒေါက်	dau'

Paar (n)	အစုံ	asoun.
Schnürsenkel (m)	ဖိနပ်ကြိုး	hpana' kjou:
schnüren (vt)	ဖိနပ်ကြိုးရှည်သည်	hpana' kjou: gjin de
Schuhlöffel (m)	ဖိနပ်စီးရာသွင်သုံး	hpana' si: ja dhwin dhoun:
	သည့် ဖိနပ်ကော်	dhin. hpana' ko
Schuhcreme (f)	ဖိနပ်တိုက်ဆေး	hpana' tou' hsei:

38. Textilien. Stoffe

Baumwolle (f)	ဝါချည်	wa gji
Baumwolle-	ဝါချည်မှ	wa gji hma.
Leinen (m)	ချည်ကြမ်း	che kjan:
Leinen-	ချည်ကြမ်းမှ	che kjan: hma.

Seide (f)	ပိုးချည်	pou: gje
Seiden-	ပိုးသားဖြင့်ပြုလုပ်ထားသော	pou: dha: bjin. bju. lou' hta: de.
Wolle (f)	သိုးမွေးချည်	thou: mwei: gji
Woll-	သိုးမွေးဖြင့်ပြုလုပ်ထားသော	thou: mwei: bjin. bju lou' hta: de.

Samt (m)	ကတ္တီပါ	gadi ba
Wildleder (n)	မျက်နှာပြင်ကြမ်းသောသားရေ	mje' hna bin gjain: dho dha: jei
Cord (m)	ချည်ကတ္တီပါ	che gadi ba

Nylon (n)	နိုင်လွန်	nain lun
Nylon-	နိုင်လွန်မှ	nain lun hma
Polyester (m)	ပေါ်လီအက်စတာ	po li e' sa. ta
Polyester-	ပေါ်လီအက်စတာ	po li e' sa. ta

Leder (n)	သားရေ	tha: ei
Leder-	သားရေမှ	tha: jei hma.
Pelz (m)	သားမွေး	tha: mwei:
Pelz-	သားမွေးဖြင့်ပြုလုပ်ထားသော	tha: mwei: bjin. bju. lou' hta: de.

39. Persönliche Accessoires

Handschuhe (pl)	လက်အိတ်	lei' ei'
Fausthandschuhe (pl)	နှစ်ကန့်လက်အိတ်	hni' kan. le' ei'
Schal (Kaschmir-)	မာဖလာ	ma ba. la

Brille (f)	မျက်မှန်	mje' hman
Brillengestell (n)	မျက်မှန်ကိုင်း	mje' hman gain:
Regenschirm (m)	ထီး	hti:
Spazierstock (m)	တုတ်ကောက်	tou' kau'
Haarbürste (f)	ခေါင်းဘီး	gaun: bi:
Fächer (m)	ပန်ကာန်	pan gan

| Krawatte (f) | လည်စည်း | le zi: |
| Fliege (f) | ဖိုးပြားပုံလည်စည်း | hpe: bja: boun le zi: |

| Hosenträger (pl) | ဘောင်းဘီသိုင်းကြိုး | baun: bi dhain: gjou: |
| Taschentuch (n) | လက်ကိုင်ပုဝါ | le' kain bu. wa |

Kamm (m)	ဘီး	bi:
Haarspange (f)	ဆံညှပ်	hsan hnja'
Haarnadel (f)	ကလစ်	kali'
Schnalle (f)	ခါးပတ်ခေါင်း	kha: ba' khaun:

| Gürtel (m) | ခါးပတ် | kha: ba' |
| Umhängegurt (m) | ပုခုံးသိုင်းကြိုး | pu. goun: dhain: gjou: |

Tasche (f)	လက်ကိုင်အိတ်	le' kain ei'
Handtasche (f)	မိန်းကလေးပုစုံးလွယ်အိတ်	mein: galei: bou goun: lwe ei'
Rucksack (m)	ကျောပိုးအိတ်	kjo: bou: ei'

40. Kleidung. Verschiedenes

Mode (f)	ဖက်ရှင်	hpe' shin
modisch	ခေတ်မီသော	khi' mi de.
Modedesigner (m)	ဖက်ရှင်ဒီဇိုင်နာ	hpe' shin di zain na

Kragen (m)	အကျီကော်လာ	akji. ko la
Tasche (f)	အိတ်ကပ်	ei' ka'
Taschen-	အိတ်ထောင်	ei' hsaun
Ärmel (m)	အကျီလက်	akji. le'
Aufhänger (m)	အကျီချိတ်ကွင်း	akji. gjei' kwin:
Hosenschlitz (m)	ဘောင်းဘီလျှာဆက်	baun: bi ja ze'

Reißverschluss (m)	ဇစ်	zi'
Verschluss (m)	ချိတ်စရာ	che' zaja
Knopf (m)	ကြယ်သီး	kje dhi:
Knopfloch (n)	ကြယ်သီးပေါက်	kje dhi: bau'
abgehen (Knopf usw.)	ပြုတ်ထွက်သည်	pjou' htwe' te

nähen (vi, vt)	စက်ချုပ်သည်	se' khjou' te
sticken (vt)	ပန်းထိုးသည်	pan: dou: de
Stickerei (f)	ပန်းထိုးခြင်း	pan: dou: gjin:
Nadel (f)	အပ်	a'
Faden (m)	အပ်ချည်	a' chi
Naht (f)	ချုပ်ရိုး	chou' jou:

sich beschmutzen	ညစ်ပေသွားသည်	nji' pei dhwa: de
Fleck (m)	အစွန်းအလင်း	aswan: ahtin:
sich knittern	တွန့်ကြေစေသည်	tun. gjei zei de
zerreißen (vt)	ပေါက်ပြဲသွားသည်	pau' pje: dhwa: de
Motte (f)	အဝတ်ပိုးဖလံ	awu' pou: hpa. lan

41. Kosmetikartikel. Kosmetik

Zahnpasta (f)	သွားတိုက်ဆေး	thwa: tai' hsei:
Zahnbürste (f)	သွားတိုက်တံ	thwa: tai' tan
Zähne putzen	သွားတိုက်သည်	thwa: tai' te

Rasierer (m)	သင်တုန်းဓား	thin toun: da:
Rasiercreme (f)	မုတ်ဆိတ်ရိတ် ဆပ်ပြာ	mou' zei' jei' hsa' pja
sich rasieren	ရိတ်သည်	jei' te
Seife (f)	ဆပ်ပြာ	hsa' pja
Shampoo (n)	ခေါင်းလျှော်ရည်	gaun: sho je
Schere (f)	ကတ်ကြေး	ka' kjei:
Nagelfeile (f)	လက်သည်းတိုက်တံစဉ်း	le' the:
Nagelzange (f)	လက်သည်းညှပ်	le' the: hnja'
Pinzette (f)	ဇာဂနာ	za ga. na
Kosmetik (f)	အလှကုန်ပစ္စည်း	ahla. koun pji' si:
Gesichtsmaske (f)	မျက်နှာပေါင်းတင်ခြင်း	mje' hna baun: din gjin:
Maniküre (f)	လက်သည်းအလှပြင်ခြင်း	le' the: ahla bjin gjin
Maniküre machen	လက်သည်းအလှပြင်သည်	le' the: ahla bjin de
Pediküre (f)	ခြေသည်းအလှပြင်သည်	chei dhi: ahla. pjin de
Kosmetiktasche (f)	မိတ်ကပ်အိတ်	mi' ka' ei'
Puder (m)	ပေါင်ဒါ	paun da
Puderdose (f)	ပေါင်ဒါဘူး	paun da bu:
Rouge (n)	ပါးနီ	pa: ni
Parfüm (n)	ရေမွှေး	jei mwei:
Duftwasser (n)	ရေမွှေး	jei mwei:
Lotion (f)	လိုးရှင်း	lou shin:
Kölnischwasser (n)	အော်ဒီကလုန်းရေမွှေး	o di ka lun: jei mwei:
Lidschatten (m)	မျက်ခွံဆိုးဆေး	mje' khwan zou: zei:
Kajalstift (m)	အိုင်းလိုင်နာတောင့်	ain: lain: na daun.
Wimperntusche (f)	မျက်တောင်ခြယ်ဆေး	mje' taun gje zei:
Lippenstift (m)	နှုတ်ခမ်းနီ	hna' khan: ni
Nagellack (m)	လက်သည်းဆိုးဆေး	le' the: azou: zei:
Haarlack (m)	ဆံပင်သုံး စပရေး	zabin dhoun za. ba. jei:
Deodorant (n)	ချွေးနံ့ပျောက်ဆေး	chwei: nan. bjau' hsei:
Creme (f)	ခရင်မ်	khajin m
Gesichtscreme (f)	မျက်နှာခရင်မ်	mje' hna ga. jin m
Handcreme (f)	ဟန်ခရင်မ်	han kha. rin m
Anti-Falten-Creme (f)	အသားခြောက်ကာကွယ်ဆေး	atha: gjau' ka gwe zei:
Tagescreme (f)	နေ့လိမ်းခရင်မ်	nei. lein: ga jin'm
Nachtcreme (f)	ညလိမ်းခရင်မ်	nja lein: khajinm
Tages-	နေ့လယ်ဘက်သုံးသော	nei. le be' thoun: de.
Nacht-	ညဘက်သုံးသော	nja. be' thoun: de.
Tampon (m)	အတောင့်	ataun.
Toilettenpapier (n)	အိမ်သာသုံးစက္ကူ	ein dha dhoun: se' ku
Föhn (m)	ဆံပင်အခြောက်ခံစက်	zabin achou' hsan za'

42. Schmuck

Schmuck (m)	လက်ဝတ်ရတနာ	le' wa' ja. da. na
Edel- (stein)	အဖိုးတန်	ahpou: dan
Repunze (f)	ရွှေကဲငွေကဲမှတ်	shwei ge: ngwei ge: hma'

Ring (m)	လက်စွပ်	le' swa'
Ehering (m)	လက်ထပ်လက်စွပ်	le' hta' le' swa'
Armband (n)	လက်ကောက်	le' kau'
Ohrringe (pl)	နားကပ်	na: ka'
Kette (f)	လည်ဆွဲ	le zwe:
Krone (f)	သရဖူ	tharahpu:
Halskette (f)	လည်ဆွဲပုတီး	le zwe: bu. di:

Brillant (m)	စိန်	sein
Smaragd (m)	မြ	mja.
Rubin (m)	ပတ္တမြား	pa' ta. mja:
Saphir (m)	နီလာ	ni la
Perle (f)	ပုလဲ	pale:
Bernstein (m)	ပယင်း	pajin:

43. Armbanduhren Uhren

Armbanduhr (f)	နာရီ	na ji
Zifferblatt (n)	နာရီဒိုက်ခွက်	na ji dai' hpwe'
Zeiger (m)	နာရီလက်တံ	na ji le' tan
Metallarmband (n)	နာရီကြိုး	na ji gjou:
Uhrenarmband (n)	နာရီကြိုး	na ji gjou:

Batterie (f)	ဓာတ်ခဲ	da' khe:
verbraucht sein	အားကုန်သည်	a: kun de
die Batterie wechseln	ဘတ်ထရီလဲသည်	ba' hta ji le: de
vorgehen (vi)	မြန်သည်	mjan de
nachgehen (vi)	နောက်ကျသည်	nau' kja. de

Wanduhr (f)	တိုင်ကပ်နာရီ	tain ka' na ji
Sanduhr (f)	သဲနာရီ	the: naji
Sonnenuhr (f)	နေနာရီ	nei na ji
Wecker (m)	နှိုးစက်	hnou: ze'
Uhrmacher (m)	နာရီပြင်ဆရာ	ma ji bjin zaja
reparieren (vt)	ပြင်သည်	pjin de

Essen. Ernährung

Fleisch (n)	အသား	atha:
Hühnerfleisch (n)	ကြက်သား	kje' tha:
Küken (n)	ကြက်ကလေး	kje' ka. lei:
Ente (f)	ဘဲသား	be: dha:
Gans (f)	ဘဲငန်းသား	be: ngan: dha:
Wild (n)	တောကောင်သား	to: gaun dha:
Pute (f)	ကြက်ဆင်သား	kje' hsin dha:
Schweinefleisch (n)	ဝက်သား	we' tha:
Kalbfleisch (n)	နွားကလေးသား	nwa: ga. lei: dha:
Hammelfleisch (n)	သိုးသား	thou: tha:
Rindfleisch (n)	အမဲသား	ame: dha:
Kaninchenfleisch (n)	ယုန်သား	joun dha:
Wurst (f)	ဝက်အူချောင်း	we' u gjaun:
Würstchen (n)	အသားချောင်း	atha: gjaun:
Schinkenspeck (m)	ဝက်ဆားနယ်ခြောက်	we' has: ne gjau'
Schinken (m)	ဝက်ပေါင်ခြောက်	we' paun gjau'
Räucherschinken (m)	ဝက်ပေါင်ကြက်တိုက်	we' paun gje' tai'
Pastete (f)	အနှစ်အခဲပျော	ahni' akhe pjo.
Leber (f)	အသည်း	athe:
Hackfleisch (n)	ကြိတ်သား	kjei' tha:
Zunge (f)	လျှာ	sha
Ei (n)	ဥ	u.
Eier (pl)	ဥများ	u. mja:
Eiweiß (n)	အကာ	aka
Eigelb (n)	အနှစ်	ahni'
Fisch (m)	ငါး	nga:
Meeresfrüchte (pl)	ပင်လယ်အစားအစာ	pin le asa: asa
Krebstiere (pl)	အခွံမာရေနေသတ္တဝါ	akhun ma jei nei dha' ta. wa
Kaviar (m)	ငါးဥ	nga: u.
Krabbe (f)	ကဏန်း	kanan:
Garnele (f)	ပုဇွန်	bazun
Auster (f)	ကမာကောင်	kama kaun
Languste (f)	ကျောက်ပုဇွန်	kjau' pu. zun
Krake (m)	ရေဘဝဲသား	jei ba. we: dha:
Kalmar (m)	ပြည်ကြီးငါး	pjei gji: nga:
Störfleisch (n)	စတာဂျင်ငါး	sata gjin nga:
Lachs (m)	ဆော်လမွန်ငါး	hso: la. mun nga:
Heilbutt (m)	ပင်လယ်ငါးကြီးသား	pin le nga: gji: dha:
Dorsch (m)	ငါးကြီးဆိထုတ်သောငါး	nga: gji: zi dou' de. nga:

Makrele (f)	မက်ကရယ်ငါး	me' ka. je nga:
Tunfisch (m)	တူနာငါး	tu na nga:
Aal (m)	ငါးရှဉ့်	nga: shin.

Forelle (f)	ထရောက်ငါး	hta. jau' nga:
Sardine (f)	ငါးသေတ္တာငါး	nga: dhei ta' nga:
Hecht (m)	၀ိုက်ငါး	pai' nga
Hering (m)	ငါးသလောက်	nga: dha. lau'

Brot (n)	ပေါင်မုန့်	paun moun.
Käse (m)	ဒိန်ခဲ	dain ge:
Zucker (m)	သကြား	dhagja:
Salz (n)	ဆား	hsa:

Reis (m)	ဆန်စပါး	hsan zaba
Teigwaren (pl)	အီတလီခေါက်ဆွဲ	ita. li khau' hswe:
Nudeln (pl)	ခေါက်ဆွဲ	gau' hswe:

Butter (f)	ထောပတ်	hto: ba'
Pflanzenöl (n)	ဆီ	hsi
Sonnenblumenöl (n)	နေကြာပန်းဆီ	nei gja ban: zi
Margarine (f)	ဟင်းရွက်အဆီခဲ	hin: jwe' ahsi khe:

| Oliven (pl) | သံလွင်သီး | than lun dhi: |
| Olivenöl (n) | သံလွင်ဆီ | than lun zi |

Milch (f)	နွားနို့	nwa: nou.
Kondensmilch (f)	နီ့ဆီ	ni. zi
Joghurt (m)	ဒိန်ချဉ်	dain gjin
saure Sahne (f)	နို့ချဉ်	nou. gjin
Sahne (f)	မလိုင်	ma. lain

| Mayonnaise (f) | ခပ်ပျစ်ပျစ်စားပြိန်ရည် | kha' pji' pji' sa: mjein jei |
| Buttercreme (f) | ထောပတ်မလိုင် | hto: ba' ma. lein |

Grütze (f)	နှံစားစေ့	nhnan za: zei.
Mehl (n)	ဂျုံမှုန့်	gjoun hmoun.
Konserven (pl)	စည်သွပ်ဖူးများ	si dhwa' bu: mja:

Maisflocken (pl)	ပြောင်းဖူးမုန့်ဆန်း	pjaun: bu: moun. zan:
Honig (m)	ပျားရည်	pja: je
Marmelade (f)	ယို	jou
Kaugummi (m, n)	ပီကေ	pi gei

45. Getränke

Wasser (n)	ရေ	jei
Trinkwasser (n)	သောက်ရေ	thau' jei
Mineralwasser (n)	ဓာတ်ဆားရည်	da' hsa: ji

still	ဂတ်စ်မပါသော	ga' s ma. ba de.
mit Kohlensäure	ဂတ်စ်ပါသော	ga' s ba de.
mit Gas	စပါကလင်	saba ga. lin
Eis (n)	ရေခဲ	jei ge:

mit Eis	ရေခဲနှင့်	jei ge: hnin.
alkoholfrei (Adj)	အယ်ကိုဟောမပါသော	e kou ho: ma. ba de.
alkoholfreies Getränk (n)	အယ်ကိုဟောမပှုတ်သောဖျော်ရည်	e kou ho: ma. hou' te. dhau' sa. ja
Erfrischungsgetränk (n)	အအေး	aei:
Limonade (f)	လီမွန်ဖျော်ရည်	li mun hpjo ji
Spirituosen (pl)	အယ်ကိုဟောပါဝင်သောဖျော်ရည်ရာ	e kou ho: ba win de. dhau' sa. ja
Wein (m)	ဝိုင်	wain
Weißwein (m)	ဝိုင်ဖြူ	wain gju
Rotwein (m)	ဝိုင်နီ	wain ni
Likör (m)	အရက်ရှိုပြင်း	aje' gjou pjin
Champagner (m)	ရှန်ပိန်	shan pein
Wermut (m)	ရန်သင်းသောဆေးစိမ်ဝိုင်	jan dhin: dho: zei: zein wain
Whisky (m)	ဝီစကီ	wi sa. gi
Wodka (m)	ဗော့ကာ	bo ga
Gin (m)	ဂျင်	gjin
Kognak (m)	ကော့ညက်	ko. nja'
Rum (m)	ရမ်	ran
Kaffee (m)	ကော်ဖီ	ko hpi
schwarzer Kaffee (m)	ဘလက်ကော်ဖီ	ba. le' ko: phi
Milchkaffee (m)	ကော်ဖီနို့ရော	ko hpi ni. jo:
Cappuccino (m)	ကပ္ပုချီနို	ka. pu chi ni.
Pulverkaffee (m)	ကော်ဖီမှုန့်	ko hpi mi'
Milch (f)	နွားနို့	nwa: nou.
Cocktail (m)	ကော့တေး	ko. dei:
Milchcocktail (m)	မစ်ရှိတ်	mi' shei'
Saft (m)	အရှိုရည်	achou ji
Tomatensaft (m)	ခရမ်းချဉ်သီးအရှိုရည်	khajan: chan dhi: achou jei
Orangensaft (m)	လိမ္မော်ရည်	limmo ji
frisch gepresster Saft (m)	အသီးဖျော်ရည်	athi: hpjo je
Bier (n)	ဘီယာ	bi ja
Helles (n)	အရောင်ဖျော့သောဘီယာ	ajaun bjau. de. bi ja
Dunkelbier (n)	အရောင်ရင့်သောဘီယာ	ajaun jin. de. bi ja
Tee (m)	လက်ဖက်ရည်	le' hpe' ji
schwarzer Tee (m)	လက်ဖက်နက်	le' hpe' ne'
grüner Tee (m)	လက်ဖက်စိမ်း	le' hpe' sein:

46. Gemüse

Gemüse (n)	ဟင်းသီးဟင်းရွက်	hin: dhi: hin: jwe'
grünes Gemüse (pl)	ဟင်းဝတ်အမွေးရွက်	hin: ga' ahmwei: jwe'
Tomate (f)	ခရမ်းချဉ်သီး	khajan: chan dhi:
Gurke (f)	သခွားသီး	thakhwa: dhi:
Karotte (f)	မုန်လာဥနီ	moun la u. ni

Kartoffel (f)	အာလူး	a lu:
Zwiebel (f)	ကြက်သွန်နီ	kje' thwan ni
Knoblauch (m)	ကြက်သွန်ဖြူ	kje' thwan bju

Kohl (m)	ဂေါ်ဖီ	go bi
Blumenkohl (m)	ပန်းဂေါ်ဖီ	pan: gozi
Rosenkohl (m)	ဂေါ်ဖီထုပ်အသေးစား	go bi dou' athei: za:
Brokkoli (m)	ပန်းဂေါ်ဖီအစိမ်း	pan: gozi asein:

Rote Bete (f)	မုန်လာဥနီလုံး	moun la u. ni loun:
Aubergine (f)	ခရမ်းသီး	khajan: dhi:
Zucchini (f)	ဘူးသီး	bu: dhi:
Kürbis (m)	ဖရုံသီး	hpa joun dhi:
Rübe (f)	တရုတ်မုန်လာဥ	tajou' moun la u.

Petersilie (f)	တရုတ်နံနံပင်	tajou' nan nan bin
Dill (m)	စမြိတ်ပင်	samjei' pin
Kopf Salat (m)	ဆလပ်ရွက်	hsa. la' jwe'
Sellerie (m)	တရုတ်နံနံကြီး	tajou' nan nan gji:
Spargel (m)	ကညွတ်မာပင်	ka. nju' ma bin
Spinat (m)	ဒေါက်ခွ	dau' khwa.

Erbse (f)	ပဲစေ့	pe: zei.
Bohnen (pl)	ပဲအမျိုးမျိုး	pe: amjou: mjou:
Mais (m)	ပြောင်းဖူး	pjaun: bu:
weiße Bohne (f)	ပိုလဲစားပဲ	bou za: be:

Paprika (m)	ငရုတ်သီး	nga jou' thi:
Radieschen (n)	မုန်လာဥသေး	moun la u. dhei:
Artischocke (f)	အာတီခြော	a ti cho.

47. Obst. Nüsse

Frucht (f)	အသီး	athi:
Apfel (m)	ပန်းသီး	pan: dhi:
Birne (f)	သစ်တော်သီး	thi' to dhi:
Zitrone (f)	သံပုယိုသီး	than bu. jou dhi:
Apfelsine (f)	လိမ္မော်သီး	limmo dhi:
Erdbeere (f)	စတော်ဘယ်ရီသီး	sato be ri dhi:

Mandarine (f)	ပျားလိမ္မော်သီး	pja: lein mo dhi:
Pflaume (f)	ဆီးသီး	hsi: dhi:
Pfirsich (m)	မက်မွန်သီး	me' mwan dhi:
Aprikose (f)	တရုတ်ဆီးသီး	jau' hsi: dhi:
Himbeere (f)	ရက်စဘယ်ရီ	re' sa be ji
Ananas (f)	နာနတ်သီး	na na' dhi:

Banane (f)	ငှက်ပျောသီး	hnge' pjo: dhi:
Wassermelone (f)	ဖရဲသီး	hpa. je: dhi:
Weintrauben (pl)	စပျစ်သီး	zabji' thi:
Kirsche (f)	ချယ်ရီသီး	che ji dhi:
Sauerkirsche (f)	ချယ်ရီချဉ်သီး	che ji gjin dhi:
Süßkirsche (f)	ချယ်ရီချိုသီး	che ji gjou dhi:
Melone (f)	သခွားမွှေးသီး	thakhwa: hmwei: dhi:

Grapefruit (f)	ဂရိတ်ဖရုသီး	ga. ri' hpa. ju dhi:
Avocado (f)	ထောပတ်သီး	hto: ba' thi:
Papaya (f)	သင်္ဘောသီး	thin: bo: dhi:
Mango (f)	သရက်သီး	thaje' thi:
Granatapfel (m)	တလည်းသီး	tale: dhi:
rote Johannisbeere (f)	အနီရောင်ဘယ်ရီသီး	ani jaun be ji dhi:
schwarze Johannisbeere (f)	ဘလက်ကားရန့်	ba. le' ka: jan.
Stachelbeere (f)	ကလားဆီးဖျူ	ka. la: his: hpju
Heidelbeere (f)	ဘီဘယ်ရီအသီး	bi: be ji athi:
Brombeere (f)	ရှမ်းဆီးသီး	shan: zi: di:
Rosinen (pl)	စပျစ်သီးခြောက်	zabji' thi: gjau'
Feige (f)	သဖန်းသီး	thahpjan: dhi:
Dattel (f)	စွန်ပလွံသီး	sun palun dhi:
Erdnuss (f)	မြေပဲ	mjei be:
Mandel (f)	ဗာဒံသီး	ba dan di:
Walnuss (f)	သစ်ကြားသီး	thi' kja: dhi:
Haselnuss (f)	ဟောဇယ်သီး	ho: ze dhi:
Kokosnuss (f)	အုန်းသီး	aun: dhi:
Pistazien (pl)	ခွမ်မာသီး	khwan ma dhi:

48. Brot. Süßigkeiten

Konditorwaren (pl)	မုန့်ချို	moun. gjou
Brot (n)	ပေါင်မုန့်	paun moun.
Keks (m, n)	ဘီစကွတ်	bi za. ki'
Schokolade (f)	ချောကလက်	cho: ka. le'
Schokoladen-	ချောကလက်အရသာရှိသော	cho: ka. le' aja. dha shi. de.
Bonbon (m, n)	သကြားလုံး	dhagja: loun:
Kuchen (m)	ကိတ်	kei'
Torte (f)	ကိတ်မုန့်	kei' moun.
Kuchen (Apfel-)	ပိုင်မုန့်.	pain hmoun.
Füllung (f)	သွပ်ထားသောအစာ	thu' hta: dho: asa
Konfitüre (f)	ယို	jou
Marmelade (f)	အထူးပြုလုပ်ထားသော ယို	a htu: bju. lou' hta: de. jou
Waffeln (pl)	ဝေဖာ	wei hpa
Eis (n)	ရေခဲမုန့်	jei ge: moun.
Pudding (m)	ပူတင်း	pu tin:

49. Gerichte

Gericht (n)	ဟင်းပွဲ	hin: bwe:
Küche (f)	အစားအသောက်	asa: athau'
Rezept (n)	ဟင်းချက်နည်း	hin: gji' ne:
Portion (f)	တစ်ယောက်စာဟင်းပွဲ	ti' jau' sa hin: bwe:
Salat (m)	အသုပ်	athou'
Suppe (f)	စွပ်ပြုတ်	su' pjou'

Brühe (f), Bouillon (f)	ဟင်းရည်	hin: ji
belegtes Brot (n)	အသားညှပ်ပေါင်မုန့်	atha: hnja' paun moun.
Spiegelei (n)	ကြက်ဥကြော်	kje' u. kjo
Hamburger (m)	ဟန်ဘာဂါ	han ba ga
Beefsteak (n)	အမဲသားတုံး	ame: dha: doun:
Beilage (f)	အရံဟင်း	ajan hin:
Spaghetti (pl)	အီတလီခေါက်ဆွဲ	ita. li khau' hswe:
Kartoffelpüree (n)	အာလူးနွားနို့ဖျော်	a luu: nwa: nou. bjo
Pizza (f)	ပီဇာ	pi za
Brei (m)	အုတ်ဂျုံယာဂု	ou' gjoun ja gu.
Omelett (n)	ကြက်ဥခေါက်ကြော်	kje' u. khau' kjo
gekocht	ပြုတ်ထားသော	pjou' hta: de.
geräuchert	ကြပ်တင်ထားသော	kja' tin da: de.
gebraten	ကြော်ထားသော	kjo da de.
getrocknet	ခြောက်နေသော	chau' nei de.
tiefgekühlt	အေးခဲနေသော	ei: khe: nei de.
mariniert	ဆားရည်စိမ်ထားသော	hsa:
süß	ချိုသော	chou de.
salzig	ငန်သော	ngan de.
kalt	အေးသော	ei: de.
heiß	ပူသော	pu dho:
bitter	ခါးသော	kha: de.
lecker	အရသာရှိသော	aja. dha shi. de.
kochen (vt)	ပြုတ်သည်	pjou' te
zubereiten (vt)	ချက်သည်	che' de
braten (vt)	ကြော်သည်	kjo de
aufwärmen (vt)	အပူပေးသည်	apu bei: de
salzen (vt)	ဆားထည့်သည်	hsa: hte. de
pfeffern (vt)	အစပ်ထည့်သည်	asin hte. dhe
reiben (vt)	ခြစ်သည်	chi' te
Schale (f)	အခွံ	akhun
schälen (vt)	အခွံနွာသည်	akhun hnwa de

50. Gewürze

Salz (n)	ဆား	hsa:
salzig (Adj)	ငန်သော	ngan de.
salzen (vt)	ဆားထည့်သည်	hsa: hte. de
schwarzer Pfeffer (m)	ငရုတ်ကောင်း	nga jou' kaun:
roter Pfeffer (m)	ငရုတ်သီး	nga jou' thi:
Senf (m)	မုန်ညင်း	moun njin:
Meerrettich (m)	သင်္ဘောဒန့်သလွန်	thin: bo: dan. dha lun
Gewürz (n)	ဟင်းခတ်အမှုန့်အမျိုးမျိုး	hin: ga' ahnun. amjou: mjou:
Gewürz (n)	ဟင်းခတ်အမွှေးအကြိုင်	hin: ga' ahmwei: akjain
Soße (f)	ဆော့	hso.
Essig (m)	ရှာလကာရည်	sha la. ga je

Anis (m)	၈မုန်စပါးပင်	samoun zaba: bin
Basilikum (n)	ပင်စိမ်း	pin zein:
Nelke (f)	လေးညှင်း	lei: hnjin:
Ingwer (m)	ဂျင်း	gjin:
Koriander (m)	နံနံပင်	nan nan bin
Zimt (m)	သစ်ကြံပိုးခေါက်	thi' kjan bou: gau'

Sesam (m)	နှမ်း	hnan:
Lorbeerblatt (n)	ကရဝေးရွက်	ka ja wei: jwe'
Paprika (m)	ပန်းငရုတ်မွန့်	pan: nga. jou' hnoun.
Kümmel (m)	ကရဝေး	ka. ja. wei:
Safran (m)	ကုံကုမံ	koun kou man

51. Mahlzeiten

Essen (n)	အစားအစာ	asa: asa
essen (vi, vt)	စားသည်	sa: de

Frühstück (n)	နံနက်စာ	nan ne' za
frühstücken (vi)	နံနက်စာစားသည်	nan ne' za za: de
Mittagessen (n)	နေ့လယ်စာ	nei. le za
zu Mittag essen	နေ့လယ်စာစားသည်	nei. le za za de
Abendessen (n)	ညစာ	nja. za
zu Abend essen	ညစာစားသည်	nja. za za: de

| Appetit (m) | စားချင်စိတ် | sa: gjin zei' |
| Guten Appetit! | စားကောင်းပါစေ | sa: gaun: ba zei |

öffnen (vt)	ဖွင့်သည်	hpwin. de
verschütten (vt)	ဖိတ်ကျသည်	hpi' kja de
verschüttet werden	မှောက်သည်	hmau' de
kochen (vi)	ဆူပွက်သည်	hsu. bwe' te
kochen (Wasser ~)	ဆူပွက်သည်	hsu. bwe' te
gekocht (Adj)	ဆူပွက်ထားသော	hsu. bwe' hta: de.
kühlen (vt)	အအေးခံသည်	aei: gan de
abkühlen (vi)	အေးသွားသည်	ei: dhwa: de

| Geschmack (m) | အရသာ | aja. dha |
| Beigeschmack (m) | ပအာခြင်း | pa. achin: |

auf Diät sein	ဝိတ်ချသည်	wei' cha. de
Diät (f)	ဓာတ်စာ	da' sa
Vitamin (n)	ဗီတာမင်	bi ta min
Kalorie (f)	ကယ်လိုရီ	ke lou ji
Vegetarier (m)	သက်သက်လွတ်စားသူ	the' the' lu' za: dhu
vegetarisch (Adj)	သက်သက်လွတ်စားသော	the' the' lu' za: de.

Fett (n)	အဆီ	ahsi
Protein (n)	အသားဓာတ်	atha: da'
Kohlenhydrat (n)	ကစီဓာတ်	ka. zi da'

Scheibchen (n)	အချပ်	acha'
Stück (ein ~ Kuchen)	အတုံး	atoun:
Krümel (m)	အစအန	asa an

52. Gedeck

Löffel (m)	ဇွန်း	zun:
Messer (n)	ဓား	da:
Gabel (f)	ခက်ရင်း	khajin:
Tasse (eine ~ Tee)	ခွက်	khwe'
Teller (m)	ပန်းကန်ပြား	bagan: bja:
Untertasse (f)	အောက်ခံပန်းကန်ပြား	au' khan ban: kan pja:
Serviette (f)	လက်သုတ်ပုဝါ	le' thou' pu. wa
Zahnstocher (m)	သွားကြားထိုးတံ	thwa: kja: dou: dan

53. Restaurant

Restaurant (n)	စားသောက်ဆိုင်	sa: thau' hsain
Kaffeehaus (n)	ကော်ဖီဆိုင်	ko hpi zain
Bar (f)	ဘား	ba:
Teesalon (m)	လက်ဖက်ရည်ဆိုင်	le' hpe' ji zain
Kellner (m)	စားပွဲထိုး	sa: bwe: dou:
Kellnerin (f)	စားပွဲထိုးမိန်းကလေး	sa: bwe: dou: mein: ga. lei:
Barmixer (m)	အရက်ဘားဝန်ထမ်း	aje' ba: wun dan:
Speisekarte (f)	စားသောက်ဖွယ်စာရင်း	sa: thau' hpwe za jin:
Weinkarte (f)	ဝိုင်စာရင်း	wain za jin:
einen Tisch reservieren	စားပွဲကြိုတင်မှာယူသည်	sa: bwe: gjou din hma ju de
Gericht (n)	ဟင်းပွဲ	hin: bwe:
bestellen (vt)	မှာသည်	hma de
eine Bestellung aufgeben	မှာသည်	hma de
Aperitif (m)	နှတ်မြိန်ဆေး	hna' mjein zei:
Vorspeise (f)	နှတ်မြိန်စာ	hna' mjein za
Nachtisch (m)	အချိုပွဲ	achou bwe:
Rechnung (f)	ကျသင့်ငွေ	kja. thin. ngwei
Rechnung bezahlen	ကုန်ကျငွေရှင်းသည်	koun gja ngwei shin: de
das Wechselgeld geben	ပြန်အမ်းသည်	pjan an: de
Trinkgeld (n)	မုန့်ဖိုး	moun. bou:

Familie, Verwandte und Freunde

Vorname (m)	အမည်	amji
Name (m)	မိသားစုအမည်	mi. dha: zu. amji
Geburtsdatum (n)	မွေးနေ့	mwei: nei.
Geburtsort (m)	မွေးရပ်	mwer: ja'
Nationalität (f)	လူမျိုး	lu mjou:
Wohnort (m)	နေရပ်ဒေသ	nei ja' da. dha.
Land (n)	နိုင်ငံ	nain ngan
Beruf (m)	အလုပ်အကိုင်	alou' akain
Geschlecht (n)	လိင်	lin
Größe (f)	အရပ်	aja'
Gewicht (n)	ကိုယ်အလေးချိန်	kou alei: chain

Mutter (f)	အမေ	amei
Vater (m)	အဖေ	ahpei
Sohn (m)	သား	tha:
Tochter (f)	သမီး	thami:
jüngste Tochter (f)	သမီးအငယ်	thami: ange
jüngste Sohn (m)	သားအငယ်	tha: ange
ältere Tochter (f)	သမီးအကြီး	thami: akji:
älterer Sohn (m)	သားအကြီး	tha: akji:
Bruder (m)	ညီအစ်ကို	nji a' kou
älterer Bruder (m)	အစ်ကို	akou
jüngerer Bruder (m)	ညီ	nji
Schwester (f)	ညီအစ်မ	nji a' ma
ältere Schwester (f)	အစ်မ	ama.
jüngere Schwester (f)	ညီမ	nji ma.
Cousin (m)	ဝမ်းကွဲအစ်ကို	wan: kwe: i' kou
Cousine (f)	ဝမ်းကွဲညီမ	wan: kwe: nji ma.
Mama (f)	မေမေ	mei mei
Papa (m)	ဖေဖေ	hpei hpei
Eltern (pl)	မိဘတွေ	mi. ba. dwei
Kind (n)	ကလေး	kalei:
Kinder (pl)	ကလေးများ	kalei: mja:
Großmutter (f)	အဘွား	ahpwa
Großvater (m)	အဘိုး	ahpou:

Enkel (m)	မြေး	mjei:
Enkelin (f)	မြေးမ	mjei: ma.
Enkelkinder (pl)	မြေးများ	mjei: mja:

Onkel (m)	ဦးလေး	u: lei:
Tante (f)	အဒေါ်	ado
Neffe (m)	တူ	tu
Nichte (f)	တူမ	tu ma.

Schwiegermutter (f)	ယောက္ခမ	jau' khama.
Schwiegervater (m)	ယောက္ခထီး	jau' khadi:
Schwiegersohn (m)	သားမက်	tha: me'
Stiefmutter (f)	မိထွေး	mi. dwei:
Stiefvater (m)	ပထွေး	pahtwei:

Säugling (m)	နို့စို့ကလေး	nou. zou. galei:
Kleinkind (n)	ကလေးငယ်	kalei: nge
Kleine (m)	ကလေး	kalei:

Frau (f)	မိန်းမ	mein: ma.
Mann (m)	ယောက်ျား	jau' kja:
Ehemann (m)	ခင်ပွန်း	khin bun:
Gemahlin (f)	ဇနီး	zani:

verheiratet (Ehemann)	မိန်းမရှိသော	mein: ma. shi. de.
verheiratet (Ehefrau)	ယောက်ျားရှိသော	jau' kja: shi de
ledig	လူလွတ်ဖြစ်သော	lu lu' hpji te.
Junggeselle (m)	လူပျို	lu bjou
geschieden (Adj)	တစ်ခုလပ်ဖြစ်သော	ti' khu. la' hpji' te.
Witwe (f)	မုဆိုးမ	mu. zou: ma.
Witwer (m)	မုဆိုးဖို	mu. zou: bou

Verwandte (m)	ဆွေမျိုး	hswe mjou:
naher Verwandter (m)	ဆွေမျိုးရင်းချာ	hswe mjou: jin: gja
entfernter Verwandter (m)	ဆွေမျိုးနီးစပ်	hswe mjou: ni: za'
Verwandte (pl)	မွေးချင်းများ	mwei: chin: mja:

Waise (m, f)	မိဘမဲ့	mi. ba me.
Waisenjunge (m)	မိဘမဲ့ကလေး	mi. ba me. ga lei:
Waisenmädchen (f)	မိဘမဲ့ကလေးမ	mi. ba me. ga lei: ma
Vormund (m)	အုပ်ထိန်းသူ	ou' htin: dhu
adoptieren (einen Jungen)	သားအဖြစ်မွေးစားသည်	tha: ahpji' mwei: za: de
adoptieren (ein Mädchen)	သမီးအဖြစ်မွေးစားသည်	thami: ahpji' mwei: za: de

56. Freunde. Arbeitskollegen

Freund (m)	သူငယ်ချင်း	thu nge gjin:
Freundin (f)	မိန်းကလေးသူငယ်ချင်း	mein: galei: dhu nge gjin:
Freundschaft (f)	ခင်မင်ရင်းနှီးမှု	khin min jin: ni: hmu.
befreundet sein	ခင်မင်သည်	khin min de

Freund (m)	အပေါင်းအသင်း	apaun: athin:
Freundin (f)	အပေါင်းအသင်း	apaun: athin:
Partner (m)	လုပ်ဖော်ကိုင်ဖက်	lou' hpo kain be'

Chef (m)	အကြီးအကဲ	akji: ake:
Vorgesetzte (m)	အထက်လူကြီး	a hte' lu gji:
Besitzer (m)	ပိုင်ရှင်	pain shin
Untergeordnete (m)	လက်အောက်ခံအမှုထမ်း	le' au' khan ahmu. htan:
Kollege (m), Kollegin (f)	လုပ်ဖော်ကိုင်ဖက်	lou' hpo kain be'

Bekannte (m)	အကျွမ်းဝင်မှု	akjwan: win hmu.
Reisegefährte (m)	ခရီးဖော်	khaji: bo
Mitschüler (m)	တစ်တန်းတည်းသား	ti' tan: de: dha:

Nachbar (m)	အိမ်နီးနားချင်း	ein ni: na: gjin:
Nachbarin (f)	မိန်းကလေးအိမ်နီးနားချင်း	mein: galei: ein: ni: na: gjin:
Nachbarn (pl)	အိမ်နီးနားချင်းများ	ein ni: na: gjin: mja:

57. Mann. Frau

Frau (f)	အမျိုးသမီး	amjou: dhami:
Mädchen (n)	မိန်းကလေး	mein: ga. lei:
Braut (f)	သတို့သမီး	dhadou. thami:

| schöne | လှပသော | hla. ba. de. |
| große | အရပ်မြင့်သော | aja' mjin. de. |

| schlanke | သွယ်လျသော | thwe lja de. |
| kleine (~ Frau) | အရပ်ပုသော | aja' pu. de. |

| Blondine (f) | ဆံပင်ရွှေရောင်ဖျောမိန်းကလေး | zabin shwei jaun bjo. min: ga lei: |
| Brünette (f) | ဆံပင်နက်သောမိန်းကလေး | zabin ne' de.min: ga lei: |

| Damen-Jungfrau (f) | အမျိုးသမီးနှင့်ဆိုင်သောအပျိုစင် | amjou: dhami: hnin. zain dho: apjou zin |
| schwangere | ကိုယ်ဝန်ဆောင်ထားသော | kou wun hsaun da: de. |

Mann (m)	အမျိုးသား	amjou: dha:
Blonde (m)	ဆံပင်ရွှေရောင်ဖျောယောက်ျားလေး	zabin shwei jaun bjo. jau' gja: lei:
Brünette (m)	ဆံပင်နက်သောယောက်ျားလေး	zabin ne' de. jau' gja: lei:

| hoch | အရပ်မြင့်သော | aja' mjin. de. |
| klein | အရပ်ပုသော | aja' pu. de. |

grob	ရိုင်းစိုင်းသော	jain: zain: de.
untersetzt	တုတ်ခိုင်သော	tou' khain de.
robust	တောင့်တင်းသော	taun. din: de

| stark | သန်မာသော | than ma de. |
| Kraft (f) | ခွန်အား | khwan a: |

| dick | ဝသော | wa. de. |
| dunkelhäutig | ညိုသော | njou de. |

| schlank | သွယ်လျသော | thwe lja de. |
| elegant | ကျော့ရှင်းသော | kjo. shin: de |

58. Alter

Alter (n)	အသက်အရွယ်	athe' ajwe'
Jugend (f)	ပျိုရွယ်ချိန်	pjou jwe gjein
jung	ငယ်ရွယ်သော	ngwe jwe de.
jünger (~ als Sie)	ပိုငယ်သော	pou nge de.
älter (~ als ich)	အသက်ပိုကြီးသော	athe' pou kji: de.
Junge (m)	လူငယ်	lu nge
Teenager (m)	ဆယ်ကျော်သက်	hse gjo dhe'
Bursche (m)	လူငယ်	lu nge
Greis (m)	လူကြီး	lu gji:
alte Frau (f)	အမျိုးသမီးကြီး	amjou: dhami: gji:
Erwachsene (m)	အရွယ်ရောက်သော	ajwe' jau' te.
in mittleren Jahren	သက်လတ်ပိုင်း	the' la' pain:
älterer (Adj)	အိုမင်သော	ou min de.
alt (Adj)	အသက်ကြီးသော	athe' kji: de.
Ruhestand (m)	အငြိမ်းစားလစာ	anjein: za: la. za
in Rente gehen	အငြိမ်းစားယူသည်	anjein: za: ju dhe
Rentner (m)	အငြိမ်းစား	anjein: za:

59. Kinder

Kind (n)	ကလေး	kalei:
Kinder (pl)	ကလေးများ	kalei: mja:
Zwillinge (pl)	အမွှာ	ahmwa
Wiege (f)	ကလေးပုခက်	kalei: pou khe'
Rassel (f)	ချောက်ဂျက်	gjo' gja'
Windel (f)	ခါးတောင်းကျိုက်အထည်	kha: daun: gjai' ahte
Schnuller (m)	ချို့လိမ်	chou lein
Kinderwagen (m)	ကလေးလက်တွန်းလှည်း	kalei: le' twan: hle:
Kindergarten (m)	ကလေးထိန်းကျောင်း	kalei: din: kjaun:
Kinderfrau (f)	ကလေးထိန်း	kalei: din:
Kindheit (f)	ကလေးဘဝ	kalei: ba. wa.
Puppe (f)	အရုပ်မ	ajou' ma.
Spielzeug (n)	ကစားစရာအရုပ်	gaza: zaja ajou'
Baukasten (m)	ပြန်ဆက်ရသော ကလေး ကစားစရာ	pjan za' ja de. galei: gaza: zaja
wohlerzogen	လိမ္မာသော	limmo: de
ungezogen	ဆိုးသွမ်းသော	hsou: dhwan: de.
verwöhnt	အလိုလိုက်ခံရသော	alou lou' khan ja de.
unartig sein	ဆိုးသည်	hsou:de
unartig	ကြံစယ်တတ်သော	kji ze da' de.
Unart (f)	ကြံစယ်သည်	kji ze de

Schelm (m)	အောက်သောကလေး	ahsau me' dho: ga. lei:
gehorsam	နာခံတတ်သော	na gan da' te.
ungehorsam	မနာခံသော	ma. na gan de.

fügsam	လိမ္မာသော	limmo: de
klug	တော်သော	to de.
Wunderkind (n)	ပါရမီရှင်ကလေး	pa rami shin galei:

60. Ehepaare. Familienleben

küssen (vt)	နမ်းသည်	nan: de
sich küssen	အနမ်းပေးသည်	anan: pei: de
Familie (f)	မိသားစု	mi. dha: zu.
Familien-	မျိုးရိုး	mjou: jou:
Paar (n)	စုံတွဲ	soun dwe:
Ehe (f)	အိမ်ထောင်သည်	ein daun de
Heim (n)	အိမ်	ein
Dynastie (f)	မင်းဆက်	min: ze'

| Rendezvous (n) | ချိန်းတွေ့ခြင်း | chein: dwei chin: |
| Kuss (m) | အနမ်း | anan: |

Liebe (f)	အချစ်	akja'
lieben (vt)	ချစ်သည်	chi' te
geliebt	ချစ်လှစွာသော	chi' hla. zwa de.

Zärtlichkeit (f)	ကြင်နာမှု	kjin na hmu.
zärtlich	ကြင်နာသော	kjin na hmu. de.
Treue (f)	သစ္စာ	thi' sa
treu (Adj)	သစ္စာရှိသော	thi' sa shi. de.
Fürsorge (f)	ဂရုစိုက်ခြင်း	ga ju. sai' chin:
sorgsam	ဂရုစိုက်သော	ga ju. sai' te.

Frischvermählte (pl)	လက်ထပ်ကာစဖြစ်သော	le' hta' ka za. bji' de.
Flitterwochen (pl)	ပျားရည်စမ်းကာလ	pja: je zan: ga la.
heiraten (einen Mann ~)	ယောက်ျားယူသည်	jau' kja: ju de
heiraten (ein Frau ~)	မိန်းမယူသည်	mein: ma. ju de

Hochzeit (f)	မင်္ဂလာဆောင်ပွဲ	min ga. la zaun bwe:
goldene Hochzeit (f)	ရွှေရတု	shwei jadu.
Jahrestag (m)	နှစ်ပတ်လည်	hni' ba' le

| Geliebte (m) | လင်ငယ် | lin nge |
| Geliebte (f) | မယားငယ် | ma. ja: nge |

Ehebruch (m)	ဖောက်ပြန်ခြင်း	hpau' pjan gjin
Ehebruch begehen	ဖောက်ပြန်သည်	hpau' pjan de
eifersüchtig	သဝန်တိုသော	thawun dou de.
eifersüchtig sein	သဝန်တိုသည်	thawun dou de
Scheidung (f)	ကွာရှင်းခြင်း	kwa shin gjin:
sich scheiden lassen	ကွာရှင်းသည်	kwa shin: de

| streiten (vi) | ငြင်းခုံသည် | njin: goun de |
| sich versöhnen | ပြန်လည်သင့်မြတ်သည် | pjan le dhin. mja' te |

zusammen (Adv)	အတူတကွ	atu da. kwa.
Sex (m)	လိင်ကိစ္စ	lein gei' sa.
Glück (n)	ပျော်ရွှင်မှု	pjo shwin hmu
glücklich	ပျော်ရွှင်သော	pjo shwin de.
Unglück (n)	ကံဆိုးခြင်း	kan hsou: chin:
unglücklich	ကံဆုံးသော	kan hsoun de.

Charakter. Empfindungen. Gefühle

61. Empfindungen. Gefühle

Gefühl (n)	ခံစားချက်	khan za: che'
Gefühle (pl)	ခံစားချက်များ	khan za: che' mja:
fühlen (vt)	ခံစားရသည်	khan za ja. de
Hunger (m)	ဆာခြင်း	hsa gjin:
hungrig sein	ဗိုက်ဆာသည်	bai' hsa de
Durst (m)	ရေဆာခြင်း	jei za gjin:
Durst haben	ရေဆာသည်	jei za de
Schläfrigkeit (f)	အိပ်ချင်ခြင်း	ei' chin gjin:
schlafen wollen	အိပ်ချင်သည်	ei' chin de
Müdigkeit (f)	ပင်ပန်းခြင်း	pin ban: chin:
müde	ပင်ပန်းသော	pin ban: de.
müde werden	ပင်ပန်းသည်	pin ban: de
Laune (f)	စိတ်ခံစားမှု	sei' khan za: hmu.
Langeweile (f)	ငြီးငွေ့ခြင်း	ngji: ngwei. chin:
sich langweilen	ပျင်းသည်	pjin: de
Zurückgezogenheit (n)	မမြင်ကွယ်ရာ	ma. mjin gwe ja
sich zurückziehen	မျက်ကွယ်ပြုသည်	mje' kwe' pju. de
beunruhigen (vt)	စိတ်ပူအောင်လုပ်သည်	sei' pu aun lou' te
sorgen (vi)	စိတ်ပူသည်	sei' pu de
Besorgnis (f)	စိုးရိမ်မှု	sou: jein hmu.
Angst (~ um …)	စိုးရိမ်ပူပန်မှု	sou: jein bu ban hmu.
besorgt (Adj)	ကိုစွတ်စွဲရပ်ရပ်တွင်	kei. sa ti' ja' ja' twin
	နှစ်မြုပ်နေသော	ni' mju' nei de.
nervös sein	စိတ်လှုပ်ရှားသည်	sei' hlou' sha: de
in Panik verfallen (vi)	တုန်လှုပ်ချောက်ချားသည်	toun hlou' chau' cha: de
Hoffnung (f)	မျှော်လင့်ချက်	hmjo. lin. gje'
hoffen (vi)	မျှော်လင့်သည်	hmjo. lin. de
Sicherheit (f)	ကျိန်းသေ	kjein: dhei
sicher	ကျိန်းသေသော	kjein: dhei de.
Unsicherheit (f)	မရေရာခြင်း	ma. jei ja gjin:
unsicher	မရေရာသော	ma. jei ja de.
betrunken	အရက်မူးသော	aje' mu: de.
nüchtern	အရက်မမူးသော	aje' ma mu: de.
schwach	အားပျော့သော	a: bjo. de.
glücklich	ပျော်ရွှင်သော	pjo shwin de.
erschrecken (vt)	လန့်သည်	lan. de
Wut (f)	ရူးသွပ်ခြင်း	ju: dhu' chin
Rage (f)	ဒေါသ	do: dha.
Depression (f)	စိတ်ဓာတ်ကျခြင်း	sei' da' cha. gjin:

Unbehagen (n)	စိတ်ကသိကအောက်ဖြစ်ခြင်း	sei' ka thi ga au' hpji' chin:
Komfort (m)	စိတ်ချမ်းသာခြင်း	sei' chan: dha gjin:
bedauern (vt)	နောင်တရသည်	naun da. ja. de
Bedauern (n)	နောင်တရခြင်း	naun da. ja. gjin:
Missgeschick (n)	ကံဆိုးခြင်း	kan hsou: chin:
Kummer (m)	ဝမ်းနည်းခြင်း	wan: ne: gjin:

Scham (f)	အရှက်	ashe'
Freude (f)	ဝမ်းသာမှု	wan: dha hmu.
Begeisterung (f)	စိတ်အားထက်သန်မှု	sei' a: de' than hmu.
Enthusiast (m)	စိတ်အားထက်သန်သာ	sei' a: de' than hmu
Begeisterung zeigen	စိတ်အားထက်သန်မှုပြသည်	sei' a: de' than hmu. bja. de

62. Charakter. Persönlichkeit

Charakter (m)	စရိုက်	zajai'
Charakterfehler (m)	အားနည်းချက်	a: ne: gje'
Verstand (m)	ဦးနှောက်	oun: hnau'
Vernunft (f)	ဆင်ခြင်တုံတရား	hsin gjin doun da. ja:

Gewissen (n)	အသိတရား	athi. taja:
Gewohnheit (f)	အကျင့်	akjin.
Fähigkeit (f)	စွမ်းရည်	swan: ji
können (v mod)	လုပ်နိုင်သည်	lou' nain de

geduldig	သည်းခံတတ်သော	thi: khan da' te
ungeduldig	သည်းမခံတတ်သော	thi: ma. gan da' te
neugierig	စပ်စုသော	sa' su. de.
Neugier (f)	စပ်စုခြင်း	sa' su. gjin:

Bescheidenheit (f)	ကျုံ့	ein darei
bescheiden	ကျုံ့ရှိသော	ein darei shi. de
unbescheiden	ကျုံ့မရှိသော	ein darei ma. shi. de

Faulheit (f)	ပျင်းရိခြင်း	pjin: ji. gjin:
faul	ပျင်းရိသော	pjin: ji. de.
Faulenzer (m)	ပျင်း	nga. bjin:

Listigkeit (f)	ကလိမ်ကျစ်လုပ်ခြင်း	kalein kji' lou' chin
listig	ကလိမ်ကကျစ်ကျသော	kalein ka. kji' kja de.
Misstrauen (n)	သံသယဝင်ခြင်း	than thaja.
misstrauisch	သံသယဝင်သော	than thaja. win de.

Freigebigkeit (f)	ရက်ရောမှု	je' jo: hmu.
freigebig	ရက်ရောသော	je' jo: de.
talentiert	ပါရမီရှိသော	pa rami shi. de
Talent (n)	ပါရမီ	pa rami

tapfer	သတ္တိရှိသော	tha' ti. shi. de.
Tapferkeit (f)	သတ္တိ	tha' ti.
ehrlich	ရိုးသားသော	jou: dha: de.
Ehrlichkeit (f)	ရိုးသားမှု	jou: dha: hmu.
vorsichtig	ဂရုစိုက်သော	ga ju. sai' te.
tapfer	ရဲရင့်သော	je: jin. de.

ernst	လေးနက်သော	lei: ne' de.
streng	တင်းကျပ်သော	tin: gja' te

entschlossen	တိကျပြတ်သားသော	ti. gja. bja' tha: de.
unentschlossen	မတိကျမပြတ်သားသော	ma. di. gja. ma. bja' tha: de.
schüchtern	ရှက်တတ်သော	she' ta' te.
Schüchternheit (f)	ရှက်ရွံ့မှု	she' jwan. hmu.

Vertrauen (n)	မိမိကိုယ်မိမိယုံကြည်မှု	mi. mi. kou mi. mi. gji hmu.
vertrauen (vi)	ယုံကြည်သည်	joun kji de
vertrauensvoll	အယုံလွယ်သော	ajoun lwe de.

aufrichtig (Adv)	ဟန်မဆောင်ဘဲ	han ma. zaun be:
aufrichtig (Adj)	ဟန်မဆောင်တတ်သော	han ma. zaun da' te
Aufrichtigkeit (f)	ရိုးသားမှု	jou: dha: hmu.
offen	ပွင့်လင်းသော	pwin: lin: de.

still (Adj)	တိတ်ဆိတ်သော	tei' hsei' te
freimütig	ပွင့်လင်းသော	pwin: lin: de.
naiv	အယုံလွယ်သော	ajoun lwe de.
zerstreut	စဉ်းစားဉာဏ်မရှိသော	sin: za: njan ma. shi. de.
drollig, komisch	ရယ်စရာကောင်းသော	je zaja gaun: de.

Gier (f)	လောဘကြီးခြင်း	lau ba. gji: gjin:
habgierig	လောဘကြီးသော	lau ba. gji: de.
geizig	တွန့်တိုသော	tun. dou de.
böse	ယုတ်မာသော	jou' ma de.
hartnäckig	ခေါင်းမာသော	gaun: ma de.
unangenehm	မဖွယ်မရာဖြစ်သော	ma. bwe ma. ja bji' te.

Egoist (m)	တစ်ကိုယ်ကောင်းဆန်သူ	ti' kai gaun: zan dhu
egoistisch	တစ်ကိုယ်ကောင်းဆန်သော	ti' kai gaun: zan de.
Feigling (m)	ငကြောက်	nga. gjau'
feige	ကြောက်တတ်သော	kjau' ta' te.

63. Schlaf. Träume

schlafen (vi)	အိပ်သည်	ei' ja de
Schlaf (m)	အိပ်ခြင်း	ei' chin:
Traum (m)	အိပ်မက်	ei' me'
träumen (im Schlaf)	အိပ်မက်မက်သည်	ei' me' me' te
verschlafen	အိပ်ချင်သော	ei' chin de.

Bett (n)	ခုတင်	khu. din
Matratze (f)	မွေ့ယာ	mwei. ja
Decke (f)	စောင်	saun
Kissen (n)	ခေါင်းအုံး	gaun: oun:
Laken (n)	အိပ်ရာခင်း	ei' ja khin:

Schlaflosigkeit (f)	အိပ်မပျော်နိုင်ခြင်း	ei' ma. bjo nain gjin:
schlaflos	အိပ်မပျော်သော	ei' ma. bjo de.
Schlafmittel (n)	အိပ်ဆေး	ei' hsei:
Schlafmittel nehmen	အိပ်ဆေးသောက်သည်	ei' hsei: thau' te
schlafen wollen	အိပ်ချင်သည်	ei' chin de

gähnen (vi)	သမ်းသည်	than: de
schlafen gehen	အိပ်ရာဝင်သည်	ei' ja win de
das Bett machen	အိပ်ရာခင်းသည်	ei' ja khin: de
einschlafen (vi)	အိပ်ပျော်သွားသည်	ei' pjo dhwa: de

Alptraum (m)	အိပ်မက်ဆိုး	ei' me' hsou:
Schnarchen (n)	ဟောက်သံ	hau' than
schnarchen (vi)	ဟောက်သည်	hau' te

Wecker (m)	နှိုးစက်	hnou: ze'
aufwecken (vt)	နှိုးသည်	hnou: de
erwachen (vi)	နိုးသည်	nou: de
aufstehen (vi)	အိပ်ရာထသည်	ei' ja hta. de
sich waschen	မျက်နှာသစ်သည်	mje' hna dhi' te

64. Humor. Lachen. Freude

Humor (m)	ဟာသ	ha dha.
Sinn (m) für Humor	ဟာသအမြင်	ha dha. amjin
sich amüsieren	ပျော်ရွှင်သည်	pjo shwin de
froh (Adj)	ပျော်ရွှင်သော	pjo shwin de.
Fröhlichkeit (f)	ပျော်ရွှင်မှု	pjo shwin hmu

Lächeln (n)	အပြုံး	apjoun:
lächeln (vi)	ပြုံးသည်	pjoun: de
auflachen (vi)	ရယ်လိုက်သည်	je lai' te
lachen (vi)	ရယ်သည်	je de
Lachen (n)	ရယ်သံ	je dhan

Anekdote, Witz (m)	ဟာသဇာတ်လမ်း	ha dha. za' lan
lächerlich	ရယ်စရာကောင်းသော	je zaja gaun: de.
komisch	ရယ်စရာကောင်းသောသူ	je zaja gaun: de. dhu

Witz machen	စနောက်သည်	sanau' te
Spaß (m)	ရယ်စရာ	je zaja
Freude (f)	ဝမ်းသာမှု	wan: dha hmu.
sich freuen	ဝမ်းသာသည်	wan: dha de
froh (Adj)	ဝမ်းသာသော	wan dha de.

65. Diskussion, Unterhaltung. Teil 1

| Kommunikation (f) | ဆက်ဆံပြောဆိုခြင်း | hse' hsan bjou: zou gjin |
| kommunizieren (vi) | ဆက်ဆံပြောဆိုသည် | hse' hsan bjou: zou de |

Konversation (f)	စကားစမြည်	zaga: zamji
Dialog (m)	အပြန်အလှန်ပြောခြင်း	apjan a hlan bau gjin:
Diskussion (f)	ဆွေးနွေးခြင်း	hswe: nwe: gjin:
Streitgespräch (n)	အငြင်းပွားမှု	anjin: bwa: hmu.
streiten (vi)	ငြင်းခုံသည်	njin: goun de

| Gesprächspartner (m) | ပါဝင်ဆွေးနွေးသူ | pa win zwei: nwei: dhu |
| Thema (n) | ခေါင်းစဉ် | gaun: zin |

Gesichtspunkt (m)	ရှုထောင့်	shu. daun.
Meinung (f)	အမြင်	amjin
Rede (f)	စကား	zaga:

Besprechung (f)	ဆွေးနွေးခြင်း	hswe: nwe: gjin:
besprechen (vt)	ဆွေးနွေးသည်	hswe: nwe: de
Gespräch (n)	စကားပြောပွဲ	zaga: bjo: boun
Gespräche führen	စကားပြောသည်	zaga: bjo: de
Treffen (n)	တွေ့ဆုံမှု	twei. hsoun hmu
sich treffen	တွေ့ဆုံသည်	twei. hsoun de

Sprichwort (n)	စကားပုံ	zaga: boun
Redensart (f)	စကားပုံ	zaga: boun
Rätsel (n)	စကားထာ	zaga: da
ein Rätsel aufgeben	စကားထာဖွက်သည်	zaga: da bwe' te
Parole (f)	စကားဝှက်	zaga: hwe'
Geheimnis (n)	လျှို့ဝှက်ချက်	shou. hwe' che'

Eid (m), Schwur (m)	ကျမ်းသစ္စာ	kjan: thi' sa
schwören (vi, vt)	ကျမ်းသစ္စာဆိုသည်	kjan: thi' sa hsou de
Versprechen (n)	ကတိ	ka ti
versprechen (vt)	ကတိပေးသည်	gadi pei: de

Rat (m)	အကြံဉာဏ်	akjan njan
raten (vt)	အကြံပေးသည်	akjan bei: de
einen Rat befolgen	အကြံကိုလက်ခံသည်	akjan kou le' khan de
gehorchen (jemandem ~)	နားထောင်သည်	na: daun de

Neuigkeit (f)	သတင်း	dhadin:
Sensation (f)	သတင်းထူး	dhadin: du:
Informationen (pl)	သတင်းအချက်အလက်	dhadin: akje' ale'
Schlussfolgerung (f)	သုံးသပ်ချက်	thoun: dha' che'
Stimme (f)	အသံ	athan
Kompliment (n)	ချီးမွမ်းစကား	chi: mun: zaga:
freundlich	ကြင်နာသော	kjin na hmu. de.

Wort (n)	စကားလုံး	zaga: loun:
Phrase (f)	စကားစု	zaga: zu.
Antwort (f)	အဖြေ	ahpei

| Wahrheit (f) | အမှန်တရား | ahman da ja: |
| Lüge (f) | မုသား | mu. dha: |

Gedanke (m)	အတွေး	atwei:
Idee (f)	အကြံ	akjan
Phantasie (f)	စိတ်ကူးယဉ်အိပ်မက်	sei' ku: jin ei' me'

66. Diskussion, Unterhaltung. Teil 2

angesehen (Adj)	လေးစားရသော	lei: za: ja. de.
respektieren (vt)	လေးစားသည်	lei: za: de
Respekt (m)	လေးစားမှု	lei: za: hmu.
Sehr geehrter ...	လေးစားရပါသော	lei: za: ja. ba. de.
bekannt machen	မိတ်ဆက်ပေးသည်	mi' hse' pei: de

kennenlernen (vt)	စိတ်ဆက်သည်	mi' hse' te
Absicht (f)	ရည်ရွယ်ချက်	ji jwe gje'
beabsichtigen (vt)	ရည်ရွယ်သည်	ji jwe de
Wunsch (m)	ဆန္ဒ	hsan da.
wünschen (vt)	ဆန္ဒပြုသည်	hsan da. bju de

Staunen (n)	အံ့ဩခြင်း	an. o: chin:
erstaunen (vt)	အံ့ဩစေသည်	an. o: sei: de
staunen (vi)	အံ့ဩသည်	an. o. de

geben (vt)	ပေးသည်	pei: de
nehmen (vt)	ယူသည်	ju de
herausgeben (vt)	ပြန်ပေးသည်	pjan bei: de
zurückgeben (vt)	ပြန်ပေးသည်	pjan bei: de

sich entschuldigen	တောင်းပန်သည်	thaun: ban de
Entschuldigung (f)	တောင်းပန်ခြင်း	thaun: ban gjin:
verzeihen (vt)	ခွင့်လွှတ်သည်	khwin. hlu' te

sprechen (vi)	အပြန်အလှန်ပြောသည်	apjan a hlan bau de
hören (vt), zuhören (vi)	နားထောင်သည်	na: daun de
sich anhören	နားထောင်သည်	na: daun de
verstehen (vt)	နားလည်သည်	na: le de

zeigen (vt)	ပြသည်	pja. de
ansehen (vt)	ကြည့်သည်	kji. de
rufen (vt)	ခေါ်သည်	kho de
belästigen (vt)	နှောင့်ယှက်သည်	hnaun. hje' te
stören (vt)	နှောင့်ယှက်သည်	hnaun. hje' te
übergeben (vt)	တဆင့်ပေးသည်	tahsin. bei: de

Bitte (f)	တောင်းဆိုချက်	taun: hsou che'
bitten (vt)	တောင်းဆိုသည်	taun: hsou: de
Verlangen (n)	တောင်းဆိုခြင်း	taun: hsou: chin:
verlangen (vt)	တိုက်တွန်းသည်	tai' tun: de

necken (vt)	ကျီစယ်သည်	kji ze de
spotten (vi)	သရော်သည်	thajo: de
Spott (m)	သရော်ခြင်း	thajo: gjin:
Spitzname (m)	ချစ်စနိုးပေး	chi' sa. nou: bei:
	ထားသောနာမည်	da: dho: na me

Andeutung (f)	စောင်းပြောမှု	saun: bjo: hmu.
andeuten (vt)	စောင်းပြောသည်	saun: bjo: de
meinen (vt)	ဆိုလိုသည်	hsou lou de

Beschreibung (f)	ဖော်ပြချက်	hpjo bja. gje'
beschreiben (vt)	ဖော်ပြသည်	hpjo bja. de
Lob (n)	ချီးမွမ်းခြင်း	chi: mun: gjin:
loben (vt)	ချီးမွမ်းသည်	chi: mun: de

Enttäuschung (f)	စိတ်ပျက်ခြင်း	sei' pje' chin
enttäuschen (vt)	စိတ်ပျက်စေသည်	sei' pje' sei de
enttäuscht sein	စိတ်ပျက်သည်	sei' pje' te
Vermutung (f)	ယူဆခြင်း	ju za. chin:
vermuten (vt)	ယူဆသည်	ju za. de

| Warnung (f) | သတိပေးခြင်း | dhadi. pei: gjin: |
| warnen (vt) | သတိပေးသည် | dhadi. pei: de |

67. Diskussion, Unterhaltung. Teil 3

| überreden (vt) | စည်းရှုံးသည် | si: joun: de |
| beruhigen (vt) | ဖျောင်းဖျသည် | hpjaun: bja de |

Schweigen (n)	နှုတ်ဆိတ်ခြင်း	hnou' hsei' chin:
schweigen (vi)	နှုတ်ဆိတ်သည်	hnou' hsei' te
flüstern (vt)	တီးတိုးပြောသည်	ti: dou: bjo de
Flüstern (n)	တီးတိုးပြောသံ	ti: dou: bjo dhan

| offen (Adv) | ရှင်းရှင်းပြောရင် | shin: shin: bjo: ja. jin |
| meiner Meinung nach ... | မိမိအမြင်အားဖြင့် | mi. mi. amjin a: bjin. |

Detail (n)	အသေးစိတ်မှု	athei: zi' hmu.
ausführlich (Adj)	အသေးစိတ်သော	athei: zi' te.
ausführlich (Adv)	အသေးစိတ်	athei: zi'

| Tipp (m) | အရိပ်အမြွက် | aji' ajmwe' |
| einen Tipp geben | အရိပ်အမြွက်ပေးသည် | aji' ajmwe' pei: de |

Blick (m)	အသွင်	athwin
anblicken (vt)	ကြည့်သည်	kji. de
starr (z.b. -en Blick)	မလှုပ်မရှားသော	ma. hlou' sha: de
blinzeln (mit den Augen)	မျက်တောင်ခတ်သည်	mje' taun ga' te
zwinkern (mit den Augen)	မျက်စိတစ်ဖက်မှိတ်သည်	mje' zi. di' hpe' hmei' te
nicken (vi)	ခေါင်းညိတ်သည်	gaun: njei' te

Seufzer (m)	သက်ပြင်းချခြင်း	the' pjin: gja. gjin:
aufseufzen (vi)	သက်ပြင်းချသည်	the' pjin: gja. de
zusammenzucken (vi)	သိန့်သိမ့်တုန့်သည်	thein. dhein. doun de
Geste (f)	လက်ဟန်ခြေဟန်	le' han hpjei han
berühren (vt)	ထိသည်	hti. de
ergreifen (vt)	ဖမ်းကိုင်သည်	hpan: gain de
klopfen (vt)	ပုတ်သည်	pou' te

Vorsicht!	ဂရုစိုက်ပါ	ga ju. sai' pa
Wirklich?	တကယ်လား	dage la:
Sind Sie sicher?	သေချာလား	thei gja la:
Viel Glück!	အောင်မြင်ပါစေ	aun mjin ba zei
Klar!	ရှင်းပါတယ်	shin: ba de
Schade!	စိတ်မကောင်းပါဘူး	sei' ma. kaun: ba bu:

68. Zustimmung. Ablehnung

Einverständnis (n)	သဘောတူညီချက်	dhabo: tu nji gje'
zustimmen (vi)	သဘောတူသည်	dhabo: tu de
Billigung (f)	လက်ခံခြင်း	le' khan gjin:
billigen (vt)	လက်ခံသည်	le' khan de
Absage (f)	ငြင်းဆန်ခြင်း	njin: zan gjin:

sich weigern	ငြင်းဆန်သည်	njin: zan de
Ausgezeichnet!	အရမ်းကောင်း	ajan: gaun:
Ganz recht!	ကောင်းတယ်	kaun: de
Gut! Okay!	ကောင်းပြီ	kaun: bji
verboten (Adj)	တားမြစ်ထားသော	ta: mji' hta: te.
Es ist verboten	မလုပ်ရ	ma. lou' ja.
Es ist unmöglich	မဖြစ်နိုင်	ma. bji' nain
falsch	မှားသော	hma: de.
ablehnen (vt)	ပယ်ချသည်	pe gja. de
unterstützen (vt)	ထောက်ခံသည်	htau' khan de
akzeptieren (vt)	လက်ခံသည်	le' khan de
bestätigen (vt)	အတည်ပြုသည်	ati pju. de
Bestätigung (f)	အတည်ပြုချက်	ati pju. gje'
Erlaubnis (f)	ခွင့်ပြုချက်	khwin bju. che'
erlauben (vt)	ခွင့်ပြုသည်	khwin bju. de
Entscheidung (f)	ဆုံးဖြတ်ချက်	hsoun: hpja' cha'
schweigen (nicht antworten)	နှုတ်ဆိတ်သည်	hnou' hsei' te
Bedingung (f)	အခြေအနေ	achei anei
Ausrede (f)	ဆင်ခြေ	hsin gjei
Lob (n)	ချီးမွမ်းခြင်း	chi: mun: gjin:
loben (vt)	ချီးမွမ်းသည်	chi: mun: de

69. Erfolg. Alles Gute. Misserfolg

Erfolg (m)	အောင်မြင်မှု	aun mjin hmu.
erfolgreich (Adv)	အောင်မြင်စွာ	aun mjin zwa
erfolgreich (Adj)	အောင်မြင်သော	aun mjin dho:
Glück (Glücksfall)	ကံကောင်းခြင်း	kan gaun: gjin:
Viel Glück!	အောင်မြင်ပါစေ	aun mjin ba zei
Glücks- (z.B. -tag)	ကံကောင်းစွာရရှိသော	kan gaun: zwa ja. shi. de.
glücklich (Adj)	ကံကောင်းသော	kan kaun: de.
Misserfolg (m)	မအောင်မြင်ခြင်း	ma. aun mjin gjin:.
Missgeschick (n)	ကံဆိုးခြင်း	kan hsou: chin:
Unglück (n)	ကံဆိုးခြင်း	kan hsou: chin:
missglückt (Adj)	မအောင်မြင်သော	ma. aun mjin de.
Katastrophe (f)	ကပ်ဘေး	ka' bei:
Stolz (m)	ဂုဏ်	goun
stolz	ဂုဏ်ယူသော	goun dhu de.
stolz sein	ဂုဏ်ယူသည်	goun dhu de
Sieger (m)	အနိုင်ရသူ	anain ja. dhu
siegen (vi)	အနိုင်ရသည်	anain ja de
verlieren (Spiel usw.)	ရှုံးသည်	shoun: de
Versuch (m)	ကြိုးစားမှု	kjou: za: hmu.
versuchen (vt)	ကြိုးစားသည်	kjou: za: de
Chance (f)	အခွင့်အရေး	akhwin. ajei:

70. Streit. Negative Gefühle

Schrei (m)	အော်သံ	o dhan
schreien (vi)	အော်သည်	o de
beginnen zu schreien	စတင်အော်သည်	sa. tin o de

Zank (m)	ငြင်းခုံခြင်း	njin: goun gjin:
sich zanken	ငြင်းခုံသည်	njin: goun de
Riesenkrach (m)	ခိုက်ရန်ဖြစ်ခြင်း	khai' jan bji' chin:
Krach haben	ခိုက်ရန်ဖြစ်သည်	khai' jan bji' te
Konflikt (m)	အငြင်းပွားမှု	anjin: bwa: hmu.
Missverständnis (n)	နားလည်မှုလွဲခြင်း	na: le hmu. lwe: gjin:

Kränkung (f)	စော်ကားမှု	so ga: hmu
kränken (vt)	စော်ကားသည်	so ga: de
gekränkt (Adj)	အစော်ကားခံရသော	aso ka: gan ja de.
Beleidigung (f)	စိတ်နာမှု	sei' na hmu.
beleidigen (vt)	စိတ်နာအောင်လုပ်သည်	sei' na aun lou' te
sich beleidigt fühlen	စိတ်နာသည်	sei' na de

Empörung (f)	မခံမရပ်နိုင်ဖြစ်ခြင်း	ma. gan ma. ja' nain bji' chin
sich empören	မခံမရပ်နိုင်ဖြစ်သည်	ma. gan ma. ja' nain bji' te
Klage (f)	တိုင်ကြားခြင်း	tain bjo: gjin:
klagen (vi)	တိုင်ကြားသည်	tain bjo: de

Entschuldigung (f)	တောင်းပန်ခြင်း	thaun: ban gjin:
sich entschuldigen	တောင်းပန်သည်	thaun: ban de
um Entschuldigung bitten	တောင်းပန်သည်	thaun: ban de

Kritik (f)	ဝေဖန်မှု	wei ban hmu.
kritisieren (vt)	ဝေဖန်သည်	wei ban de
Anklage (f)	စွပ်စွဲခြင်း	su' swe: chin:
anklagen (vt)	စွပ်စွဲသည်	su' swe: de

Rache (f)	လက်စားရေးခြင်း	le' sa: gjei gjin:
rächen (vt)	လက်စားရေးသည်	le' sa: gjei de
sich rächen	ပြန်လည်သည်	pjan za' te

Verachtung (f)	အထင်သေးခြင်း	a htin dhei: gjin:
verachten (vt)	အထင်သေးသည်	a htin dhei: de
Hass (m)	အမုန်း	amun:
hassen (vt)	မုန်းသည်	moun: de

nervös	စိတ်လှုပ်ရှားသော	sei' hlou' sha: de.
nervös sein	စိတ်လှုပ်ရှားသည်	sei' hlou' sha: de
verärgert	စိတ်ဆိုးသော	sei' hsou: de.
ärgern (vt)	ဒေါသထွက်စေသည်	do: dha. dwe' sei de

Erniedrigung (f)	မျက်နှာပျက်ရခြင်း	mje' hna bje' ja gjin:
erniedrigen (vt)	မျက်နှာပျက်စေသည်	mje' hna bje' sei de
sich erniedrigen	အရှက်ရသည်	ashe' ja. de

Schock (m)	တုန်လှုပ်ချောက်ချားခြင်း	toun hlou' chau' cha: gjin:
schockieren (vt)	တုန်လှုပ်ချောက်ချားသည်	toun hlou' chau' cha: de
Ärger (m)	ဒုက္ခ	dou' kha.

unangenehm	မဖွယ်မရာဖြစ်သော	ma. bwe ma. ja bji' te.
Angst (f)	ကြောက်ရွံ့ခြင်း	kjau' jun. gjin:
furchtbar (z.B. -e Sturm)	အလွန်	alun
schrecklich	ထိတ်လန့်သော	htei' lan. de
Entsetzen (n)	ကြောက်မက်ဖွယ်ရာ	kjau' ma' hpwe ja
entsetzlich	ကြောက်မက်ဖွယ်ဖြစ်သော	kjau' ma' hpwe bja' te.

zittern (vi)	တုန်သည်	toun de
weinen (vi)	ငိုသည်	ngou de
anfangen zu weinen	မျက်ရည်ဝဲသည်	mje' je we: de
Träne (f)	မျက်ရည်	mje' je

Schuld (f)	အပြစ်	apja'
Schuldgefühl (n)	စိတ်မသန့်ရှင်း	sei' ma. dhan. gjin:
Schmach (f)	အရှက်	ashe'
Protest (m)	ကန့်ကွက်ချက်	kan gwe' che'
Stress (m)	စိတ်ဖိစီးမှု	sei' hpi zi: hmu.

stören (vt)	နှောင့်ယှက်သည်	hnaun. hje' te
sich ärgern	ဒေါသထွက်သည်	do: dha. dwe' de
ärgerlich	ဒေါသကြီးသော	do: dha. gji: de.
abbrechen (vi)	အဆုံးသတ်သည်	ahsoun: tha' te
schelten (vi)	ဆူပူကြိမ်းမောင်းသည်	hsu. bu gjein: maun: de

erschrecken (vi)	လန့်သွားသည်	lan. dhwa: de
schlagen (vt)	ရိုက်သည်	jai' te
sich prügeln	ရိုက်ရန်ဖြစ်သည်	khai' jan bji' te

beilegen (Konflikt usw.)	ဖျန်ဖြေပေးသည်	hpan bjei bjei: de
unzufrieden	မကျေနပ်သော	ma. gjei na' te.
wütend	ပြင်းထန်သော	pjin: dan dho:

| Das ist nicht gut! | ဒါ မကောင်းဘူး | da ma. gaun: dhu: |
| Das ist schlecht! | ဒါတော့ဆိုးတယ် | da do. zou: de |

Medizin

71. Krankheiten

Deutsch	Burmesisch	Lautschrift
Krankheit (f)	ရောဂါ	jo: ga
krank sein	ဖျားနာသည်	hpa: na de
Gesundheit (f)	ကျန်းမာရေး	kjan: ma jei:
Schnupfen (m)	နှာစေးခြင်း	hna zei: gjin:
Angina (f)	အာသီးရောင်ခြင်း	a sha. jaun gjin:
Erkältung (f)	အအေးမိခြင်း	aei: mi. gjin:
sich erkälten	အအေးမိသည်	aei: mi. de
Bronchitis (f)	ရောင်းဆိုးရင်ကျပ်နာ	gaun: ou: jin gja' na
Lungenentzündung (f)	အဆုတ်ရောင်ရောဂါ	ahsou' jaun jo: ga
Grippe (f)	တုပ်ကွေး	tou' kwei:
kurzsichtig	အဝေးမှုန်သော	awei: hmun de.
weitsichtig	အနီးမှုန်	ani: hmoun
Schielen (n)	မျက်စိစွေခြင်း	mje' zi. zwei gjin:
schielend (Adj)	မျက်စိစွေသော	mje' zi. zwei de.
grauer Star (m)	နာမကျန်းဖြစ်ခြင်း	na. ma. gjan: bji' chin:
Glaukom (n)	ရေတိမ်	jei dein
Schlaganfall (m)	လေသင်တုန်းဖြတ်ခြင်း	lei dhin doun: bja' chin:
Infarkt (m)	နှလုံးဖောက်ပြန်မှု	hnaloun: bau' bjan hmu.
Herzinfarkt (m)	နှလုံးကြွက်သားပုပ်ခြင်း	hnaloun: gjwe' tha: bou' chin:
Lähmung (f)	သွက်ချာပါဒ	thwe' cha ba da.
lähmen (vt)	လိုင်းတွသွားသည်	hsain: dwa dhwa: de
Allergie (f)	မတည့်ခြင်း	ma. de. gjin:
Asthma (n)	ပန်းနာ	pan: na
Diabetes (m)	ဆီးချိုရောဂါ	hsi: gjou jau ba
Zahnschmerz (m)	သွားကိုက်ခြင်း	thwa: kai' chin:
Karies (f)	သွားပိုးစားခြင်း	thwa: pou: za: gjin:
Durchfall (m)	ဝမ်းလျှောခြင်း	wan: sho: gjin:
Verstopfung (f)	ဝမ်းချုပ်ခြင်း	wan: gjou' chin:
Magenverstimmung (f)	ဗိုက်နာခြင်း	bai' na gjin:
Vergiftung (f)	အစာအဆိပ်သင့်ခြင်း	asa: ahsei' thin. gjin:
Vergiftung bekommen	အစားမှားခြင်း	asa: hma: gjin:
Arthritis (f)	အဆစ်ရောင်နာ	ahsi' jaun na
Rachitis (f)	အရိုးပျော့နာ	ajou: bjau. na
Rheumatismus (m)	ဒူလာ	du la
Atherosklerose (f)	နှလုံးသွေးကြော အဆိပ်တက်ခြင်း	hna. loun: twei: kjau ahsi pei' khin:
Gastritis (f)	အစာအိမ်ရောင်ရမ်းနာ	asa: ein jaun jan: na
Blinddarmentzündung (f)	အူအတက်ရောင်ခြင်း	au hte' jaun gjin:

69

| Cholezystitis (f) | သည်းခြေပြွန်ရောင်ခြင်း | thi: gjei bjun jaun gjin: |
| Geschwür (n) | ဖက်ခွက်နာ | hpe' khwe' na |

Masern (pl)	ဝက်သက်	we' the'
Röteln (pl)	ဂျုက်သိုး	gjou' thou:
Gelbsucht (f)	အသားဝါရောဂါ	atha: wa jo: ga
Hepatitis (f)	အသည်းရောင်ရောဂါ	athe: jaun jau ba

Schizophrenie (f)	စိတ်ကစဥ့်ကလျားရောဂါ	sei' ga. zin. ga. lja: jo: ga
Tollwut (f)	ခွေးရူးပြန်ရောဂါ	khwei: ju: bjan jo: ba
Neurose (f)	စိတ်မှုမမှန်ခြင်း	sei' mu ma. hman gjin:
Gehirnerschütterung (f)	ဦးနှောက်ထိခိုက်ခြင်း	oun: hnau' hti. gai' chin:

Krebs (m)	ကင်ဆာ	kin hsa
Sklerose (f)	အသားမျှင်ခက် မာသွားခြင်း	atha: hmjin kha' ma dwa: gjin:
multiple Sklerose (f)	အာရုံကြောပျက်စီး ရောင်ရမ်းသည့်ရောဂါ	a joun gjo: bje' si: jaun jan: dhi. jo: ga

Alkoholismus (m)	အရက်နာဇွဲခြင်း	aje' na zwe: gjin:
Alkoholiker (m)	အရက်သမား	aje' dha. ma:
Syphilis (f)	ဆစ်ဖလစ်ကာလသားရောဂါ	his' hpa. li' ka la. dha: jo: ba
AIDS	ကိုယ်ခံအားကျကူးစက်ရောဂါ	kou khan a: kja ku: za' jau ba

Tumor (m)	အသားပို	atha: pou
bösartig	ကင်ဆာဖြစ်နေသော	kin hsa bji' nei de.
gutartig	ပြန့်ပွားခြင်းမရှိသော	pjan. bwa: gjin: ma. shi. de.

Fieber (n)	အဖျားတက်ရောဂါ	ahpja: de' jo: ga
Malaria (f)	ငှက်ဖျားရောဂါ	hnge' hpja: jo: ba
Gangrän (f, n)	ဂန်ဂရန်ရောဂါ	gan ga. ji na jo: ba
Seekrankheit (f)	လှိုင်းမူးခြင်း	hlain: mu: gjin:
Epilepsie (f)	ဝက်ရူးပြန်ရောဂါ	we' ju: bjan jo: ga

Epidemie (f)	ကပ်ရောဂါ	ka' jo ba
Typhus (m)	တိုက်ဖိုက်ရောဂါ	tai' hpai' jo: ba
Tuberkulose (f)	တီဘီရောဂါ	ti bi jo: ba
Cholera (f)	ကာလဝမ်းရောဂါ	ka la. wan: jau ga
Pest (f)	ကပ်ဆိုး	ka' hsou:

72. Symptome. Behandlungen. Teil 1

Symptom (n)	လက္ခဏာ	le' khana
Temperatur (f)	အပူချိန်	apu gjein
Fieber (n)	ကိုယ်အပူချိန်တက်	kou apu chain de'
Puls (m)	သွေးခုန်နှန်း	thwei: khoun hnan:

Schwindel (m)	မူးနောက်ခြင်း	mu: nau' chin:
heiß (Stirne usw.)	ပူသော	pu dho:
Schüttelfrost (m)	တုန်ခြင်း	toun gjin:
blass (z.B. -es Gesicht)	ဖြူရော်သော	hpju jo de.

Husten (m)	ချောင်းဆိုးခြင်း	gaun: zou: gjin:
husten (vi)	ချောင်းဆိုးသည်	gaun: zou: de
niesen (vi)	နှာချေသည်	hna gjei de

Ohnmacht (f)	အားနည်းခြင်း	a: ne: gjin:
ohnmächtig werden	သတိလစ်သည်	dhadi. li' te

blauer Fleck (m)	ပွန်းပဲ့ဒဏ်ရာ	pun: be. dan ja
Beule (f)	ေဆာင့်မိခြင်း	hsaun. mi. gjin:
sich stoßen	ေဆာင့်မိသည်	hsaun. mi. de.
Prellung (f)	ပွန်းပဲ့ဒဏ်ရာ	pun: be. dan ja
sich stoßen	ပွန်းပဲ့ဒဏ်ရာရသည်	pun: be. dan ja ja. de

hinken (vi)	ေထာ့နဲ့ေထာ့နဲ့ေလျှာက်သည်	hto. ne. hto. ne. shau' te
Verrenkung (f)	အဆစ်လွဲခြင်း	ahsi' lwe: gjin:
ausrenken (vt)	အဆစ်လွဲသည်	ahsi' lwe: de
Fraktur (f)	ကျိုးအက်ခြင်း	kjou: e' chin:
brechen (Arm usw.)	ကျိုးအက်သည်	kjou: e' te

Schnittwunde (f)	ရှသည်	sha. de
sich schneiden	ရှမိသည်	sha. mi. de
Blutung (f)	ေသွးထွက်ခြင်း	thwei: htwe' chin:

Verbrennung (f)	မီးေလာင်သည့်ဒဏ်ရာ	mi: laun de. dan ja
sich verbrennen	မီးေလာင်ဒဏ်ရာရသည်	mi: laun dan ja ja. de

stechen (vt)	ေဖာက်သည်	hpau' te
sich stechen	ကိုယ်တိုင်ေဖာက်သည်	kou tain hpau' te
verletzen (vt)	ထိခိုက်ဒဏ်ရာရသည်	hti. gai' dan ja ja. de
Verletzung (f)	ထိခိုက်ဒဏ်ရာ	hti. gai' dan ja
Wunde (f)	ဒဏ်ရာ	dan ja
Trauma (n)	စိတ်ဒဏ်ရာ	sei' dan ja

irrereden (vi)	ကေယာင်ကတမ်းဖြစ်သည်	kajaun ka dan: bi' te
stottern (vi)	တုံ့ေနးတုံ့ေနးဖြစ်သည်	toun. hnei: toun. hnei: bji' te
Sonnenstich (m)	အပူလျှပ်ခြင်း	apu hlja' chin

73. Symptome. Behandlungen. Teil 2

Schmerz (m)	နာကျင်မှု	na gjin hmu.
Splitter (m)	ပဲ့ထွက်ေသာအစ	pe. dwe' tho: asa.

Schweiß (m)	ေချွး	chwei:
schwitzen (vi)	ေချွးထွက်သည်	chwei: htwe' te
Erbrechen (n)	အန်ခြင်း	an gjin:
Krämpfe (pl)	အကြောလိုက်ခြင်း	akjo: lai' chin:

schwanger	ကိုယ်ဝန်ေဆာင်ထားေသာ	kou wun hsaun da: de.
geboren sein	ေမွးဖွားသည်	mwei: bwa: de
Geburt (f)	မီးဖွားခြင်း	mi: bwa: gjin:
gebären (vt)	မီးဖွားသည်	mi: bwa: de
Abtreibung (f)	ကိုယ်ဝန်ဖျက်ချခြင်း	kou wun hpje' cha chin:

Atem (m)	အသက်ရှူခြင်း	athe' shu gjin:
Atemzug (m)	ဝင်ေလ	win lei
Ausatmung (f)	ထွက်ေလ	htwe' lei
ausatmen (vt)	အသက်ရှူထုတ်သည်	athe' shu dou' te
einatmen (vt)	အသက်ရှူသွင်းသည်	athe' shu dhwin: de

Invalide (m)	ကိုယ်အင်္ဂါမသန်စွမ်းသူ	kou an ga ma. dhan swan: dhu
Krüppel (m)	မသန်မစွမ်းသူ	ma. dhan ma. zwan dhu
Drogenabhängiger (m)	ဆေးစွဲသူ	hsei: zwe: dhu

taub	နားမကြားသော	na: ma. gja: de.
stumm	ဆွံ့အသော	hsun. ade.
taubstumm	ဆွံ့အ နားမကြားသူ	hsun. ana: ma. gja: dhu

verrückt (Adj)	စိတ်မနှံ့သော	sei' ma. hnan. de.
Irre (m)	စိတ်မနှံ့သူ	sei' ma. hnan. dhu
Irre (f)	စိတ်ဝေဒနာရှင် မိန်းကလေး	sei' wei da. na shin mein: ga. lei:
den Verstand verlieren	ရူးသွပ်သည်	ju: dhu' de

Gen (n)	မျိုးရိုးဗီဇ	mjou: jou: bi za.
Immunität (f)	ကုယ်ခံအား	kou gan a:
erblich	မျိုးရိုးလိုက်သော	mjou: jou: lou' te.
angeboren	မွေးရာပါဖြစ်သော	mwei: ja ba bji' te.

Virus (m, n)	ဗိုင်းရပ်ပိုးများ	bain: ja' pou: hmwa:
Mikrobe (f)	အဏုဇီဝရပ်	anu zi wa. jou'
Bakterie (f)	ဗက်တီးရီးယားပိုး	be' ti: ji: ja: bou:
Infektion (f)	ရောဂါကူးစက်မှု	jo ga gu: ze' hmu.

74. Symptome. Behandlungen. Teil 3

| Krankenhaus (n) | ဆေးရုံ | hsei: joun |
| Patient (m) | လူနာ | lu na |

Diagnose (f)	ရောဂါစစ်ဆေးခြင်း	jo ga zi' hsei: gjin:
Heilung (f)	ဆေးကုထုံး	hsei: ku. doun:
Behandlung (f)	ဆေးဝါးကုသမှု	hsei: wa: gu. dha. hmu.
Behandlung bekommen	ဆေးကုသမှုခံယူသည်	hsei: ku. dha. hmu. dha de
behandeln (vt)	ပြုစုသည်	pju. zu. de
pflegen (Kranke)	ပြုစုစောင့်ရှောက်သည်	pju. zu. zaun. shau' te
Pflege (f)	ပြုစုစောင့်ရှောက်ခြင်း	pju. zu. zaun. shau' chin:

Operation (f)	ခွဲစိတ်ကုသခြင်း	khwe: zei' ku. dha. hin:
verbinden (vt)	ပတ်တီးစည်းသည်	pa' ti: ze: de
Verband (m)	ပတ်တီးစည်းခြင်း	pa' ti: ze: gjin:

Impfung (f)	ကာကွယ်ဆေးထိုးခြင်း	ka gwe hsei: dou: gjin:
impfen (vt)	ကာကွယ်ဆေးထိုးသည်	ka gwe hsei: dou: de
Spritze (f)	ဆေးထိုးခြင်း	hsei: dou: gjin:
eine Spritze geben	ဆေးထိုးသည်	hsei: dou: de

Anfall (m)	ရောဂါ ရုတ်တရက်ကျရောက်ခြင်း	jo ga jou' ta. je' kja. jau' chin:
Amputation (f)	ဖြတ်တောက်ကုသခြင်း	hpja' tau' ku. dha gjin:
amputieren (vt)	ဖြတ်တောက်ကုသသည်	hpja' tau' ku. dha de
Koma (n)	မေ့မြောခြင်း	mei. mjo: gjin:
im Koma liegen	မေ့မြောသည်	mei. mjo: de
Reanimation (f)	အသွင်းကုန်ပြုခြင်း	aswan: boun bju. zu. bjin:
genesen von ... (vi)	ရောဂါသက်သာလာဘာသည်	jo ga dhe' tha la de

Zustand (m)	ကျန်းမာရေးအခြေအနေ	kjan: ma jei: achei a nei
Bewusstsein (n)	ပြန်လည်သတိရလာခြင်း	pjan le dhadi. ja. la. gjin:
Gedächtnis (n)	မှတ်ဉာဏ်	hma' njan
ziehen (einen Zahn ~)	နုတ်သည်	hna' te
Plombe (f)	သွားပေါက်ဖာပေးမှု	thwa: bau' hpa dei: hmu.
plombieren (vt)	ဖာသည်	hpa de
Hypnose (f)	အိပ်မွေ့ချခြင်း	ei' mwei. gja. gjin:
hypnotisieren (vt)	အိပ်မွေ့ချသည်	ei' mwei. gja. de

75. Ärzte

Arzt (m)	ဆရာဝန်	hsa ja wun
Krankenschwester (f)	သူနာပြု	thu na bju.
Privatarzt (m)	ကိုယ်ရေး ဆရာဝန်	kou jei: hsaja wun
Zahnarzt (m)	သွားဆရာဝန်	thwa: hsaja wun
Augenarzt (m)	မျက်စိဆရာဝန်	mje' si. za. ja wun
Internist (m)	ရောဂါရှာဖွေရေးဆရာဝန်	jo ga sha bwei jei: hsaja wun
Chirurg (m)	ခွဲစိတ်ကုဆရာဝန်	khwe: hsei' ku hsaja wun
Psychiater (m)	စိတ်ရောဂါအထူးကုဆရာဝန်	sei' jo: ga ahtu: gu. zaja wun
Kinderarzt (m)	ကလေးအထူးကုဆရာဝန်	kalei: ahtu: ku. hsaja wun
Psychologe (m)	စိတ်ပညာရှင်	sei' pjin nja shin
Frauenarzt (m)	မီးယပ်ရောဂါအထူး ကုဆရာဝန်	mi: ja' jo: ga ahtu: gu za. ja wun
Kardiologe (m)	နှလုံးရောဂါအထူး ကုဆရာဝန်	hnaloun: jo: ga ahtu: gu. zaja wun

76. Medizin. Medikamente. Accessoires

Arznei (f)	ဆေးဝါး	hsei: wa:
Heilmittel (n)	ကုသခြင်း	ku. dha. gjin:
verschreiben (vt)	ဆေးအညွှန်းပေးသည်	hsa: ahnjun; bwe: de
Rezept (n)	ဆေးညွှန်း	hsei: hnjun:
Tablette (f)	ဆေးပြား	hsei: bja:
Salbe (f)	လိမ်းဆေး	lein: zei:
Ampulle (f)	လေလုံဖန်ပုလင်းငယ်	lei loun ban bu. lin: nge
Mixtur (f)	စပ်ဆေးရည်	sa' ei: je
Sirup (m)	ဖျော်ရည်ဆီ	hpjo jei zi
Pille (f)	ဆေးတောင့်	hsei: daun.
Pulver (n)	အမှုန့်	ahmoun.
Verband (m)	ပတ်တီး	pa' ti:
Watte (f)	ဂွမ်းလိပ်	gwan: lei'
Jod (n)	တင်ဂျာအိုင်ဒင်း	tin gja ein din:
Pflaster (n)	ပလာစတာ	pa. la sata
Pipette (f)	မျက်စဉ်းခတ်ကိရိယာ	mje' zin: ba' ki. ji. ja
Thermometer (n)	အပူရှိန်တိုင်းကိရိယာ	apu gjein dain: gi. ji. ja

Spritze (f)	ဆေးထိုးပြွတ်	hsei: dou: bju'
Rollstuhl (m)	ဘီးတပ်ကုလားထိုင်	bi: da' ku. la: dain
Krücken (pl)	ချိုင်းထောက်	chain: dau'

Betäubungsmittel (n)	အကိုက်အခဲပျောက်ဆေး	akai' akhe: pjau' hsei:
Abführmittel (n)	ဝမ်းနုတ်ဆေး	wan: hnou' hsei:
Spiritus (m)	အရက်ပျံ	aje' pjan
Heilkraut (n)	ဆေးဖက်ဝင်အပင်များ	hsei: hpa' win apin mja:
Kräuter- (z.B. Kräutertee)	ဆေးဖက်ဝင်အပင် နှင့်ဆိုင်သော	hsei: hpa' win apin hnin. zain de.

77. Rauchen. Tabakwaren

Tabak (m)	ဆေးရွက်ကြီး	hsei: jwe' kji:
Zigarette (f)	စီးကရက်	si: ga. ja'
Zigarre (f)	ဆေးပြင်းလိပ်	hsei: bjin: li'
Pfeife (f)	ဆေးတံ	hsei: dan
Packung (f)	ဘူး	bu:

Streichhölzer (pl)	မီးခြစ်ဆံများ	mi: gji' zain mja:
Streichholzschachtel (f)	မီးခြစ်ဆံဘူး	mi: gji' zain bu:
Feuerzeug (n)	မီးခြစ်	mi: gji'
Aschenbecher (m)	ဆေးလိပ်ပြာခွက်	hsei: lei' pja gwe'
Zigarettenetui (n)	စီးကရက်အလှူး	si: ga. ja' ahla. bu:

| Mundstück (n) | စီးကရက်ထည့်သောက်သည့် ပြွန်တံငယ် | si: ga. ja' hti. dau' thi. bjwan dan nge |
| Filter (n) | ဖင်ဆီဂံ | hpin zi gan |

rauchen (vi, vt)	ဆေးလိပ်သောက်သည်	hsei: lei' ma. dhau' te
anrauchen (vt)	ဆေးလိပ်မီးညှိသည်	hsei: lei' mi: hni. de
Rauchen (n)	ဆေးလိပ်သောက်ခြင်း	hsei: lei' ma. dhau' chin:
Raucher (m)	ဆေးလိပ်သောက်သူ	hsei: lei' ma. dhau' thu

Stummel (m)	ဆေးလိပ်တို	hsei: lei' tou
Rauch (m)	မီးခိုး	mi: gou:
Asche (f)	ပြာ	pja

LEBENSRAUM DES MENSCHEN

Stadt

78. Stadt. Leben in der Stadt

Stadt (f)	မြို့	mjou.
Hauptstadt (f)	မြို့တော်	mjou. do
Dorf (n)	ရွာ	jwa
Stadtplan (m)	မြို့လမ်းညွှန်မြေပုံ	mjou. lan hnjun mjei boun
Stadtzentrum (n)	မြို့လယ်ခေါင်	mjou. le gaun
Vorort (m)	ဆင်ခြေဖုံးအရပ်	hsin gjei aja'
Vorort-	ဆင်ခြေဖုံးအရပ်ဖြစ်သော	hsin gjei hpoun aja' hpa' te.
Stadtrand (m)	မြို့စွန်	mjou. zun
Umgebung (f)	ပတ်ဝန်းကျင်	pa' wun: gjin:
Stadtviertel (n)	စည်ကားရာမြို့လယ်နေရာ	si: ga: ja mjou. le nei ja
Wohnblock (m)	လူနေရပ်ကွက်	lu nei ja' kwe'
Straßenverkehr (m)	ယာဉ်အသွားအလာ	jin athwa: ala
Ampel (f)	မီးပွိုင့်	mi: bwain.
Stadtverkehr (m)	ပြည်သူပိုင်ခရီးသွားမြို့ဆောင်ရေး	pji dhu bain gaji: dhwa: bou. zaun jei:
Straßenkreuzung (f)	လမ်းဆုံ	lan: zoun
Übergang (m)	လူကူးမျဉ်းကြား	lu gu: mji: gja:
Fußgängerunterführung (f)	မြေအောက်လမ်းကူး	mjei au' lan: gu:
überqueren (vt)	လမ်းကူးသည်	lan: gu: de
Fußgänger (m)	လမ်းသွားလမ်းလာ	lan: dhwa: lan: la
Gehweg (m)	လူသွားလမ်း	lu dhwa: lan:
Brücke (f)	တံတား	dada:
Kai (m)	ကမ်းနားတမံ	kan: na: da. man
Springbrunnen (m)	ရေပန်း	jei ban:
Allee (f)	ရိပ်သာလမ်း	jei' tha lan:
Park (m)	ပန်းခြံ	pan: gjan
Boulevard (m)	လမ်းဝယ်	lan: ge
Platz (m)	ရင်ပြင်	jin bjin
Avenue (f)	လမ်းမကြီး	lan: mi. gji:
Straße (f)	လမ်း	lan:
Gasse (f)	လမ်းသွယ်	lan: dhwe
Sackgasse (f)	လမ်းဆုံး	lan: zoun:
Haus (n)	အိမ်	ein
Gebäude (n)	အဆောက်အဦ	ahsau' au
Wolkenkratzer (m)	မိုးမျှော်တိုက်	mou: hmjo tou'
Fassade (f)	အိမ်ရှေ့နံရံ	ein shei. nan jan

Dach (n)	အမိုး	amou:
Fenster (n)	ပြတင်းပေါက်	badin: pau'
Bogen (m)	မုခ်ဝ	mou' wa.
Säule (f)	တိုင်	tain
Ecke (f)	ထောင့်	htaun.

Schaufenster (n)	ဆိုင်ရှေ့ပစ္စည်း အခင်းအကျင်း	hseun shei. bji' si: akhin: akjin:
Firmenschild (n)	ဆိုင်းဘုတ်	hsain: bou'
Anschlag (m)	ပိုစတာ	pou sata
Werbeposter (m)	ကြော်ငြာပိုစတာ	kjo nja bou sata
Werbeschild (n)	ကြော်ငြာဆိုင်းဘုတ်	kjo nja zain: bou'

Müll (m)	အမှိုက်	ahmai'
Mülleimer (m)	အမှိုက်ပုံး	ahmai' poun:
Abfall wegwerfen	လွှင့်ပစ်သည်	hlwin. bi' te
Mülldeponie (f)	အမှိုက်ပုံ	ahmai' poun

Telefonzelle (f)	တယ်လီဖုန်းဆက်ရန်နေရာ	te li hpoun: ze' jan nei ja
Straßenlaterne (f)	လမ်းမီး	lan: mi:
Bank (Park-)	ခုံတန်းရှည်	khoun dan: shei

Polizist (m)	ရဲ	je:
Polizei (f)	ရဲ	je:
Bettler (m)	သူတောင်းစား	thu daun: za:
Obdachlose (m)	အိမ်ယာမဲ့	ein ja me.

79. Innerstädtische Einrichtungen

Laden (m)	ဆိုင်	hsain
Apotheke (f)	ဆေးဆိုင်	hsei: zain
Optik (f)	မျက်မှန်ဆိုင်	mje' hman zain
Einkaufszentrum (n)	ဈေးဝင်စင်တာ	zei: wun zin da
Supermarkt (m)	ကုန်တိုက်ကြီး	koun dou' kji:

Bäckerei (f)	မုန့်တိုက်	moun. dai'
Bäcker (m)	ပေါင်မုန့်ဖုတ်သူ	paun moun. bou' dhu
Konditorei (f)	မုန့်ဆိုင်	moun. zain
Lebensmittelladen (m)	ကုန်စုံဆိုင်	koun zoun zain
Metzgerei (f)	အသားဆိုင်	atha: ain

| Gemüseladen (m) | ဟင်းသီးဟင်းရွက်ဆိုင် | hin: dhi: hin: jwe' hsain |
| Markt (m) | ဈေး | zei: |

Kaffeehaus (n)	ကော်ဖီဆိုင်	ko hpi zain
Restaurant (n)	စားသောက်ဆိုင်	sa: thau' hsain
Bierstube (f)	ဘီယာဆိုင်	bi ja zain:
Pizzeria (f)	ပီဇာမုန့်ဆိုင်	pi za moun. zain

Friseursalon (m)	ဆံပင်ညှပ်ဆိုင်	zain hnja' hsain
Post (f)	စာတိုက်	sa dai'
chemische Reinigung (f)	အဝတ်အခြောက်လျှော်လုပ်ငန်း	awu' achou' hlo: lou' ngan:
Fotostudio (n)	ဓာတ်ပုံရိုက်ခန်း	da' poun jai' khan:
Schuhgeschäft (n)	ဖိနပ်ဆိုင်	hpana' sain

Buchhandlung (f)	စာအုပ်ဆိုင်	sa ou' hsain
Sportgeschäft (n)	အားကစားပစ္စည်းဆိုင်	a: gaza: pji' si: zain
Kleiderreparatur (f)	စက်ပြင်ဆိုင်	se' pjin zain
Bekleidungsverleih (m)	ဝတ်စုံအငှားဆိုင်	wa' zoun ahnga: zain
Videothek (f)	အခွေငှားဆိုင်	akhwei hnga: zain:
Zirkus (m)	ဆပ်ကပ်	hsa' ka'
Zoo (m)	တိရစ္ဆာန်ဥယျာဉ်	tharei' hsan u. jin
Kino (n)	ရုပ်ရှင်ရုံ	jou' shin joun
Museum (n)	ပြတိုက်	pja. dai'
Bibliothek (f)	စာကြည့်တိုက်	sa gji. dai'
Theater (n)	ကဇာတ်ရုံ	ka. za' joun
Opernhaus (n)	အော်ပရာဇာတ်ရုံ	o pa ra za' joun
Nachtklub (m)	နိုက်ကလပ်	nai' ka. la'
Kasino (n)	လောင်းကစားရုံ	laun: gaza: joun
Moschee (f)	ဗလီ	bali
Synagoge (f)	ရှူးဒီဘုရား ရှိုးကျောင်း	ja. hu di bu. ja: shi. gou: gjaun:
Kathedrale (f)	ဘုရားရှိခိုးကျောင်းတော်	hpaja: gjaun: do:
Tempel (m)	ဘုရားကျောင်း	hpaja: gjaun:
Kirche (f)	ဘုရားကျောင်း	hpaja: gjaun:
Institut (n)	တက္ကသိုလ်	te' kathou
Universität (f)	တက္ကသိုလ်	te' kathou
Schule (f)	စာသင်ကျောင်း	sa dhin gjaun:
Präfektur (f)	စီရင်စုနယ်	si jin zu. ne
Rathaus (n)	မြို့တော်ခန်းမ	mjou. do gan: ma.
Hotel (n)	ဟိုတယ်	hou te
Bank (f)	ဘဏ်	ban
Botschaft (f)	သံရုံး	than joun:
Reisebüro (n)	ခရီးသွားလုပ်ငန်း	khaji: thwa: lou' ngan:
Informationsbüro (n)	သတင်းအချက်အလက်ဌာန	dhadin: akje' ale' hta. na.
Wechselstube (f)	ငွေလဲရန်နေရာ	ngwei le: jan nei ja
U-Bahn (f)	မြေအောက်ဥမင်လမ်း	mjei au' u. min lan:
Krankenhaus (n)	ဆေးရုံ	hsei: joun
Tankstelle (f)	ဆီဆိုင်	hsi: zain
Parkplatz (m)	ကားပါကင်	ka: pa kin

80. Schilder

Firmenschild (n)	ဆိုင်းဘုတ်	hsain: bou'
Aufschrift (f)	သတိပေးစာ	dhadi. pei: za
Plakat (n)	ပိုစတာ	pou sata
Wegweiser (m)	လမ်းညွှန်	lan: hnjun
Pfeil (m)	လမ်းညွှန်မြား	lan: hnjun hmja:
Vorsicht (f)	သတိပေးချင်း	dhadi. pei: gjin:
Warnung (f)	သတိပေးချက်	dhadi. pei: gje'

warnen (vt)	သတိပေးသည်	dhadi. pei: de
freier Tag (m)	ရုံးပိတ်ရက်	joun: bei' je'
Fahrplan (m)	အချိန်ဇယား	achein zaja:
Öffnungszeiten (pl)	ဖွင့်ချိန်	hpwin. gjin

HERZLICH WILLKOMMEN!	ကြိုဆိုပါသည်	kjou hsou ba de
EINGANG	ဝင်ပေါက်	win bau'
AUSGANG	ထွက်ပေါက်	htwe' pau'

DRÜCKEN	တွန်းသည်	tun: de
ZIEHEN	ဆွဲသည်	hswe: de
GEÖFFNET	ဖွင့်သည်	hpwin. de
GESCHLOSSEN	ပိတ်သည်	pei' te

| DAMEN, FRAUEN | အမျိုးသမီးသုံး | amjou: dhami: dhoun: |
| HERREN, MÄNNER | အမျိုးသားသုံး | amjou: dha: dhoun: |

AUSVERKAUF	လျှော့ဈေး	sho. zei:
REDUZIERT	လျှော့ဈေး	sho. zei:
NEU!	အသစ်	athi'
GRATIS	အခမဲ့	akha me.

ACHTUNG!	သတိ	thadi.
ZIMMER BELEGT	အလွတ်မရှိ	alu' ma shi.
RESERVIERT	ကြိုတင်မှာယူထားပြီး	kjou tin hma ju da: bji:

| VERWALTUNG | စီမံအုပ်ချုပ်ခြင်း | si man ou' chou' chin: |
| NUR FÜR PERSONAL | အမှုထမ်းအတွက်အသာ | ahmu. htan: atwe' atha |

VORSICHT BISSIGER HUND	ခွေးကိုက်တတ်သည်	khwei: kai' ta' te
RAUCHEN VERBOTEN!	ဆေးလိပ်မသောက်ရ	hsei: lei' ma. dhau' ja.
BITTE NICHT BERÜHREN	မထိရ	ma. di. ja.

GEFÄHRLICH	အန္တရာယ်ရှိသည်	an dare shi. de.
VORSICHT!	အန္တရာယ်	an dare
HOCHSPANNUNG	ဗို့အားပြင်း	bou. a: bjin:
BADEN VERBOTEN	ရေမကူးရ	jei ma. gu: ja.
AUßER BETRIEB	ပျက်နေသည်	pje' nei de

LEICHTENTZÜNDLICH	မီးလောင်တတ်သည်	mi: laun da' te
VERBOTEN	တားမြစ်သည်	ta: mji' te
DURCHGANG VERBOTEN	မကျူးကျော်ရ	ma. gju: gjo ja
FRISCH GESTRICHEN	ဆေးမခြောက်သေး	hsei: ma. gjau' dhei:

81. Innerstädtischer Transport

Bus (m)	ဘတ်စ်ကား	ba's ka:
Straßenbahn (f)	ဓာတ်ရထား	da' ja hta:
Obus (m)	ဓာတ်ကား	da' ka:
Linie (f)	လမ်းကြောင်း	lan: gjaun:
Nummer (f)	ကားနံပါတ်	ka: nan ba'
mit ... fahren	ယဉ်စီးသည်	jin zi: de
einsteigen (vi)	ထိုင်သည်	htain de

aussteigen (aus dem Bus)	ကားပေါ်မှဆင်းသည်	ka: bo hma. zin: de
Haltestelle (f)	မှတ်တိုင်	hma' tain
nächste Haltestelle (f)	နောက်မှတ်တိုင်	nau' hma' tain
Endhaltestelle (f)	အဆုံးမှတ်တိုင်	ahsoun: hma' tain
Fahrplan (m)	အချိန်ဇယား	achein zaja:
warten (vi, vt)	စောင့်သည်	saun. de
Fahrkarte (f)	လက်မှတ်	le' hma'
Fahrpreis (m)	ယာဉ်စီးခ	jin zi: ga.
Kassierer (m)	ငွေကိုင်	ngwei gain
Fahrkartenkontrolle (f)	လက်မှတ်စစ်ဆေးခြင်း	le' hma' ti' hsei: chin
Fahrkartenkontrolleur (m)	လက်မှတ်စစ်ဆေးသူ	le' hma' ti' hsei: dhu:
sich verspäten	နောက်ကျသည်	nau' kja. de
versäumen (Zug usw.)	ကားနောက်ကျသည်	ka: nau' kja de
sich beeilen	အမြန်လုပ်သည်	aman lou' de
Taxi (n)	တက္ကစီ	te' kasi
Taxifahrer (m)	တက္ကစီမောင်းသူ	te' kasi maun: dhu
mit dem Taxi	တက္ကစီဖြင့်	te' kasi hpjin.
Taxistand (m)	တက္ကစီစုရပ်	te' kasi zu. ja'
ein Taxi rufen	တက္ကစီခေါ်သည်	te' kasi go de
ein Taxi nehmen	တက္ကစီငှါးသည်	te' kasi hnga: de
Straßenverkehr (m)	ယာဉ်အသွားအလာ	jin athwa: ala
Stau (m)	ယာဉ်ကြောပိတ်ဆို့မှု	jin gjo: bei' hsou. hmu.
Hauptverkehrszeit (f)	အလုပ်ဆင်းချိန်	alou' hsin: gjain
parken (vi)	ယာဉ်ရပ်နားရန်နေရာယူသည်	jin ja' na: jan nei ja ju de
parken (vt)	ကားအားပါကင်ထိုးသည်	ka: a: pa kin dou: de
Parkplatz (m)	ပါကင်	pa gin
U-Bahn (f)	မြေအောက်ဥမင်လမ်း	mjei au' u. min lan:
Station (f)	ဘူတာရုံ	bu da joun
mit der U-Bahn fahren	မြေအောက်ရထားဖြင့်သွားသည်	mjei au' ja. da: bjin. dhwa: de
Zug (m)	ရထား	jatha:
Bahnhof (m)	ရထားဘူတာရုံ	jatha: buda joun

82. Sehenswürdigkeiten

Denkmal (n)	ရုပ်တု	jou' tu.
Festung (f)	ခံတပ်ကြီး	khwan da' kji:
Palast (m)	နန်းတော်	nan do
Schloss (n)	ရဲတိုက်	je: dai'
Turm (m)	မျှော်စင်	hmjo zin
Mausoleum (n)	ဂူဗိမာန်	gu bi. man
Architektur (f)	ဗိသုကာပညာ	bi. thu. ka pjin nja
mittelalterlich	အလယ်ခေတ်နှင့်ဆိုင်သော	ale khei' hnin. zain de.
alt (antik)	ရှေးကျသော	shei: gja. de
national	အမျိုးသားနှင့်ဆိုင်သော	amjou: dha: hnin. zain de.
berühmt	နာမည်ကြီးသော	na me gji: de.
Tourist (m)	ကမ္ဘာလှည့်ခရီးသည်	ga ba hli. kha. ji: de
Fremdenführer (m)	လမ်းညွှန်	lan: hnjun

Ausflug (m)	လေ့လာရေးခရီး	lei. la jei: gaji:
zeigen (vt)	ပြသည်	pja. de
erzählen (vt)	ပြောပြသည်	pjo: bja. de

finden (vt)	ရှာတွေ့သည်	sha dwei. de
sich verlieren	ပျောက်သည်	pjau' te
Karte (U-Bahn ~)	မြေပုံ	mjei boun
Karte (Stadt-)	မြေပုံ	mjei boun

Souvenir (n)	အမှတ်တရလက်ဆောင်ပစ္စည်း	ahma' ta ra le' hsaun pji' si:
Souvenirladen (m)	လက်ဆောင်ပစ္စည်းဆိုင်	le' hsaun pji' si: zain
fotografieren (vt)	ဓာတ်ပုံရိုက်သည်	da' poun jai' te
sich fotografieren	ဓာတ်ပုံရိုက်သည်	da' poun jai' te

83. Shopping

kaufen (vt)	ဝယ်သည်	we de
Einkauf (m)	ဝယ်စရာ	we zaja
einkaufen gehen	ဈေးဝယ်ထွက်ခြင်း	zei: we htwe' chin:
Einkaufen (n)	ရှော့ပင်း	sho. bin:

| offen sein (Laden) | ဆိုင်ဖွင့်သည် | hsain bwin. de |
| zu sein | ဆိုင်ပိတ်သည် | hseun bi' te |

Schuhe (pl)	ဖိနပ်	hpana'
Kleidung (f)	အဝတ်အစား	awu' aza:
Kosmetik (f)	အလှကုန်ပစ္စည်း	ahla. koun pji' si:
Lebensmittel (pl)	စားသောက်ကုန်	sa: thau' koun
Geschenk (n)	လက်ဆောင်	le' hsaun

| Verkäufer (m) | ရောင်းသူ | jaun: dhu |
| Verkäuferin (f) | ရောင်းသူ | jaun: dhu |

Kasse (f)	ငွေရှင်းရန်နေရာ	ngwei shin: jan nei ja
Spiegel (m)	မှန်	hman
Ladentisch (m)	ကောင်တာ	kaun da
Umkleidekabine (f)	အဝတ်လဲခန်း	awu' le: gan:

anprobieren (vt)	တိုင်းကြည့်သည်	tain: dhi. de
passen (Schuhe, Kleid)	သင့်တော်သည်	thin. do de
gefallen (vi)	ကြိုက်သည်	kjai' de

Preis (m)	ဈေးနှုန်း	zei: hnan:
Preisschild (n)	ဈေးနှုန်းကတ်ပြား	zei: hnan: ka' pja:
kosten (vt)	ကုန်ကျသည်	koun mja. de
Wie viel?	ဘယ်လောက်လဲ	be lau' le:
Rabatt (m)	လျှော့ဈေး	sho. zei:

preiswert	ဈေးမကြီးသော	zei: ma. kji: de.
billig	ဈေးပေါသော	zei: po: de.
teuer	ဈေးကြီးသော	zei: kji: de.
Das ist teuer	ဒါဈေးကြီးတယ်	da zei: gji: de
Verleih (m)	ငှားရမ်းခြင်း	hna: jan: chin:
leihen, mieten (ein Auto usw.)	ငှားရမ်းသည်	hna: jan: de

| Kredit (m), Darlehen (n) | အကြွေးစနစ် | akjwei: sani' |
| auf Kredit | အကြွေးစနစ်ဖြင့် | akjwei: sa ni' hpjin. |

84. Geld

Geld (n)	ပိုက်ဆံ	pai' hsan
Austausch (m)	လဲလှယ်ခြင်း	le: hle gjin:
Kurs (m)	ငွေလဲနှုန်း	ngwei le: hnan:
Geldautomat (m)	အလိုအလျောက်ငွေထုတ်စက်	alou aljau' ngwei htou' se'
Münze (f)	အကြွေစေ့	akjwei zei.

| Dollar (m) | ဒေါ်လာ | do la |
| Euro (m) | ယူရို | ju rou |

Lira (f)	အီတလီ လိုင်ရာငွေ	ita. li lain ja ngwei
Mark (f)	ဂျာမန်မတ်ငွေ	gja man ma' ngwei
Franken (m)	ဖရန့်	hpa. jan.
Pfund Sterling (n)	စတာလင်ပေါင်	sata lin baun
Yen (m)	ယန်း	jan:

Schulden (pl)	အကြွေး	akjwei:
Schuldner (m)	မြီစား	mji za:
leihen (vt)	ရေးသည်	chei: de
leihen, borgen (Geld usw.)	အကြွေးယူသည်	akjwei: ju de

Bank (f)	ဘဏ်	ban
Konto (n)	ငွေစာရင်း	ngwei za jin:
einzahlen (vt)	ထည့်သည်	hte de.
auf ein Konto einzahlen	ငွေသွင်းသည်	ngwei dhwin: de
abheben (vt)	ငွေထုတ်သည်	ngwei dou' te

Kreditkarte (f)	အကြွေးဝယ်ကဒ်ပြား	akjwei: we ka' pja
Bargeld (n)	လက်ငင်း	le' ngin:
Scheck (m)	ချက်	che'
einen Scheck schreiben	ချက်ရေးသည်	che' jei: de
Scheckbuch (n)	ချက်စာအုပ်	che' sa ou'

Geldtasche (f)	ပိုက်ဆံအိတ်	pai' hsan ei'
Geldbeutel (m)	ပိုက်ဆံအိတ်	pai' hsan ei'
Safe (m)	မီးခံသေတ္တာ	mi: gan dhi' ta

Erbe (m)	အမွေစားအမွေခံ	amwei za: amwei gan
Erbschaft (f)	အမွေဆက်ခံခြင်း	amwei ze' khan gjin:
Vermögen (n)	အခွင့်အလမ်း	akhwin. alan:

Pacht (f)	အိမ်ငှါး	ein hnga:
Miete (f)	အခန်းငှါးခ	akhan: hnga: ga
mieten (vt)	ငှါးသည်	hnga: de

Preis (m)	ဈေးနှုန်း	zei: hnan:
Kosten (pl)	ကုန်ကျစရိတ်	koun gja. za. ji'
Summe (f)	ပေါင်းလဒ်	paun: la'
ausgeben (vt)	သုံးစွဲသည်	thoun: zwe: de
Ausgaben (pl)	စရိတ်စက	zaei' zaga.

sparen (vt)	ချွေတာသည်	chwei da de
sparsam	တွက်ခြေကိုက်သော	twe' chei kai' te.
zahlen (vt)	ပေးချေသည်	pei: gjei de
Lohn (m)	ပေးချေသည့်ငွေ	pei: gjei de. ngwei
Wechselgeld (n)	ပြန်အမ်းငွေ	pjan an: ngwe
Steuer (f)	အခွန်	akhun
Geldstrafe (f)	ဒဏ်ငွေ	dan ngwei
bestrafen (vt)	ဒဏ်ရိုက်သည်	dan jai' de

85. Post. Postdienst

Post (Postamt)	စာတိုက်	sa dai'
Post (Postsendungen)	မေးလ်	mei: l
Briefträger (m)	စာပို့သမား	sa bou. dhama:
Öffnungszeiten (pl)	ဖွင့်ချိန်	hpwin. gjin
Brief (m)	စာ	sa
Einschreibebrief (m)	မှတ်ပုံတင်ပြီးသောစာ	hma' poun din bji: dho: za:
Postkarte (f)	ပို့ စကာဒ်	pou. sa. ka'
Telegramm (n)	ကြေးနန်း	kjei: nan:
Postpaket (n)	ပါဆယ်	pa ze
Geldanweisung (f)	ငွေလွှဲခြင်း	ngwei hlwe: gjin:
bekommen (vt)	လက်ခံရရှိသည်	le' khan ja. shi. de
abschicken (vt)	ပို့သည်	pou. de
Absendung (f)	ပို့ခြင်း	pou. gjin:
Postanschrift (f)	လိပ်စာ	lei' sa
Postleitzahl (f)	စာပို့သင်္ကေတ	sa bou dhin kei ta.
Absender (m)	ပို့သူ	pou. dhu
Empfänger (m)	လက်ခံသူ	le' khan dhu
Vorname (m)	အမည်	amji
Nachname (m)	မိသားစု မျိုးရိုးနာမည်	mi. dha: zu. mjou: jou: na mji
Tarif (m)	စာပို့ခ နှုန်းထား	sa bou. kha. hnan: da:
Standard- (Tarif)	စံနှုန်းသတ်မှတ်ထားသော	san hnoun: dha' hma' hta: de.
Spar- (-tarif)	ကုန်ကျငွေသက်သာသော	koun gja ngwe dhe' dha de.
Gewicht (n)	အလေးချိန်	alei: gjein
abwiegen (vt)	ချိန်သည်	chein de
Briefumschlag (m)	စာအိတ်	sa ei'
Briefmarke (f)	တံဆိပ်ခေါင်း	da zei' khaun:
Briefmarke aufkleben	တံဆိပ်ခေါင်းကပ်သည်	da zei' khaun: ka' te

Wohnung. Haus. Zuhause

86. Haus. Wohnen

Haus (n)	အိမ်	ein
zu Hause	အိမ်မှာ	ein hma
Hof (m)	ခြံမြေကွက်လပ်	chan mjei gwe' la'
Zaun (m)	ခြံစည်းရိုး	chan zi: jou:
Ziegel (m)	အုတ်	ou'
Ziegel-	အုတ်ဖြင့်လုပ်ထားသော	ou' hpjin. lou' hta: de.
Stein (m)	ကျောက်	kjau'
Stein-	ကျောက်ဖြင့်လုပ်ထားသော	kjau' hpjin. lou' hta: de.
Beton (m)	ကွန်ကရစ်	kun ka. ji'
Beton-	ကွန်ကရစ်လောင်းထားသော	kun ka. ji' laun: da: de.
neu	သစ်သော	thi' te.
alt	ဟောင်းသော	haun: de.
baufällig	အိုဟောင်းပျက်စီးနေသော	ou haun: pje' si: nei dho:
modern	ခေတ်မီသော	khi' mi de.
mehrstöckig	အထပ်များစွာပါသော	a hta' mja: swa ba de.
hoch	မြင့်သော	mjin. de.
Stock (m)	အထပ်	a hta'
einstöckig	အထပ်တစ်ထပ်တည်းဖြစ်သော	a hta' ta' hta' te: hpja' tho:
Erdgeschoß (n)	မြေညီထပ်	mjei nji da'
oberster Stock (m)	အပေါ်ဆုံးထပ်	apo zoun: da'
Dach (n)	အမိုး	amou:
Schlot (m)	မီးခိုးခေါင်းတိုင်	mi: gou: gaun: dain
Dachziegel (m)	အုတ်ကြွပ်ပြား	ou' gju' pja:
Dachziegel-	အုတ်ကြွပ်ဖြင့်မိုးထားသော	ou' gju' hpjin: mou: hta: de.
Dachboden (m)	ထပ်ခိုး	hta' khou:
Fenster (n)	ပြတင်းပေါက်	badin: pau'
Glas (n)	ဖန်	hpan
Fensterbrett (n)	ပြတင်းအောက်ခြေသောင်	badin: au' chei dhaun
Fensterläden (pl)	ပြတင်းကာကာ	badin: ga
Wand (f)	နံရံ	nan jou:
Balkon (m)	ဝရန်တာ	wa jan da
Regenfallrohr (n)	ရေဆင်းပိုက်	jei zin: bai'
nach oben	အပေါ်မှာ	apo hma
hinaufgehen (vi)	တက်သည်	te' te
herabsteigen (vi)	ဆင်းသည်	hsin: de
umziehen (vi)	အိမ်ပြောင်းသည်	ein bjaun: de

83

87. Haus. Eingang. Lift

Eingang (m)	ဝင်ပေါက်	win bau'
Treppe (f)	လှေကား	hlei ga:
Stufen (pl)	လှေကားထစ်	hlei ga: di'
Geländer (n)	လှေကားလက်ရန်း	hlei ga: le' jan:
Halle (f)	ဧည့်ခန်းမ	e. gan: ma.

Briefkasten (m)	စာတိုက်ပုံး	sa dai' poun:
Müllkasten (m)	အမှိုက်ပုံး	ahmai' poun:
Müllschlucker (m)	အမှိုက်ဆင်းပိုက်	ahmai' hsin: bai'

Aufzug (m)	ဓာတ်လှေကား	da' hlei ga:
Lastenaufzug (m)	ဝန်တင်ဓာတ်လှေကား	wun din da' hlei ga:
Aufzugkabine (f)	ကုန်တင်ဓာတ်လှေကား	koun din ga' hlei ga:
Aufzug nehmen	ဓာတ်လှေကားစီးသည်	da' hlei ga: zi: de

Wohnung (f)	တိုက်ခန်း	tai' khan:
Mieter (pl)	နေထိုင်သူများ	nei dain dhu mja:
Nachbar (m)	အိမ်နီးနားချင်း	ein ni: na: gjin:
Nachbarin (f)	မိန်းကလေးအိမ်နီးနားချင်း	mein: galei: ein: ni: na: gjin:
Nachbarn (pl)	အိမ်နီးနားချင်းများ	ein ni: na: gjin: mja:

88. Haus. Elektrizität

Elektrizität (f)	လျှပ်စစ်ဓာတ်အား	hlja' si' da' a:
Glühbirne (f)	မီးသီး	mi: dhi:
Schalter (m)	ခလုတ်	khalou'
Sicherung (f)	ဖျူစ်	hpju: s

Draht (m)	ဝိုင်ယာကြိုး	wain ja gjou:
Leitung (f)	လျှပ်စစ်ကြိုးသွယ်တန်းမှု	hlja' si' kjou: dhwe dan: hmu
Stromzähler (m)	လျှပ်စစ်မီတာ	hlja' si' si da
Zählerstand (m)	ပြဿသာဝမာက	pja. dho: ba ma na.

89. Haus. Türen. Schlösser

Tür (f)	တံခါး	daga:
Tor (der Villa usw.)	ဂိတ်	gei'
Griff (m)	တံခါးလက်ကိုင်	daga: le' kain
aufschließen (vt)	သော့ဖွင့်သည်	tho. bwin. de
öffnen (vt)	ဖွင့်သည်	hpwin. de
schließen (vt)	ပိတ်သည်	pei' te

Schlüssel (m)	သော့	tho.
Bündel (n)	အတွဲ	atwe:
knarren (vi)	တကျီကျီမြည်သည်	ta kjwi. kjwi. mji de
Knarren (n)	တကျီကျီမြည်သံ	ta kjwi. kjwi. mji dhan
Türscharnier (n)	ပတ္တာ	pa' ta
Fußmatte (f)	ခြေသုတ်ခုံ	chei dhou' goun
Schloss (n)	တံခါးချက်	daga: gje'

Schlüsselloch (n)	သော့ပေါက်	tho. bau'
Türriegel (m)	မင်းတုံး	min: doun:
kleiner Türriegel (m)	တံခါးချက်	daga: che'
Vorhängeschloss (n)	သော့ခလောက်	tho. ga. lau'
klingeln (vi)	ခေါင်းလောင်းမြည်သည်	gaun: laun: mje de
Klingel (Laut)	ခေါင်းလောင်းမြည်သံ	gaun: laun: mje dhan
Türklingel (f)	လူခေါ်ခေါင်းလောင်း	lu go gaun: laun:
Knopf (m)	လူခေါ်ခေါင်းလောင်းခလုတ်	lu go gaun: laun: khalou'
Klopfen (n)	တံခါးခေါက်သံ	daga: khau' than
anklopfen (vi)	တံခါးခေါက်သည်	daga: khau' te
Code (m)	သင်္ကေတဂဏန်း	thin gei ta. hwe'
Zahlenschloss (n)	ကုဒ်သော့	kou' tho.
Sprechanlage (f)	အိမ်တွင်းဆက်သွယ်မှုစနစ်	ein dwin: ze' dhwe hmu. zani'
Nummer (f)	နံပါတ်	nan ba'
Türschild (n)	အိမ်တံခါးရှေ့ဆိုင်းဘုတ်	ein da ga: shei. hsain: bou'
Türspion (m)	ချောင်းကြည့်ပေါက်	chaun: gje. bau'

90. Landhaus

Dorf (n)	ရွာ	jwa
Gemüsegarten (m)	အသီးအရွက်စိုက်ခင်း	athi: ajwe' sai' khin:
Zaun (m)	ခြံစည်းရိုး	chan zi: jou:
Lattenzaun (m)	ခြံစည်းရိုးတိုင်	chan zi: jou: dain
Zauntür (f)	မလွယ်ပေါက်	ma. lwe bau'
Speicher (m)	ကျီ	kji
Keller (m)	မြေအောက် အစာသိုလှောင်ခန်း	mjei au' asa dhou hlaun gan:
Schuppen (m)	ပိုခေါင်	gou daun
Brunnen (m)	ရေတွင်း	jei dwin:
Ofen (m)	မီးဖို	mi: bou
heizen (Ofen ~)	မီးပြင်းအောင်ထိုးသည်	mi: bjin: aun dou: de
Holz (n)	ထင်း	htin:
Holzscheit (n)	ထင်းတုံး	tin: doun:
Veranda (f)	ဝရန်တာ	wa jan da
Terrasse (f)	စင်္ကြံ	sin gja.
Außentreppe (f)	အိမ်ရှေ့လှေကား	ein shei. hlei ga:
Schaukel (f)	ဒန်း	dan:

91. Villa. Schloss

Landhaus (n)	တောအိမ်	to: ein
Villa (f)	ကမ်းခြေအပန်းဖြေအိမ်	kan: gjei apan: hpjei ein
Flügel (m)	တံစက်မြိတ်	toun ze' mei'
Garten (m)	ဥယျာဉ်	u. jin
Park (m)	ပန်းခြံ	pan: gjan
Orangerie (f)	ဖန်လုံအိမ်	hpan ain
pflegen (Garten usw.)	ပြုစုစောင့်ရှောက်သည်	pju. zu. zaun. shau' te

Schwimmbad (n)	ရေကူးကန်	jei ku: gan
Kraftraum (m)	အိမ်တွင်း ကျန်းမာရေးလေ့ကျင့်ရုံ	ein dwin: gjan: ma jei: lei. gjin. joun
Tennisplatz (m)	တင်းနစ်ကွင်း	tin: ni' kwin:
Heimkinoraum (m)	အိမ်တွင်း ရုပ်ရှင်ရုံ	ein dwin: jou' shin joun
Garage (f)	ဂိုဒေါင်	gou daun
Privateigentum (n)	တသီးပုဂ္ဂလိက ပိုင်ဆိုင်မြေပစ္စည်း	tadhi: pou' ga li ka. bain: zain mjei pji' si:
Privatgrundstück (n)	တသီးပုဂ္ဂလိကပိုင်နယ်မြေ	tadhi: pou' ga li ka. bain: mjei
Warnung (f)	သတိပေးချက်	dhadi. pei: gje'
Warnschild (n)	သတိပေးဆိုင်းပုဒ်	dhadi. pei: zain: bou'
Bewachung (f)	လုံခြုံရေး	loun gjoun jei:
Wächter (m)	လုံခြုံရေးအစောင့်	loun gjoun jei: asaun.
Alarmanlage (f)	သူခိုးလှန့်ခေါင်းလောင်း	thu khou: hlan. khaun: laun:

92. Burg. Palast

Schloss (n)	ရဲတိုက်	je: dai'
Palast (m)	နန်းတော်	nan do
Festung (f)	ခံတပ်ကြီး	khwan da' kji:
Mauer (f)	ရဲတိုက်နံရံဝိုင်း	je: dai' nan jan wain:
Turm (m)	မျှော်စင်	hmjo zin
Bergfried (m)	ရဲတိုက်ဗဟို မျှော်စင်ခံတပ်ကြီး	je: dai' ba. hou hmjo zin gan ta' kji:
Fallgatter (n)	ဆိုင်းကြိုးသုံးသံ ကွန်ရက်တံခါးကြီး	hsain: kjou: dhoun: dhan kwan ja' dan ga: kji:
Tunnel (n)	မြေအောက်လမ်း	mjei au' lan:
Graben (m)	ကျုံး	kjun:
Kette (f)	ကြိုး	kjou:
Schießscharte (f)	မြားတံလွှတ်ပေါက်	hmja: dan hlwa' pau'
großartig, prächtig	ခမ်းနားသော	khan: na: de.
majestätisch	ခံ့ညားထည်ဝါသော	khan nja: hte wa de.
unnahbar	မထိုးဖောက်နိုင်သော	ma. dou: bau' nein de.
mittelalterlich	အလယ်ခေတ်နှင့်ဆိုင်သော	ale khei' hnin. zain de.

93. Wohnung

Wohnung (f)	တိုက်ခန်း	tai' khan:
Zimmer (n)	အခန်း	akhan:
Schlafzimmer (n)	အိပ်ခန်း	ei' khan:
Esszimmer (n)	ထမင်းစားခန်း	htamin: za: gan:
Wohnzimmer (n)	ဧည့်ခန်း	e. gan:
Arbeitszimmer (n)	အိမ်တွင်းရုံးခန်းလေး	ein dwin: joun: gan: lei:
Vorzimmer (n)	ဝင်ပေါက်	win bau'
Badezimmer (n)	ရေချိုးခန်း	jei gjou gan:

Toilette (f)	အိမ်သာ	ein dha
Decke (f)	မျက်နှာကြက်	mje' hna gje'
Fußboden (m)	ကြမ်းပြင်	kan: pjin
Ecke (f)	ထောင့်	htaun.

94. Wohnung. Saubermachen

aufräumen (vt)	သန့်ရှင်းရေးလုပ်သည်	than. shin: jei: lou' te
weglegen (vt)	သန့်ရှင်းရေးလုပ်သည်	than. shin: jei: lou' te
Staub (m)	ဖုန်	hpoun
staubig	ဖုန်ထူသော	hpoun du de.
Staub abwischen	ဖုန်သုတ်သည်	hpoun dou' te
Staubsauger (m)	ဖုန်စုပ်စက်	hpoun zou' se'
Staub saugen	ဖုန်စုပ်စက်ဖြင့် စုပ်သည်	hpoun zou' se' chin. zou' te
kehren, fegen (vt)	တံမြက်စည်းလှည်းသည်	tan mje' si: hle: de
Kehricht (m, n)	အမှိုက်များ	ahmai' mja:
Ordnung (f)	စနစ်တကျ	sani' ta. gja.
Unordnung (f)	ရှုပ်ပွခြင်း	shou' pwei gjin:
Schrubber (m)	လက်ကိုင်ရှည်ကြမ်းသုတ်ဖတ်	le' kain she gjan: dhou' hpa'
Lappen (m)	ဖုန်သုတ်အဝတ်	hpoun dou' awu'
Besen (m)	တံမြက်စည်း	tan mje' si:
Kehrichtschaufel (f)	အမှိုက်ဂေါ်	ahmai' go

95. Möbel. Innenausstattung

Möbel (n)	ပရိဘောဂ	pa ri. bo: ga.
Tisch (m)	စားပွဲ	sa: bwe:
Stuhl (m)	ကုလားထိုင်	kala: dain
Bett (n)	ကုတင်	ku din
Sofa (n)	ဆိုဖာ	hsou hpa
Sessel (m)	လက်တင်ပါသောကုလားထိုင်	le' tin ba dho: ku. la: dain
Bücherschrank (m)	စာအုပ်စင်	sa ou' sin
Regal (n)	စင်	sin
Schrank (m)	ဗီရို	bi jou
Hakenleiste (f)	နံရံကပ်အဝတ်ချိတ်စင်	nan jan ga' awu' gei' zin
Kleiderständer (m)	အဝတ်ချိတ်စင်	awu' gjei' sin
Kommode (f)	အံဆွဲပါ မှန်တင်ခုံ	an. zwe: pa hman din khoun
Couchtisch (m)	စားပွဲပု	sa: bwe: bu.
Spiegel (m)	မှန်	hman
Teppich (m)	ကော်ဇော	ko zo:
Matte (kleiner Teppich)	ကော်ဇော	ko zo:
Kamin (m)	မီးလင်းဖို	mi: lin: bou
Kerze (f)	ဖယောင်းတိုင်	hpa. jaun dain
Kerzenleuchter (m)	ဖယောင်းတိုင်စိုက်သောတိုင်	hpa. jaun dain zou' tho dain

Vorhänge (pl)	ခန်းဆီးရှည်	khan: zi: shei
Tapete (f)	နံရံကပ်စတ္တူ	nan jan ga' se' ku
Jalousie (f)	လင်းလိပ်	jin: lei'

Tischlampe (f)	စားပွဲတင်မီးအိမ်	sa: bwe: din mi: ein
Leuchte (f)	နံရံမီး	nan jan ga' mi:
Stehlampe (f)	မတ်တပ်မီးစလောင်း	ma' ta' mi: za. laun:
Kronleuchter (m)	မီးပန်းဆိုင်း	mi: ban: zain:

Bein (Tischbein usw.)	ခြေထောက်	chei htau'
Armlehne (f)	လက်တန်း	le' tan:
Lehne (f)	နောက်မှီ	nau' mi
Schublade (f)	အံဆွဲ	an. zwe:

96. Bettwäsche

Bettwäsche (f)	အိပ်ရာခင်းများ	ei' ja khin: mja:
Kissen (n)	ခေါင်းအုံး	gaun: oun:
Kissenbezug (m)	ခေါင်းစွပ်	gaun: zu'
Bettdecke (f)	စောင်	saun
Laken (n)	အိပ်ရာခင်း	ei' ja khin:
Tagesdecke (f)	အိပ်ရာဖုံး	ei' ja hpoun:

97. Küche

Küche (f)	မီးဖိုခန်း	mi: bou gan:
Gas (n)	ဓာတ်ငွေ့	da' ngwei.
Gasherd (m)	ဂတ်စ်မီးဖို	ga' s mi: bou
Elektroherd (m)	လျပ်စစ်မီးဖို	hlja' si' si: bou
Backofen (m)	မုန့်ဖုတ်ရန်ဖို	moun. bou' jan bou
Mikrowellenherd (m)	မိုက်ခရိုဝေ့ဗ်	mou' kha. jou wei. b

Kühlschrank (m)	ရေခဲသေတ္တာ	je ge: dhi' ta
Tiefkühltruhe (f)	ရေခဲခန်း	jei ge: gan:
Geschirrspülmaschine (f)	ပန်းကန်ဆေးစက်	bagan: zei: ze'

Fleischwolf (m)	အသားကြိတ်စက်	atha: kjei' za'
Saftpresse (f)	အသီးဖျော်စက်	athi: hpjo ze'
Toaster (m)	ပေါင်မုန့်ကင်စက်	paun moun. gin ze'
Mixer (m)	မွှေစက်	hmwei ze'

Kaffeemaschine (f)	ကော်ဖီဖျော်စက်	ko hpi hpjo ze'
Kaffeekanne (f)	ကော်ဖီအိုး	ko hpi ou:
Kaffeemühle (f)	ကော်ဖီကြိတ်စက်	ko hpi kjei ze'

Wasserkessel (m)	ရေနွေးကျားအိုး	jei nwei: gaja: ou:
Teekanne (f)	လက်ဘက်ရည်အိုး	le' be' ji ou:
Deckel (m)	အိုးအဖုံး	ou: ahpoun:
Teesieb (n)	လက်ဖက်ရည်စစ်	le' hpe' ji zi'

Löffel (m)	ဇွန်း	zun:
Teelöffel (m)	လက်ဖက်ရည်ဇွန်း	le' hpe' ji zwan:

Esslöffel (m)	အရှည်သောက်ဇွန်း	aja: dhau' zun:
Gabel (f)	ခက်ရင်း	khajin:
Messer (n)	ဓား	da:

Geschirr (n)	အိုးခွက်ပန်းကန်	ou: kwe' pan: gan
Teller (m)	ပန်းကန်ပြား	bagan: bja:
Untertasse (f)	အောက်ခံပန်းကန်ပြား	au' khan ban: kan pja:

Schnapsglas (n)	ဖန်ခွက်	hpan gwe'
Glas (n)	ဖန်ခွက်	hpan gwe'
Tasse (f)	ခွက်	khwe'

Zuckerdose (f)	သကြားခွက်	dhagja: khwe'
Salzstreuer (m)	ဆားဘူး	hsa: bu:
Pfefferstreuer (m)	ငြုတ်ကောင်းဘူး	njou' kaun: bu:
Butterdose (f)	ထောပတ်ခွက်	hto: ba' khwe'

Kochtopf (m)	ပေါင်းအိုး	paun: ou:
Pfanne (f)	ဟင်းကြော်အိုး	hin: gjo ou:
Schöpflöffel (m)	ဟင်းခပ်ဇွန်း	hin: ga' zun
Durchschlag (m)	ဆန်ခါ	zaga
Tablett (n)	လင်ပန်း	lin ban:

Flasche (f)	ပုလင်း	palin:
Glas (Einmachglas)	ဖန်ဘူး	hpan bu:
Dose (f)	သံဘူး	than bu:

Flaschenöffner (m)	ပုလင်းဖောက်တံ	pu. lin: bau' tan
Dosenöffner (m)	သံဘူးဖောက်တံ	than bu: bau' tan
Korkenzieher (m)	ဝက်အူဖောက်တံ	we' u bau' dan
Filter (n)	ရေစစ်	jei zi'
filtern (vt)	စစ်သည်	si' te

| Müll (m) | အမှိုက် | ahmai' |
| Mülleimer, Treteimer (m) | အမှိုက်ပုံး | ahmai' poun: |

98. Bad

Badezimmer (n)	ရေချိုးခန်း	jei gjou gan:
Wasser (n)	ရေ	jei
Wasserhahn (m)	ရေပိုက်ခေါင်း	jei bai' khaun:
Warmwasser (n)	ရေနွေး	jei bu
Kaltwasser (n)	ရေအေး	jei ei:

Zahnpasta (f)	သွားတိုက်ဆေး	thwa: tai' hsei:
Zähne putzen	သွားတိုက်သည်	thwa: tai' te
Zahnbürste (f)	သွားတိုက်တံ	thwa: tai' tan

| sich rasieren | ရိတ်သည် | jei' te |
| Rasierschaum (m) | မုတ်ဆိတ်ရိတ်သုံး ဆပ်ပြာမြှုပ် | mou' hsei' jei' thoun: za' pja hmjou' |

Rasierer (m)	သင်တုန်းဓား	thin toun: da:
waschen (vt)	ဆေးသည်	hsei: de
sich waschen	ရေချိုးသည်	jei gjou: de

Dusche (f)	ေရပန်း	jei ban:
sich duschen	ေရချိုးသည်	jei gjou: de
Badewanne (f)	ေရချိုးကန်	jei gjou: gan
Klosettbecken (n)	အိမ်သာ	ein dha
Waschbecken (n)	လက်ေဆးကန်	le' hsei: kan
Seife (f)	ဆပ်ပြာ	hsa' pja
Seifenschale (f)	ဆပ်ပြာခွက်	hsa' pja gwe'
Schwamm (m)	ေရမြှုပ်	jei hmjou'
Shampoo (n)	ေခါင်းေလျှာ်ရည်	gaun: sho je
Handtuch (n)	တဘက်	tabe'
Bademantel (m)	ေရချိုးခန်းဝတ်စုံ	jei gjou: gan: wu' soun
Wäsche (f)	အဝတ်ေလျှာ်ခြင်း	awu' sho gjin
Waschmaschine (f)	အဝတ်ေလျှာ်စက်	awu' sho ze'
waschen (vt)	နီဘီေလျှာ်သည်	dou bi jo de
Waschpulver (n)	အဝတ်ေလျှာ်ဆပ်ပြာမှုန့်.	awu' sho hsa' pja hmun.

99. Haushaltsgeräte

Fernseher (m)	ရုပ်မြင်သံကြားစက်	jou' mjin dhan gja: ze'
Tonbandgerät (n)	အသံသွင်းစက်	athan dhwin: za'
Videorekorder (m)	ဗီဒီယိုပွဲစက်	bi di jou bja. ze'
Empfänger (m)	ေရဒီယို	rei di jou
Player (m)	ပေလယာစက်	pa. lei ja ze'
Videoprojektor (m)	ဗီဒီယိုပရိုဂျက်တာ	bi di jou pa. jou gje' da
Heimkino (n)	အိမ်တွင်းရုပ်ရှင်ခန်း	ein dwin: jou' shin gan:
DVD-Player (m)	ဒီဗီဒီပေလယာ	di bi di ba lei ja
Verstärker (m)	အသံချဲ့စက်	athan che. zek
Spielkonsole (f)	ဂိမ်းေလ့လုပ်	gein: kha lou'
Videokamera (f)	ဗွီဒီယိုကင်မရာ	bwi di jou kin ma. ja
Kamera (f)	ကင်မရာ	kin ma. ja
Digitalkamera (f)	ဒီဂျစ်တယ်ကင်မရာ	digji' te gin ma. ja
Staubsauger (m)	ဖုန်စုပ်စက်	hpoun zou' se'
Bügeleisen (n)	မီးပူ	mi: bu
Bügelbrett (n)	မီးပူတိုက်ရန်စင်	mi: bu tai' jan zin
Telefon (n)	တယ်လီဖုန်း	te li hpoun:
Mobiltelefon (n)	မိုဘိုင်းဖုန်း	mou bain: hpoun:
Schreibmaschine (f)	လက်နှိပ်စက်	le' hnei' se'
Nähmaschine (f)	အပ်ချုပ်စက်	a' chou' se'
Mikrophon (n)	စကားပြောခွက်	zaga: bjo: gwe'
Kopfhörer (m)	နားကြပ်	na: kja'
Fernbedienung (f)	အေဝးထိန်းကိရိယာ	awei: htin: ki. ja. ja
CD (f)	စီဒီပြား	si di bja:
Kassette (f)	တိပ်ေခွ	tei' khwei
Schallplatte (f)	ေရးေခတ်သုံးတက်ပြား	shei: gi' thoun da' pja:

100. Reparaturen. Renovierung

Renovierung (f)	အသစ်ပြုပြင်ဆောက်လုပ်ခြင်း	athi' pju. bin zau' lou' chin:
renovieren (vt)	အသစ်ပြုပြင်ဆောက်လုပ်သည်	athi' pju. bin zau' lou' te
reparieren (vt)	ပြန်လည်ပြင်ဆင်သည်	pjan le bjin zin de
in Ordnung bringen	အစီအစဉ်တကျထားသည်	asi asin da. gja. da: de
noch einmal machen	ပြန်လည်ပြုပြင်သည်	pjan le bju. bjin de

Farbe (f)	သုတ်ဆေး	thou' hsei:
streichen (vt)	ဆေးသုတ်သည်	hsei: dhou' te
Anstreicher (m)	အိမ်ဆေးသုတ်သူ	ein zei: dhou' thu
Pinsel (m)	ဆေးသုတ်တံ	hsei: dhou' tan

Kalkfarbe (f)	ထုံး	htoun:
weißen (vt)	ထုံးသုတ်သည်	htoun: dhou' te

Tapete (f)	နံရံကပ်စက္ကူ	nan jan ga' se' ku
tapezieren (vt)	နံရံပေစက္ကူကပ်သည်	nan ja' se' ku ga' te
Lack (z.B. Parkettlack)	အရောင်တင်ဆီ	ajaun din zi
lackieren (vt)	အရောင်တင်သည်	ajaun din de

101. Rohrleitungen

Wasser (n)	ရေ	jei
Warmwasser (n)	ရေနွေး	jei bu
Kaltwasser (n)	ရေအေး	jei ei:
Wasserhahn (m)	ရေပိုက်ခေါင်း	jei bai' khaun:
Tropfen (m)	ရေစက်	jei ze'
tropfen (vi)	ရေစက်ကျသည်	jei ze' kja. de
durchsickern (vi)	ယိုစိမ့်သည်	jou zein. de
Leck (n)	ယိုပေါက်	jou bau'
Lache (f)	ရေအိုင်	jei ain

Rohr (n)	ရေပိုက်	jei bai'
Ventil (n)	အဖွင့်အပိတ်ဆလုတ်	ahpwin apei' khalou'
sich verstopfen	အပေါက်ဆို့သည်	apau' zou. de
Werkzeuge (pl)	ကိရိယာများ	ki. ji. ja mja:
Engländer (m)	ချွန်ရှင်	khwa shin
abdrehen (vt)	ဖြုတ်သည်	hpjei: de
zudrehen (vt)	ဝက်အူကျပ်သည်	we' u gja' te

reinigen (Rohre ~)	ဆိုးနေသည်ကို ပြန်ဖွင့်သည်	hsou. nei de gou bjan bwin. de
Klempner (m)	ပိုက်ပြင်သူ	pai' bjin dhu
Keller (m)	မြေအောက်ခန်း	mjei au' khan:
Kanalisation (f)	မိလ္လာစနစ်	mein la zani'

102. Feuer. Brand

Feuer (n)	မီး	mi:
Flamme (f)	မီးတောက်	mi: tau'

91

Deutsch	Birmanisch	Lautschrift
Funke (m)	မီးပွား	mi: bwa:
Rauch (m)	မီးခိုး	mi: gou:
Fackel (f)	မီးတုတ်	mi: dou'
Lagerfeuer (n)	မီးပုံ	mi: boun
Benzin (n)	လောင်စာ	laun za
Kerosin (n)	ရေနံဆီ	jei nan zi
brennbar	မီးလောင်လွယ်သော	mi: laun lwe de.
explosiv	ပေါက်ကွဲစေသော	pau' kwe: zei de.
RAUCHEN VERBOTEN!	ဆေးလိပ်မသောက်ရ	hsei: lei' ma. dhau' ja.
Sicherheit (f)	ဘေးကင်းမှု	bei: gin: hmu
Gefahr (f)	အန္တရာယ်	an dare
gefährlich	အန္တရာယ်ရှိသော	an dare shi. de.
sich entflammen	မတော်တဆမီးစွဲသည်	ma. do da. za. mi: zwe: de
Explosion (f)	ပေါက်ကွဲမှု	pau' kwe: hmu.
in Brand stecken	မီးရှို့သည်	mi: shou. de
Brandstifter (m)	မီးရှို့မှုကျူးလွန်သူ	mi: shou. hmu. gju: lun dhu
Brandstiftung (f)	မီးရှို့မှု	mi: shou. hmu.
flammen (vi)	မီးတောက်ကြီး	mi: tau' kji:
brennen (vi)	မီးလောင်သည်	mi: laun de
verbrennen (vi)	မီးကျွမ်းသည်	mi: kjwan: de
die Feuerwehr rufen	မီးသတ်ထွနသို့ အကြောင်းကြားသည်	mi: dha' hta. na. dhou akjaun: gja: de
Feuerwehrmann (m)	မီးသတ်သမား	mi: tha' dhama:
Feuerwehrauto (n)	မီးသတ်ကား	mi: tha' ka:
Feuerwehr (f)	မီးသတ်ဦးစီးဌာန	mi: dha' i: zi: hta. na.
Drehleiter (f)	မီးသတ်လှေကား	mi: tha' hlei ga:
Feuerwehrschlauch (m)	မီးသတ်ပိုက်	mi: tha' bai'
Feuerlöscher (m)	မီးသတ်ဘူး	mi: tha' bu:
Helm (m)	ဟဲလ်မက်ဦးထုပ်	he: I me u: htou'
Sirene (f)	အချက်ပေးညံသံ	ache' pei: ou' o: dhan
schreien (vi)	အကူအညီအော်ဟစ်တောင်းခံသည်	aku anji o hi' taun: gan de.
um Hilfe rufen	အကူအညီတောင်းသည်	aku anji daun: de
Retter (m)	ကယ်ဆယ်သူ	ke ze dhu
retten (vt)	ကယ်ဆယ်သည်	ke ze de
ankommen (vi)	ရောက်ရှိသည်	jau' shi. de
löschen (vt)	မီးသတ်သည်	mi: tha' de
Wasser (n)	ရေ	jei
Sand (m)	သဲ	the:
Trümmer (pl)	အပျက်အစီး	apje' asi:
zusammenbrechen (vi)	ယိုယွင်းသည်	jou jwin: de
einfallen (vi)	ပြိုကျသည်	pjou gja. de
einstürzen (Decke)	ပြိုကျသည်	pjou gja de
Bruchstück (n)	အကျိုးအပဲ့	akjou: ape.
Asche (f)	ပြာ	pja
ersticken (vi)	အသက်ရှူကျပ်သည်	athe' shu gja' te
ums Leben kommen	အသက်ဆုံးရသည်	atha' khan ja. de

AKTIVITÄTEN DES MENSCHEN

Beruf. Geschäft. Teil 1

103. Büro. Arbeiten im Büro

Büro (Firmensitz)	ရုံး	joun:
Büro (~ des Direktors)	ရုံးခန်း	joun: gan:
Rezeption (f)	ကြိုဆိုလက်ခံရာနေရာ	kjou hsou le' khan ja nei ja
Sekretär (m)	အတွင်းရေးမှူး	atwin: jei: hmu:
Sekretärin (f)	အတွင်းရေးမှူးမ	atwin: jei: hmu: ma
Direktor (m)	ဒါရိုက်တာ	da je' ta
Manager (m)	မန်နေဂျာ	man nei gji
Buchhalter (m)	စာရင်းကိုင်	sajin: gain
Mitarbeiter (m)	ဝန်ထမ်း	wun dan:
Möbel (n)	ပရိဘောဂ	pa ri. bo: ga.
Tisch (m)	စားပွဲ	sa: bwe:
Schreibtischstuhl (m)	အလုပ်ထိုင်ခုံ	alou' htain goun
Rollcontainer (m)	အံဆွဲပါသောပ ရိဘောဂအစုံ	an. zwe: dho: pa. ji. bo: ga. soun
Kleiderständer (m)	ကုတ်အင်္ကျီချိတ်စင်	kou' akji gji' sin
Computer (m)	ကွန်ပျူတာ	kun pju ta
Drucker (m)	ပုံနှိပ်စက်	poun nei' se'
Fax (n)	ဖက်စ်ကူးစက်	hpe's ku: ze'
Kopierer (m)	ဓာတ်ပုံကူးစက်	da' poun gu: ze'
Papier (n)	စက္ကူ	se' ku
Büromaterial (n)	ရုံးသုံးကိရိယာများ	joun: dhoun: gi. ji. ja mja:
Mousepad (n)	မောက်စ်အောက်ခံပြား	mau's au' gan bja:
Blatt (n) Papier	အရွက်	ajwa'
Ordner (m)	ဖိုင်	hpain
Katalog (m)	စာရင်း	sajin:
Adressbuch (n)	ဖုန်းလမ်းညွှန်	hpoun: lan: hnjun
Dokumentation (f)	မှတ်တမ်းတင်ခြင်း	hma' tan: din gjin:
Broschüre (f)	ကြော်ငြာစာစောင်	kjo nja za zaun
Flugblatt (n)	လက်ကမ်းစာစောင်	le' kan: za zaun:
Muster (n)	နမူနာ	na. mu na
Training (n)	လေ့ကျင့်ရေးအစည်းအဝေး	lei. kjin. jei: asi: awei:
Meeting (n)	အစည်းအဝေး	asi: awei:
Mittagspause (f)	နေ့လည်စာစားချိန်	nei. le za za: gjein
eine Kopie machen	မိတ္တူကူးသည်	mi' tu gu: de
vervielfältigen (vt)	မိတ္တူကူးသည်	mi' tu gu: de
ein Fax bekommen	ဖက်စ်လက်ခံရရှိသည်	hpe's le' khan ja. shi. de

ein Fax senden	ဖက်စ်ပို့သည်	hpe's pou. de
anrufen (vt)	ဖုန်းဆက်သည်	hpoun: ze' te
antworten (vi)	ဖြေသည်	hpjei de
verbinden (vt)	ဆက်သွယ်သည်	hse' thwe de

ausmachen (vt)	စီစဉ်သည်	si zin de
demonstrieren (vt)	သရုပ်ပြသည်	thajou' pja. de
fehlen (am Arbeitsplatz ~)	ပျက်ကွက်သည်	pje' kwe' te
Abwesenheit (f)	ပျက်ကွက်ခြင်း	pje' kwe' chin

104. Geschäftsabläufe. Teil 1

Geschäft (n) (z.B. ~ in Wolle)	လုပ်ငန်း	lou' ngan:
Angelegenheit (f)	လုပ်ဆောင်မှု	lou' hsaun hmu.

Firma (f)	စီးပွားရေးလုပ်ငန်း	si: bwa: jei: lou' ngan:
Gesellschaft (f)	ကုမ္ပဏီ	koun pani
Konzern (m)	ကော်ပိုရေးရှင်း	ko bou jei: shin:
Unternehmen (n)	စီးပွားရေးလုပ်ငန်း	si: bwa: jei: lou' ngan:
Agentur (f)	ကိုယ်စားလှယ်လုပ်ငန်း	kou za: hle lou' ngan:

Vereinbarung (f)	သဘောတူညီမှုစာချုပ်	dhabo: tu nji hmu. za gjou'
Vertrag (m)	ကန်ထရိုက်	kan ta jou'
Geschäft (Transaktion)	အပေးအယူ	apei: aju
Auftrag (Bestellung)	ကြိုတင်မှာယူခြင်း	kjou din hma ju chin:
Bedingung (f)	စည်းကမ်းချက်	si: kan: gje'

en gros (im Großen)	လက်ကား	le' ka:
Großhandels-	လက်ကားဖြစ်သော	le' ka: bji' te.
Großhandel (m)	လက်ကားရောင်းချမှု	le' ka: jaun: gja. hmu.
Einzelhandels-	လက်လီစနစ်	le' li za. ni'
Einzelhandel (m)	လက်လီရောင်းချမှု	le' li jaun: gja. hmu.

Konkurrent (m)	ပြိုင်ဘက်	pjain be'
Konkurrenz (f)	ပြိုင်ဆိုင်မှု	pjain zain hmu
konkurrieren (vi)	ပြိုင်ဆိုင်သည်	pjain zain de

Partner (m)	စီးပွားဖက်	si: bwa: be'
Partnerschaft (f)	စီးပွားဖက်ဖြစ်ခြင်း	si: bwa: be' bji' chin:

Krise (f)	အခက်အခဲကာလ	akhe' akhe: ga la.
Bankrott (m)	ဒေဝါလီခံရခြင်း	dei wa li gan ja gjin
Bankrott machen	ဒေဝါလီခံသည်	dei wa li gan de
Schwierigkeit (f)	အခက်အခဲ	akhe' akhe:
Problem (n)	ပြဿနာ	pjadhana
Katastrophe (f)	ကပ်ဘေး	ka' bei:

Wirtschaft (f)	စီးပွားရေး	si: bwa: jei:
wirtschaftlich	စီးပွားရေးနှင့်ဆိုင်သော	si: bwa: jei: hnin zain de.
Rezession (f)	စီးပွားရေးကျဆင်းမှု	si: bwa: jei: gja zin: hmu.

Ziel (n)	ပန်းတိုင်	pan: dain
Aufgabe (f)	လုပ်ငန်းတာဝန်	lou' ngan: da wan
handeln (Handel treiben)	ကုန်သွယ်သည်	koun dhwe de

Netz (Verkaufs-)	ကွန်ရက်	kun je'
Lager (n)	ပစ္စည်းစာရင်း	pji' si: za jin:
Sortiment (n)	အပိုင်းအြခား	apain: acha:
führende Unternehmen (n)	ေခါင်းေဆာင်	gaun: zaun
groß (-e Firma)	ကြီးမားေသာ	kji: ma: de.
Monopol (n)	တစ်ဦးတည်းချုပ်ကိုင်ထား:	ti' u: te: gjou' kain da:
Theorie (f)	သီအိုရီ	thi ou ji
Praxis (f)	လက်ေတွ့	le' twei.
Erfahrung (f)	အေတွ့အြကုံ	atwei. akjoun
Tendenz (f)	ဦးတည်ရာ	u: ti ja
Entwicklung (f)	ဖွံ့ဖြိုးတိုးတက်မှု	hpjun. bjou: dou: de' hmu.

105. Geschäftsabläufe. Teil 2

Vorteil (m)	အကျိုးအြမတ်	akjou: amja'
vorteilhaft	အကျိုးအြမတ်ရှိေသာ	akjou: amja' shi. de.
Delegation (f)	ကိုယ်စားလှယ်အဖွဲ့	kou za: hle ahpwe.
Lohn (m)	လစာ	la. za
korrigieren (vt)	အမှားြပင်သည်	ahma: pjin de
Dienstreise (f)	ဒီးဆွေးေရးခရီးစဉ်	si: bwa: jei: khaji: zin
Kommission (f)	ေကာ်မရှင်	ko ma. shin
kontrollieren (vt)	ထိန်းချုပ်သည်	htein: gjou' te
Konferenz (f)	ေဆွးေနွးပွဲ	hswe: nwe: bwe:
Lizenz (f)	လိုင်စင်	lain zin
zuverlässig	ယုံကြည်စိတ်ချရေသာ	joun kji zei' cha. ja. de.
Initiative (f)	စတင်ြခင်း	sa. tin gjin:
Norm (f)	စံနှုန်း	san hnoun:
Umstand (m)	အေြခအေန	achei anei
Pflicht (f)	တာဝန်	ta wun
Unternehmen (n)	အဖွဲ့အစည်း	ahpwe. asi:
Organisation (Prozess)	စီစဉ်ြခင်း	si zin gjin:
organisiert (Adj)	စီစဉ်ထားေသာ	si zin dha de.
Abschaffung (f)	ပယ်ဖျက်ြခင်း	pe hpje' chin:
abschaffen (vt)	ပယ်ဖျက်သည်	pe hpje' te
Bericht (m)	အစီရင်ခံစာ	asi jin gan za
Patent (n)	မူပိုင်ခွင့်	mu bain gwin.
patentieren (vt)	မူပိုင်ခွင့်မှတ်	mu bain gwin. hma'
	ပုံတင်သည်	poun din de
planen (vt)	စီစဉ်သည်	si zin de
Prämie (f)	အပိုဆုေကြး	apou zu. gjei:
professionell	ပညာရှင်အဆင့်တတ်ကျွမ်းေသာ	pjin nja ahsin da' kjwan: de.
Prozedur (f)	လုပ်ထုံးလုပ်နည်း	lou' htoun: lou' ne:
prüfen (Vertrag ~)	စည်းစားသည်	sin: za: de
Berechnung (f)	တွက်ချက်ြခင်း	twe' che' chin:
Ruf (m)	ဂုဏ်သတင်း	goun dha din:

Risiko (n)	စွန့်စားခြင်း	sun. za: gjin:
leiten (vt)	ညွှန်ကြားသည်	hnjun gja: de
Informationen (pl)	သတင်းအချက်အလက်	dhadin: akje' ale'
Eigentum (n)	ပိုင်ဆိုင်မှု	pain zain hmu
Bund (m)	အသင်း	athin:

Lebensversicherung (f)	အသက်အာမခံ	athe' ama. khan
versichern (vt)	အာမခံသည်	a ma. gan de
Versicherung (f)	အာမခံ	a ma. khan

Auktion (f)	လေလံပွဲ	lei lan bwe:
benachrichtigen (vt)	အကြောင်းကြားသည်	akjaun: kja: de
Verwaltung (f)	အုပ်ချုပ်မှု	ou' chou' hmu.
Dienst (m)	ဝန်ဆောင်မှု	wun: zaun hmu.

Forum (n)	ဖိုရမ်	hpou jan
funktionieren (vi)	လည်ပတ်သည်	le ba' te
Etappe (f)	အဆင့်	ahsin.
juristisch	ဥပဒေဆိုင်ရာ	u. ba. dei zain ja
Jurist (m)	ရှေ့နေ	shei. nei

106. Fertigung. Arbeiten

Werk (n)	စက်ရုံ	se' joun
Fabrik (f)	အလုပ်ရုံ	alou' joun
Werkstatt (f)	ဝပ်ရှော့	wu' sho.
Betrieb (m)	ထုတ်လုပ်ရာလုပ်ငန်းခွင်	htou' lou' ja lou' ngan: gwin

Industrie (f)	စက်မှုလုပ်ငန်း	se' hmu. lou' ngan:
Industrie-	စက်မှုလုပ်ငန်းနှင့်ဆိုင်သော	se' hmu. lou' ngan: hnin. zain de.
Schwerindustrie (f)	အကြီးစားစက်မှုလုပ်ငန်း	akji: za: ze' hmu. lou' ngan:
Leichtindustrie (f)	အသေးစားစက်မှုလုပ်ငန်း	athei: za: za' hmu. lou' ngan:

Produktion (f)	ထုတ်ကုန်	htou' koun
produzieren (vt)	ထုတ်လုပ်သည်	tou' lou' te
Rohstoff (m)	ကုန်ကြမ်း	koun gjan:

Vorarbeiter (m), Meister (m)	အလုပ်သမားခေါင်း	alou' dha ma: gaun:
Arbeitsteam (n)	အလုပ်သမားအဖွဲ့	alou' dha ma: ahpwe.
Arbeiter (m)	အလုပ်သမား	alou' dha ma:

Arbeitstag (m)	ရုံးဖွင့်ရက်	joun: hpwin je'
Pause (f)	ရပ်နားခြင်း	ja' na: gjin:
Versammlung (f)	အစည်းအဝေး	asi: awei:
besprechen (vt)	ဆွေးနွေးသည်	hswe: nwe: de

Plan (m)	အစီအစဉ်	asi asin
den Plan erfüllen	အကောင်အထည်ဖော်သည်	akaun ahte bo de
Arbeitsertrag (m)	ကုန်ထုတ်နှုန်း	koun dou' hnan:
Qualität (f)	အရည်အသွေး	aji athwei:
Prüfung, Kontrolle (f)	စစ်ဆေးခြင်း	si' hsei: gjin:
Gütekontrolle (f)	အရည်အသွေးစစ်ဆေးသုံးသပ်မှု	aji athwei: za' hsei: thon dha' hma

Arbeitsplatzsicherheit (f)	လုပ်ငန်းခွင်လုံ ခြုံမှု	lou' ngan: gwin loun gjun hmu.
Disziplin (f)	စည်းကမ်း	si: kan:
Übertretung (f)	ချိုးဖောက်ခြင်း	chou: hpau' chin:
übertreten (vt)	ချိုးဖောက်သည်	chou: hpau' te
Streik (m)	သပိတ်မှောက်ခြင်း	thabei' hmau' chin:
Streikender (m)	သပိတ်မှောက်သူ	thabei' hmau' thu
streiken (vi)	သပိတ်မှောက်သည်	thabei' hmau' te
Gewerkschaft (f)	အလုပ်သမားသမဂ္ဂ	alou' dha ma: dha. me' ga
erfinden (vt)	တီထွင်သည်	ti htwin de
Erfindung (f)	တီထွင်မှု	ti htwin hmu.
Erforschung (f)	သုတေသန	thu. tei thana
verbessern (vt)	တိုးတက်ကောင်းမွန်စေသည်	tou: te' kaun: mun zei de
Technologie (f)	နည်းပညာ	ne: bi nja
technische Zeichnung (f)	နည်းပညာဆိုင်ရာပုံကြမ်း	ne bi nja zain ja boun gjan:
Ladung (f)	ဝန်	wun
Ladearbeiter (m)	ကုန်ထမ်းသမား	koun din dhama:
laden (vt)	ကုန်တင်သည်	koun din de
Beladung (f)	ကုန်တင်ခြင်း	koun din gjin
entladen (vt)	ကုန်ချသည်	koun gja de
Entladung (f)	ကုန်ချခြင်း	koun gja gjin:
Transport (m)	သယ်ယူပို့ဆောင်ရေး	the ju bou. zaun jei:
Transportunternehmen (n)	သယ်ယူပို့ဆောင်ရေး ကုမ္ပဏီ	the ju bou. zaun jei: koun pa. ni
transportieren (vt)	ပို့ဆောင်သည်	pou. zaun de
Güterwagen (m)	တွဲ	twe:
Zisterne (f)	တိုင်ကီ	tain ki
Lastkraftwagen (m)	ကုန်တင်ကား	koun din ka:
Werkzeugmaschine (f)	ဖြတ်စက်	hpja' se'
Mechanismus (m)	စက်ကိရိယာ	se' kari. ja
Industrieabfälle (pl)	စက်ရုံစွန့်ပစ်ပစ္စည်း	se' joun zun bi' pji' si:
Verpacken (n)	ထုတ်ပိုးမှု	htou' pou: hmu.
verpacken (vt)	ထုတ်ပိုးသည်	htou' pou: de

107. Vertrag. Zustimmung

Vertrag (m), Auftrag (m)	ကန်ထရိုက်	kan ta jou'
Vereinbarung (f)	သဘောတူညီမှု	dhabo: tu nji hmu.
Anhang (m)	ပူးတွဲ	pu: twe:
einen Vertrag abschließen	သဘောတူစာချုပ်ချုပ်သည်	dhabo: tu za gjou' gjou' te
Unterschrift (f)	လက်မှတ်	le' hma'
unterschreiben (vt)	လက်မှတ်ထိုးသည်	le' hma' htou: de
Stempel (m)	တံဆိပ်	da zei'
Vertragsgegenstand (m)	သဘောတူညီမှု-အကြောင်းအရာ	dhabo: tu nji hmu. akjaun: aja
Punkt (m)	အပိုဒ်ငယ်	apai' nge

| Parteien (pl) | စာချုပ်ပါအဖွဲ့များ | sa gjou' pa ahpwe. mja: |
| rechtmäßige Anschrift (f) | တရား၀င်နေရပ်လိပ်စာ | taja: win nei ja' lei' sa |

Vertrag brechen	သဘောတူညီမှု ချိုးဖောက်သည်	dhabo: tu nji hmu. gjou: bau' te
Verpflichtung (f)	အထူးသဖြင့်	a htu: dha. hjin.
Verantwortlichkeit (f)	တာ၀န်ဝတ္တရား	ta wun wu' taja:
Force majeure (f)	မလွန်ဆန်နိုင်သောအဖြစ်	ma. lun zan nain de. ahpji'
Streit (m)	အငြင်းအခုံ	anjin: akhoun
Strafsanktionen (pl)	ပြစ်ဒဏ်များ	pji' dan mja:

108. Import & Export

Import (m)	သွင်းကုန်	thwin: goun
Importeur (m)	သွင်းကုန်လုပ်ငန်းရှင်	thwin: goun lou' ngan: shin
importieren (vt)	တင်သွင်းသည်	tin dhwin: de
Import-	သွင်းကုန်နှင့်ဆိုင်သော	thwin: goun hnin. zain de.

Export (m)	ပို့ကုန်	pou. goun
Exporteur (m)	ပို့ကုန်လုပ်ငန်းရှင်	pou. goun lou' ngan: shin
exportieren (vt)	ကုန်တင်ပို့သည်	koun tin pou. de
Export-	တင်ပို့သော	tin bou. de.

| Waren (pl) | ကုန်ပစ္စည်း | koun pji' si: |
| Partie (f), Ladung (f) | ပို့ကုန် | pou. goun |

Gewicht (n)	အလေးချိန်	alei: gjein
Volumen (n)	ပမာဏ	pa. ma na.
Kubikmeter (m)	ကုဗမီတာ	ku. ba mi ta

Hersteller (m)	ထုတ်လုပ်သူ	tou' lou' thu
Transportunternehmen (n)	သယ်ယူပို့ဆောင်ရေး ကုမ္ပဏီ	the ju bou. zaun jei: koun pa. ni
Container (m)	ကွန်တိန်နာ	kun tein na

Grenze (f)	နယ်နိမိတ်	ne ni. mei'
Zollamt (n)	အကောက်ခွန်	akau' khun
Zoll (m)	အကောက်ခွန်နှုန်း	akau' khun hnoun:
Zollbeamter (m)	အကောက်ခွန်အရာရှိ	akau' khun aja shi.
Schmuggel (m)	မှောင်ခို	hmaun gou
Schmuggelware (f)	မှောင်ခိုပစ္စည်း	hmaun gou pji' si:

109. Finanzen

Aktie (f)	စတော့ရှယ်ယာ	sato. shera
Obligation (f)	ငွေရေးစာချုပ်	ngwei gjei: za gju'
Wechsel (m)	ငွေပေးရေးရန် ကတိစာချုပ်	ngwei bei: gjei jan ga. di za gju'

Börse (f)	စတော့ရှယ်ယာဒိုင်	sato. shera dain
Aktienkurs (m)	စတော့ဈေးနှုန်း	sato. zei: hnoun:
billiger werden	ဈေးနှုန်းကျဆင်းသည်	zei: hnan: gja. zin: de

teuer werden	ဈေးနှုန်းတက်သည်	zei: hnan: de' de
Anteil (m)	ရှယ်ယာ	she ja
Mehrheitsbeteiligung (f)	ရှယ်ယာအများစုကို ပိုင်ဆိုင်ခြင်း	she ja amja: zu. gou bain zain gjin:

Investitionen (pl)	ရင်းနှီးမြှုပ်နှံမှု	jin: hni: hmjou' hnan hmu.
investieren (vt)	ရင်းနှီးမြှုပ်နှံသည်	jin: hni: hmjou' hnan de
Prozent (n)	ရာခိုင်နှန်း	ja gain hnan:
Zinsen (pl)	အတိုး	atou:

Gewinn (m)	အမြတ်	amja'
gewinnbringend	အမြတ်ရသော	amja' ja de.
Steuer (f)	အခွန်	akhun

Währung (f)	ငွေကြေး	ngwei kjei:
Landes-	အမျိုးသားနှင့်ဆိုင်သော	amjou: dha: hnin. zain de.
Geldumtausch (m)	လဲလှယ်ခြင်း	le: hle gjin:

| Buchhalter (m) | စာရင်းကိုင် | sajin: gain |
| Buchhaltung (f) | စာရင်းကိုင်လုပ်ငန်း | sajin: gain lou' ngan: |

Bankrott (m)	ဒေဝါလီခံရခြင်း	dei wa li gan ja gjin
Zusammenbruch (m)	ရုတ်တရုတ်ပြီးပွဲရေးဝိုးကျခြင်း	jou' ta ja' si: bwa: jei: dou: gja. gjin:
Pleite (f)	ကြီးစွာသောအပျက်အစီး	kji: zwa dho apje' asi:
pleite gehen	ပျက်စီးဆုံးရှုံးသည်	pje' si: zoun: shoun: de
Inflation (f)	ငွေကြေးဖောင်းပွခြင်း	ngwei kjei: baun: bwa. gjin:
Abwertung (f)	ငွေကြေးတန်ဖိုးချခြင်း	ngwei kjei: dan bou: gja gjin:

Kapital (n)	အရင်းအနှီးငွေ	ajin: ani: ngwei
Einkommen (n)	ဝင်ငွေ	win ngwei
Umsatz (m)	အနုတ်အသိမ်း	anou' athin:
Mittel (Reserven)	အရင်းအမြစ်များ	ajin: amja' mja:
Geldmittel (pl)	ငွေကြေးအရင်းအမြစ်များ	ngwei kjei: ajin: amji' mja:

| Gemeinkosten (pl) | အထွေထွေအသုံးစရိတ် | a htwei htwei athoun: za. jei' |
| reduzieren (vt) | လျှော့ချသည် | sho. cha. de |

110. Marketing

Marketing (n)	ဈေးကွက်ရှာဖွေရေး	zei: gwe' sha bwei jei:
Markt (m)	ဈေးကွက်	zei: gwe'
Marktsegment (n)	ဈေးကွက်အစိတ်အပိုင်း	zei: gwe' asei' apain:
Produkt (n)	ထုတ်ကုန်	htou' koun
Waren (pl)	ကုန်ပစ္စည်း	koun pji' si:

Schutzmarke (f)	အမှတ်တံဆိပ်	ahma' tan zin
Handelsmarke (f)	ကုန်အမှတ်တံဆိပ်	koun ahma' tan hsi'
Firmenzeichen (n)	မူပိုင်အမှတ်တံဆိပ်	mu bain ahma' dan zei'
Logo (n)	တံဆိပ်	da zei'

Nachfrage (f)	တောင်းဆိုချက်	taun: hsou che'
Angebot (n)	ထောက်ပံ့ခြင်း	htau' pan. gjin:
Bedürfnis (n)	လိုအပ်မှု	lou a' hmu.

Verbraucher (m)	သုံးစွဲသူ	thoun: zwe: dhu
Analyse (f)	ရှိုင်းစိတ်ဖြာခြင်း	khwe: gjan: zei' hpa gjin:
analysieren (vt)	ရှိုင်းစိတ်ဖြာသည်	khwe: gjan: zei' hpa de
Positionierung (f)	နေရာရှာခြင်း	nei ja hja gjin:
positionieren (vt)	နေရာရှာသည်	nei ja sha de

Preis (m)	ဈေးနှုန်း	zei: hnan:
Preispolitik (f)	ဈေးနှုန်းမူဝါဒ	zei: hnan: m wada.
Preisbildung (f)	ဈေးနှုန်းဖြစ်တည်ခြင်း	zei: hnan: bji' te gjin:

111. Werbung

Werbung (f)	ကြော်ငြာ	kjo nja
werben (vt)	ကြော်ငြာသည်	kjo nja de
Budget (n)	ဘတ်ဂျက်	ba' gje'

Werbeanzeige (f)	နှံမှန်းခြေ၊ သုံးငွေစာရင်း	khan hman: gjei ja. dhu: ngwei za jin:
Fernsehwerbung (f)	တီဗီကြော်ငြာ	ti bi gjo nja
Radiowerbung (f)	ရေဒီယိုကြော်ငြာ	rei di jou gjo nja
Außenwerbung (f)	ပြင်ပကြော်ငြာ	pjin ba. gjo nja

Massenmedien (pl)	လူထုဆက်သွယ်ရေး	lu du. ze' thwe jei:
Zeitschrift (f)	ပုံမှန်ထုတ်မဂ္ဂဇင်း	poun hmein dou' ma' ga. zin:
Image (n)	ပုံရိပ်	poun jei'

| Losung (f) | ကြွေးကြော်သံ | kjwei: kjo dhan |
| Motto (n) | ဆောင်ပုဒ် | hsaun bou' |

Kampagne (f)	အစီအစဉ်	asi asin
Werbekampagne (f)	ကြော်ငြာအစီအစဉ်	kjo nja a si asin
Zielgruppe (f)	ပစ်မှတ်အုပ်စု	pi' hma' ou'zu.

Visitenkarte (f)	လုပ်ငန်းသုံးလိပ်စာကဒ်ပြား	lou' ngan: loun: lei' sa ka' pja:
Flugblatt (n)	လက်ကမ်းစာစောင်	le' kan: za zaun:
Broschüre (f)	ကြော်ငြာစာအုပ်ငယ်	kjo nja za ou' nge
Faltblatt (n)	လက်ကမ်းစာစောင်	le' kan: za zaun:
Informationsblatt (n)	သတင်းလွှာ	dhadin: hlwa

Firmenschild (n)	ဆိုင်းဘုတ်	hsain: bou'
Plakat (n)	ပိုစတာ	pou sata
Werbeschild (n)	ကြော်ငြာဆိုင်းဘုတ်	kjo nja zain: bou'

112. Bankgeschäft

| Bank (f) | ဘဏ် | ban |
| Filiale (f) | ဘဏ်ခွဲ | ban gwe: |

Berater (m)	အတိုင်ပင်ခံပုဂ္ဂိုလ်	atain bin gan bou' gou
Leiter (m)	မန်နေဂျာ	man nei gji
Konto (n)	ဘဏ်ငွေစာရင်း	ban ngwei za jin
Kontonummer (f)	ဘဏ်စာရင်းနံပါတ်	ban zajin: nan. ba'

| Kontokorrent (n) | ဘဏ်စာရင်းရှင် | ban zajin: shin |
| Sparkonto (n) | ဘဏ်ငွေစုစာရင်း | ban ngwei zu. za jin |

ein Konto eröffnen	ဘဏ်စာရင်းဖွင့်သည်	ban zajin: hpwin. de
das Konto schließen	ဘဏ်စာရင်းပိတ်သည်	ban zajin: bi' te
einzahlen (vt)	ငွေသွင်းသည်	ngwei dhwin: de
abheben (vt)	ငွေထုတ်သည်	ngwei dou' te

Einzahlung (f)	အပ်ငွေ	a' ngwei
eine Einzahlung machen	ငွေအပ်သည်	ngwei a' te
Überweisung (f)	ကြေးနန်းဖြင့်ငွေလွှဲခြင်း	kjei: nan: bjin. ngwe hlwe: gjin
überweisen (vt)	ကြေးနန်းဖြင့်ငွေလွှဲသည်	kjei: nan: bjin. ngwe hlwe: de

| Summe (f) | ပေါင်းလဒ် | paun: la' |
| Wieviel? | ဘယ်လောက်လဲ | be lau' le: |

| Unterschrift (f) | လက်မှတ် | le' hma' |
| unterschreiben (vt) | လက်မှတ်ထိုးသည် | le' hma' htou: de |

Kreditkarte (f)	အကြွေးဝယ်ကဒ်-ခရက်ဒစ်ကဒ်	achwei: we ka' - ka' je' da' ka'
Code (m)	ကုဒ်နံပါတ်	kou' nan ba'
Kreditkartennummer (f)	ခရက်ဒစ်ကဒ်နံပါတ်	kha. je' di' ka' nan ba'
Geldautomat (m)	အလိုအလျောက်ငွေထုတ်စက်	alou aljau' ngwei htou' se'

Scheck (m)	ချက်လက်မှတ်	che' le' hma'
einen Scheck schreiben	ချက်ရေးသည်	che' jei: de
Scheckbuch (n)	ချက်စာအုပ်	che' sa ou'

Darlehen (m)	ရေးငွေ	chei: ngwei
ein Darlehen beantragen	ရေးငွေလျှောက်လွှာတင်သည်	chei: ngwei shau' hlwa din de
ein Darlehen aufnehmen	ရေးငွေရယူသည်	chei: ngwei ja. ju de
ein Darlehen geben	ရေးငွေထုတ်ပေးသည်	chei: ngwei htou' pei: de
Sicherheit (f)	အာမခံပစ္စည်း	a ma. gan bji' si:

113. Telefon. Telefongespräche

Telefon (n)	တယ်လီဖုန်း	te li hpoun:
Mobiltelefon (n)	မိုဘိုင်းဖုန်း	mou bain: hpoun:
Anrufbeantworter (m)	ဖုန်းထူးစက်	hpoun: du: ze'

| anrufen (vt) | ဖုန်းဆက်သည် | hpoun: ze' te |
| Anruf (m) | အဝင်ဖုန်း | awin hpun: |

eine Nummer wählen	နံပါတ် နှိပ်သည်	nan ba' hnei' te
Hallo!	ဟာလို	ha. lou
fragen (vt)	မေးသည်	mei: de
antworten (vi)	ဖြေသည်	hpjei de

hören (vt)	ကြားသည်	ka: de
gut (~ aussehen)	ကောင်းကောင်း	kaun: gaun:
schlecht (Adv)	အရမ်းမကောင်း	ajan: ma. gaun:
Störungen (pl)	ဖြတ်တောက်သည့်ရှာထံသံ	hpja' win dhi. zu njan dhan
Hörer (m)	တယ်လီဖုန်းနားကြပ်ပိုင်း	te li hpoun: na: gja' pain:

| den Hörer abnehmen | ဖုန်းကောက်ကိုင်သည် | hpoun: gau' gain de |
| auflegen (den Hörer ~) | ဖုန်းချသည် | hpoun: gja de |

besetzt	လိုင်းမအားသော	lain: ma. a: de.
läuten (vi)	မြည်သည်	mji de
Telefonbuch (n)	တယ်လီဖုန်းလမ်းညွှန်စာအုပ်	te li hpoun: lan: hnjun za ou'

Orts-	ပြည်တွင်းဒေသတွင်းဖြစ်သော	pji dwin: dei. dha dwin: bji' te.
Ortsgespräch (n)	ပြည်တွင်းခေါ် ဆိုမှု	pji dwin: go zou hmu.
Auslands-	အပြည်ပြည်ဆိုင်ရာဖြစ်သော	apji pji zain ja bja' de.
Auslandsgespräch (n)	အပြည်ပြည်ဆိုင်ရာခေါ် ဆိုမှု	apji pji zain ja go: zou hmu
Fern-	အဝေးခေါ် ဆိုနိုင်သော	awei: go zou nain de.
Ferngespräch (n)	အဝေးခေါ် ဆိုမှု	awei: go zou hmu.

114. Mobiltelefon

Mobiltelefon (n)	မိုဘိုင်းဖုန်း	mou bain: hpoun:
Display (n)	ပြသာရင်း	pja. dha. gjin:
Knopf (m)	ခလုတ်	khalou'
SIM-Karte (f)	ဆင်းကဒ်	hsin: ka'

Batterie (f)	ဘတ်ထရီ	ba' hta ji
leer sein (Batterie)	ဖုန်းအားကုန်သည်	hpoun: a: goun: de
Ladegerät (n)	အားသွင်းကိရိ	a: dhwin: gjou:

Menü (n)	အစားအသောက်စာရင်း	asa: athau' sa jin:
Einstellungen (pl)	ရှိန်ညှိခြင်း	chein hnji. chin:
Melodie (f)	တီးလုံး	ti: loun:
auswählen (vt)	ရွေးချယ်သည်	jwei: che de

Rechner (m)	ဂဏန်းပေါင်းစက်	ganan: baun: za'
Anrufbeantworter (m)	အသံမေးလ်	athan mei:l
Wecker (m)	နှိုးစက်	hnou: ze'
Kontakte (pl)	ဖုန်းအဆက်အသွယ်များ	hpoun: ase' athwe mja:

| SMS-Nachricht (f) | မက်ဆေ့ရှ် | me' zei. gja |
| Teilnehmer (m) | အသုံးပြုသူ | athoun: bju. dhu |

115. Bürobedarf

| Kugelschreiber (m) | ဘောပင် | bo pin |
| Federhalter (m) | ဖောင်တိန် | hpaun din |

Bleistift (m)	ခဲတံ	khe: dan
Faserschreiber (m)	အရောင်တောက်မင်တံ	ajaun dau' min dan
Filzstift (m)	ရေဆေးစုတ်တံ	jei zei: zou' tan

| Notizblock (m) | မှတ်စုစာအုပ် | hma' su. za ou' |
| Terminkalender (m) | နေ့စဉ်မှတ်တမ်းစာအုပ် | nei. zin hma' tan: za ou' |

| Lineal (n) | ပေတံ | pei dan |
| Rechner (m) | ဂဏန်းပေါင်းစက် | ganan: baun: za' |

Radiergummi (m)	ခဲဖျက်	khe: bje'
Reißzwecke (f)	ထိပ်ပြားကြီးသံမှို	htei' pja: gji: dhan hmou
Heftklammer (f)	တွယ်ချိတ်	twe gjei'
Klebstoff (m)	ကော်	ko
Hefter (m)	စတက်ပလာ	sate' pa. la
Locher (m)	အပေါက်ဖောက်စက်	apau' hpau' se'
Bleistiftspitzer (m)	ခဲချွန်စက်	khe: chun ze'

116. Verschiedene Dokumente

Bericht (m)	အစီရင်ခံစာ	asi jin gan za
Abkommen (n)	သဘောတူညီမှု	dhabo: tu nji hmu.
Anmeldeformular (n)	လျှောက်လွှာပုံစံ	shau' hlwa ban zan
Original-	စစ်မှန်သော	si' hman de.
Namensschild (n)	တံဆိပ်	da zei'
Visitenkarte (f)	လုပ်ငန်းသုံးလိပ်စာကဒ်ပြား	lou' ngan: loun: lei' sa ka' pja:
Zertifikat (n)	အသိအမှတ်ပြုလက်မှတ်	athi ahma' pju la' hma'
Scheck (m)	ချက်စာရွက်	che' sa jwe'
Rechnung (im Restaurant)	ကျသင့်ငွေ	kja. thin. ngwei
Verfassung (f)	ဖွဲ့စည်းပုံအခြေ ခံဥပဒေ	hpwe. zi: boun akhei gan u. ba. dei
Vertrag (m)	စာချုပ်	sa gjou'
Kopie (f)	မိတ္တူ	mi' tu
Kopie (~ des Vertrages)	မိတ္တူ	mi' tu
Zolldeklaration (f)	အကောက်ခွန်ကြေငြာချက်	akau' khun gjei nja gje'
Dokument (n)	စာရွက်စာတမ်း	sajwe' zatan:
Führerschein (m)	ကားမောင်းလိုင်စင်	ka: maun: lain zin
Anlage (f)	ပူးတွဲ	pu: twe:
Fragebogen (m)	ပုံစံ	poun zan
Ausweis (m)	သက်သေခံကဒ်ပြား	the' thei gan ga' pja:
Anfrage (f)	စုံစမ်းမေးမြန်းခြင်း	soun zan: mei: mjan: gjin:
Einladungskarte (f)	ဖိတ်စာကဒ်	hpi' sa ka'
Rechnung (von Firma)	ငွေတောင်းခံလွှာ	ngwei daun: gan hlwa
Gesetz (n)	ဥပဒေ	u. ba. dei
Brief (m)	စာ	sa
Briefbogen (n)	ကုမ္ပဏီစာတမ်းပါ စာရွက်	koun pani za dan: ba za jwe'
Liste (schwarze ~)	စာရင်း	sajin:
Manuskript (n)	လက်ရေးစာမူ	le' jei: za mu
Informationsblatt (n)	သတင်းလွှာ	dhadin: hlwa
Zettel (m)	မှတ်စု	hma' su.
Passierschein (m)	ဝင်ခွင့်ကဒ်ပြား	win gwin. ga' pja
Pass (m)	နိုင်ငံကူးလက်မှတ်	nain ngan gu: le' hma'
Erlaubnis (f)	ပါမစ်	pa mi'
Lebenslauf (m)	ကိုယ်ရေးမှတ်တမ်းအကျဉ်း	kou jei: hma' tan: akjun:
Schuldschein (m)	ကြွေးမြီဝန်ခံချက်	kjwei: mji wun gan gje'
Quittung (f)	လက်ခံရရှိကြောင်းပြေစာ	le' khan ja shi kjaun: bjei za
Kassenzettel (m)	ငွေရပြေစာ	ngwei ja. bei za

Bericht (m)	အစီရင်ခံစာ	asi jin gan za
vorzeigen (vt)	ပြသည်	pja. de
unterschreiben (vt)	လက်မှတ်ထိုးသည်	le' hma' htou: de
Unterschrift (f)	လက်မှတ်	le' hma'
Stempel (m)	တံဆိပ်	da zei'
Text (m)	စာသား	sa dha:
Eintrittskarte (f)	လက်မှတ်	le' hma'
streichen (vt)	ခြစ်ပစ်သည်	chi' pi' te
ausfüllen (vt)	ဖြည့်သည်	hpjei. de
Frachtbrief (m)	ကုန်ပို့လွှာ	koun pou. hlwa
Testament (n)	သေတမ်းစာ	thei dan: za

117. Geschäftsarten

Buchführung (f)	စာရင်းကိုင်ဝန်ဆောင်မှု	sajin: gain wun zaun hmu.
Werbung (f)	ကြော်ငြာ	kjo nja
Werbeagentur (f)	ကြော်ငြာလုပ်ငန်း	kjo nja lou' ngan:
Klimaanlagen (pl)	လေအေးစက်	lei ei: ze'
Fluggesellschaft (f)	လေကြောင်း	lei gjaun:
Spirituosen (pl)	အရက်သေစာ	aje' dhei za
Antiquitäten (pl)	ရှေးဟောင်းပစ္စည်း	shei: haun: bji' si:
Kunstgalerie (f)	အနုပညာပြခန်း	anu. pjin ja pja. gan:
Rechnungsprüfung (f)	စာရင်းစစ်ဆေးခြင်း	sajin: zi' hsei: gjin:
Bankwesen (n)	ဘဏ်လုပ်ငန်း	ban lou' ngan:
Bar (f)	ဘား	ba:
Schönheitssalon (m)	အလှပြင်ဆိုင်	ahla. bjin zain:
Buchhandlung (f)	စာအုပ်ဆိုင်	sa ou' hsain
Bierbrauerei (f)	ဘီယာချက်စက်ရုံ	bi ja gje' se' joun
Bürogebäude (n)	စီးပွားရေးလုပ်ငန်းစင်တာ	si: bwa: jei: lou' ngan: zin da
Business-Schule (f)	စီးပွားရေးကျောင်း	si: bwa: jei: gjaun:
Kasino (n)	လောင်းကစားရုံ	laun: gaza: joun
Bau (m)	ဆောက်လုပ်ရေးလုပ်ငန်း	hsau' lou' jei: lou' ngan:
Beratung (f)	လူနာစမ်းသပ်ခန်း	lu na zan: dha' khan:
Stomatologie (f)	သွားဆေးခန်း	thwa: hsei: gan:
Design (n)	ဒီဇိုင်း	di zain:
Apotheke (f)	ဆေးဆိုင်	hsei: zain
chemische Reinigung (f)	အဝတ်အခြောက်လျှော်လုပ်ငန်း	awu' achou' hlo: lou' ngan:
Personalagentur (f)	အလုပ်အကိုင်ရှာဖွေရေးလုပ်ငန်း	alou' akain sha hpwei jei: lou' ngan:
Finanzdienstleistungen (pl)	ငွေကြေးဝန်ဆောင်မှုလုပ်ငန်း	ngwei kjei: wun zaun hmu lou' ngan:
Nahrungsmittel (pl)	စားသုံးကုန်များ	sa: dhoun: goun mja:
Bestattungsinstitut (n)	အသုဘဝန်ဆောင်မှုလုပ်ငန်း	athu. ba. wun zaun hmu. lou' ngan:
Möbel (n)	ပရိဘောဂ	pa ri. bo: ga.
Kleidung (f)	အဝတ်အစား	awu' aza:
Hotel (n)	ဟိုတယ်	hou te

Eis (n)	ရေခဲမုန့်	jei ge: moun.
Industrie (f)	စက်မှုလုပ်ငန်း	se' hmu. lou' ngan:
Versicherung (f)	အာမခံလုပ်ငန်း	a ma. khan lou' ngan:
Internet (n)	အင်တာနက်	in ta na'
Investitionen (pl)	ရင်းနှီးမြှုပ်နှံမှု	jin: hni: hmjou' hnan hmu.

Juwelier (m)	လက်ဝတ်ရတနာကုန်သည်	le' wa' ja. da. na goun de
Juwelierwaren (pl)	လက်ဝတ်ရတနာ	le' wa' ja. da. na
Wäscherei (f)	ဒီဘီလုပ်ငန်း	dou bi lou' ngan:
Rechtsberatung (f)	ဥပဒေအကြံပေး	u. ba. dei akjan bei:
Leichtindustrie (f)	အသေးစားစက်မှုလုပ်ငန်း	athei: za: za' hmu. lou' ngan:

Zeitschrift (f)	မဂ္ဂဇင်းစာစောင်	ma' ga. zin: za zaun
Versandhandel (m)	အော်ဒါကိုစာတိုက်မှ ပို့ဆောင်ခြင်း	o da ko sa dai' hma. bou. hsaun gjin:
Medizin (f)	ဆေးပညာ	hsei: pjin nja
Kino (Filmtheater)	ရုပ်ရှင်ရုံ	jou' shin joun
Museum (n)	ပြတိုက်	pja. dai'

Nachrichtenagentur (f)	သတင်းဌာန	dhadin: hta. na.
Zeitung (f)	သတင်းစာ	dhadin: za
Nachtklub (m)	နိက်ကလပ်	nai' ka. la'

Erdöl (n)	ရေနံ	jei nan
Kurierdienst (m)	ပစ္စည်းပို့ဆောင်ရေးလုပ်ငန်း	pji' si: bou. zain jei: lou' ngan:
Pharmaindustrie (f)	လူသုံးဆေးဝါးလုပ်ငန်း	lu dhoun: zei: wa: lou' ngan:
Druckindustrie (f)	ပုံနှိပ်ခြင်း	poun nei' chin:
Verlag (m)	ပုံနှိပ်ထုတ်ဝေ သည့်ကုမ္ပဏီ	poun nei' htou' wei dhi. koun pani

Rundfunk (m)	ရေဒီယို	rei di jou
Immobilien (pl)	အိမ်ခြံမြေလုပ်ငန်း	ein gjan mjei lu' ngan:
Restaurant (n)	စားသောက်ဆိုင်	sa: thau' hsain

| Sicherheitsagentur (f) | လုံခြုံရေးအကျိုး ဆောင်ကုမ္ပဏီ | loun gjoun jei: akjou: zaun koun pa. ni |

Sport (m)	အားကစား	a: gaza:
Börse (f)	စတော့ရှောင်းဝယ်ရေးဌာန	sato. jaun: we jei: hta. na.
Laden (m)	ဆိုင်	hsain
Supermarkt (m)	ကုန်တိုက်ကြီး	koun dou' kji:
Schwimmbad (n)	ရေကူးကန်	jei ku: gan

Atelier (n)	အပ်ချုပ်လုပ်ငန်း	a' chou' lu' ngan:
Fernsehen (n)	ရုပ်မြင်သံကြား	jou' mjin dhan gja:
Theater (n)	ကဇာတ်ရုံ	ka. za' joun
Handel (m)	ကုန်သွယ်ရေး	koun dhwe jei:
Transporte (pl)	သယ်ယူပို့ဆောင်ရေး လုပ်ငန်း	the ju bou. zaun jei: lou' ngan:
Reisen (pl)	ခရီးသွားလုပ်ငန်း	khaji: thwa: lou' ngan:

Tierarzt (m)	တိရစ္ဆာန်ကုဆရာဝန်	tharei' hsan gu. zaja wun
Warenlager (n)	ကုန်လှောင်ရုံ	koun hlaun joun
Müllabfuhr (f)	စွန့်ပစ်ပစ္စည်းစုဆောင်းခြင်း	sun. bi' pji' si: zu zaun: ghin:

Arbeit. Geschäft. Teil 2

118. Show. Ausstellung

Ausstellung (f)	ပြပွဲ	pja. bwe:
Handelsausstellung (f)	ကုန်စည်ပြပွဲ	koun zi pja pwe
Teilnahme (f)	ပါဝင်ဆင်နွှဲမှု	pa win zhin hnwe: hmu.
teilnehmen (vi)	ပါဝင်ဆင်နွှဲသည်	pa win zin hnwe: de
Teilnehmer (m)	ပါဝင်ဆင်နွှဲသူ	pa win zhin hnwe: dhu
Direktor (m)	ဒါရိုက်တာ	da je' ta
Messeverwaltung (f)	ဦးစီးဦးဆောင်သူအဖွဲ့	u: zi: u: zaun dhu ahpwe:
Organisator (m)	စီစဉ်သူ	si zin dhu
veranstalten (vt)	စီစဉ်သည်	si zin de
Anmeldeformular (n)	ပါဝင်ရန်ဖြည့်စွက်ရ သော့ပုံစံ	pa win jan bje zwe' ja. dho: boun zan
ausfüllen (vt)	ဖြည့်သည်	hpjei. de
Details (pl)	အသေးစိတ်အချက်အလက်များ	athei zi' ache' ala' mja:
Information (f)	သတင်းအချက်အလက်	dhadin: akje' ale'
Preis (m)	ဈေးနှုန်း	zei: hnan:
einschließlich	အပါအဝင်	apa awin
einschließen (vt)	ပါဝင်သည်	pa win de
zahlen (vt)	ပေးရွှေသည်	pei: gjei de
Anmeldegebühr (f)	မှတ်ပုံတင်ခ	hma' poun din ga.
Eingang (m)	ဝင်ပေါက်	win bau'
Pavillon (m)	ပြခန်းယာယီအဆောက်အအုံ	pja. gan: ja ji ahsau' aoun
registrieren (vt)	စာရင်းသွင်းသည်	sajin: dhwin: de
Namensschild (n)	တံဆိပ်	da zei'
Stand (m)	ပြပွဲဝင်	pja. bwe: zin
reservieren (vt)	ကြိုတင်မှာသည်	kjou tin hma de
Vitrine (f)	ပစ္စည်းပြရန်မှန်ဘောင်	pji' si: bja. jan hman baun
Strahler (m)	မီးဆောင်း	mi: maun:
Design (n)	ဒီဇိုင်း	di zain:
stellen (vt)	နေရာချသည်	nei ja gja de
gelegen sein	တည်ရှိသည်	ti shi. de
Distributor (m)	ဖြန့်ဝေသူ	hpjan. wei dhu
Lieferant (m)	ပေးသွင်းသူ	pei: dhwin: dhu
liefern (vt)	ပေးသွင်းသည်	pei: dhwin: de
Land (n)	နိုင်ငံ	nain ngan
ausländisch	နိုင်ငံခြားနှင့်ဆိုင်သော	nain ngan gja: hnin. zain de.
Produkt (n)	ထုတ်ကုန်	htou' koun
Assoziation (f)	အဖွဲ့အစည်း	ahpwe. asi:

Konferenzraum (m)	ဆွေးနွေးပွဲခန်းမ	hswe: nwe: bwe: gan: ma.
Kongress (m)	ညီလာခံ	nji la gan
Wettbewerb (m)	ပြိုင်ပွဲ	pjain bwe:

Besucher (m)	ဧည့်သည်	e. dhe
besuchen (vt)	လာရောက်လေ့လာသည်	la jau' lei. la de
Auftraggeber (m)	ဖောက်သည်	hpau' te

119. Massenmedien

Zeitung (f)	သတင်းစာ	dhadin: za
Zeitschrift (f)	မဂ္ဂဇင်းစာစောင်	ma' ga. zin: za zaun
Presse (f)	စာနယ်ဇင်း	sa ne zin:
Rundfunk (m)	ရေဒီယို	rei di jou
Rundfunkstation (f)	ရေဒီယိုဌာန	rei di jou hta. na.
Fernsehen (n)	ရုပ်မြင်သံကြား	jou' mjin dhan gja:

Moderator (m)	အစီအစဉ်တင်ဆက်သူ	asi asin din ze' thu
Sprecher (m)	သတင်းကြေငြာသူ	dhadin: gjei nja dhu
Kommentator (m)	အစီရင်ခံသူ	asi jin gan dhu

Journalist (m)	သတင်းစာဆရာ	dhadin: za zaja
Korrespondent (m)	သတင်းထောက်	dhadin: dau'
Bildberichterstatter (m)	သတင်းဓာတ်ပုံရိုက်ကူးသူ	dhadin: da' poun jai' ku: dhu
Reporter (m)	သတင်းထောက်	dhadin: dau'

| Redakteur (m) | အယ်ဒီတာ | e di ta |
| Chefredakteur (m) | အယ်ဒီတာချုပ် | e di ta chu' |

abonnieren (vt)	ပေးသွင်းသည်	pei: dhwin: de
Abonnement (n)	လစဉ်ကြေး	la. zin gjei:
Abonnent (m)	လစဉ်ကြေးပေးသွင်းသူ	la. zin gjei: bei: dhwin: dhu
lesen (vi, vt)	ဖတ်သည်	hpa' te
Leser (m)	စာဖတ်သူ	sa hpa' thu

Auflage (f)	စောင်ရေ	saun jei
monatlich (Adj)	လစဉ်	la. zin
wöchentlich (Adj)	အပတ်စဉ်	apa' sin
Ausgabe (Zeitschrift)	အကြိမ်	akjein
neueste (~ Ausgabe)	အသစ်ဖြစ်သော	athi' hpji' te.

Titel (m)	ခေါင်းစဉ်	gaun: zin
Notiz (f)	ဆောင်းပါးငယ်	hsaun: ba: nge
Rubrik (f)	ပင်တိုင်ဆောင်းပါး	pin dain zaun: ba:
	ရှင်ကဏ္ဍ	shin gan da.
Artikel (m)	ဆောင်းပါး	hsaun: ba:
Seite (f)	စာမျက်နှာ	sa mje' hna

Reportage (f)	သတင်းပေးပို့ချက်	dhadin: bei: bou. gje'
Ereignis (n)	အဖြစ်အပျက်	a hpji' apje'
Sensation (f)	သတင်းထူး	dhadin: du:
Skandal (m)	မကောင်းသတင်း	ma. gaun: dhadin:
skandalös	ကျော်မကောင်းကြား	kjo ma. kaun: pja:
	မကောင်းသော	ma. kaun de

groß (-er Skandal)	ကြီးကျယ်ခမ်းနားသော	kji: kje khin: na: de.
Sendung (f)	အစီအစဉ်	asi asin
Interview (n)	အင်တာဗျူး	in ta bju:
Live-Übertragung (f)	တိုက်ရိုက်ထုတ်လွှင့်မှု	tai' jai' htou' hlwin. hmu.
Kanal (m)	လိုင်း	lain:

120. Landwirtschaft

Landwirtschaft (f)	စိုက်ပျိုးရေး	sai' pjou: jei:
Bauer (m)	တောင်သူလယ်သမား	taun dhu le dhama:
Bäuerin (f)	တောင်သူအမျိုးသမီး	taun dhu amjou: dhami:
Farmer (m)	လယ်သမား	le dhama:

Traktor (m)	ထွန်စက်	htun ze'
Mähdrescher (m)	ရိတ်သိမ်းသီးနှံခြွေစက်	jei' thein:/ thi: hnan gjwei ze'

Pflug (m)	ထယ်	hte
pflügen (vt)	ထယ်ထိုးသည်	hte dou: de
Acker (m)	ထယ်ထိုးစက်	hte dou: ze'
Furche (f)	ထယ်ကြောင်း	hte gjaun:

säen (vt)	မျိုးကြဲသည်	mjou: gje: de
Sämaschine (f)	မျိုးကြဲစက်	mjou: gje: ze'
Saat (f)	မျိုးကြဲခြင်း	mjou: gje: gjin:

Sense (f)	မြက်ယမ်းတား	mje' jan: da:
mähen (vt)	မြက်ရိတ်သည်	mje' jei' te

Schaufel (f)	ကော်ပြား	ko pja:
graben (vt)	ထွန်ယက်သည်	htun je' te

Hacke (f)	ပေါက်ပြား	pja' bja:
jäten (vt)	ပေါင်းသင်သည်	paun: dhin de
Unkraut (n)	ပေါင်းပင်	paun: bin

Gießkanne (f)	အပင်ရေလောင်းပုံး	apin jei laun: boun:
gießen (vt)	ရေလောင်းသည်	jei laun: de
Bewässerung (f)	ရေလောင်းခြင်း	jei laun: gjin:

Heugabel (f)	ကောက်ဆွ	kau' hswa
Rechen (m)	ထွန်ခြစ်	htun gji'

Dünger (m)	မြေဩဇာ	mjei o: za
düngen (vt)	မြေဩဇာကျွေးသည်	mjei o: za gjwei: de
Mist (m)	မြေဩဇာ	mjei o: za

Feld (n)	လယ်ကွင်း	le gwin:
Wiese (f)	မြင်ခင်းပြင်	mjin gin: bjin
Gemüsegarten (m)	အသီးအရွက်စိုက်ခင်း	athi: ajwe' sai' khin:
Obstgarten (m)	သစ်သီးခြံ	thi' thi: gjan

weiden (vt)	စားကျက်တွင်းလွှတ်ထားသည်	sa: gja' twin hlu' hta' de
Hirt (m)	သိုးနွားထိန်းကျောင်းသူ	thou: nwa: ou' kjaun: dhu
Weide (f)	စားကျက်	sa: gja'

Viehzucht (f)	တိရိစ္ဆာန်မွေး မြူရေးလုပ်ငန်း	tharei' hsan mwei: mju jei: lou' ngan:
Schafzucht (f)	သိုးမွေးမြူရေးလုပ်ငန်း	thou: mwei: mju je: lou' ngan:
Plantage (f)	ခြံ	chan
Beet (n)	ဘောင်	baun
Treibhaus (n)	မှန်လုံအိမ်	hman loun ein
Dürre (f)	မိုးခေါင်ခြင်း	mou: gaun gjin
dürr, trocken	ခြောက်သွေ့သော	chau' thwei. de.
Getreide (n)	နှံစားပင်တို့၏အစေ့	hnan za: bin dou. i. asei.
Getreidepflanzen (pl)	မုယောစပါး	mu. jo za. ba:
ernten (vt)	ရိတ်သိမ်းသည်	jei' thein: de
Müller (m)	ဂျုံစက်ပိုင်ရှင်	gjoun ze' pain shin
Mühle (f)	သီးနှံကြိတ်ခွဲစက်	thi: hnan gji' khwei: ze'
mahlen (vt)	ကြိတ်သည်	kjei' te
Mehl (n)	ဂျုံမှုန့်	gjoun hmoun.
Stroh (n)	ကောက်ရိုး	kau' jou:

121. Gebäude. Bauabwicklung

Baustelle (f)	ဆောက်လုပ်ရေးလုပ်ငန်းခွင်	hsau' lou' jei: lou' ngan: gwin
bauen (vt)	ဆောက်လုပ်သည်	hsau' lou' te
Bauarbeiter (m)	ဆောက်လုပ်ရေးအလုပ်သမား	hsau' lou' jei: alou' dha. ma:
Projekt (n)	ပရောဂျက် စီမံကိန်း	pa jo: gje' si man gein:
Architekt (m)	ဗိသုကာပညာရှင်	bi. thu. ka pjin nja shin
Arbeiter (m)	အလုပ်သမား	alou' dha ma:
Fundament (n)	အုတ်မြစ်	ou' mja'
Dach (n)	အမိုး	amou:
Pfahl (m)	မြေစိုက်တိုင်	mjei zai' tain
Wand (f)	နံရံ	nan jou:
Bewehrungsstahl (m)	ငြမ်းစင်	njan: zin
Gerüst (n)	ငြမ်း	njan:
Beton (m)	ကွန်ကရစ်	kun ka. ji'
Granit (m)	နှမ်းဖတ်ကျောက်	hnan: ba' kjau'
Stein (m)	ကျောက်	kjau'
Ziegel (m)	အုတ်	ou'
Sand (m)	သဲ	the:
Zement (m)	ဘိလပ်မြေ	bi la' mjei
Putz (m)	သရွတ်	thaju'
verputzen (vt)	သရွတ်ကိုင်သည်	thaju' kain de
Farbe (f)	သုတ်ဆေး	thou' hsei:
färben (vt)	ဆေးသုတ်သည်	hsei: dhou' te
Fass (n), Tonne (f)	စည်ပိုင်း	si bain:
Kran (m)	ကရိန်းစက်	karein: ze'
aufheben (vt)	မသည်	ma. de

herunterlassen (vt)	ချသည်	cha. de
Planierraupe (f)	လမ်းကြိတ်စက်	lan: gji' se'
Bagger (m)	မြေတူးစက်	mjei du: ze'
Baggerschaufel (f)	ကော်ရွက်	ko khwe'
graben (vt)	တူးသည်	tu: de
Schutzhelm (m)	ဒက်ခံဦးထုပ်	dan gan u: dou'

122. Wissenschaft. Forschung. Wissenschaftler

Wissenschaft (f)	သိပ္ပံပညာ	thei' pan pin nja
wissenschaftlich	သိပ္ပံပညာဆိုင်ရာ	thei' pan pin nja zein ja
Wissenschaftler (m)	သိပ္ပံပညာရှင်	thei' pan pin nja shin
Theorie (f)	သီအိုရီ	thi ou ji
Axiom (n)	နပိမုန်အဆို	na. gou hman ahsou
Analyse (f)	ခွဲခြမ်းစိတ်ဖြာခြင်း	khwe: gjan: zei' hpa gjin:
analysieren (vt)	ခွဲခြမ်းစိတ်ဖြာသည်	khwe: gjan: zei' hpa de
Argument (n)	အကြောင်းပြုချက်	akjaun: pja. gje'
Substanz (f)	အထည်	a hte
Hypothese (f)	အခြေခံသဘောတ	achei khan dha. bo da.
	ရား၊အယူအဆ	ja: aju ahsa.
Dilemma (n)	အကျပ်ရိုက်ခြင်း	akja' shi' chin:
Dissertation (f)	သုတေသနစာတမ်း	thu. tei thana za dan:
Dogma (n)	တရားသောလက်ခံ	taja: dhei le' khan
	ထားသောဝါဒ	da: dho: wa da
Doktrin (f)	သြဝါဒ	thja. wa da.
Forschung (f)	သုတေသန	thu. tei thana
forschen (vi)	သုတေသနပြုသည်	thu. tei thana bjou de
Kontrolle (f)	စမ်းသပ်ခြင်း	san: dha' chin:
Labor (n)	လက်တွေ့ခန်း	le' twei. gan:
Methode (f)	နည်းလမ်း	ne: lan:
Molekül (n)	မော်လီကျူး	mo li gju:
Monitoring (n)	စောင့်ကြည့်စစ်ဆေးခြင်း	saun. gji. zi' hsei: gjin:
Entdeckung (f)	ရှာဖွေတွေ့ရှိမှု	sha hpwei dwei. shi. hmu.
Postulat (n)	လက်ခံထားသည့်အဆို	le' khan da: dhe. ahsou
Prinzip (n)	အခြေခံသဘောတရား	achei khan dha. bo da. ja:
Prognose (f)	ကြိုတင်ခန့်မှန်းချက်	kjou din khan hman: gje'
prognostizieren (vt)	ကြိုတင်ခန့်မှန်းသည်	kjou din khan hman: de
Synthese (f)	သမ္မာရ	than ba ra.
Tendenz (f)	ဦးတည်ရာ	u: ti ja
Theorem (n)	သီအိုရံ	thi ou jan
Lehre (Doktrin)	သင်ကြားချက်	thin kja: gje'
Tatsache (f)	အချက်အလက်	ache' ale'
Expedition (f)	စူးစမ်းလေ့လာရေးခရီး	su: zan: lei. la nei: khaji:
Experiment (n)	စမ်းသပ်လုပ်ဆောင်ချက်	san: dha' lou' hsaun gje'
Akademiemitglied (n)	အကယ်ဒမီသိပ္ပံပညာရှင်	ake da ni dhan pa' pjin shin
Bachelor (m)	တက္ကသိုလ် ပထမဘွဲ့	te' kathou pahtama. bwe.

Doktor (m)	ပါရဂူဘွဲ့	pa ja gu bwe.
Dozent (m)	လက်ထောက်ပါမောက္ခ	le' htau' pa mau' kha.
Magister (m)	မဟာဘွဲ့	maha bwe.
Professor (m)	ပါမောက္ခ	pamau' kha

Berufe und Tätigkeiten

123. Arbeitsuche. Kündigung

Arbeit (f), Stelle (f)	အလုပ်	alou'
Belegschaft (f)	ဝန်ထမ်းအင်အား	wun dan: in a:
Personal (n)	အမှုထမ်း	ahmu, htan:
Karriere (f)	သက်မွေးမှုလုပ်ငန်း	the' hmei: hmu. lou' ngan:
Perspektive (f)	တက်လမ်း	te' lan:
Können (n)	ကျွမ်းကျင်မှု	kjwan: gjin hmu.
Auswahl (f)	လက်ရွေးစင်	le' jwei: zin
Personalagentur (f)	အလုပ်အကိုင်ရှာဖွေရေး- အကျိုးဆောင်လုပ်ငန်း	alou' akain sha hpei jei: akjou: zaun lou' ngan:
Lebenslauf (m)	ပညာရည်မှတ်တမ်းအကျဉ်း	pjin nja je hma' tan: akjin:
Vorstellungsgespräch (n)	အလုပ်အင်တာဗျူး	alou' in da bju:
Vakanz (f)	အလုပ်လစ်လပ်နေရာ	alou' li' la' nei ja
Gehalt (n)	လစာ	la. za
festes Gehalt (n)	ပုံသေလစာ	poun dhei la. za
Arbeitslohn (m)	ပေးချေသည့်ငွေ	pei: gjei de. ngwei
Stellung (f)	ရာထူး	ja du:
Pflicht (f)	တာဝန်	ta wun
Aufgabenspektrum (n)	တာဝန်များ	ta wun mja:
beschäftigt	အလုပ်များသော	alou' mja: de.
kündigen (vt)	အလုပ်ထုတ်သည်	alou' htou' de
Kündigung (f)	ထုတ်ပယ်ခြင်း	htou' pe gjin:
Arbeitslosigkeit (f)	အလုပ်လက်မဲ့ဦးရေ	alou' le' me. u: jei
Arbeitslose (m)	အလုပ်လက်မဲ့	alou' le' me.
Rente (f), Ruhestand (m)	အငြိမ်းစားလစာ	anjein: za: la. za
in Rente gehen	အငြိမ်းစားယူသည်	anjein: za: ju dhe

124. Geschäftsleute

Direktor (m)	ညွှန်ကြားရေးမှူး	hnjun gja: jei: hmu:
Leiter (m)	မန်နေဂျာ	man nei gji
Boss (m)	အကြီးအကဲ	akji: ake:
Vorgesetzte (m)	အထက်လူကြီး	a hte' lu gji:
Vorgesetzten (pl)	အထက်လူကြီးများ	a hte' lu gji: mja:
Präsident (m)	ဥက္ကဋ္ဌ	ou' kahta.
Vorsitzende (m)	ဥက္ကဋ္ဌ	ou' kahta.
Stellvertreter (m)	ဒုတိယ	du. di. ja.
Helfer (m)	လက်ထောက်	le' htau'

| Sekretär (m) | အတွင်းရေးမှူး | atwin: jei: hmu: |
| Privatsekretär (m) | ကိုယ်ရေးအရာရှိ | kou jei: aja shi. |

Geschäftsmann (m)	စီးပွားရေးလုပ်ငန်းရှင်	si: bwa: jei: lou' ngan: shin
Unternehmer (m)	စီးပွားရေးလုပ်ငန်းရှင်	si: bwa: jei: lou' ngan: shin
Gründer (m)	တည်ထောင်သူ	ti daun dhu
gründen (vt)	တည်ထောင်သည်	ti daun de

Gründungsmitglied (n)	ဖွဲ့စည်းသူ	hpwe. zi: dhu
Partner (m)	အကျိုးတူလုပ်ဖော်ကိုင်ဘက်	akjou: du lou' hpo kain be'
Aktionär (m)	အစုရှင်	asu. shin

Millionär (m)	သန်းကြွယ်သူဌေး	than: gjwe dhu dei:
Milliardär (m)	ဘီလျံနာသူဌေး	bi ljan na dhu dei:
Besitzer (m)	ပိုင်ရှင်	pain shin
Landbesitzer (m)	မြေပိုင်ရှင်	mjei bain shin

Kunde (m)	ဖောက်သည်	hpau' te
Stammkunde (m)	အမြဲတမ်းဖောက်သည်	amje: dan: zau' te
Käufer (m)	ဝယ်သူ	we dhu
Besucher (m)	ည့်သည်	e. dhe

Fachmann (m)	ကျွမ်းကျင်သူ	kjwan: gjin dhu
Experte (m)	ကျွမ်းကျင်ပညာရှင်	kjwan: gjin bi nja shin
Spezialist (m)	အထူးကျွမ်းကျင်သူ	a htu: kjwan: gjin dhu

| Bankier (m) | ဘဏ်လုပ်ငန်းရှင် | ban lou' ngan: shin |
| Makler (m) | စီးပွါးရေးအကျိုးဆောင် | si: bwa: jei: akjou: zaun |

Kassierer (m)	ငွေကိုင်	ngwei gain
Buchhalter (m)	စာရင်းကိုင်	sajin: gain
Wächter (m)	အစောင့်	asaun.

Investor (m)	ရင်းနှီးမြှုပ်နှံသူ	jin: hni: hmjou' hnan dhu
Schuldner (m)	မြီးစား	mji za:
Gläubiger (m)	ကြွေးရှင်	kjwei: shin
Kreditnehmer (m)	ချေးသူ	chei: dhu

| Importeur (m) | သွင်းကုန်လုပ်ငန်းရှင် | thwin: goun lou' ngan: shin |
| Exporteur (m) | ပို့ကုန်လုပ်ငန်းရှင် | pou. goun lou' ngan: shin |

Hersteller (m)	ထုတ်လုပ်သူ	tou' lou' thu
Distributor (m)	ဖြန့်ဝေသူ	hpjan. wei dhu
Vermittler (m)	တစ်ဆင့်ခံရောင်းသူ	ti' hsin. gan jaun: dhu

Berater (m)	အတိုင်ပင်ခံပုဂ္ဂိုလ်	atain bin gan bou' gou
Vertreter (m)	ကိုယ်စားလှယ်	kou za: hle
Agent (m)	ကိုယ်စားလှယ်	kou za: hle
Versicherungsagent (m)	အာမခံကိုယ်စားလှယ်	a ma. khan gou za: hle

125. Dienstleistungsberufe

| Koch (m) | စားဖိုမှူး | sa: hpou hmu: |
| Chefkoch (m) | စားဖိုမှူးကြီး | sa: hpou hmu: gji: |

Bäcker (m)	ပေါင်မုန့်ဖုတ်သူ	paun moun. bou' dhu
Barmixer (m)	အရက်ဘားဝန်ထမ်း	aje' ba: wun dan:
Kellner (m)	စားပွဲထိုး	sa: bwe: dou:
Kellnerin (f)	စားပွဲထိုးမိန်းကလေး	sa: bwe: dou: mein: ga. lei:

Rechtsanwalt (m)	ရှေ့နေ	shei. nei
Jurist (m)	ရှေ့နေ	shei. nei
Notar (m)	ရှေ့နေ	shei. nei

Elektriker (m)	လျှပ်စစ်ပညာရှင်	hlja' si' pa. nja shin
Klempner (m)	ပိုက်ပြင်သူ	pai' bjin dhu
Zimmermann (m)	လက်သမား	le' tha ma:

Masseur (m)	အနှိပ်သမား	anei' thama:
Masseurin (f)	အနှိပ်သမ	anei' thama.
Arzt (m)	ဆရာဝန်	hsa ja wun

Taxifahrer (m)	တက္ကစီမောင်းသူ	te' kasi maun: dhu
Fahrer (m)	ယာဉ်မောင်း	jin maun:
Ausfahrer (m)	ပစ္စည်းပို့သူ	pji' si: bou. dhu

Zimmermädchen (n)	ဟိုတယ်သန့်ရှင်းရေးဝန်ထမ်း	hou te than. shin wun dam:
Wächter (m)	အစောင့်	asaun.
Flugbegleiterin (f)	လေယာဉ်မယ်	lei jan me

Lehrer (m)	ဆရာ	hsa ja
Bibliothekar (m)	စာကြည့်တိုက်ဝန်ထမ်း	sa gji. dai' wun dan:
Übersetzer (m)	ဘာသာပြန်	ba dha bjan
Dolmetscher (m)	စကားပြန်	zaga: bjan
Fremdenführer (m)	လမ်းညွှန်	lan: hnjun

Friseur (m)	ဆံသဆရာ	hsan dha. zaja
Briefträger (m)	စာပို့သမား	sa bou. dhama:
Verkäufer (m)	ဆိုင်အရောင်းဝန်ထမ်း	hsain ajaun: wun dan:

Gärtner (m)	ဥယျာဉ်မှူး	u. jin hmu:
Diener (m)	အိမ်စေအမှုထမ်း	ein zei ahmu. dan:
Magd (f)	အိမ်စေအမျိုးသမီး	ein zei amjou: dhami:
Putzfrau (f)	သန့်ရှင်းရေးသမ	than. shin: jei: dhama.

126. Militärdienst und Ränge

einfacher Soldat (m)	တပ်သား	ta' tha:
Feldwebel (m)	တပ်ကြပ်ကြီး	ta' kja' kji:
Leutnant (m)	ဗိုလ်	bou
Hauptmann (m)	ဗိုလ်ကြီး	bou gji

Major (m)	ဗိုလ်မှူး	bou hmu:
Oberst (m)	ဗိုလ်မှူးကြီး	bou hmu: gji:
General (m)	ဗိုလ်ချုပ်	bou gjou'
Marschall (m)	ထိပ်တန်းအရာရှိ	htei' tan: aja shi.
Admiral (m)	ရေတပ်ဗိုလ်ချုပ်ကြီး	jei da' bou chou' kji:
Militärperson (f)	တပ်မတော်နှင့်ဆိုင်သော	ta' mado hnin. zain de.
Soldat (m)	စစ်သား	si' tha:

| Offizier (m) | အရာရှိ | aja shi. |
| Kommandeur (m) | ခေါင်းဆောင် | gaun: zaun |

Grenzsoldat (m)	နယ်ခြားစောင့်	ne gja: zaun.
Funker (m)	ဆက်သွယ်ရေးတပ်သား	hse' thwe jei: da' tha:
Aufklärer (m)	ကင်းထောက်	kin: dau'
Pionier (m)	စိုင်းရှင်းသူ	main: shin: dhu
Schütze (m)	လက်ဖြောင့်တပ်သား	le' hpaun. da' tha:
Steuermann (m)	လေခြောင်းပြ	lei gjaun: bja.

127. Beamte. Priester

| König (m) | ဘုရင် | ba. jin |
| Königin (f) | ဘုရင်မ | ba jin ma. |

| Prinz (m) | အိမ်ရှေ့ မင်းသား | ein shei. min: dha: |
| Prinzessin (f) | မင်းသမီး | min: dhami: |

| Zar (m) | ဇာဘုရင် | za bou jin |
| Zarin (f) | ဇာဘုရင်မ | za bou jin ma |

Präsident (m)	သမ္မတ	thamada.
Minister (m)	ဝန်ကြီး	wun: gji:
Ministerpräsident (m)	ဝန်ကြီးချုပ်	wun: gji: gjou'
Senator (m)	ဆီနိတ်လွှတ်တော်အမတ်	hsi nei' hlwa' do: ama'

Diplomat (m)	သံတမန်	than taman.
Konsul (m)	ကောင်စစ်ဝန်	kaun si' wun
Botschafter (m)	သံအမတ်	than ama'
Ratgeber (m)	ကောင်စီဝင်	kaun si wun

Beamte (m)	အမှုထောင်အရာရှိ	ahmu. zaun aja shi.
Präfekt (m)	သီးသန့်နယ်မြေ အုပ်ချုပ်ရေးမှူး	thi: dhan. ne mjei ou' chou' ei: hmu:
Bürgermeister (m)	မြို့တော်ဝန်	mjou. do wun

| Richter (m) | တရားသူကြီး | taja: dhu gji: |
| Staatsanwalt (m) | အစိုးရရှေ့နေ | asou: ja shei. nei |

Missionar (m)	သာသနာပြုသူ	tha dha. na bju. dhu
Mönch (m)	ဘုန်းကြီး	hpoun: gji:
Abt (m)	ကျောင်းထိုင်ဆရာတော်	kjaun: dain zaja do
Rabbiner (m)	ဂျူးဘာသာရေးခေါင်းဆောင်	gju: ba dha jei: gaun: zaun:

Wesir (m)	မွတ်ဆလင်အမတ်	mu' hsa. lin ama'
Schah (n)	ရှားဘုရင်	sha: bu. shin
Scheich (m)	အာရပ်စော်ဘွား	a ra' so bwa:

128. Landwirtschaftliche Berufe

| Bienenzüchter (m) | ပျားမွေးသူ | pja: mwei: dhu |
| Hirt (m) | သိုးနွားအုပ်ကျောင်းသူ | thou:/ nwa: ou' kjaun: dhu |

Agronom (m)	သီးနှံစိုက်ပျိုး ရေးပညာရှင်	thi: hnan zai' pjou: jei: pin nja shin
Viehzüchter (m)	တိရစ္ဆာန်မျိုးဖောက်သူ	tharei' hsan mjou: hpau' thu
Tierarzt (m)	တိရစ္ဆာန်ဆေးဝန်	tharei' hsan zaja wun

Farmer (m)	လယ်သမား	le dhama:
Winzer (m)	ဝိုင်ဖောက်သူ	wain bau' thu
Zoologe (m)	သတ္တဗေဒပညာရှင်	tha' ta. bei da. pin nja shin
Cowboy (m)	နွားကျောင်းသား	nwa: gjaun: dha:

129. Künstler

| Schauspieler (m) | သရုပ်ဆောင်မင်းသား | thajou' hsaun min: dha: |
| Schauspielerin (f) | သရုပ်ဆောင်မင်းသမီး | thajou' hsaun min: dha: |

| Sänger (m) | အဆိုတော် | ahsou do |
| Sängerin (f) | အဆိုတော် | ahsou do |

| Tänzer (m) | အကဆရာ | aka. hsa. ja |
| Tänzerin (f) | အကဆရာမ | aka. hsa. ja ma |

| Künstler (m) | သရုပ်ဆောင်သူ | thajou' hsaun dhu |
| Künstlerin (f) | သရုပ်ဆောင်သူ | thajou' hsaun dhu |

Musiker (m)	ဂီတပညာရှင်	gi ta. bjin nja shin
Pianist (m)	စန္ဒရားဆရာ	san daja: zaja
Gitarrist (m)	ဂစ်တာပညာရှင်	gi' ta bjin nja shin

Dirigent (m)	ဂီတမှူး	gi ta. hmu
Komponist (m)	တေးရေးဆရာ	tei: jei: hsaja
Manager (m)	ဇာတ်ဆရာ	za' hsaja

Regisseur (m)	ရုပ်ရှင်ဒါရိုက်တာ	jou' shin da jai' ta
Produzent (m)	ထုတ်လုပ်သူ	htou' lou' thu
Drehbuchautor (m)	ဇာတ်ညွှန်းဆရာ	za' hnjun: za ja
Kritiker (m)	ဝေဖန်သူ	wei ban dhu

Schriftsteller (m)	စာရေးဆရာ	sajei: zaja
Dichter (m)	ကဗျာဆရာ	ka. bja zaja
Bildhauer (m)	ပန်းပုဆရာ	babu hsaja
Maler (m)	ပန်းချီဆရာ	bagji zaja

Jongleur (m)	လက်လှည့်ဆရာ	le' hli. za. ja.
Clown (m)	လူရွှင်တော်	lu shwin do
Akrobat (m)	ကျွမ်းဘားပြသူ	kjwan: ba: bja dhu
Zauberkünstler (m)	မျက်လှည့်ဆရာ	mje' hle. zaja

130. Verschiedene Berufe

Arzt (m)	ဆရာဝန်	hsa ja wun
Krankenschwester (f)	သူနာပြု	thu na bju.
Psychiater (m)	စိတ်ရောဂါအထူးကုဆရာဝန်	sei' jo: ga ahtu: gu. zaja wun

| Zahnarzt (m) | သွားဆရာဝန် | thwa: hsaja wun |
| Chirurg (m) | ခွဲစိတ်ကုဆရာဝန် | khwe: hsei' ku hsaja wun |

Astronaut (m)	အာကာသယာဉ်မှူး	akatha. jin hmu:
Astronom (m)	နက္ခတ္တဗေဒပညာရှင်	ne' kha' ta. bei da. pji nja shin
Pilot (m)	လေယာဉ်မှူး	lei jan hmu:

Fahrer (Taxi-)	ယာဉ်မောင်း	jin maun:
Lokomotivführer (m)	ရထားမောင်းသူ	jatha: maun: dhu
Mechaniker (m)	စက်ပြင်ဆရာ	se' pjin zaja

Bergarbeiter (m)	သတ္တုတွင်း အလုပ်သမား	tha' tu. dwin: alou' thama:
Arbeiter (m)	အလုပ်သမား	alou' dha ma:
Schlosser (m)	သော့ပြင်ဆရာ	tho. bjin zaja
Tischler (m)	ကျည်းပေါင်းဆွေလက်သမား	kji: baun: gwei le' dha ma:
Dreher (m)	တွင်နိုအလုပ်သမား	twin goun alou' dhama:
Bauarbeiter (m)	ဆောက်လုပ်ရေးအလုပ်သမား	hsau' lou' jei: alou' dha. ma:
Schweißer (m)	ဂဟေဆော်သူ	gahei hso dhu

Professor (m)	ပါမောက္ခ	pamau' kha
Architekt (m)	ဗိသုကာပညာရှင်	bi. thu. ka pjin nja shin
Historiker (m)	သမိုင်းပညာရှင်	thamain: pin nja shin
Wissenschaftler (m)	သိပ္ပံပညာရှင်	thei' pan pin nja shin
Physiker (m)	ရူပဗေဒပညာရှင်	ju bei da. bin nja shin
Chemiker (m)	ဓာတုဗေဒပညာရှင်	da tu. bei da. bjin nja shin

Archäologe (m)	ရှေးဟောင်းသုတေသန နပညာရှင်	shei: haun thu. dei dha. na. bji nja shin
Geologe (m)	ဘူမိဗေဒပညာရှင်	buu mi. bei da. bjin nja shin
Forscher (m)	သုတေသနပညာရှင်	thu. tei thana pin nja shin

| Kinderfrau (f) | ကလေးထိန်း | kalei: din: |
| Lehrer (m) | ဆရာ | hsa ja |

Redakteur (m)	အယ်ဒီတာ	e di ta
Chefredakteur (m)	အယ်ဒီတာချုပ်	e di ta chu'
Korrespondent (m)	သတင်းထောက်	dhadin: dau'
Schreibkraft (f)	လက်နှိပ်စက်ရိုက်သူ	le' ni' se' jou' thu

Designer (m)	ဒီဇိုင်နာ	di zain na
Computerspezialist (m)	ကွန်ပျူတာပညာရှင်	kun pju ta ba. nja shin
Programmierer (m)	ပရိုဂရမ်မာ	pa. jou ga. jan ma
Ingenieur (m)	အင်ဂျင်နီယာ	in gjin ni ja

Seemann (m)	သင်္ဘောသား	thin: bo: dha:
Matrose (m)	သင်္ဘောသား	thin: bo: dha:
Retter (m)	ကယ်ဆယ်သူ	ke ze dhu

Feuerwehrmann (m)	မီးသတ်သမား	mi: tha' dhama:
Polizist (m)	ရဲ	je:
Nachtwächter (m)	အစောင့်	asaun.
Detektiv (m)	စုံထောက်	soun dau'

Zollbeamter (m)	အကောက်ခွန်အရာရှိ	akau' khun aja shi.
Leibwächter (m)	သက်တော်စောင့်	the' to zaun.
Gefängniswärter (m)	ထောင်စောင့်	htaun zaun.

Inspektor (m)	ရဲအုပ်	je: ou'
Sportler (m)	အားကစားသမား	a: gaza: dhama:
Trainer (m)	နည်းပြ	ne: bja.
Fleischer (m)	သားသတ်သမား	tha: dha' thama:
Schuster (m)	ဖိနပ်ချုပ်သမား	hpana' chou' tha ma:
Geschäftsmann (m)	ကုန်သည်	koun de
Ladearbeiter (m)	ကုန်ထမ်းသမား	koun din dhama:
Modedesigner (m)	ဖက်ရှင်ဒီဇိုင်နာ	hpe' shin di zain na
Modell (n)	မော်ဒယ်	mo de

131. Beschäftigung. Sozialstatus

Schüler (m)	ကျောင်းသား	kjaun: dha:
Student (m)	ကျောင်းသား	kjaun: dha:
Philosoph (m)	ဒဿနပညာရှင်	da' thana. pjin nja shin
Ökonom (m)	ဘောဂဗေဒပညာရှင်	bo ga bei da ba nja shin
Erfinder (m)	တီထွင်သူ	ti htwin dhu
Arbeitslose (m)	အလုပ်လက်မဲ့	alou' le' me.
Rentner (m)	အငြိမ်းစား	anjein: za:
Spion (m)	သူလျှို	thu shou
Gefangene (m)	ထောင်သား	htaun dha:
Streikender (m)	သပိတ်မှောက်သူ	thabei' hmau' thu
Bürokrat (m)	ဗျူရိုကရက်အရာရှိ	bju jou ka. je' aja shi.
Reisende (m)	ခရီးသွား	khaji: thwa:
Homosexuelle (m)	လိင်တူချင်းဆက်ဆံသူ	lein du cjin: ze' hsan dhu
Hacker (m)	ဟက်ကာ	he' ka
Hippie (m)	လူမှုဝေလျများကို သွေဖယ်သူ	lu hmu. da. lei. mja: gou
Bandit (m)	ဓားပြ	damja.
Killer (m)	လူသတ်သမား	lu dha' thama:
Drogenabhängiger (m)	ဆေးစွဲသူ	hsei: zwe: dhu
Drogenhändler (m)	မူးယစ်ဆေးရောင်းဝယ်သူ	mu: ji' hsei: jaun we dhu
Prostituierte (f)	ပြည့်တန်ဆာ	pjei. dan za
Zuhälter (m)	ဖာခေါင်း	hpa gaun:
Zauberer (m)	မှော်ဆရာ	hmo za. ja
Zauberin (f)	မှော်ဆရာမ	hmo za. ja ma.
Seeräuber (m)	ပင်လယ်ဓားပြ	pin le da: bja.
Sklave (m)	ကျွန်	kjun
Samurai (m)	ဆာမူရိုင်း	hsa mu jain:
Wilde (m)	လူရိုင်း	lu jain:

Sport

132. Sportarten. Persönlichkeiten des Sports

Sportler (m)	အားကစားသမား	a: gaza: dhama:
Sportart (f)	အားကစားအမျိုးအစား	a: gaza: amjou: asa:
Basketball (m)	ဘတ်စကတ်ဘော	ba' sa. ka' bo:
Basketballspieler (m)	ဘတ်စကတ်ဘောကစားသမား	ba' sa. ka' bo ka. za: dha ma:
Baseball (m, n)	ဘေ့စ်ဘောအားကစား	bei'. bo a: gaza
Baseballspieler (m)	ဘေ့စ်ဘောကစားသမား	bei'. bo a: gaza dha ma:
Fußball (m)	ဘောလုံးအားကစား	bo loun: a: gaza:
Fußballspieler (m)	ဘောလုံးကစားသမား	bo loun: gaza: dhama:
Torwart (m)	ဂိုးသမား	gou: dha ma:
Eishockey (n)	ဟော်ကီ	hou ki
Eishockeyspieler (m)	ဟော်ကီကစားသမား	hou ki gaza: dha ma:
Volleyball (m)	ဘော်လီဘောအားကစား	bo li bo: a: gaza:
Volleyballspieler (m)	ဘောလီဘောကစားသမား	bo li bo: a: gaza: dhama:
Boxen (n)	လက်ဝှေ့	le' hwei.
Boxer (m)	လက်ဝှေ့သမား	le' hwei. dhama:
Ringen (n)	နပမ်းကစားခြင်း	naban: gaza: gjin:
Ringkämpfer (m)	နပမ်းသမား	naban: dhama:
Karate (n)	ကရာတေးအားကစား	ka. ra tei: a: gaza:
Karatekämpfer (m)	ကရာတေးကစားသမား	ka. ra tei: a: gaza: ma:
Judo (n)	ဂျူဒိုအားကစား	gju dou a: gaza:
Judoka (m)	ဂျူဒိုကစားသမား	gju dou a: gaza: dhama:
Tennis (n)	တင်းနစ်	tin: ni'
Tennisspieler (m)	တင်းနစ်ကစားသူ	tin: ni' gaza: dhu
Schwimmen (n)	ရေကူးအားကစား	jei ku: a: gaza:
Schwimmer (m)	ရေကူးသူ	jei ku: dhu
Fechten (n)	ဓားရေးယှဉ်ပြိုင်ကစားခြင်း	da: jei: shin bjain ga. za: gjin
Fechter (m)	ဓားရေးယှဉ်ပြိုင်ကစားသူ	da: jei: shin bjain ga. za: dhu
Schach (n)	စစ်တုရင်	si' tu. jin
Schachspieler (m)	စစ်တုရင်ကစားသမား	si' tu. jin gaza: dhama:
Bergsteigen (n)	တောင်တက်ခြင်း	taun de' chin:
Bergsteiger (m)	တောင်တက်သမား	taun de' thama:
Lauf (m)	အပြေး	apjei:

Läufer (m)	အပြေးသမား	apjei: dha. ma:
Leichtathletik (f)	ပြေးခုန်ပစ်	pjei: goun bi'
Athlet (m)	ပြေးခုန်ပစ်ကစားသူ	pjei: goun bi' gaza: dhu
Pferdesport (m)	မြင်းစီးခြင်း	mjin: zi: gjin:
Reiter (m)	မြင်းစီးသူ	mjin: zi: dhu
Eiskunstlauf (m)	စကိတ်စီးကပြခြင်း	sakei' si: ga. bja. gjin:
Eiskunstläufer (m)	စကိတ်စီးကပြသူ	sakei' si: ga. bja. dhu
Eiskunstläuferin (f)	စကိတ်စီးကပြမယ်	sakei' si: ga. bja. me
Gewichtheben (n)	အလေးမ	a lei: ma
Gewichtheber (m)	အလေးမသူ	a lei: ma dhu
Autorennen (n)	ကားမောင်းပြိုင်ခြင်း	ka: maun: bjein gjin:
Rennfahrer (m)	ပြိုင်ကားမောင်းသူ	pjain ga: maun: dhu
Radfahren (n)	စက်ဘီးစီးခြင်း	se' bi: zi: gjin
Radfahrer (m)	စက်ဘီးစီးသူ	se' bi: zi: dhu
Weitsprung (m)	အလျားခုန်	alja: khun
Stabhochsprung (m)	တုတ်ထောက်ခုန်	tou' htau' khoun
Springer (m)	ခုန်သူ	khoun dhu

133. Sportarten. Verschiedenes

American Football (m)	အမေရိကန်ဘောလုံး	amei ji kan dho: loun:
Federballspiel (n)	ကြက်တောင်	kje' daun
Biathlon (n)	သေနတ်ပစ်	thei na' pi'
Billard (n)	ဘိလိယက်	bi li je'
Bob (m)	ပြိုင်စွတ်ဖား	pjain zwa' hpa:
Bodybuilding (n)	ကာယဗလ	ka ja ba. la.
Wasserballspiel (n)	ဝါတာပိုလို	wa ta pou lou
Handball (m)	လက်ပစ်ဘောလုံးကစားနည်း	le' pi' bo: loun: gaza: ne:
Golf (n)	ဂေါက်ရိုက်ခြင်း	gou' jai' chin:
Rudern (n)	လှေလှော်ခြင်း	hlei hlo gjin:
Tauchen (n)	ရေငုပ်ခြင်း	jei ngou' chin:
Skilanglauf (m)	နှင်းလျှောစကိတ်စီး ပြိုင်ပွဲ	hnin: sho: zakei' si: bjain bwe:
Tischtennis (n)	စားပွဲတင်တင်းနစ်	sa: bwe: din din: ni'
Segelsport (m)	ရွက်လွှင့်ခြင်း	jwe' hlwn. jgin:
Rallye (f, n)	ကားပြိုင်ခြင်း	ka: bjain gjin:
Rugby (n)	ရတ်ဘီဘောလုံးအားကစား	re' bi bo: loun: a: gaza:
Snowboard (n)	နှင်းလျှောစကိတ်စီးခြင်း	hnin: sho: zakei' si: gjin:
Bogenschießen (n)	မြှားပစ်	hmja: bi'

134. Fitnessstudio

Hantel (f)	အလေးတန်း	a lei: din:
Hanteln (pl)	ဒမ်ဘယ်အလေးတုန်း	dan be alei: doun:

Trainingsgerät (n)	လေ့ကျင့်ခန်းပြုလုပ်ရန်စက်	lei. kjin. gan: pju. lou' jan ze'
Fahrradtrainer (m)	လေ့ကျင့်ခန်းစက်သံ:	lei. kjin. gan: ze' bi:
Laufband (n)	ပြေးစက်	pjei: ze'

Reck (n)	ဘားတန်း	ba: din:
Barren (m)	ပြိုင်တန်း	pjain dan:
Sprungpferd (n)	မြင်းခုံ	mjin: goun
Matte (f)	အားကစားဖျာ	a: gaza: bja

Sprungseil (n)	ကြိုး	kjou:
Aerobic (n)	အေရိုးဘစ်	e jou: bi'
Yoga (m)	ယောဂ	jo: ga.

135. Hockey

Eishockey (n)	ဟော်ကီ	hou ki
Eishockeyspieler (m)	ဟော်ကီကစားသမား	hou ki gaza: dha ma:
Hockey spielen	ဟော်ကီကစားသည်	hou ki gaza: de
Eis (n)	ရေခဲ	jei ge:

Puck (m)	ရော်ဘာဘီးပြား	jo ba dou: bja:
Hockeyschläger (m)	ဟော်ကီရိုက်တံ	hou ki jai' tan
Schlittschuhe (pl)	ရေခဲပြင်စကိတ်	jei ge: bjin za. gei'

| Bord (m) | အကာပြား | aka pja: |
| Schuss (m) | ရိုက်ချက် | jai' che' |

Torwart (m)	ဂိုးသမား	gou: dha ma:
Tor (n)	ဂိုး	gou:
ein Tor schießen	ဂိုးသွင်းသည်	gou: dhwin: de

Drittel (n)	အပိုင်း	apain:
zweites Drittel (n)	ဒုတိယပိုင်း	du. di. ja. bain:
Ersatzbank (f)	အရံကစားသမား ထိုင်ခုံ	ajan ka. za: dha. ma: dain goun

136. Fußball

Fußball (m)	ဘောလုံးအားကစား	bo loun: a: gaza:
Fußballspieler (m)	ဘောလုံးကစားသမား	bo loun: gaza: dhama:
Fußball spielen	ဘောလုံးကန်သည်	bo loun: gan de

Oberliga (f)	မေဂျာလိဂ်	mei gja lei'
Fußballclub (m)	ဘောလုံးကလပ်	bo loun: kala'
Trainer (m)	နည်းပြ	ne: bja.
Besitzer (m)	ပိုင်ရှင်	pain shin

Mannschaft (f)	အသင်း	athin:
Mannschaftskapitän (m)	အသင်းခေါင်းဆောင်	ahin: gaun: zaun
Spieler (m)	ကစားသမား	gaza: dhama:
Ersatzspieler (m)	အရံကစားသမား	ajan ka. za: dha. ma:
Stürmer (m)	ရှေ့တန်း	shei. dan:

Mittelstürmer (m)	ရှေ့တန်းအလယ်	shei. dan: ale
Torjäger (m)	အမှတ်မှတ်သူ	ahma' hma' thu
Verteidiger (m)	နောက်တန်းကစားသမား	nau' tan: ka. za: dha. ma:
Läufer (m)	ကွင်းလယ်လူ	kwin: le dhu

Spiel (n)	ပြိုင်ပွဲ	pjain bwe:
sich begegnen	တွေ့ဆုံသည်	twei. hsoun de
Finale (n)	ဗိုလ်လုပွဲ	bou lu. bwe:
Halbfinale (n)	အကြိုဗိုလ်လုပွဲ	akjou bou lu. pwe:
Meisterschaft (f)	တံခွန်စိုက်ပြိုင်ပွဲ	dagun zai' pjein bwe:

Halbzeit (f)	အရှိန်	achein
erste Halbzeit (f)	ပထမပိုင်း	pahtama. bain:
Halbzeit (Pause)	နားရှိန်	na: gjein

Tor (n)	ဂိုးပေါက်	gou: bau'
Torwart (m)	ဂိုးသမား	gou: dha ma:
Torpfosten (m)	ဂိုးတိုင်	gou: dain
Torlatte (f)	ဂိုးဘားတန်း	gou: ba: dan
Netz (n)	ပိုက်	pai'
ein Tor zulassen	ဂိုးလွတ်သွားသည်	gou: lu' thwa: de

Ball (m)	ဘောလုံး	bo loun:
Pass (m)	ပေးခြင်း	pei: gjin:
Schuss (m)	ကန်	ki'
schießen (vi)	ကန်သည်	kan de
Freistoß (m)	ပြစ်ဒဏ်ကန်ဘော	pji' dan de.
Eckball (m)	ထောင့်ကန်ဘော	daun. gan bo:

Attacke (f)	တိုက်စစ်	tai' si'
Gegenangriff (m)	တန်ပြန်တိုက်စစ်	tan bjan dai' si'
Kombination (f)	ပေါင်းစပ်ခြင်း	paun: za' chin:

Schiedsrichter (m)	ဒိုင်လူကြီး	dain dhu gji:
pfeifen (vi)	လေချွန်သည်	lei gjun de
Pfeife (f)	ခရာ	khaja
Foul (n)	ဖောင်းဘော	hpaun: bo:
foulen (vt)	ဖောင်းဘောဖြစ်သည်	hpaun: bo: hpji' te
vom Platz verweisen	ထုတ်သည်	htou' te

gelbe Karte (f)	အဝါကတ်	awa ka'
rote Karte (f)	အနီကတ်	ani ga'
Disqualifizierung (f)	ပိတ်ပင်ခြင်း	pei' pin gjin:
disqualifizieren (vt)	ပိတ်ပင်သည်	pei' pin de

Elfmeter (m)	ပန်နယ်တီ	pan ne ti
Mauer (f)	ဝေါကာခြင်း	wo: ga gjin:
schießen (ein Tor ~)	သွင်းသည်	thin: de
Tor (n)	ဂိုး	gou:
ein Tor schießen	ဂိုးသွင်းသည်	gou: dhwin: de

Wechsel (m)	လူစားလဲခြင်း	lu za: le: gjin:
ersetzen (vt)	လူစားလဲသည်	lu za: le: de
Regeln (pl)	စည်းမျဉ်းစည်းကမ်း	si: mjin: si: kan:
Taktik (f)	ဗျူဟာ	bju ha
Stadion (n)	အားကစားရုံ	a: gaza: joun

Tribüne (f)	ပွဲကြည့်စင်	pwe: gje. zi'
Anhänger (m)	ပရိတ်သတ်	pa. rei' tha'
schreien (vi)	အော်သည်	o de
Anzeigetafel (f)	ရလဒ်ပြဆိုင်းဘုတ်	jala' pja. zain: bou'
Ergebnis (n)	ရလဒ်	jala'
Niederlage (f)	အရှုံး	ashoun:
verlieren (vt)	ရှုံးသည်	shoun: de
Unentschieden (n)	သရေ	thajei
unentschieden spielen	သရေကျသည်	tha. jei gja. de
Sieg (m)	အောင်ပွဲ	aun bwe:
gewinnen (vt)	အောင်ပွဲခံသည်	aun bwe: khan de
Meister (m)	ချန်ပီယံ	chan pi jan
der beste	အကောင်းဆုံး	akaun zoun
gratulieren (vi)	ဂုဏ်ပြုသည်	goun bju de
Kommentator (m)	အစီရင်ခံသူ	asi jin gan dhu
kommentieren (vt)	အစီရင်ခံသည်	asi jin gan de
Übertragung (f)	ထုတ်လွှင့်မှု	htou' hlwin. hmu.

137. Ski alpin

Ski (pl)	နှင်းလျှောစီးစကိတ်	hnin: sho: zi: zakei'
Ski laufen	နှင်းလျှောစီးသည်	hnin: sho: zi: de
Skiort (m)	နှင်းလျှောစီးစခန်း	hnin: sho: zi: za. gan:
Skilift (m)	ရွေ့လျားစက်ခါးပတ်	jwei. lja: ze' kha: ba'
Skistöcke (pl)	နှင်းလျှောစီးထောက်တံ	hnin: sho: zi: dau' dan
Abhang (m)	တောင်စောင်း	taun zaun:
Slalom (m)	နှင်းလျှောစီးပြိုင်ပွဲ	hnin: sho: zi: bjein bwe:

138. Tennis Golf

Golf (n)	ဂေါက်ရိုက်ခြင်း	gou' jai' chin:
Golfklub (m)	ဂေါက်အသင်း	go' athin:
Golfspieler (m)	ဂေါက်ရိုက်သမား	gou' jai' thama:
Loch (n)	ဂေါက်ကျင်း	gou' kjin:
Schläger (m)	ဟော်ကီရိုက်တံ	hou ki jai' tan
Golfwagen (m)	ဂေါက်ကွင်းကား	gou' kwin: ga:
Tennis (n)	တင်းနစ်	tin: ni'
Tennisplatz (m)	တင်းနစ်ကစားကွင်း	tin: ni' gaza: kwin:
Aufschlag (m)	ပေးဘော	pei: bo:
angeben (vt)	ပေးသည်	pei: de
Tennisschläger (m)	ရိုက်တံ	jai' tan
Netz (n)	ပိုက်	pai'
Ball (m)	ဘောလုံး	bo loun:

139. Schach

Schach (n)	စစ်တုရင်	si' tu. jin
Schachfiguren (pl)	စစ်တုရင်ရုပ်များ	si' tu. jin jou' mja:
Schachspieler (m)	စစ်တုရင်ကစားသမား	si' tu, jin gaza: dhama:
Schachbrett (n)	စစ်တုရင်ခုံ	si' tu. jin goun
Figur (f)	စစ်တုရင်ရုပ်	si' tu. jin jou'
Weißen (pl)	အဖြူ	ahpju
Schwarze (pl)	အနက်	ane'
Bauer (m)	နယ်ရုပ်	ne jou'
Läufer (m)	ဘုန်းကြီးရုပ်	hpoun: gji:
Springer (m)	မြင်းရုပ်	mjin: jou'
Turm (m)	ရထားရုပ်	jatha: jou'
Königin (f)	ဘုရင်မ	ba. jin ma.
König (m)	ဘုရင်	ba. jin
Zug (m)	အကွက်	akwe'
einen Zug machen	အကွက်ရွှေ့သည်	akwe' shwei. de
opfern (vt)	စွန့်သည်	sun. de
Rochade (f)	ရထားကွက်	jtha: kwe'
Schach (n)	ချက်ကွက်	che' kwe'
Matt (n)	အဆုံးကွက်	a' kwe'
Schachturnier (n)	တံခွန်စိုက်စစ်တုရင်ပြိုင်ပွဲ	dagun zai' si' tu. jin bjein bwe:
Großmeister (m)	စစ်တုရင်ပဟေား	si' tu. jin bagei:
Kombination (f)	ပေါင်းစပ်ခြင်း	paun: za' chin:
Partie (f), Spiel (n)	ဂိမ်း	gein:
Damespiel (n)	ကျားထိုးခြင်း	kja: dou: gjin:

140. Boxen

Boxen (n)	လက်ဝှေ့	le' hwei.
Boxkampf (m)	တိုက်ခိုက်ခြင်း	tai' khai' chin:
Zweikampf (m)	လက်ဝှေ့ပွဲ	le' hwei, bwe;
Runde (f)	အကြိမ်	akjein
Ring (m)	ကြိုးဝိုင်း	kjou: wain:
Gong (m, n)	မောင်း	maun:
Schlag (m)	ထိုးချက်	htou: gje'
Knockdown (m)	အလဲထိုးချက်	ale: htou: gje'
Knockout (m)	အမှောက်ထိုးချက်	ahmau' htou: gje'
k.o. schlagen (vt)	အလဲထိုးသည်	ale: htou: de
Boxhandschuh (m)	လက်အိတ်	lei' ei'
Schiedsrichter (m)	ဒိုင်	dain
Leichtgewicht (n)	အငယ်တန်း	ange dan:
Mittelgewicht (n)	အလယ်တန်း	ale dan:
Schwergewicht (n)	အကြီးတန်း	akji: din:

141. Sport. Verschiedenes

Olympische Spiele (pl)	အိုလံပစ်အားကစားပွဲ	ou lan bi' a: gaza: bwe
Sieger (m)	အနိုင်ရသူ	anain ja. dhu
siegen (vi)	အနိုင်ရသည်	anain ja de
gewinnen (Sieger sein)	နိုင်သည်	nain de
Tabellenführer (m)	ခေါင်းဆောင်	gaun: zaun
führen (vi)	ဦးဆောင်သည်	u: zaun de
der erste Platz	ပထမဆု	pahtama. zu.
der zweite Platz	ဒုတိယဆု	du. di. ja. zou
der dritte Platz	တတိယဆု	tati. ja. zu.
Medaille (f)	ဆုတံဆိပ်	hsu. dazei'
Trophäe (f)	ဒိုင်းဆု	dain: zu.
Pokal (m)	ဆုဖလား	hsu. bala:
Siegerpreis m (m)	ဆု	hsu.
Hauptpreis (m)	အဓိကဆု	adi. ka. zu.
Rekord (m)	မှတ်တမ်း	hma' tan:
einen Rekord aufstellen	မှတ်တမ်းတင်သည်	hma' tan: din de
Finale (n)	ဗိုလ်လုပွဲ	bou lu. bwe:
Final-	နောက်ဆုံးဖြစ်သော	nau' hsoun: bji' te.
Meister (m)	ချန်ပီယံ	chan pi jan
Meisterschaft (f)	တံဆိပ်နိုက်ပြိုင်ပွဲ	dagun zai' pjein bwe:
Stadion (n)	အားကစားရုံ	a: gaza: joun
Tribüne (f)	ပွဲကြည့်စင်	pwe: gje. zi'
Fan (m)	ပရိသတ်	pa. rei' tha'
Gegner (m)	ပြိုင်ဘက်	pjain be'
Start (m)	စမှတ်	sahma'
Ziel (n), Finish (n)	ဆုံးမှတ်	hsoun: hma'
Niederlage (f)	လက်လျော့ခြင်း	le' sho. gjin:
verlieren (vt)	ရှုံးသည်	shoun: de
Schiedsrichter (m)	ဒိုင်လူကြီး	dain dhu gji:
Jury (f)	အကဲဖြတ်ဒိုင်လူကြီးအဖွဲ့	ake: hpja dain lu gji: ahpwe.
Ergebnis (n)	ရလဒ်	jala'
Unentschieden (n)	သရေ	thajei
unentschieden spielen	သရေကျသည်	tha. jei gja. de
Punkt (m)	ရမှတ်	ja. hma'
Ergebnis (n)	ရလဒ်	jala'
Spielabschnitt (m)	အပိုင်း	apain:
Halbzeit (f), Pause (f)	ပွဲလယ်နားချိန်	pwe: le na: gjein
Doping (n)	ဆေးသုံးခြင်း	hsei: dhoun: gjin:
bestrafen (vt)	ပြစ်ဒဏ်ပေးသည်	pji' dan bei: de
disqualifizieren (vt)	ပိတ်ပင်သည်	pei' pin de
Sportgerät (n)	တန်ဆာပလာ	tan za ba. la

Speer (m)	လှံ	hlan
Kugel (im Kugelstoßen)	သံလုံး	than loun:
Kugel (f), Ball (m)	ဘောလုံး	bo loun:
Ziel (n)	ချိန်သီး	chein dhi:
Zielscheibe (f)	ပစ်မှတ်	pi' hma'
schießen (vi)	ပစ်သည်	pi' te
genau (Adj)	တိတိကျကျဖြစ်သော	ti. ti. kja. kja. hpji te.
Trainer (m)	နည်းပြ	ne: bja.
trainieren (vt)	လေ့ကျင့်ပေးသည်	lei. kjin. bei: de
trainieren (vi)	လေ့ကျင့်သည်	lei. kjin. de
Training (n)	လေ့ကျင့်ခြင်း	lei. kjin. gjin
Turnhalle (f)	အားကစားခန်းမ	a: gaza: gan: ma.
Übung (f)	လေ့ကျင့်ခန်း	lei. kjin. gan:
Aufwärmen (n)	သွေးပူလေ့ကျင့်ခန်း	thwei: bu lei. gjin. gan:

Ausbildung

Schule (f)	စာသင်ကျောင်း	sa dhin gjaun:
Schulleiter (m)	ကျောင်းအုပ်ကြီး	ko: ou' kji:
Schüler (m)	ကျောင်းသား	kjaun: dha:
Schülerin (f)	ကျောင်းသူ	kjaun: dhu
Schuljunge (m)	ကျောင်းသား	kjaun: dha:
Schulmädchen (f)	ကျောင်းသူ	kjaun: dhu
lehren (vt)	သင်ကြားသည်	thin kja: de
lernen (Englisch ~)	သင်ယူသည်	thin ju de
auswendig lernen	အလွတ်ကျက်သည်	alu' kje' de
lernen (vi)	သင်ယူသည်	thin ju de
in der Schule sein	ကျောင်းတက်သည်	kjaun: de' de
die Schule besuchen	ကျောင်းသွားသည်	kjaun: dhwa: de
Alphabet (n)	အက္ခရာ	e' kha ja
Fach (n)	ဘာသာရပ်	ba da ja'
Klassenraum (m)	စာသင်ခန်း	sa dhin gan:
Stunde (f)	သင်ခန်းစာ	thin gan: za
Pause (f)	အနားရှိန်	ana: gjain
Schulglocke (f)	ခေါင်းလောင်းသံ	gaun: laun: dhan
Schulbank (f)	စာရေးခုံ	sajei: khoun
Tafel (f)	ကျောက်သင်ပုန်း	kjau' thin boun:
Note (f)	အမှတ်	ahma'
gute Note (f)	အမှတ်အဆင့်မြင့်	ahma' ahsin. mjin.
schlechte Note (f)	အမှတ်အဆင့်နိမ့်	ahma' ahsin. nin.
eine Note geben	အမှတ်ပေးသည်	ahma' pei: de
Fehler (m)	အမှား	ahma:
Fehler machen	အမှားလုပ်သည်	ahma: lou' te
korrigieren (vt)	အမှားပြင်သည်	ahma: pjin de
Spickzettel (m)	ခိုးကူးရန်စာ	khou: gu: jan za
	ရှက်အပိုင်းအစ	jwe' apain: asa.
Hausaufgabe (f)	အိမ်စာ	ein za
Übung (f)	လေ့ကျင့်ခန်း	lei. kjin. gan:
anwesend sein	ရှိသည်	shi. de
fehlen (in der Schule ~)	ပျက်ကွက်သည်	pje' kwe' te
versäumen (Schule ~)	အတန်းပျက်ကွက်သည်	atan: bje' kwe' te
bestrafen (vt)	အပြစ်ပေးသည်	apja' pei: de
Strafe (f)	အပြစ်ပေးခြင်း	apja' pei: gjin:

Benehmen (n)	အပြုအမူ	apju amu
Zeugnis (n)	စာမေးပွဲမှတ်တမ်း	sa mei: hma' tan:
Bleistift (m)	ခဲတံ	khe: dan
Radiergummi (m)	ခဲဖျက်	khe: bje'
Kreide (f)	မြေဖြူ	mjei bju
Federkasten (m)	ခဲတံပုံး	khe: dan bu:

Schulranzen (m)	ကျောင်းသုံးလွယ်အိတ်	kjaun: dhoun: lwe ji'
Kugelschreiber, Stift (m)	ဘောပင်	bo pin
Heft (n)	လေ့ကျင့်ခန်းစာအုပ်	lei. kjin. gan: za ou'
Lehrbuch (n)	ဖတ်စာအုပ်	hpa' sa au'
Zirkel (m)	ထောက်ရာ	htau' hsu:

| zeichnen (vt) | ပုံကြမ်းဆွဲသည် | poun: gjam: zwe: de |
| Zeichnung (f) | နည်းပညာဆိုင်ရာပုံကြမ်း | ne bi nja zain ja boun gjan: |

Gedicht (n)	ကဗျာ	ka. bja
auswendig (Adv)	အလွတ်	alu'
auswendig lernen	အလွတ်ကျက်သည်	alu' kje' de

Ferien (pl)	ကျောင်းပိတ်ရက်	kjaun: bi' je'
in den Ferien sein	အားလပ်ရက်ရသည်	a: la' je' ja. de
Ferien verbringen	အားလပ်ရက်ဖြတ်သန်းသည်	a: la' je' hpja' than: de

Test (m), Prüfung (f)	အခန်းဆုံးစစ်ဆေးမှု	akhan: zain zi' hsei: hmu
Aufsatz (m)	စာစီစာကုံး	sa zi za koun:
Diktat (n)	သတ်ပုံခေါ်ပေးခြင်း	tha' poun go bei: gjin:
Prüfung (f)	စာမေးပွဲ	sa mei: bwe:
Prüfungen ablegen	စာမေးပွဲဖြေသည်	sa mei: bwe: bjei de
Experiment (n)	လက်တွေ့လုပ်ဆောင်မှု	le' twei. lou' zaun hma.

143. Hochschule. Universität

Akademie (f)	အထူးပညာသင်ကျောင်း	a htu: bjin nja dhin kjaun:
Universität (f)	တက္ကသိုလ်	te' kathou
Fakultät (f)	ဌာန	hta. na.

Student (m)	ကျောင်းသား	kjaun: dha:
Studentin (f)	ကျောင်းသူ	kjaun: dhu
Lehrer (m)	သင်ကြားပို့ရျသူ	thin kja: bou. gja. dhu

| Hörsaal (m) | စာသင်ခန်း | sa dhin gan: |
| Hochschulabsolvent (m) | ဘွဲ့ရသူ | bwe. ja. dhu |

| Diplom (n) | ဒီပလိုမာ | di' lou ma |
| Dissertation (f) | သုတေသနစာတမ်း | thu. tei thana za dan: |

| Forschung (f) | သုတေသနစာတမ်း | thu. tei thana za dan |
| Labor (n) | လက်တွေ့ခန်း | le' twei. gan: |

Vorlesung (f)	သင်ကြားပို့ရျမှု	thin kja: bou. gja. hmu.
Kommilitone (m)	အတန်းဖော်	atan: hpo
Stipendium (n)	ပညာသင်ဆု	pjin nja dhin zu.
akademischer Grad (m)	တက္ကသိုလ်ဘွဲ့	te' kathou bwe.

144. Naturwissenschaften. Fächer

Mathematik (f)	သင်္ချာ	thin cha
Algebra (f)	အက္ခရာသင်္ချာ	e' kha ja din gja
Geometrie (f)	ဂျီသြမေတြီ	gji o: mei tri
Astronomie (f)	နက္ခတ္တဗေဒ	ne' kha' ta. bei da.
Biologie (f)	ဇီဝဗေဒ	zi: wa bei da.
Erdkunde (f)	ပထဝီဝင်	pahtawi win
Geologie (f)	ဘူမိဗေဒ	buu mi. bei da.
Geschichte (f)	သမိုင်း	thamain:
Medizin (f)	ဆေးပညာ	hsei: pjin nja
Pädagogik (f)	သင်ကြားနည်းပညာ	thin kja: nei: pin nja
Recht (n)	ဥပဒေဘာသာရပ်	u. ba. bei ba dha ja'
Physik (f)	ရူပဗေဒ	ju bei da.
Chemie (f)	ဓာတုဗေဒ	da tu. bei da.
Philosophie (f)	ဒဿနိကဗေဒ	da' tha ni. ga. bei da.
Psychologie (f)	စိတ်ပညာ	sei' pjin nja

145. Schrift Rechtschreibung

Grammatik (f)	သဒ္ဒါ	dhada
Lexik (f)	ဝေါဟာရ	wo: ha ra.
Phonetik (f)	သဒ္ဒဗေဒ	dhada. bei da.
Substantiv (n)	နာမ်	nan
Adjektiv (n)	နာမဝိသေသသန	nan wi. dhei dha. na.
Verb (n)	ကြိယာ	kji ja
Adverb (n)	ကြိယာဝိသေသသန	kja ja wi. dhei dha. na.
Pronomen (n)	နာမ်စား	nan za:
Interjektion (f)	အာမေဍိတ်	a mei dei'
Präposition (f)	ဝိဘတ်	wi ba'
Wurzel (f)	ဝေါဟာရရင်းမြစ်	wo: ha ra. jin: mji'
Endung (f)	အဆုံးသတ်	ahsoun: tha'
Vorsilbe (f)	ရှေ့ဆက်ပုဒ်	shei. hse' pou'
Silbe (f)	ဝဏ္ဏ	wun na.
Suffix (n), Nachsilbe (f)	နောက်ဆက်ပုဒ်	nau' ze' pou'
Betonung (f)	ဖိသံသင်္ကေတ	hpi. dhan dha. gei da.
Apostroph (m)	ပိုင်ဆိုင်ခြင်းပြသင်္ကေတ	pain zain bjin: bja tin kei ta.
Punkt (m)	ဖူးလ်စတော့ပ်	hpu: l za. po. p
Komma (n)	ပုဒ်ထီး သင်္ကေတ	pou' hti: tin kei ta.
Semikolon (n)	အဖြတ်အရပ်သင်္ကေတ	a hpja' aja' tha ngei da
Doppelpunkt (m)	ကိုလန်	kou lan
Auslassungspunkte (pl)	စာချန်ပြအမှတ်အသား	sa gjan bja ahma' atha:
Fragezeichen (n)	မေးခွန်းပြအမှတ်အသား	mei: gun: bja. ahma' adha:
Ausrufezeichen (n)	အာမေဍိတ်အမှတ်အသား	a mei dei' ahma' atha:

Anführungszeichen (pl)	မျက်တောင်အဖွင့်အပိတ်	mje' taun ahpwin. apei'
in Anführungszeichen	မျက်တောင်အဖွင့်အပိတ်-အတွင်း	mje' taun ahpwin. apei' atwin:
runde Klammern (pl)	ကွင်း	kwin:
in Klammern	ကွင်းအတွင်း	kwin: atwin:

Bindestrich (m)	တုံးတို	toun: dou
Gedankenstrich (m)	တုံးရှည်	toun: she
Leerzeichen (n)	ကွက်လပ်	kwe' la'

Buchstabe (m)	စာလုံး	sa loun:
Großbuchstabe (m)	စာလုံးကြီး	sa loun: gji:

Vokal (m)	သရ	thara.
Konsonant (m)	ဗျည်း	bjin:

Satz (m)	ဝါကျ	we' kja.
Subjekt (n)	ကံ	kan
Prädikat (n)	ဝါစက	wa saka.

Zeile (f)	မျဉ်းကြောင်း	mjin: gjaun:
in einer neuen Zeile	မျဉ်းကြောင်းအသစ်ပေါ်မှာ	mjin: gjaun: athi' bo hma.
Absatz (m)	စာပိုဒ်	sa pai'

Wort (n)	စကားလုံး	zaga: loun:
Wortverbindung (f)	စကားစု	zaga: zu.
Redensart (f)	ဖော်ပြချက်	hpjo bja. gje'
Synonym (n)	အနက်တူ	ane' tu
Antonym (n)	ဆန့်ကျင်ဘက်အနက်	hsan. gjin ba' ana'

Regel (f)	စည်းမျဉ်းစည်းကမ်း	si: mjin: si: kan:
Ausnahme (f)	ခြွင်းချက်	chwin: gje'
richtig (Adj)	မှန်ကန်သော	hman gan de.

Konjugation (f)	ကြိယာပုံစံပြောင်းခြင်း	kji ja boun zan pjaun: chin:
Deklination (f)	သဒ္ဒါပြောင်းလဲပုံ	dhada bjaun: le: boun
Kasus (m)	နာမ်ပြောင်းပုံစံ	nan bjaun: boun zan
Frage (f)	မေးခွန်း	mei: gun:
unterstreichen (vt)	အလေးထားဖော်ပြသည်	a lei: da: hpo pja. de
punktierte Linie (f)	အစက်မျဉ်း	ase' mjin:

146. Fremdsprachen

Sprache (f)	ဘာသာစကား	ba dha zaga:
Fremd-	နိုင်ငံခြားနှင့်ဆိုင်သော	nain ngan gja: hnin. zain de.
Fremdsprache (f)	နိုင်ငံခြားဘာသာစကား	nain ngan gja: ba dha za ga:
studieren (z.B. Jura ~)	သင်ယူလေ့လာသည်	thin ju lei. la de
lernen (Englisch ~)	သင်ယူသည်	thin ju de

lesen (vi, vt)	ဖတ်သည်	hpa' te
sprechen (vi, vt)	ပြောသည်	pjo: de
verstehen (vt)	နားလည်သည်	na: le de
schreiben (vi, vt)	ရေးသည်	jei: de
schnell (Adv)	မြန်မြန်	mjan mjan
langsam (Adv)	ဖြည်းဖြည်း	hpjei: bjei:

fließend (Adv)	ကျွမ်းကျွမ်းကျင်ကျင်	kjwan: gjwan: gjin gjin
Regeln (pl)	စည်းမျဉ်းစည်းကမ်း	si: mjin: si: kan:
Grammatik (f)	သဒ္ဒါ	dhada
Vokabular (n)	ဝေါဟာရ	wo: ha ra.
Phonetik (f)	သဒ္ဒဗေဒ	dhada. bei da.
Lehrbuch (n)	ဖတ်စာအုပ်	hpa' sa au'
Wörterbuch (n)	အဘိဓာန်	abi. dan
Selbstlernbuch (n)	မိမိဘာသာလေ့ လာနိုင်သောစာအုပ်	mi. mi. ba dha lei. la nain dho: za ou'
Sprachführer (m)	နှစ်ဘာသာစကားပြောစာအုပ်	hni' ba dha zaga: bjo: za ou'
Kassette (f)	တိပ်ခွေ	tei' khwei
Videokassette (f)	ရုပ်ရှင်တိပ်ခွေ	jou' shin dei' hpwei
CD (f)	စီဒီခွေ	si di gwei
DVD (f)	ဒီဗီဒီခွေ	di bi di gwei
Alphabet (n)	အက္ခရာ	e' kha ja
buchstabieren (vt)	စာလုံးပေါင်းသည်	sa loun: baun: de
Aussprache (f)	အသံထွက်	athan dwe'
Akzent (m)	ဝဲသံ	we: dhan
mit Akzent	ဝဲသံနှင့်	we: dhan hnin.
ohne Akzent	ဝဲသံမပါဘဲ	we: dhan ma. ba be:
Wort (n)	စကားလုံး	zaga: loun:
Bedeutung (f)	အဓိပ္ပါယ်	adei' be
Kurse (pl)	သင်တန်း	thin dan:
sich einschreiben	စာရင်းသွင်းသည်	sajin: dhwin: de
Lehrer (m)	ဆရာ	hsa ja
Übertragung (f)	ဘာသာပြန်ခြင်း	ba dha bjan gjin:
Übersetzung (f)	ဘာသာပြန်ထားချက်	ba dha bjan da: gje'
Übersetzer (m)	ဘာသာပြန်	ba dha bjan
Dolmetscher (m)	စကားပြန်	zaga: bjan
Polyglott (m, f)	ဘာသာစကားအများ ပြောနိုင်သူ	ba dha zaga: amja: bjo: nain dhu
Gedächtnis (n)	မှတ်ဉာဏ်	hma' njan

147. Märchenfiguren

Weihnachtsmann (m)	ခရစ္စမတ်ဘိုးဘိုး	khari' sa. ma' bou: bou:
Aschenputtel (n)	စင်ဒရဲလား	sin da. je: la:
Nixe (f)	ရေသူမ	jei dhu ma.
Neptun (m)	နက်ပကျွန်း	ne' pa. gjun:
Zauberer (m)	မှော်ဆရာ	hmo za. ja
Zauberin (f)	မှော်ဆရာမ	hmo za. ja ma.
magisch, Zauber-	မှော်ပညာ	hmo ba. nja
Zauberstab (m)	မှော်တုတ်တံ	hmjo dou' dan
Märchen (n)	ကလေးပုံပြင်	ka. lei: boun bjin
Wunder (n)	အံ့ဖွယ်	an. hpwe

| Zwerg (m) | လူပုကလေး | u bu. ga. lei: |
| sich verwandeln in … | ပြောင်းလဲပေးသည် | pjaun: le: bei: de |

Geist (m)	သရဲ	thaje:
Gespenst (n)	တဆ္ဓ	tahsei
Ungeheuer (n)	ကြောက်မက်ဖွယ်ဖ ရမ်သတ္တဝါ	kjau' ma' hpwe ei ja ma. dha' ta wa
Drache (m)	နဂါး	na. ga:
Riese (m)	ဘီလူး	bi lu:

148. Sternzeichen

Widder (m)	မိဿရာသီ	mi. dha ja dhi
Stier (m)	ပြိဿရာသီ	pjei tha. jadhi
Zwillinge (pl)	မေထုန်ရာသီ	mei doun ja dhi
Krebs (m)	ကရကဋ်ရာသီ	ka. ja. ka' ja dhi
Löwe (m)	သိဟ်ရာသီ	thei' ja dhi
Jungfrau (f)	ကန်ရာသီ	kan ja dhi

Waage (f)	တုရာသီ	tu ja dhi
Skorpion (m)	ဗြိစ္ဆာရာသီ	bjei' hsa. jadhi
Schütze (m)	ဓနုရာသီ	dan ja dhi
Steinbock (m)	မကာရ်ရာသီဖွား	ma. ga. j ja dhi bwa:
Wassermann (m)	ကုံရာသီဖွား	koun ja dhi hpwa:
Fische (pl)	မိန်ရာသီဖွား	mein ja dhi bwa:

Charakter (m)	စရိုက် လက္ခဏာ	zajai' le' khana
Charakterzüge (pl)	ဤ၌	njin
Benehmen (n)	အပြုအမူ	apju amu
wahrsagen (vt)	အနာဂါတ်ဟောကိန်းထုတ်သည်	ana ga' ha gin: htou' te
Wahrsagerin (f)	အနာဂါတ်ဟောကိန်းထုတ်သူ	ana ga' ha gin: htou' thu
Horoskop (n)	ဗေဒင်	za da

Kunst

149. Theater

Deutsch	Burmesisch	Lautschrift
Theater (n)	ကဇာတ်ရုံ	ka. za' joun
Oper (f)	အော်ပရာဇာတ်ရုံ	o pa ra za' joun
Operette (f)	ပျော်ရွှင်ဖွယ် ကဇာတ်တို	pjo shin bwe: gaza' tou
Ballett (n)	ဘဲလေးကဇာတ်	be: lei: ga za'
Theaterplakat (n)	ပြဇာတ်ရုံပိုစတာ	pja. za' joun bou zada
Truppe (f)	ဝိုင်းတော်သား	wain: do dha:
Tournee (f)	လှည့်လည်ကပြဖျော်ဖြေခြင်း	hle. le ga. bja bjo bjei gjin:
auf Tournee sein	လှည့်လည်ကပြဖျော်ဖြေသည်	hle. le ga. bja bjo bjei de
proben (vt)	ဇာတ်တိုက်သည်	za' tou' te
Probe (f)	အစမ်းလေ့ကျင့်မှု	asan: lei. kjin. hmu.
Spielplan (m)	တင်ဆက်မှု	tin ze' hmu.
Aufführung (f)	ဖျော်ဖြေတင်ဆက်မှု	hpjo bjei din ze' hmu.
Vorstellung (f)	ဖျော်ဖြေမှု	hpjo bjei hmu.
Theaterstück (n)	ဇာတ်လမ်း	za' lan
Karte (f)	လက်မှတ်	le' hma'
Theaterkasse (f)	လက်မှတ်အရောင်းဌာန	le' hma' ajaun: hta. na.
Halle (f)	ည့်သည်ဆောင်	e. dhe zaun
Garderobe (f)	ကုတ်နှင့်အိတ်အပ်ခန်း	kou' hnin. i' a' hnan khan:
Garderobennummer (f)	နံပါတ်ပြား	nan ba' pja:
Opernglas (n)	နှစ်လုံးပွူးမှန်ပြောင်း	hni' loun: bju: hman bjaun:
Platzanweiser (m)	ည့်ကြို	e. gjou
Parkett (n)	ဇာတ်စင်ထိုင်ခုံ	za' sin dain guan
Balkon (m)	လသာဆောင်	la. dha zaun
der erste Rang	ပထမထပ်ပွဲ ကြည့်ဆောင်	pahtama. da' bwe: gje. zaun
Loge (f)	လက်မှတ်ရောင်းသည့်နေရာ	le' hma' jaun: dhi. nei ja
Reihe (f)	အတန်း	atan:
Platz (m)	နေရာ	nei ja
Publikum (n)	ပရိတ်သတ်အစုအဝေး	pa. rei' tha' asu. awei:
Zuschauer (m)	ပရိတ်သတ်	pa. rei' tha'
klatschen (vi)	လက်ခုပ်တီးသည်	le' khou' ti: de
Applaus (m)	လက်ခုပ်သြဘာသံ	le' khou' thja ba dhan
Ovation (f)	သြဘာပေးခြင်း	thja dha bei: gjin:
Bühne (f)	စင်	sin
Vorhang (m)	လိုက်ကာ	lai' ka
Dekoration (f)	နောက်ခံကားချုပ်	nau' khan gan ga: gja'
Kulissen (pl)	ဇာတ်စင်နောက်	za' sin nau'
Szene (f)	တကယ့်ဖြစ်ရပ်	dage. bji ja'
Akt (m)	သရုပ်ဆောင်	thajou' hsaun
Pause (f)	ကြားကာလ	ka: ga la.

150. Kino

Schauspieler (m)	မင်းသား	min: dha:
Schauspielerin (f)	မင်းသမီး	min: dhami:
Kino (n)	ရုပ်ရှင်လုပ်ငန်း	jou' shin lou' ngan:
Film (m)	ရုပ်ရှင်ကား	jou' shin ga:
Folge (f)	ဇာတ်ခန်းတစ်ခန်း	za' khan: ti' khan:
Krimi (m)	စုံထောက်ဇာတ်လမ်း	soun dau' za' lan:
Actionfilm (m)	အက်ရှင်ဇာတ်လမ်း	e' shin za' lan:
Abenteuerfilm (m)	စွန့်စားခန်းဇာတ်လမ်း	sun. za: gan: za' lan:
Science-Fiction-Film (m)	သိပ္ပံစိတ်ကူးယဉ်ဇာတ်လမ်း	thei' pan zei' ku: jin za' lan:
Horrorfilm (m)	ထိတ်လန့်ဖွယ်ရုပ်ရှင်	htei' lan. bwe jou' jou'
Komödie (f)	ဟာသရုပ်ရှင်	ha dha. jou' jou'
Melodrama (n)	အပြင်းစားဒရာမာ	apjin: za: da. ja ma
Drama (n)	အလွမ်းဇာတ်လမ်း	alwan: za' lan:
Spielfilm (m)	စိတ်ကူးယဉ်ဇာတ်လမ်း	sei' ku: jin za' lan:
Dokumentarfilm (m)	မှတ်တမ်းရုပ်ရှင်	hma' tan: jou' shin
Zeichentrickfilm (m)	ကာတွန်းဇာတ်လမ်း	ka tun: za' lan:
Stummfilm (m)	အသံတိတ်ရုပ်ရှင်	athan dei' jou' shin
Rolle (f)	အခန်းကဏ္ဍ	akhan: gan da.
Hauptrolle (f)	အဓိကအခန်းကဏ္ဍ	adi. ka. akhan: kan da
spielen (Schauspieler)	သရုပ်ဆောင်သည်	thajou' hsaun de
Filmstar (m)	ရုပ်ရှင်စတား	jou' shin za. da:
bekannt	နာမည်ကြီးသော	na me gji: de.
berühmt	ကျော်ကြားသော	kjo kja: de.
populär	လူကြိုက်များသော	lu gjou' mja: de.
Drehbuch (n)	ဇာတ်ညွှန်း	za' hnjun:
Drehbuchautor (m)	ဇာတ်ညွှန်းဆရာ	za' hnjun: za ja
Regisseur (m)	ရုပ်ရှင်ဒါရိုက်တာ	jou' shin da jai' ta
Produzent (m)	ထုတ်လုပ်သူ	htou' lou' thu
Assistent (m)	လက်ထောက်	le' htau'
Kameramann (m)	ကင်မရာမန်း	kin ma. ja man:
Stuntman (m)	စတန့်သမား	satan. dhama:
Double (n)	ပုံစံတူ	poun zan du
einen Film drehen	ရုပ်ရှင်ရိုက်သည်	jou' shin jai' te
Probe (f)	စမ်းသပ်ကြည့်ရှုခြင်း	san: dha' chi. shu. gjin:
Dreharbeiten (pl)	ရိုက်ကွင်း	jai' kwin:
Filmteam (n)	ရုပ်ရှင်အဖွဲ့	jou' shin ahpwe.
Filmset (m)	ဇာတ်အိမ်	za' ein
Filmkamera (f)	ကင်မရာ	kin ma. ja
Kino (n)	ရုပ်ရှင်ရုံ	jou' shin joun
Leinwand (f)	ပိတ်ကား	pei' ka:
einen Film zeigen	ရုပ်ရှင်ပြသည်	jou' shin bja. de
Tonspur (f)	အသံသွင်းတိပ်ခွေ	athan dhwin: di' khwei
Spezialeffekte (pl)	အထူးပြုလုပ်ချက်များ	a htu: bju. lou' che' mja:

Untertitel (pl)	စာတန်းထိုး	sa dan: dou:
Abspann (m)	ပါဝင်သူများအမည်စာရင်း	pa win dhu mja: ame zajin:
Übersetzung (f)	ဘာသာပြန်	ba dha bjan

151. Gemälde

Kunst (f)	အနုပညာ	anu. pjin nja
schönen Künste (pl)	သုခုမအနုပညာ	thu. khu. ma. anu. pin nja
Kunstgalerie (f)	အနုပညာပြခန်း	anu. pjin pja. gan:
Kunstausstellung (f)	ပြပွဲ	pja. bwe:
Malerei (f)	ပန်းချီကား	bagji ga:
Graphik (f)	ပုံဆွဲခြင်းအနုပညာ	poun zwe: gjin: anu pjin nja
abstrakte Kunst (f)	စိတ္တဇပန်းချီဆွဲခြင်း	sei' daza. ban: gji zwe: gjin:
Impressionismus (m)	အရောင်အလင်းဖြင့်ပန်းချီဆွဲခြင်း	ajaun alin: bjin. ban: gji zwe: gjin:
Bild (n)	ပန်းချီကား	bagji ga:
Zeichnung (Kohle- usw.)	ရုပ်ပုံကားချပ်	jou' poun ga: gja'
Plakat (n)	ပိုစတာ	pou sata
Illustration (f)	ရုပ်ပုံထည့်သွင်းဖော်ပြခြင်း	jou' poun di. dwin: bo bja. gjin:
Miniatur (f)	ပုံစံအသေးစား	poun zan athei: za:
Kopie (f)	မိတ္တူ	mi' tu
Reproduktion (f)	ပုံတူပန်းချီ	poun du ban: gji
Mosaik (n)	မှန်စီရွှေချပန်းချီ	hman zi shwei gja ban: gji
Glasmalerei (f)	မှန်ရောင်စုံပြတင်းပေါက်	hman jaun zoun bja. din: bau'
Fresko (n)	နံရံဆေးရေးပန်းချီ	nan jan zei: jei: ban: gji
Gravüre (f)	ပုံထွင်းပညာ	poun dwin: pjin nja
Büste (f)	ကိုယ်တစ်ပိုင်းပုံရုပ်လုံး	kou ti' pain: boun jou' loun:
Skulptur (f)	ကျောက်ဆစ်ရုပ်	kjau' hsi' jou'
Statue (f)	ရုပ်တု	jou' tu.
Gips (m)	အင်္ဂတေ	angga. dei
aus Gips	အင်္ဂတေဖြင့်	angga. dei hpjin.
Porträt (n)	ပုံတူ	poun du
Selbstporträt (n)	ကိုယ်တိုင်ရေးပုံတူ	kou tain jou: boun dhu
Landschaftsbild (n)	ရှုခင်းပုံ	shu. gin: boun
Stillleben (n)	သက်မဲ့ဝတ္ထုပုံ	the' me. wu' htu boun
Karikatur (f)	ရုပ်ပြောင်	jou' pjaun
Entwurf (m)	ပုံကြမ်း	poun gjan:
Farbe (f)	သုတ်ဆေး	thou' hsei:
Aquarellfarbe (f)	ရေဆေးပန်းချီ	jei zei: ban: gji
Öl (n)	ဆီ	hsi
Bleistift (m)	ခဲတံ	khe: dan
Tusche (f)	အိန္ဒိယမင်	indi. ja hmin
Kohle (f)	မီးသွေး	mi: dhwei:
zeichnen (vt)	ပုံဆွဲသည်	poun zwe: de
malen (vi, vt)	အရောင်ချယ်သည်	ajaun gje de

Modell stehen	ကိုယ်ဟန်ပြသည်	kou han pja de
Modell (Mask.)	ပန်းချီမော်ဒယ်	bagji mo de
Modell (Fem.)	ပန်းချီမော်ဒယ်မိန်းကလေး	bagji mo de mein: ga. lei:

Maler (m)	ပန်းချီဆရာ	bagji zaja
Kunstwerk (n)	အနုပညာလက်ရာ	anu. pjin nja le' ja
Meisterwerk (n)	အပြောင်မြောက်ဆုံးလက်ရာ	apjaun mjau' hsoun: le' ja
Atelier (n), Werkstatt (f)	အလုပ်ခန်း	alou' khan:

Leinwand (f)	ပန်းချီဆွဲရန်ပတ္တူစ	bagji zwe: jan: ba' tu za.
Staffelei (f)	ဒေါက်တိုင်	dau' tain
Palette (f)	ပန်းချီဆေးစပ်သည့်ပြား	bagji hsei: za' thi. bja:

Rahmen (m)	ဘောင်	baun
Restauration (f)	နဂိုအတိုင်းပြန်လည်မွမ်းမံခြင်း	na. gou atain: bjan le mun: man gjin:
restaurieren (vt)	ပြန်လည်မွမ်းမံသည်	pjan le mwan: man de

152. Literatur und Dichtkunst

Literatur (f)	စာပေ	sa pei
Autor (m)	စာရေးသူ	sajei: dhu
Pseudonym (n)	ကလောင်အမည်	kalaun amji

Buch (n)	စာအုပ်	sa ou'
Band (m)	တွဲထည်	du. de
Inhaltsverzeichnis (n)	မာတိကာ	ma di. ga
Seite (f)	စာမျက်နှာ	sa mje' hna
Hauptperson (f)	အဓိကဇာတ်ဆောင်	adi. ka. za' hsaun
Autogramm (n)	အမှတ်တရလက်မှတ်	ahma' ta ra le' hma'

Kurzgeschichte (f)	ပုံပြင်	pjoun bjin
Erzählung (f)	ဝတ္ထုဇာတ်လမ်း	wu' htu. za' lan:
Roman (m)	ဝတ္ထု	wu' htu.
Werk (Buch usw.)	လက်ရာ	le' ja
Fabel (f)	ဒဏ္ဍာရီ	dan da ji
Krimi (m)	စုံထောက်ဇာတ်လမ်း	soun dau' za' lan:
Gedicht (n)	ကဗျာ	ka. bja
Dichtung (f), Poesie (f)	လင်္ကာ	lin ga
Gedicht (n)	ကဗျာ	ka. bja
Dichter (m)	ကဗျာဆရာ	ka. bja zaja

schöne Literatur (f)	စိတ်ကူးယဉ်ဇာတ်လမ်း	sei' ku: jin za' lan:
Science-Fiction (f)	သိပ္ပံဇာတ်လမ်း	thei' pan za' lan:
Abenteuer (n)	စွန့်စားခန်းဇာတ်လမ်း	sun. za: gan: za' lan:
Schülerliteratur (pl)	ပညာပေးဇာတ်လမ်း	pjin nja bei: za' lan:
Kinderliteratur (f)	ကလေးဆိုင်ရာစာပေ	kalei: hsin ja za bei

153. Zirkus

Zirkus (m)	ဆပ်ကပ်	hsa' ka'
Wanderzirkus (m)	နယ်လှည့်ဆပ်ကပ်အဖွဲ့	ne hle. za' ka' ahpwe:

| Programm (n) | အစီအစဉ် | asi asin |
| Vorstellung (f) | ဖျော်ဖြေတင်ဆက်မှု | hpjo bjei din ze' hmu. |

| Nummer (f) | ဖျော်ဖြေတင်ဆက်မှု | hpjo bjei din ze' hmu. |
| Manege (f) | အစီအစဉ်တင်ဆက်ရာနေရာ | asi asin din ze' ja nei ja |

| Pantomime (f) | ဇာတ်လမ်းသရုပ်ဖော် | za' lan: dha jou' hpo |
| Clown (m) | လူရွှင်တော် | lu shwin do |

Akrobat (m)	ကျွမ်းဘားပြသူ	kjwan: ba: bja dhu
Akrobatik (f)	ကျွမ်းဘားပြခြင်း	kjwan: ba: bja gjin:
Turner (m)	ကျွမ်းဘားသမား	kjwan: ba: dhama:
Turnen (n)	ကျွမ်းဘားအားကစား	kjwan: ba: a: gaza:
Salto (m)	ကျွမ်းပစ်ခြင်း	kjwan: bi' chin:

Kraftmensch (m)	လူသန်ကြီး	lu dhan gji:
Bändiger, Dompteur (m)	ယဉ်လာအောင်လေ့ကျင့်ပေးသူ	jin la aun lei. gjin. bei: dhu
Reiter (m)	မြင်းစီးသူ	mjin: zi: dhu
Assistent (m)	လက်ထောက်	le' htau'

Trick (m)	စတန့်	satan.
Zaubertrick (m)	မှော်ဆန်သောလှည့်ကွက်	hmo zan dho hle. gwe'
Zauberkünstler (m)	မျက်လှည့်ဆရာ	mje' hle. zaja

Jongleur (m)	လက်လှည့်ဆရာ	le' hli. za. ja.
jonglieren (vi)	လက်လှည့်ပြသည်	le' hli. bja. de
Dresseur (m)	တိရစ္ဆာန်သင်ကြားပေးသူ	tharei' hsan dhin gja: bei: dhu
Dressur (f)	တိရစ္ဆာန်များကို လေ့ကျင့်ပေးခြင်း	tharei' hsan mja: gou: lei. gjin. bei: gjin:
dressieren (vt)	လေ့ကျင့်ပေးသည်	lei. kjin. bei: de

154. Musik. Popmusik

Musik (f)	ဂီတ	gi ta.
Musiker (m)	ဂီတပညာရှင်	gi ta. bjin nja shin
Musikinstrument (n)	တူရိယာ	tu ji. ja
spielen (auf der Gitarre ~)	တီးသည်	ti: de

Gitarre (f)	ဂီတာ	gi ta
Geige (f)	တဂျော	ta jo:
Cello (n)	စီလိုတဂျောကြီး	si lou tajo: gji:
Kontrabass (m)	ဘော့စ်တဂျောကြီး	bei'. ta. jo gji:
Harfe (f)	စောင်း	saun:

Klavier (n)	စန္ဒရား	san daja:
Flügel (m)	စန္ဒရားကြီး	san daja: gji:
Orgel (f)	အော်ဂင်	o gin

Blasinstrumente (pl)	လေမှုတ်တူရိယာ	lei hmou' tu ji. ja
Oboe (f)	အိုဘို	ou bou hne:
Saxophon (n)	ဆက်ဆိုဖုန်း	hse' hso phoun:
Klarinette (f)	ကလယ်ရီနက်-ပလွေ	kale ji ne' - pa lwei
Flöte (f)	ပလွေ	palwei
Trompete (f)	ထရမ်းပက်ခရာငယ်	htajan: be' khaja nge

Akkordeon (n)	အကော်ဒီယံ	ako di jan
Trommel (f)	စည်	si
Duo (n)	နှစ်ယောက်တွဲ	hni' jau' twe:
Trio (n)	သုံးယောက်တွဲ	thoun: jau' twe:
Quartett (n)	လေးယောက်တစ်တွဲ	lei: jau' ti' twe:
Chor (m)	သံပြိုင်အဖွဲ့	than bjain ahpwe.
Orchester (n)	သံစုံတီးဝိုင်း	than zoun di: wain:
Popmusik (f)	ပေါ့ပ်ဂီတ	po. p gi da.
Rockmusik (f)	ရော့ခ်ဂီတ	ro. kh gi da.
Rockgruppe (f)	ရော့ခ်ဂီတအဖွဲ့	ro. kh gi da. ahpwe.
Jazz (m)	ဂျာဇ်ဂီတ	gja' z gi ta.
Idol (n)	အသည်းစွဲ	athe: zwe:
Verehrer (m)	နှစ်သက်သူ	hni' the' dhu
Konzert (n)	တေးဂီတဖြေဖျော်ပွဲ	tei: gi da. bjei bjo bwe:
Sinfonie (f)	သံစုံပတ်တီးတေးသွား	than zoun za' ti: dei: dwa:
Komposition (f)	ရေးဖွဲ့သီကုံးခြင်း	jei: bwe dhi goun: gjin:
komponieren (vt)	ရေးဖွဲ့သီကုံးသည်	jei: bwe dhi goun: de
Gesang (m)	သီချင်းဆိုခြင်း	thachin: zou gjin:
Lied (n)	သီချင်း	thachin:
Melodie (f)	တီးလုံး	ti: loun:
Rhythmus (m)	စည်းချက်	si gje'
Blues (m)	ဘလူးစ်ဂီတ	ba. lu: s gi'
Noten (pl)	ဂီတသင်္ကေတများ	gi ta. dhin gei da. mja:
Taktstock (m)	ဂီတအချက်ပြတုတ်	gi ta. ache' pja dou'
Bogen (m)	ဘိုးတံ	bou: dan
Saite (f)	ကြိုး	kjou:
Koffer (Violinen-)	အိတ်	ei'

Erholung. Unterhaltung. Reisen

155. Ausflug. Reisen

Tourismus (m)	ခရီးသွားလုပ်ငန်း	khaji: thwa: lou' ngan:
Tourist (m)	ကမ္ဘာလှည့်ခရီးသည်	ga ba hli. kha. ji: de
Reise (f)	ခရီးထွက်ခြင်း	khaji: htwe' chin:
Abenteuer (n)	စွန့်စားမှု	sun. za: hmu.
Fahrt (f)	ခရီး	khaji:
Urlaub (m)	ခွင့်ရက်	khwin. je'
auf Urlaub sein	အခွင့်ယူသည်	akhwin. ju de
Erholung (f)	အနားယူခြင်း	ana: ju gjin:
Zug (m)	ရထား	jatha:
mit dem Zug	ရထားနဲ့	jatha: ne.
Flugzeug (n)	လေယာဉ်	lei jan
mit dem Flugzeug	လေယာဉ်နဲ့	lei jan ne.
mit dem Auto	ကားနဲ့	ka: ne.
mit dem Schiff	သင်္ဘောနဲ့	thin: bo: ne.
Gepäck (n)	ဝန်စည်စလည်	wun zi za. li
Koffer (m)	သားရေသေတ္တာ	tha: jei dhi' ta
Gepäckwagen (m)	ပစ္စည်းတင်ရန်တွဲလှည်း	pji' si: din jan dun: hle:
Pass (m)	နိုင်ငံကူးလက်မှတ်	nain ngan gu: le' hma'
Visum (n)	ဗီဇာ	bi za
Fahrkarte (f)	လက်မှတ်	le' hma'
Flugticket (n)	လေယာဉ်လက်မှတ်	lei jan le' hma'
Reiseführer (m)	လမ်းညွှန်စာအုပ်	lan: hnjun za ou'
Landkarte (f)	မြေပုံ	mjei boun
Gegend (f)	ဒေသ	dei dha.
Ort (wunderbarer ~)	နေရာ	nei ja
Exotika (pl)	အထူးအဆန်းပစ္စည်း	a htu: a hsan: bji' si:
exotisch	အထူးအဆန်းဖြစ်သော	a htu: a hsan: hpja' te.
erstaunlich (Adj)	အံ့သြရာကောင်းသော	an. o: sa ja kaun de.
Gruppe (f)	အုပ်စု	ou' zu.
Ausflug (m)	လေ့လာရေးခရီး	lei. la jei: gaji:
Reiseleiter (m)	လမ်းညွှန်	lan: hnjun

156. Hotel

Hotel (n)	ဟိုတယ်	hou te
Motel (n)	မိုတယ်	mou te
drei Sterne	ကြယ် ၃ ပွင့်အဆင့်	kje thoun: pwin. ahsin.

| fünf Sterne | ကြယ် ၅ ပွင့်အဆင့် | kje nga: pwin. ahsin. |
| absteigen (vi) | တည်းခိုသည် | te: khou de |

Hotelzimmer (n)	အခန်း	akhan:
Einzelzimmer (n)	တစ်ယောက်ခန်း	ti' jau' khan:
Zweibettzimmer (n)	နှစ်ယောက်ခန်း	hni' jau' khan:
reservieren (vt)	ကြိုတင်မှာယူသည်	kjou tin hma ju de

Halbpension (f)	ကြိုတင်တစ်ဝက်ငွေရှေ့ရှင်း	kjou tin di' we' ngwe gjei gjin:
Vollpension (f)	ငွေအပြည့်ကြို	ngwei apjei. kjou
	တင်ပေးရှေ့ရှင်း	din bei: chei chin:

mit Bad	ရေချိုးခန်းနှင့်	jei gjou gan: hnin.
mit Dusche	ရေပန်းနှင့်	jei ban: hnin.
Satellitenfernsehen (n)	ဂြိုဟ်တုရုပ်မြင်သံကြား	gjou' htu. jou' mjin dhan gja:
Klimaanlage (f)	လေအေးပေးစက်	lei ei: bei: ze'
Handtuch (n)	တဘက်	tabe'
Schlüssel (m)	သော့	tho.

Verwalter (m)	အုပ်ချုပ်ရေးမှူး	ou' chu' jei: hmu:
Zimmermädchen (n)	သန့်ရှင်းရေးဝန်ထမ်း	than. shin: jei: wun dan:
Träger (m)	အထမ်းသမား	a htan: dha. ma:
Portier (m)	တံခါးဝမှ ညွှန့်ကြို	daga: wa. hma. e. kjou

Restaurant (n)	စားသောက်ဆိုင်	sa: thau' hsain
Bar (f)	ဘား	ba:
Frühstück (n)	နံနက်စာ	nan ne' za
Abendessen (n)	ညစာ	nja. za
Buffet (n)	ဘူဖေး	bu hpei:

| Foyer (n) | နားနေရောင်ခန်း | hna jaun gan: |
| Aufzug (m), Fahrstuhl (m) | ဓာတ်လှေကား | da' hlei ga: |

| BITTE NICHT STÖREN! | မနှောင့်ယှက်ရ | ma. hnaun hje' ja. |
| RAUCHEN VERBOTEN! | ဆေးလိပ်မသောက်ရ | hsei: lei' ma. dhau' ja. |

157. Bücher. Lesen

Buch (n)	စာအုပ်	sa ou'
Autor (m)	စာရေးသူ	sajei: dhu
Schriftsteller (m)	စာရေးဆရာ	sajei: zaja
verfassen (vt)	စာရေးသည်	sajei: de

Leser (m)	စာဖတ်သူ	sa hpa' thu
lesen (vi, vt)	ဖတ်သည်	hpa' te
Lesen (n)	စာဖတ်ခြင်း	sa hpa' chin:

still (~ lesen)	တိတ်တဆိတ်	tei' ta. hsei'
laut (Adv)	ကျယ်လောင်စွာ	kje laun zwa
verlegen (vt)	ပုံနှိပ်ထုတ်ဝေသည်	poun nei' htou' wei de
Ausgabe (f)	ပုံနှိပ်ထုတ်ဝေခြင်း	poun nei' htou' wei gjin:
Herausgeber (m)	ထုတ်ဝေသူ	htou' wei dhu
Verlag (m)	ပုံနှိပ်ထုတ်ဝေ	poun nei' htou' wei
	သည့်ကုမ္ပဏီ	dhi. koun pani

erscheinen (Buch)	ထွက်သည်	htwe' te
Erscheinen (n)	ဖြန့်ချိခြင်း	hpjan. gji. gjin:
Auflage (f)	စာရေးသူ	sajei: dhu
Buchhandlung (f)	စာအုပ်ဆိုင်	sa ou' hsain
Bibliothek (f)	စာကြည့်တိုက်	sa gji. dai'
Erzählung (f)	ဝတ္ထုဇာတ်လမ်း	wu' htu. za' lan:
Kurzgeschichte (f)	ဝတ္ထုတို	wu' htu. dou
Roman (m)	ဝတ္ထု	wu' htu.
Krimi (m)	စုံထောက်ဇာတ်လမ်း	soun dau' za' lan:
Memoiren (pl)	ကိုယ်တွေ့မှတ်တမ်း	kou twei. hma' tan:
Legende (f)	ဒဏ္ဍာရီ	dan da ji
Mythos (m)	စိတ်ကူးယဉ်	sei' ku: jin
Gedichte (pl)	ကဗျာများ	ka. bja mja:
Autobiographie (f)	ကိုယ်တိုင်ရေးအတ္ထုပ္ပတ္တိ	kou tain jei' a' tu. bi' ta.
ausgewählte Werke (pl)	လက်ရွေးစင်	le' jwei: zin
Science-Fiction (f)	သိပ္ပံဇာတ်လမ်း	thei' pan za' lan:
Titel (m)	ခေါင်းစဉ်	gaun: zin
Einleitung (f)	နိဒါန်း	ni. dan:
Titelseite (f)	ခေါင်းစီးစာမျက်နှာ	gaun: zi: za: mje' hna
Kapitel (n)	ခေါင်းကြီးပိုင်း	gaun: gji: bain:
Auszug (m)	ကောက်နှုတ်ချက်	kau' hnou' khje'
Episode (f)	အပိုင်း	apain:
Sujet (n)	ဇာတ်ကြောင်း	za' kjaun:
Inhalt (m)	မာတိကာ	ma di. ga
Inhaltsverzeichnis (n)	မာတိကာ	ma di. ga
Hauptperson (f)	အဓိကဇာတ်ဆောင်	adi. ka. za' hsaun
Band (m)	တွဲထည်	du. de
Buchdecke (f)	စာအုပ်အဖုံး	sa ou' ahpoun:
Einband (m)	အဖုံး	ahpoun:
Lesezeichen (n)	စာညှပ်	sa hnja'
Seite (f)	စာမျက်နှာ	sa mje' hna
blättern (vi)	စာရွက်လှန်သည်	sajwe' hlan de
Ränder (pl)	နယ်နိမိတ်	ne ni. mei'
Notiz (f)	မှတ်စာ	hma' sa
Anmerkung (f)	အောက်ခြေမှတ်ချက်	au' chei hma' che'
Text (m)	စာသား	sa dha:
Schrift (f)	ပုံစံ	poun zan
Druckfehler (m)	ပုံနှိပ်အမှား	poun nei' ahma:
Übersetzung (f)	ဘာသာပြန်	ba dha bjan
übersetzen (vt)	ဘာသာပြန်သည်	ba dha bjan de
Original (n)	မူရင်း	mu jin:
berühmt	ကျော်ကြားသော	kjo kja: de.
unbekannt	လူမသိသော	lu ma. thi. de.
interessant	စိတ်ဝင်စားစရာကောင်းသော	sei' win za: zaja gaun: de.

Bestseller (m)	ရောင်းအားအကောင်းဆုံး	jo: a: akaun: zoun:
Wörterbuch (n)	အဘိဓာန်	abi. dan
Lehrbuch (n)	ဖတ်စာအုပ်	hpa' sa au'
Enzyklopädie (f)	စွယ်စုံကျမ်း	swe zoun gjan:

158. Jagen. Fischen

Jagd (f)	အမဲလိုက်ခြင်း	ame: lai' chin
jagen (vi)	အမဲလိုက်သည်	ame: lai' de
Jäger (m)	မုဆိုး	mou' hsou:
schießen (vi)	ပစ်သည်	pi' te
Gewehr (n)	ရိုင်ဖယ်	jain be
Patrone (f)	ကျည်ဆံ	kji. zan
Schrot (n)	ကျည်ဆေ့	kji zei.
Falle (f)	သံမဏိထောင်ချောက်	than mani. daun gjau'
Schlinge (f)	ကျော့ကွင်း	kjo. kwin:
in die Falle gehen	ထောင်ချောက်မိသည်	htaun gjau' mi de
eine Falle stellen	ထောင်ချောက်ဆင်သည်	htaun gjau' hsin de
Wilddieb (m)	တရားမဝင်ခိုးပစ်သူ	taja: ma. win gou: bi' thu
Wild (n)	အမဲလိုက်ခြင်း	ame: lai' chin
Jagdhund (m)	အမဲလိုက်ခွေး	ame: lai' khwei:
Safari (f)	သားဖမ်းတောရိုင်းဒေသ	hsa hpa ji do joun: dei dha.
ausgestopftes Tier (n)	ရုပ်လုံးဖော်တီရွှတ္တာန်ရုပ်	jou' loun: bo di ja' zan jou'
Fischer (m)	တံငါသည်	da nga dhi
Fischen (n)	ငါးဖမ်းခြင်း	nga: ban: gjin
angeln, fischen (vt)	ငါးဖမ်းသည်	nga: ban: de
Angel (f)	ငါးများတံ	nga: mja: dan
Angelschnur (f)	ငါးများကြိုး	nga: mja: gjou:
Haken (m)	ငါးများချိတ်	nga: mja: gji'
Schwimmer (m)	ငါးများတံဖော့	nga: mja: dan bo.
Köder (m)	ငါးစာ	nga: za
die Angel auswerfen	ငါးများကြိုးပစ်သည်	nga: mja: gjou: bji' te
anbeißen (vi)	ကိုက်သည်	kou' de
Fang (m)	ငါးထည့်စရာ	nga: de. za. ja
Eisloch (n)	ရေခဲပြင်ပေါ်မှအပေါက်	jei ge: bjin bo hma. a. bau'
Netz (n)	ပိုက်	pai'
Boot (n)	လှေ	hlei
mit dem Netz fangen	ပိုက်ချသည်	pai' cha. de
das Netz hineinwerfen	ပိုက်ပစ်သည်	pai' pi' te
das Netz einholen	ပိုက်ဆယ်သည်	pai' hse de
ins Netz gehen	ပိုက်တိုးမိသည်	pai' tou: mi. de
Walfänger (m)	ဝေလငါး	wei la. nga:
Walfangschiff (n)	ဝေလငါးဖမ်းလှေ	wei la. nga: ban: hlei
Harpune (f)	ရှိန်း	hmein:

159. Spiele. Billard

Billard (n)	ဘိလိယက်	bi li je'
Billardzimmer (n)	ဘိလိယက်ထိုးခန်း	bi li ja' htou: khana:
Billardkugel (f)	ဘိလိယက်ဘောလုံး	bi li ja' bo loun:
eine Kugel einlochen	ကျင်းထည့်သည်	kjin: de. de
Queue (n)	ကြူတံ	kju dan
Tasche (f), Loch (n)	ကျင်း	kjin:

160. Spiele. Kartenspiele

Karo (n)	ထောင့်	htaun.
Pik (n)	စပိတ်	sapei'
Herz (n)	ဟတ်	ha'
Kreuz (n)	ညှင်း	hnjin:
As (n)	တစ်ဖဲ	ti' hpe:
König (m)	ကင်း	kin:
Dame (f)	ကွင်း	kwin:
Bube (m)	ဂျက်	gje'
Spielkarte (f)	ဖဲကစားသည်	hpe: ga. za de
Karten (pl)	ဖဲချပ်များ	hpe: gje' mja:
Trumpf (m)	ဝှက်ဖဲ	hwe' hpe:
Kartenspiel (abgenutztes ~)	ဖဲထုပ်	hpe: dou'
Punkt (m)	အမှတ်	ahma'
ausgeben (vt)	ဖဲဝေသည်	hpe: wei de
mischen (vt)	ကုလားဖန်ထိုးသည်	kala: ban dou de
Zug (m)	ဦးဆုံးအလှည့်	u: zoun: ahle.
Falschspieler (m)	ဖဲလိမ်သမား	hpe: lin dha ma:

161. Kasino. Roulette

Kasino (n)	လောင်းကစားရုံ	laun: gaza: joun
Roulette (n)	နံ့ပါတ်လှည့်လောင်းကစား	nan ba' hle. laun: ga. za:
Einsatz (m)	အလောင်းအစား	alaun: asa:
setzen (auf etwas ~)	လောင်းကြေးတင်သည်	laun: gjei: tin de
Rot (n)	အနီ	ani
Schwarz (n)	အနက်	ane'
auf Rot setzen	အနီလောင်းသည်	ani laun: de
auf Schwarz setzen	အနက်လောင်းသည်	ane' laun: de
Croupier (m)	လောင်းကစားဒိုင်	laun: gaza: dain
das Rad drehen	အဝိုင်းလှည့်သည်	awain: hle. de
Spielregeln (pl)	ကစားနည်းစည်းမျဉ်း	gaza: ne: zin: mjin:
Spielmarke (f)	တိုကင်ပြား	tou gin bja:
gewinnen (vt)	နိုင်သည်	nain de
Gewinn (m)	အနိုင်	anain

verlieren (vt)	ရှုံးသည်	shoun: de
Verlust (m)	အရှုံး	ashoun:
Spieler (m)	ကစားသမား	gaza: dhama:
Blackjack (n)	ဘလက်ဂျက်	ba. le' gje'
Würfelspiel (n)	အန်စာတုံးလောင်းကစားနည်း	an za doun: laun: ga za: ne:
Würfeln (pl)	အန်စာတုံး	an za doun:
Spielautomat (m)	ဈေးရောင်းစက်	zei: jaun: ze'

162. Erholung. Spiele. Verschiedenes

spazieren gehen (vi)	အပန်းဖြေလမ်းလျှောက်သည်	apin: hpjei lan: jau' the
Spaziergang (m)	လမ်းလျှောက်ခြင်း	lan: shau' chin:
Fahrt (im Wagen)	အပန်းဖြေခရီး	apin: hpjei khaji:
Abenteuer (n)	စွန့်စားမှု	sun. za: hmu.
Picknick (n)	ပျော်ပွဲစား	pjo bwe: za:
Spiel (n)	ဂိမ်း	gein:
Spieler (m)	ကစားသမား	gaza: dhama:
Partie (f)	ကစားပွဲ	gaza: pwe:
Sammler (m)	စုဆောင်းသူ	su. zaun: dhu
sammeln (vt)	စုဆောင်းသည်	su. zaun: de
Sammlung (f)	စုဆောင်းခြင်း	su. zaun: gjin:
Kreuzworträtsel (n)	စကားလုံးဆက် ပဟေဠိ	zaga: loun: ze' bahei li.
Rennbahn (f)	ပြေးလမ်း	pjei: lan:
Diskothek (f)	ဒစ္စကိုကပွဲ	di' sa kou ga. bwe:
Sauna (f)	ပေါင်းခံရွေးထုတ်ခန်း	paun: gan gjwa: dou' khan:
Lotterie (f)	ထီ	hti
Wanderung (f)	အပျော်စခန်းချခရီး	apjo za. khan: khja kha ni:
Lager (n)	စခန်း	sakhan:
Zelt (n)	တဲ	te:
Kompass (m)	သံလိုက်အိမ်မြှောင်	than lai' ein hmjaun
Tourist (m)	စခန်းချသူ	sakhan: gja. dhu
fernsehen (vi)	ကြည့်သည်	kji. de
Fernsehzuschauer (m)	ကြည့်သူ	kji. thu
Fernsehsendung (f)	ရုပ်မြင်သံကြားအစီအစဉ်	jou' mjin dhan gja: asi asan

163. Fotografie

Kamera (f)	ကင်မရာ	kin ma. ja
Foto (n)	ဓာတ်ပုံ	da' poun
Fotograf (m)	ဓာတ်ပုံဆရာ	da' poun za ja
Fotostudio (n)	ဓာတ်ပုံရိုက်ရန်အခန်း	da' poun jai' jan akhan:
Fotoalbum (n)	ဓာတ်ပုံအယ်လ်ဘမ်	da' poun e la. ban
Objektiv (n)	ကင်မရာမှန်ဘီလူး	kin ma. ja hman bi lu:
Teleobjektiv (n)	အဝေးရိုက်သောမှန်ဘီလူး	awei: shi' tho: hman bi lu:

Filter (n) | အရောင်စစ်မှန်ပြား | ajaun za' hman bja:
Linse (f) | မှန်ဘီလူး | hman bi lu:

Optik (f) | အလင်းပညာ | alin: bjin
Blende (f) | ကင်မရာတွင် အလင်းဝင်ပေါက် | kin ma. ja twin alin: win bau'
Belichtungszeit (f) | အလင်းရောင်ဖွင့်ပေးချိန် | alin: jaun hpwin bei: gjein
Sucher (m) | ရိုက်ကွင်းပြသည့်ကိရိယာ | jou' kwin: bja dhe. gi. ji. ja

Digitalkamera (f) | ဒီဂျစ်တယ်ကင်မရာ | digji' te gin ma. ja
Stativ (n) | သုံးချောင်းထောက် | thoun: gjaun: dau'
Blitzgerät (n) | ကင်မရာသုံး လျပ်တပြက်မီး | kin ma. ja dhoun: lja' ta. pje' mi:

fotografieren (vt) | ဓာတ်ပုံရိုက်သည် | da' poun jai' te
aufnehmen (vt) | ရိုက်သည် | jai' te
sich fotografieren lassen | ဓာတ်ပုံရိုက်သည် | da' poun jai' te

Fokus (m) | ဆုံချက် | hsoun gje'
den Fokus einstellen | ဆုံချက်ရှိန်သည် | hsoun gje' chin de
scharf (~ abgebildet) | ထင်ရှားပြတ်သားသော | htin sha: bja' tha: de
Schärfe (f) | ထင်ရှားပြတ်သားမှု | htin sha: bja' tha: hmu.

Kontrast (m) | ခြားနားချက် | hpja: na: gje'
kontrastreich | မတူညီသော | ma. du nji de.

Aufnahme (f) | ပုံ | poun
Negativ (n) | နက်ဂတစ် | ne' ga ti'
Rollfilm (m) | ဖလင် | hpa. lin
Einzelbild (n) | ဘောင် | baun
drucken (vt) | ပရင့်ထုတ်သည် | pa. jin. dou' te

164. Strand. Schwimmen

Strand (m) | ကမ်းခြေ | kan: gjei
Sand (m) | သဲ | the:
menschenleer | လူသူကင်းမဲ့သော | lu dhu gin: me. de.

Bräune (f) | နေကြောင့်အသားရောင်ညိုခြင်း | nei gjaun.- atha: jaun njou gjin:
sich bräunen | နေထာလှုသည် | nei za hloun de
gebräunt | အသားညိုသော | atha: njou de.
Sonnencreme (f) | နေပူခံလိမ်းဆေး | nei bu gan lein: zei:

Bikini (m) | ဘီကီနီ | bi ki ni
Badeanzug (m) | ရေကူးဝတ်စုံ | jei ku: wa' zoun
Badehose (f) | ယောက်ျားဝတ်ဘောင်းဘီတို | jau' kja: wu' baun: bi dou

Schwimmbad (n) | ရေကူးကန် | jei ku: gan
schwimmen (vi) | ရေကူးသည် | jei ku: de
Dusche (f) | ရေပန်း | jei ban:
sich umkleiden | အဝတ်လဲသည် | awu' le: de
Handtuch (n) | တဘက် | tabe'
Boot (n) | လှေ | hlei
Motorboot (n) | မော်တော်ဘုတ် | mo to bou'

Wasserski (m)	ရေလွှာလျှောစီးအပြား	jei hlwa sho: apja:
Tretboot (n)	ယက်ဘီးတပ်လေ့	je' bi: da' hlei
Surfen (n)	ရေလွှာလှိုင်း	jei hlwa hlain:
Surfer (m)	ရေလွှာလှိုင်းစီးသူ	jei hlwa hlain: zi: dhu

Tauchgerät (n)	စက္ကူဘာဆက်	sakuba ze'
Schwimmflossen (pl)	ရော်ဘာရေယက်ပြား	jo ba jei je' pja:
Maske (f)	မျက်နှာဖုံး	mje' hna boun:
Taucher (m)	ရေငုပ်သမား	jei ngou' tha ma:
tauchen (vi)	ရေငုပ်သည်	jei ngou' te
unter Wasser	ရေအောက်	jei au'

Sonnenschirm (m)	ကမ်းခြေထီး	kan: gjei hti:
Liege (f)	ပက်လက်ကုလားထိုင်	pje' le' ku. la: din
Sonnenbrille (f)	နေကာမျက်မှန်	nei ga mje' hman
Schwimmmatratze (f)	လေထိုးအိပ်ယာ	lei dou: i' ja

| spielen (vi, vt) | ကစားသည် | gaza: de |
| schwimmen gehen | ရေကူးသည် | jei ku: de |

Ball (m)	ဘောလုံး	bo loun:
aufblasen (vt)	လေထိုးသည်	lei dou: de
aufblasbar	လေထိုးနိုင်သော	lei dou: nain de.

Welle (f)	လှိုင်း	hlain:
Boje (f)	ရေကြောင်းပြဖော်ယာ	jei gjaun: bja. bo: ja
ertrinken (vi)	ရေနစ်သည်	jei ni' te

retten (vt)	ကယ်ဆယ်သည်	ke ze de
Schwimmweste (f)	အသက်ကယ်အကျီ	athe' kai in: gji
beobachten (vt)	စောင့်ကြည့်သည်	saun. gji. de
Bademeister (m)	ကယ်ဆယ်သူ	ke ze dhu

TECHNISCHES ZUBEHÖR. TRANSPORT

Technisches Zubehör

165. Computer

Computer (m)	ကွန်ပျူတာ	kun pju ta
Laptop (m), Notebook (n)	လပ်တော့	la' to.
einschalten (vt)	ဖွင့်သည်	hpwin. de
abstellen (vt)	ပိတ်သည်	pei' te
Tastatur (f)	ကီးဘုတ်	kji: bou'
Taste (f)	ကီး	kji:
Maus (f)	မောက်စ်	mau's
Mousepad (n)	မောက်စ်အောက်ခံပြား	mau's au' gan bja:
Knopf (m)	ခလုတ်	khalou'
Cursor (m)	ညွှန်မြား	hnjun: ma:
Monitor (m)	မော်နီတာ	mo ni ta
Schirm (m)	မှန်သားပြင်	hman dha: bjin
Festplatte (f)	ဟာ့ဒစ်-အချက်အလက်သိမ်းပစ္စည်း	ha' di' akja' ale' thein: bji' si:
Festplattengröße (f)	ဟာဒစ်သိုလှောင်နိုင်မှု	ha' di' thou laun nain hmu.
Speicher (m)	မှတ်ဉာဏ်	hma' njan
Arbeitsspeicher (m)	ရမ်	ran
Datei (f)	ဖိုင်	hpain
Ordner (m)	စာတွဲဖိုင်	sa dwe: bain
öffnen (vt)	ဖွင့်သည်	hpwin. de
schließen (vt)	ပိတ်သည်	pei' te
speichern (vt)	သိမ်းဆည်းသည်	thain: zain: de
löschen (vt)	ဖျက်သည်	hpje' te
kopieren (vt)	မိတ္တူကူးသည်	mi' tu gu: de
sortieren (vt)	ခွဲသည်	khwe: de
transferieren (vt)	ပြန်ကူးသည်	pjan gu: de
Programm (n)	ပရိုဂရမ်	pa. jou ga. jan
Software (f)	ဆော့ဗ်ဝဲ	hso. hp we:
Programmierer (m)	ပရိုဂရမ်မာ	pa. jou ga. jan ma
programmieren (vt)	ပရိုဂရမ်ရေးသည်	pa. jou ga. jan jei: de
Hacker (m)	ဟက်ကာ	he' ka
Kennwort (n)	စကားဝှက်	zaga: hwe'
Virus (m, n)	ဗိုင်းရပ်စ်	bain ja's
entdecken (vt)	ရှာဖွေသည်	sha hpwei de

| Byte (n) | ဘိုက် | bai' |
| Megabyte (n) | မီဂါဘိုက် | mi ga bai' |

| Daten (pl) | အချက်အလက် | ache' ale' |
| Datenbank (f) | ဒေတာဘေ့စ် | dei da bei. s |

Kabel (n)	ကေဘယ်ကြိုး	kei be kjou:
trennen (vt)	ဖြုတ်သည်	hpjei: de
anschließen (vt)	တပ်သည်	ta' te

166. Internet. E-Mail

Internet (n)	အင်တာနက်	in ta na'
Browser (m)	ဘရောက်ဆာ	ba. jau' hsa
Suchmaschine (f)	ဆာ့ချ်အင်ဂျင်	hsa, ch in gjin
Provider (m)	ပံ့ပိုးသူ	pan. bou: dhu

Webmaster (m)	ဝက်မာစတာ	we' sai' ma sa. ta
Website (f)	ဝက်ဆိုက်	we' sai'
Webseite (f)	ဝက်ဆိုဒ်စာမျက်နှာ	we' sai' sa mje' hna

| Adresse (f) | လိပ်စာ | lei' sa |
| Adressbuch (n) | လိပ်စာမှတ်စု | lei' sa hmat' su. |

Mailbox (f)	စာတိုက်ပုံး	sa dai' poun:
Post (f)	စာ	sa
überfüllt (-er Briefkasten)	ပြည့်သော	pjei. de.

Mitteilung (f)	သတင်း	dhadin:
eingehenden Nachrichten	အဝင်သတင်း	awin dha din:
ausgehenden Nachrichten	အထွက်သတင်း	a htwe' tha. din:

Absender (m)	ပို့သူ	pou. dhu
senden (vt)	ပို့သည်	pou. de
Absendung (f)	ပို့ခြင်း	pou. gjin:

| Empfänger (m) | လက်ခံသူ | le' khan dhu |
| empfangen (vt) | လက်ခံရရှိသည် | le' khan ja. shi. de |

| Briefwechsel (m) | စာအဆက်အသွယ် | sa ahse' athwe |
| im Briefwechsel stehen | စာပေးစာယူလုပ်သည် | sa pei: za ju lou' te |

Datei (f)	ဖိုင်	hpain
herunterladen (vt)	ဒေါင်းလော့ဒ်လုပ်သည်	daun: lo. d lou' de
schaffen (vt)	ဖန်တီးသည်	hpan di: de
löschen (vt)	ဖျက်သည်	hpje' te
gelöscht (Datei)	ဖျက်ပြီးသော	hpje' pji: de.

Verbindung (f)	ဆက်သွယ်မှု	hse' thwe hmu.
Geschwindigkeit (f)	နှုန်း	hnun:
Modem (n)	မိုဒမ်း	mou dan:
Zugang (m)	ဝင်လမ်း	win lan
Port (m)	ဝဲဘက်	we: be'
Anschluss (m)	အချိတ်အဆက်	achei' ahse'

sich anschließen	ချိတ်ဆက်သည်	chei' hse' te
auswählen (vt)	ရွေးချယ်သည်	jwei: che de
suchen (vt)	ရှာသည်	sha de

167. Elektrizität

Elektrizität (f)	လျပ်စစ်ဓာတ်အား	hlja' si' da' a:
elektrisch	လျပ်စစ်နှင့်ဆိုင်သော	hlja' si' hnin. zain de.
Elektrizitätswerk (n)	လျပ်စစ်ထုတ်လုပ်သောစက်ရုံ	hlja' si' htou' lou' tho: ze' joun
Energie (f)	စွမ်းအင်	swan: in
Strom (m)	လျပ်စစ်စွမ်းအား	hlja' si' swan: a:
Glühbirne (f)	မီးသီး	mi: dhi:
Taschenlampe (f)	ဓာတ်မီး	da' mi:
Straßenlaterne (f)	လမ်းမီး	lan: mi:
Licht (n)	အလင်းရောင်	alin: jaun
einschalten (vt)	ဖွင့်သည်	hpwin. de
ausschalten (vt)	ပိတ်သည်	pei' te
das Licht ausschalten	မီးပိတ်သည်	mi: pi' te
durchbrennen (vi)	မီးကျွမ်းသည်	mi: kjwan: de
Kurzschluss (m)	လျပ်စီးပတ်လမ်းပြတ်ခြင်း	hlja' si: ba' lan: bja' chin:
Riß (m)	ဝိုင်ယာကြိုးအပြတ်	wain ja gjou: apja'
Kontakt (m)	လျပ်ကူးပစ္စည်း	hlja' ku: pji' si:
Schalter (m)	ခလုတ်	khalou'
Steckdose (f)	ပလပ်ပေါက်	pa. la' pau'
Stecker (m)	ပလပ်	pa. la'
Verlängerung (f)	ကြားဆက်ကြိုး	ka: ze' kjou:
Sicherung (f)	ဖျူးစ်	hpju: s
Leitungsdraht (m)	ဝိုင်ယာကြိုး	wain ja gjou:
Verdrahtung (f)	လျပ်စစ်ကြိုးသွယ်တန်းမှု	hlja' si' kjou: dhwe dan: hmu
Ampere (n)	အမ်ပီယာ	an bi ja
Stromstärke (f)	အသံချဲ့စက်	athan che. zek
Volt (n)	ဗို့	boi.
Voltspannung (f)	ဗို့.အား	bou. a:
Elektrogerät (n)	လျပ်စစ်ပစ္စည်း	hlja' si' pji' si:
Indikator (m)	အချက်ပြ	ache' pja.
Elektriker (m)	လျပ်စစ်ပညာရှင်	hlja' si' pa. nja shin
löten (vt)	ဂဟေဆော်သည်	gahei hso de
Lötkolben (m)	ဂဟေဆော်တံ	gahei hso dan
Strom (m)	လျပ်စီးကြောင်း	hlja' si: gjaun:

168. Werkzeug

Werkzeug (n)	ကိရိယာ	ki. ji. ja
Werkzeuge (pl)	ကိရိယာများ	ki. ji. ja mja:

Ausrüstung (f)	စက်ကိရိယာပစ္စည်းများ	se' kari. ja pji' si: mja:
Hammer (m)	တူ	tu
Schraubenzieher (m)	ဝက်အူလှည့်	we' u hli.
Axt (f)	ပုဆိန်	pahsein
Säge (f)	လွှ	hlwa.
sägen (vt)	လွှတိုက်သည်	hlwa. dai' de
Hobel (m)	ရွေဘေါ်	jwei bo
hobeln (vt)	ရွေဘေါ်ထိုးသည်	jwei bo dou: de
Lötkolben (m)	ဂဟေဆော်တံ	gahei hso dan
löten (vt)	ဂဟေဆော်သည်	gahei hso de
Feile (f)	တံစဉ်း	tan zin:
Kneifzange (f)	သံနှုတ်	than hnou'
Flachzange (f)	ပလာယာ	pa. la ja
Stemmeisen (n)	ဆောက်	hsau'
Bohrer (m)	လွန်	lun
Bohrmaschine (f)	လျပ်စစ်လွန်	hlja' si' lun
bohren (vt)	လွန်ဖြင့်ဖောက်သည်	lun bjin. bau' de
Messer (n)	ဓား	da:
Taschenmesser (n)	မောင်းဂျက်ဓား	maun: gje' da:
Klinge (f)	ဓားသွား	da: dhwa
scharf (-e Messer usw.)	ရှုန်းထက်သော	chwan de' te.
stumpf	တုံးသော	toun: dho:
stumpf werden (vi)	တုံးသွားသည်	toun: dwa de
schärfen (vt)	သွေးသည်	thwei: de
Bolzen (m)	မူလီ	mu li
Mutter (f)	မူလီခေါင်း	mu li gaun:
Gewinde (n)	ဝက်အူရစ်	we' u ji'
Holzschraube (f)	ဝက်အူ	we' u
Nagel (m)	အိပ်ရိုက်သံ	ein jai' than
Nagelkopf (m)	သံခေါင်း	than gaun:
Lineal (n)	ပေတံ	pei dan
Metermaß (n)	ပေကြိုး	pei gjou:
Wasserwaage (f)	ရေရှိန်	jei gjain
Lupe (f)	မှန်ဘီလူး	hman bi lu:
Messinstrument (n)	တိုင်းသည့်ကိရိယာ	tain: dhi. ki. ji. ja
messen (vt)	တိုင်းသည်	tain: de
Skala (f)	စဂေး	sakei:
Ablesung (f)	ပြသောပမာဏ	pja. dho: ba ma na.
Kompressor (m)	ဖိသိပ်စက်	hpi. dhi' se'
Mikroskop (n)	အကုကြည့်ကိရိယာ	anu gji. gi. ji. ja
Pumpe (f)	လေထိုးစက်	lei dou: ze'
Roboter (m)	စက်ရုပ်	se' jou'
Laser (m)	လေဆာ	lei za
Schraubenschlüssel (m)	ခွ	khwa.
Klebeband (n)	တိပ်	tei'

Klebstoff (m)	ကော်	ko
Sandpapier (n)	ကော်ဖတ်စက္ကူ	ko hpa' se' ku
Sprungfeder (f)	ညွတ်သံရွေ	hnju' dhan gwei
Magnet (m)	သံလိုက်	than lai'
Handschuhe (pl)	လက်အိတ်	lei' ei'

Leine (f)	ကြိုး	kjou:
Schnur (f)	ကြိုးလုံး	kjou: loun:
Draht (m)	ဝိုင်ယာကြိုး	wain ja gjou:
Kabel (n)	ကေဘယ်ကြိုး	kei be kjou:

schwerer Hammer (m)	တူကြီး	tou gji:
Brecheisen (n)	တူးရှင်း	tu: jwin:
Leiter (f)	လှေကား	hlei ga:
Trittleiter (f)	ခေါက်လှေကား	khau' hlei ka:

zudrehen (vt)	ဝက်အူကျစ်သည်	we' u gji' te
abdrehen (vt)	ဝက်အူဖြုတ်သည်	we' u bju' te
zusammendrücken (vt)	ကျပ်သည်	kja' te.
ankleben (vt)	ကော်ကပ်သည်	ko ka' de
schneiden (vt)	ဖြတ်သည်	hpja' te

Störung (f)	ချွတ်ယွင်းချက်	chwe' jwin: che'
Reparatur (f)	ပြန်လည်ပြင်ဆင်ခြင်း	pjan le: bjin zin gjin:
reparieren (vt)	ပြန်လည်ပြင်ဆင်သည်	pjan le bjin zin de
einstellen (vt)	ညှိသည်	hnji. de

prüfen (vt)	စစ်ဆေးသည်	si' hsei: de
Prüfung (f)	စစ်ဆေးခြင်း	si' hsei: gjin:
Ablesung (f)	ပြသောပမာဏ	pja. dho: ba ma na.

| sicher (zuverlässigen) | စိတ်ချရသော | sei' cha. ja. de. |
| kompliziert (Adj) | ရှုပ်ထွေးသော | sha' htwei: de. |

verrosten (vi)	သံရေးတက်သည်	than gjei: da' te
rostig	သံရေးတက်သော	than gjei: da' te.
Rost (m)	သံရေး	than gjei:

Transport

Flugzeug (n)	လေယာဉ်	lei jan
Flugticket (n)	လေယာဉ်လက်မှတ်	lei jan le' hma'
Fluggesellschaft (f)	လေကြောင်း	lei gjaun:
Flughafen (m)	လေဆိပ်	lei zi'
Überschall-	အသံထက်မြန်သော	athan de' mjan de.

Flugkapitän (m)	လေယာဉ်မှူး	lei jan hmu:
Besatzung (f)	လေယာဉ်အမှုထမ်းအဖွဲ့	lei jan ahmu. dan: ahpwe.
Pilot (m)	လေယာဉ်မောင်းသူ	lei jan maun dhu
Flugbegleiterin (f)	လေယာဉ်မယ်	lei jan me
Steuermann (m)	လေကြောင်းပြ	lei gjaun: bja.

Flügel (pl)	လေယာဉ်တောင်ပံ	lei jan daun ban
Schwanz (m)	လေယာဉ်အမြီး	lei jan amji:
Kabine (f)	လေယာဉ်မောင်းအခန်း	lei jan maun akhan:
Motor (m)	အင်ဂျင်	in gjin
Fahrgestell (n)	အောက်ခံဘောင်	au' khan baun
Turbine (f)	တာဘိုင်	ta bain

Propeller (m)	ပန်ကာ	pan ga
Flugschreiber (m)	ဘလက်ဘောက်	ba. le' bo'
Steuerrad (n)	ပဲ့ကိုင်ဘီး	pe. gain bi:
Treibstoff (m)	လောင်စာ	laun za

Sicherheitskarte (f)	အရေးပေါ်လုံခြုံရေး ညွှန်ကြားစာ	ajei: po' choun loun jei: hnjun gja: za
Sauerstoffmaske (f)	အောက်ဆီဂျင်မျက်နှာဖုံး	au' hsi gjin mje' hna hpoun:
Uniform (f)	ယူနီဖောင်း	ju ni hpaun:
Rettungsweste (f)	အသက်ကယ်အကျႌ	athe' kai in: gji
Fallschirm (m)	လေထီး	lei di:

Abflug, Start (m)	ထွက်ရွှဲခြင်း	htwe' khwa gjin:
starten (vi)	ပျံတက်သည်	pjan de' te
Startbahn (f)	လေယာဉ်ပြေးလမ်း	lei jan bei: lan:

| Sicht (f) | မြင်ကွင်း | mjin gwin: |
| Flug (m) | ပျံသန်းခြင်း | pjan dan: gjin: |

| Höhe (f) | အမြင့် | amjin. |
| Luftloch (n) | လေမပြိမ်အရပ် | lei ma ngjin aja' |

Platz (m)	ထိုင်ခုံ	htain goun
Kopfhörer (m)	နားကြပ်	na: kja'
Klapptisch (m)	ခေါက်စားပွဲ	khau' sa: bwe:
Bullauge (n)	လေယာဉ်ပြတင်းပေါက်	lei jan bja. din: bau'
Durchgang (m)	မင်းလမ်း	min: lan:

170. Zug

Zug (m)	ရထား	jatha:
elektrischer Zug (m)	လျပ်စစ်ဓာတ်အားသုံးရထား	hlja' si' da' a: dhou: ja da:
Schnellzug (m)	အမြန်ရထား	aman ja. hta:
Diesellok (f)	ဒီဇယ်ရထား	di ze ja da:
Dampflok (f)	ရေနွေးငွေ့စက်ခေါင်း	jei nwei: ngwei. ze' khaun:

| Personenwagen (m) | အတွဲ | atwe: |
| Speisewagen (m) | စားသောက်တွဲ | sa: thau' thwe: |

Schienen (pl)	ရထားသံလမ်း	jatha dhan lan:
Eisenbahn (f)	ရထားလမ်း	jatha: lan:
Bahnschwelle (f)	ဇလီဖားဝုံး	zali ba: doun

Bahnsteig (m)	စင်္ကြံ	sin gjan
Gleis (n)	ရထားစင်္ကြံ	jatha zin gjan
Eisenbahnsignal (n)	မီးရှိုင်	mi: bwain.
Station (f)	ဘူတာရုံ	bu da joun

Lokomotivführer (m)	ရထားမောင်းသူ	jatha: maun: dhu
Träger (m)	အထမ်းသမား	a htan: dha. ma:
Schaffner (m)	အစောင့်	asaun.
Fahrgast (m)	ခရီးသည်	khaji: de
Fahrkartenkontrolleur (m)	လက်မှတ်စစ်ဆေးသူ	le' hma' ti' hsei: dhu:

| Flur (m) | ကော်ရစ်တာ | ko ji' ta |
| Notbremse (f) | အရေးပေါ်ဘရိတ် | ajei: po' ba ji' |

Abteil (n)	အခန်း	akhan:
Liegeplatz (m), Schlafkoje (f)	အိပ်ဝင်	ei' zin
oberer Liegeplatz (m)	အပေါ်ထပ်အိပ်ဝင်	apo htap ei' sin
unterer Liegeplatz (m)	အောက်ထပ်အိပ်ဝင်	au' hta' ei' sin
Bettwäsche (f)	အိပ်ရာခင်း	ei' ja khin:

Fahrkarte (f)	လက်မှတ်	le' hma'
Fahrplan (m)	အရှိန်ဇယား	achein zaja:
Anzeigetafel (f)	အချက်အလက်ပြနေရာ	ache' ale' pja. nei ja

abfahren (der Zug)	ထွက်ခွါသည်	htwe' khwa de
Abfahrt (f)	အထွက်	a htwe'
ankommen (der Zug)	ဆိုက်ရောက်သည်	hseu' jau' de
Ankunft (f)	ဆိုက်ရောက်ရာ	hseu' jau' ja

mit dem Zug kommen	မီးရထားဖြင့်ရောက်ရှိသည်	mi: ja. da: bjin. jau' shi. de
in den Zug einsteigen	မီးရထားပေါ်တက်သည်	mi: ja. da: zi: de
aus dem Zug aussteigen	မီးရထားမှဆင်းသည်	mi: ja. da: hma. zin: de

| Zugunglück (n) | ရထားတိုက်ခြင်း | jatha: dai' chin: |
| entgleisen (vi) | ရထားလမ်းချော်သည် | jatha: lan: gjo de |

Dampflok (f)	ရေနွေးငွေ့စက်ခေါင်း	jei nwei: ngwei. ze' khaun:
Heizer (m)	မီးထိုးသမား	mi: dou: dhama:
Feuerbüchse (f)	မီးဖို	mi: bou
Kohle (f)	ကျောက်မီးသွေး	kjau' mi: dhwei:

171. Schiff

Schiff (n)	သင်္ဘော	thin: bo:
Fahrzeug (n)	ရေယာဉ်	jei jan
Dampfer (m)	မီးသင်္ဘော	mi: dha. bo:
Motorschiff (n)	အပျော်စီးမော်တော်ဘုတ်ငယ်	apjo zi: mo do bou' nge
Kreuzfahrtschiff (n)	ပင်လယ်အပျော်စီးသင်္ဘော	pin le apjo zi: dhin: bo:
Kreuzer (m)	လေယာဉ်တင်သင်္ဘော	lei jan din
Jacht (f)	အပျော်စီးရွက်လှေ	apjo zi: jwe' hlei
Schlepper (m)	ဆွဲသင်္ဘော	hswe: thin: bo:
Lastkahn (m)	ဖောင်	hpaun
Fähre (f)	ကူးတို့သင်္ဘော	gadou. thin: bo:
Segelschiff (n)	ရွက်သင်္ဘော	jwe' thin: bo:
Brigantine (f)	ရွက်လှေ	jwe' hlei
Eisbrecher (m)	ရေခဲပြင်ခွဲသင်္ဘော	jei ge: bjin gwe: dhin: bo:
U-Boot (n)	ရေငုပ်သင်္ဘော	jei ngou' thin: bo:
Boot (n)	လှေ	hlei
Dingi (n), Beiboot (n)	ရော်ဘာလှေ	jo ba hlei
Rettungsboot (n)	အသက်ကယ်လှေ	athe' kai hlei
Motorboot (n)	မော်တော်ဘုတ်	mo to bou'
Kapitän (m)	ရေယာဉ်မှူး	jei jan hmu:
Matrose (m)	သင်္ဘောသား	thin: bo: dha:
Seemann (m)	သင်္ဘောသား	thin: bo: dha:
Besatzung (f)	သင်္ဘောအမှုထမ်းအဖွဲ့	thin: bo: ahmu. htan: ahpwe.
Bootsmann (m)	ရေတပ်အရာရှိငယ်	jei da' aja shi. nge
Schiffsjunge (m)	သင်္ဘောသားကလေး	thin: bo: dha: galei:
Schiffskoch (m)	ထမင်းချက်	htamin: gje'
Schiffsarzt (m)	သင်္ဘောဆရာဝန်	thin: bo: zaja wun
Deck (n)	သင်္ဘောကုန်းပတ်	thin: bo: koun: ba'
Mast (m)	ရွက်တိုင်	jwe' tai'
Segel (n)	ရွက်	jwe'
Schiffsraum (m)	ဝမ်းတွင်း	wan: twin:
Bug (m)	ဦးဆွန်း	u: zun:
Heck (n)	ပဲ့ပိုင်း	pe. bain:
Ruder (n)	လှော်တက်	hlo de'
Schraube (f)	သင်္ဘောပန်ကာ	thin: bo: ban ga
Kajüte (f)	သင်္ဘောပေါ်မှအခန်း	thin: bo: bo hma. aksan:
Messe (f)	အရာရှိများစိုင်သာ	aja shi. mja: jin dha
Maschinenraum (m)	စက်ခန်း	se' khan:
Kommandobrücke (f)	ကွပ်ကဲခန်း	ku' ke: khan:
Funkraum (m)	ရေဒီယိုခန်း	rei di jou gan:
Radiowelle (f)	လှိုင်း	hlain:
Schiffstagebuch (n)	မှတ်တမ်းစာအုပ်	hma' tan: za ou'
Fernrohr (n)	အဝေးကြည့်မှန်ပြောင်း	awei: gji. hman bjaun:
Glocke (f)	ခေါင်းလောင်း	gaun: laun:

Fahne (f)	အလံ	alan
Seil (n)	သင်္ဘောသုံးလွန်ကြိုး	thin: bo: dhaun: lun gjou:
Knoten (m)	ကြိုးထုံး	kjou: htoun:

| Geländer (n) | လက်ရန်း | le' jan |
| Treppe (f) | သင်္ဘောကုန်းပေါင် | thin: bo: koun: baun |

Anker (m)	ကျောက်ဆူး	kjau' hsu:
den Anker lichten	ကျောက်ဆူးနုတ်သည်	kjau' hsu: nou' te
Anker werfen	ကျောက်ချသည်	kjau' cha. de
Ankerkette (f)	ကျောက်ဆူးကြိုး	kjau' hsu: kjou:

Hafen (m)	ဆိပ်ကမ်း	hsi' kan:
Anlegestelle (f)	သင်္ဘောဆိပ်	thin: bo: zei'
anlegen (vi)	ဆိုက်ကပ်သည်	hseu' ka' de
abstoßen (vt)	စွန့်ပစ်သည်	sun. bi' de

Reise (f)	ခရီးထွက်ခြင်း	khaji: htwe' chin:
Kreuzfahrt (f)	အပျော်ခရီး	apjo gaji:
Kurs (m), Richtung (f)	ဦးတည်ရာ	u: ti ja
Reiseroute (f)	လမ်းကြောင်း	lan: gjaun:

Fahrwasser (n)	သင်္ဘောရေကြောင်း	thin: bo: jei gjaun:
Untiefe (f)	ရေတိမ်ပိုင်း	jei dein bain:
stranden (vi)	ကမ်းကပ်သည်	kan ka' te

Sturm (m)	မုန်တိုင်း	moun dain:
Signal (n)	အချက်ပြ	ache' pja.
untergehen (vi)	နစ်မြုပ်သည်	ni' mjou' te
Mann über Bord!	လူရေထဲကျ	lu jei de: gja
SOS	အက်စ်အိုအက်စ်	e's o e's
Rettungsring (m)	အသက်ကယ်ဘော	athe' kai bo

172. Flughafen

Flughafen (m)	လေဆိပ်	lei zi'
Flugzeug (n)	လေယာဉ်	lei jan
Fluggesellschaft (f)	လေကြောင်း	lei gjaun:
Fluglotse (m)	လေကြောင်းထိန်း	lei kjaun: din:

Abflug (m)	ထွက်ခွာရာ	htwe' khwa ja
Ankunft (f)	ဆိုက်ရောက်ရာ	hseu' jau' ja
anfliegen (vi)	ဆိုက်ရောက်သည်	hsai' jau' te

| Abflugzeit (f) | ထွက်ခွာချိန် | htwe' khwa gjein |
| Ankunftszeit (f) | ဆိုက်ရောက်ချိန် | hseu' jau' chein |

| sich verspäten | နောက်ကျသည် | nau' kja. de |
| Abflugverspätung (f) | လေယာဉ်နောက်ကျခြင်း | lei jan nau' kja. chin: |

Anzeigetafel (f)	လေယာဉ်ခရီးစဉ်ပြဇယား	lei jan ga. ji: zi bja. bou'
Information (f)	သတင်းအရက်အလက်	dhadin: akje' ale'
ankündigen (vt)	ကြေငြာသည်	kjei nja de
Flug (m)	ပျံသန်းမှု	pjan dan: hmu.

Zollamt (n)	အကောက်ဆိပ်	akau' hsein
Zollbeamter (m)	အကောက်ခွန်အရာရှိ	akau' khun aja shi.

Zolldeklaration (f)	အကောက်ခွန်ကြေငြာချက်	akau' khun gjei nja gje'
ausfüllen (vt)	လျှောက်လွှာဖြည့်သည်	shau' hlwa bji. de
die Zollerklärung ausfüllen	သည့်လုပပြည့်စာရင်း	the ju pji' si: zajin:
	ကြေသာသည်	kjei nja de
Passkontrolle (f)	ပတ်စ်ပို့ထိန်းချုပ်မှု	pa's pou. htein: gju' hmu.

Gepäck (n)	ဝန်စည်စလယ်	wun zi za. li
Handgepäck (n)	လက်ဆွဲပစ္စည်း	le' swe: pji' si:
Kofferkuli (m)	ပစ္စည်းတင်သည့်လှည်း	pji' si: din dhe. hle:

Landung (f)	ဆင်းသက်ခြင်း	hsin: dha' chin:
Landebahn (f)	အဆင်းလမ်း	ahsin: lan:
landen (vi)	ဆင်းသက်သည်	hsin: dha' te
Fluggasttreppe (f)	လေယာဉ်လှေကား	lei jan hlei ka:

Check-in (n)	စာရင်းသွင်းခြင်း	sajin: dhwin: gjin:
Check-in-Schalter (m)	စာရင်းသွင်းကောင်တာ	sajin: gaun da
sich registrieren lassen	စာရင်းသွင်းသည်	sajin: dhwin: de
Bordkarte (f)	လေယာဉ်ပေါ်တက်ခွင့်လက်မှတ်	lei jan bo de' khwin. le' hma'
Abfluggate (n)	လေယာဉ်ထွက်ခွာရာဂိတ်	lei jan dwe' khwa ja gei'

Transit (m)	အကူးအပြောင်း	aku: apjaun:
warten (vi)	စောင့်သည်	saun. de
Wartesaal (m)	ထွက်ခွာရာခန်းမ	htwe' kha ja gan: ma.
begleiten (vt)	လိုက်ပို့သည်	lai' bou. de
sich verabschieden	နှုတ်ဆက်သည်	hnou' hsei' te

173. Fahrrad. Motorrad

Fahrrad (n)	စက်ဘီး	se' bi:
Motorroller (m)	ဆိုင်ကယ်အပေါ့စား	hsain ge apau. za:
Motorrad (n)	ဆိုင်ကယ်	hsain ge

Rad fahren	စက်ဘီးစီးသည်	se' bi: zi: de
Lenkstange (f)	လက်ကိုင်	le' kain
Pedal (n)	ခြေနင်း	chei nin:
Bremsen (pl)	ဘရိတ်	ba. rei'
Sattel (m)	စက်ဘီးထိုင်ခုံ	se' bi: dai' goun

Pumpe (f)	လေထိုးတံ	lei dou: tan
Gepäckträger (m)	နောက်တွဲထိုင်ခုံ	nau' twe: dain goun
Scheinwerfer (m)	ရှေ့မီး	shei. mi:
Helm (m)	ဟဲလ်မက်ဦးထုပ်	he: l me u: htou'

Rad (n)	ဘီး	bi:
Schutzblech (n)	ဘီးကာ	bi: ga
Felge (f)	ခွေ	khwei
Speiche (f)	စပုတ်တံ	sapou' tan

Autos

174. Autotypen

Auto (n)	ကား	ka:
Sportwagen (m)	ပြိုင်ကား	pjain ga:
Limousine (f)	အလှူစီးဇိမ်ခံကား	ahla. zi: zin khan ka:
Geländewagen (m)	လမ်းကြမ်းမောင်းကား	lan: kjan: maun: ka:
Kabriolett (n)	အမိုးခေါက်ကား	amou: gau' ka:
Kleinbus (m)	မိနိဘတ်စ်	mi ni ba's
Krankenwagen (m)	လူနာတင်ကား	lu na din ga:
Schneepflug (m)	နှင်းဂေါက်ကား	hnin: go: ga:
Lastkraftwagen (m)	ကုန်တင်ကား	koun din ka:
Tankwagen (m)	ရေတင်ကား	jei din ga:
Kastenwagen (m)	ပစ္စည်းတင်ဗင်ကား	pji' si: din bin ga:
Sattelzug (m)	နောက်တွဲပါကုန်တင်ယာဉ်	nau' twe: ba goun din jan
Anhänger (m)	နောက်တွဲယာဉ်	nau' twe: jan
komfortabel	သက်တောင့်သက်သာဖြစ်သော	the' taun. the' tha hpji' te.
gebraucht	တစ်ပတ်ရစ်	ti' pa' ji'

175. Autos. Karosserie

Motorhaube (f)	စက်ခေါင်းအဖုံး	se' khaun: ahpoun:
Kotflügel (m)	ရွှန့်ကာ	shwan. ga
Dach (n)	ကားခေါင်မိုး	ka: gaun mou:
Windschutzscheibe (f)	လေကာမှန်	lei ga hman
Rückspiegel (m)	နောက်ကြည့်မှန်	nau' kje. hman
Scheibenwaschanlage (f)	လေကာမှန်ဝါရှာ	lei ga hman wa sha
Scheibenwischer (m)	လေကာမှန်ရေသုတ်တံ	lei ga hman jei thou' tan
Seitenscheibe (f)	ဘေးတံခါးမှန်	bei: dan ga: hman
Fensterheber (m)	တံခါးလှလုတ်	daga: kha lou'
Antenne (f)	အင်တန်နာတိုင်	in tan na tain
Schiebedach (n)	နေကာမှန်	nei ga hman
Stoßstange (f)	ကားဘန်ပါ	ka: ban ba
Kofferraum (m)	ပစ္စည်းခန်း	pji' si: khan:
Dachgepäckträger (m)	ခေါင်မိုးပစ္စည်းတင်စင်	gaun mou: pji' si: din zin
Wagenschlag (m)	တံခါး	daga:
Türgriff (m)	တံခါးလက်ကိုင်	daga: le' kain
Türschloss (n)	တံခါးသော့	daga: dho.
Nummernschild (n)	လိုင်စင်ပြား	lain zin bja:
Auspufftopf (m)	အသံထိန်းကိရိယာ	athan dein: gi. ji. ja

Benzintank (m)	ဆီတိုင်ကီ	hsi dain gi
Auspuffrohr (n)	အိတ်ဇော	ei' zo:
Gas (n)	လီဗာ	li ba
Pedal (n)	ခြေနင်း	chei nin:
Gaspedal (n)	လီဗာနင်းပြား	li ba nin: bja
Bremse (f)	ဘရိတ်	ba. rei'
Bremspedal (n)	ဘရိတ်နင်းပြား	ba. rei' nin bja:
bremsen (vi)	ဘရိတ်အုပ်သည်	ba. rei' au' te
Handbremse (f)	ပါကင်ဘရိတ်	pa gin ba. jei'
Kupplung (f)	ကလပ်	kala'
Kupplungspedal (n)	ခြေနင်းကလပ်	chei nin: gala'
Kupplungsscheibe (f)	ကလပ်ပြား	kala' pja:
Stoßdämpfer (m)	ရှော့ခ်အဗ်ဆော်ဗာ	sho.kh a' hso ba
Rad (n)	ဘီး	bi:
Reserverad (n)	အပိုတာယာ	apou daja
Reifen (m)	တာယာ	ta ja
Radkappe (f)	ဘီးဖုံး	bi: boun:
Triebräder (pl)	တွန်းအားပေးသောဘီးများ	tun: a: bei: do: bi: mja:
mit Vorderantrieb	ရှေ့ဘီးအုံ	shei. bi: oun
mit Hinterradantrieb	ဝင်ရိုးအုံ	win jou: oun
mit Allradantrieb	အောဝီးလ်ဒရိုက်ဘီးအုံ	o: wi: l da. shik bi: oun
Getriebe (n)	ဂီယာဘောက်	gi ja bau'
Automatik-	အလိုအလျောက်ဖြစ်သော	alou aljau' hpji' te.
Schalt-	စက်နှင့်ဆိုင်သော	se' hnin. zain de.
Schalthebel (m)	ဂီယာတံ	gi ja dan
Scheinwerfer (m)	ရှေ့မီး	shei. mi:
Scheinwerfer (pl)	ရှေ့မီးများ	shei. mi: mja:
Abblendlicht (n)	အောက်မီး	au' mi:
Fernlicht (n)	အဝေးမီး	awei: mi:
Stopplicht (n)	ဘရိတ်မီး	ba. rei' mi:
Standlicht (n)	ပါကင်မီး	pa gin mi:
Warnblinker (m)	အရေးပေါ်အချက်ပြမီး	ajei: po' che' pja. mi:
Nebelscheinwerfer (pl)	မြူနှင်းအလင်းဖေါက်မီး	hmju hnin: alin: bau' mi:
Blinker (m)	အကွေ့အချက်ပြမီး	akwei. ache' pja. mi:
Rückfahrscheinwerfer (m)	နောက်ဘက်အချက်ပြမီး	nau' be' ache' pja. mi:

176. Autos. Fahrgastraum

Wageninnere (n)	အတွင်းပိုင်း	atwin: bain:
Leder-	သားရေနှင့်လုပ်ထားသော	tha: jei hnin. lou' hta: de.
aus Velours	ကတ္တီပါအထူစား	gadi ba ahtu za:
Polster (n)	ကူရှင်	ku shin
Instrument (n)	စံပမာဏတိုင်းကိရိယာ	san bamana dain: gi ji ja
Armaturenbrett (n)	ဒက်ရှ်ဘုတ်	de' sh bou'

| Tachometer (m) | ကားအရှိန်တိုင်းကိရိယာ | ka: ashein dain: ki. ja. ja |
| Nadel (f) | လက်တံ | le' tan |

Kilometerzähler (m)	ခရီးမိုင်တိုင်းကိရိယာ	khaji: main dain: ki. ji. ja
Anzeige (Temperatur-)	ညှိုင်းဂွက်	dain gwa'
Pegel (m)	ရေချိန်	jei gjain
Kontrollleuchte (f)	သတိပေးမီး	dhadi. pei: mi:

Steuerrad (n)	လက်ကိုင်ဘီး	le' kain bi:
Hupe (f)	ဟွန်း	hwun:
Knopf (m)	ခလုတ်	khalou'
Umschalter (m)	ခလုတ်	khalou'

Sitz (m)	ထိုင်ခုံ	htain goun
Rückenlehne (f)	နောက်မှီ	nau' mi
Kopfstütze (f)	ခေါင်းမှီ	gaun: hmi
Sicherheitsgurt (m)	ထိုင်ခုံခါးပတ်	htain goun ga: pa'
sich anschnallen	ထိုင်ခုံခါးပတ်ပတ်သည်	htain goun ga: pa' pa' te
Einstellung (f)	ချိန်ညှိခြင်း	chein hnji. chin:

| Airbag (m) | လေအိတ် | lei i' |
| Klimaanlage (f) | လေအေးပေးစက် | lei ei: bei: ze' |

Radio (n)	ရေဒီယို	rei di jou
CD-Spieler (m)	စီဒီပလေယာ	si di ba. lei ja
einschalten (vt)	ဖွင့်သည်	hpwin. de
Antenne (f)	အင်တာနာတိုင်	in tan na tain
Handschuhfach (n)	ပစ္စည်းထည့်ရန်အံဆဲ	pji' si: de. jan an ze:
Aschenbecher (m)	ဆေးလိပ်ပြာခွက်	hsei: lei' pja gwe'

177. Autos. Motor

Triebwerk (n)	အင်ဂျင်	in gjin
Diesel-	ဒီဇယ်	di ze
Benzin-	ဓါတ်ဆီ	da' hsi

Hubraum (m)	အင်ဂျင်ထုထည်	in gjin htu. hte
Leistung (f)	စွမ်းအား	swan: a:
Pferdestärke (f)	မြင်းကောင်ရေအား	mjin: gaun jei a:
Kolben (m)	ပစ္စတင်	pji' sa. tin
Zylinder (m)	ဆလင်ဒါ	hsa. lin da
Ventil (n)	အဆို့ရှင်	ahsou. shin

Injektor (m)	ထိုးတံ	htou: dan
Generator (m)	ဂျင်နရေတာ	gjin na. jei ta
Vergaser (m)	ကာဗရက်တာ	ka ba. je' ta
Motoröl (n)	စက်ဆီ	se' hsi

Kühler (m)	ရေတိုင်ကီ	jei dain gi
Kühlflüssigkeit (f)	အင်ဂျင်အေးဆေ သည့်အရည်-ကူးလန့်	in gjin ei: zei dhi. aji - ku: lan.
Ventilator (m)	အအေးပေးပန်ကာ	aei: bei: ban ga
Autobatterie (f)	ဘတ်ထရီ	ba' hta ji
Anlasser (m)	စက်နိုးကိရိယာ	se' hnou: ki. ji. ja

159

| Zündung (f) | ဒီးပေးအ၀ိုင်း | mi: bei: apain: |
| Zündkerze (f) | ဒီးပွားပလပတ် | mi: bwa: ba. la' |

Klemme (f)	ဘက်ထရီထိပ်စွန်း	be' hta. ji htei' swan:
Pluspol (m)	ဘက်ထရီအ၀ိုစွန်း	be' hta. ji ahpou zwan:
Minuspol (m)	ဘက်ထရီအမ၀စွန်း	be' hta. ji ama. zwan:
Sicherung (f)	ဖျူးစ်	hpju: s

Luftfilter (m)	လေစစ်ကိရိယာ	lei zi' ki. ji. ja
Ölfilter (m)	ဆီစစ်ကိရိယာ	hsi za' ki. ji. ja
Treibstofffilter (m)	လောင်စာဆီစစ်ကိရိယာ	laun za hsi zi' ki. ji. ja

178. Autos. Unfall. Reparatur

Unfall (m)	ကားတိုက်ခြင်း	ka: dou' chin:
Verkehrsunfall (m)	မတော်တဆလာဉ်တိုက်မှု	ma. do da. za. jan dai' hmu.
fahren gegen ...	၀င်တိုက်သည်	win dai' te
verunglücken (vi)	အရှိန်ပြင်းစွာတိုက်မိသည်	ashein bjin: zwa daik mi. de
Schaden (m)	အပျက်အစီး	apje' asi:
heil (Adj)	မချွတ်ယွင်းသော	ma gjwe' jwin: de.

Panne (f)	စက်ချွတ်ယွင်းခြင်း	se' chu' jwin: gjin:
kaputtgehen (vi)	စက်ချွတ်ယွင်းသည်	se' chu' jwin: de
Abschleppseil (n)	လွန်ကြိုးကြီး	lun gjou: gji:

Reifenpanne (f)	ဘီးပေါက်ခြင်း	bi: bau' chin:
platt sein	ပြားကပ်သွားသည်	pja: ga' thwa: de
pumpen (vt)	လေထိုးသည်	lei dou: de
Reifendruck (m)	ဒီအား	hpi. a:
prüfen (vt)	စစ်ဆေးသည်	si' hsei: de

Reparatur (f)	ပြင်ခြင်း	pjin gjin:
Reparaturwerkstatt (f)	ကားပြင်ဆိုင်	ka: bjin zain
Ersatzteil (n)	စက်အပိုပစ္စည်း	se' apou pji' si:
Einzelteil (n)	အစိတ်အ၀ိုင်း	asei' apain:

Bolzen (m)	မူလီ	mu li
Schraube (f)	၀က်အူ	we' u
Schraubenmutter (f)	မူလီခေါင်း	mu li gaun:
Scheibe (f)	၀ါရှာ	wa sha
Lager (n)	ဘယ်ယာရင်	be ja jin

Rohr (Abgas-)	ပိုက်	pai'
Dichtung (f)	ဆက်ရာကိုဖုံးသည့်ကွင်း	hse' ja gou boun: dhe. gwin:
Draht (m)	၀ိုင်ယာကြိုး	wain ja gjou:

Wagenheber (m)	ဂျက်	gjou'
Schraubenschlüssel (m)	ခွ	khwa.
Hammer (m)	တူ	tu
Pumpe (f)	လေထိုးစက်	lei dou: ze'
Schraubenzieher (m)	၀က်အူလှည့်	we' u hli.

| Feuerlöscher (m) | မီးသတ်ဘူး | mi: tha' bu: |
| Warndreieck (n) | ရပ်သတိပေးသော အမှတ်အသား | ja' thati bei: de. ahma' atha: |

abwürgen (Motor)	စက် ရုတ်တရုတ်သေသသည်	se' jou' taja' dhei de
Anhalten (~ des Motors)	အင်ဂျင်စက် သေသွားခြင်း	in gjin sek thei thwa: gjin:
kaputt sein	ကျိုးသွားသည်	kjou: dhwa: de

überhitzt werden (Motor)	စက်အရမ်းပူသွားသည်	se' ajan: bu dhwa: de
verstopft sein	တစ်ဆို့သည်	ti' hsou. de
einfrieren (Schloss, Rohr)	အေးအောင်လုပ်သည်	ei: aun lou' te
zerplatzen (vi)	ကျိုးပေါက်သည်	kjou: bau' te

Druck (m)	ဖိအား	hpi. a:
Pegel (m)	ရေချိန်	jei gjain
schlaff (z.B. -e Riemen)	လျော့တိလျော့ရဲဖြစ်သော	ljau. di. ljau. je: hpji' de

Delle (f)	အချိုင့်	achoun.
Klopfen (n)	ခေါက်သံ	khau' dhan
Riß (m)	အက်ကြောင်း	e' kjaun:
Kratzer (m)	ခြစ်ရာ	chi' ja

179. Autos. Straßen

Fahrbahn (f)	လမ်း	lan:
Schnellstraße (f)	အဝေးပြေးလမ်းမကြီး	awei: bjei: lan: ma. gji:
Autobahn (f)	အမြန်လမ်းမကြီး	aman lan: ma. mji:
Richtung (f)	ဦးတည်ရာ	u: te ja
Entfernung (f)	အကွာအဝေး	akwa awei:

Brücke (f)	တံတား	dada:
Parkplatz (m)	ကားပါကင်	ka: pa kin
Platz (m)	ရင်ပြင်	jin bjin
Autobahnkreuz (n)	အဝေးပြေးလမ်းမ ကြီးများဆုံရာ	awei: bjei: lan: ma. gji: mja: zoun ja
Tunnel (m)	ဥမင်လိုက်ခေါင်း	u. min lain gaun:

Tankstelle (f)	ဆီဆိုင်	hsi: zain
Parkplatz (m)	ကားပါကင်	ka: pa kin
Zapfsäule (f)	ဆီပိုက်	hsi pou'
Reparaturwerkstatt (f)	ကားပြင်ဆိုင်	ka: bjin zain
tanken (vt)	ဓါတ်ဆီထည့်သည်	da' hsi de. de
Treibstoff (m)	လောင်စာ	laun za
Kanister (m)	ဓာတ်ဆီပုံး	da' hsi boun:

Asphalt (m)	နိုင်လွန်ကတ္တရာ	nain lun ga' taja
Markierung (f)	လမ်းအမှတ်အသား	lan: ahma' atha:
Bordstein (m)	ပလက်ဖောင်းဘောင်	pa. je' hpaun: baun:
Leitplanke (f)	လမ်းဘေားအရံအတား	lan: bei: ajan ata:
Graben (m)	လမ်းဘေားမြောင်း	lan: bei: mjaun:
Straßenrand (m)	လမ်းဘေားမြေသား	lan: bei: mjei dha:
Straßenlaterne (f)	တိုင်	tain

fahren (vt)	မောင်းနှင်သည်	maun: hnin de
abbiegen (nach links ~)	ကွေ့သည်	kwei. de
umkehren (vi)	ကွေ့သည်	kwei. de
Rückwärtsgang (m)	နောက်ပြန်	nau' pjan
hupen (vi)	ဟွန်းတီးသည်	hwun: di: de

Hupe (f)	ဟွန်း	hwun:
stecken (im Schlamm ~)	နစ်သည်	ni' te
durchdrehen (Räder)	ဘီးလည်စေသည်	bi: le zei de
abstellen (Motor ~)	ရပ်သည်	ja' te

Geschwindigkeit (f)	နှုန်း	hnun:
Geschwindigkeit überschreiten	သွတ်မှတ်နှုန်းထက် ပိုမောင်းသည်	tha' hma' hnoun: de' pou maun: de
bestrafen (vt)	အကျဉ်ရိက်သည်	dan jai' de
Ampel (f)	မီးပွိုင့်	mi: bwain.
Führerschein (m)	ကားလိုင်စင်	ka: lain zin

Bahnübergang (m)	ရထားလမ်းကူး	jatha: lan: gu:
Straßenkreuzung (f)	လမ်းဆုံ	lan: zoun
Fußgängerüberweg (m)	လူကူးမျဉ်းကြား	lu gu: mji: gja:
Kehre (f)	လမ်းချိုး	lan: gjou:
Fußgängerzone (f)	လမ်းသွားလမ်းလာနေရာ	lan: dhwa: lan: la nei ja

180. Verkehrszeichen

Verkehrsregeln (pl)	လမ်းစည်းကမ်း	lan: ze: kan:
Verkehrszeichen (n)	မီးပွိုင့်ဆိုင်ရာ လိုင်းဘုတ်များ	mi: bwain. zain ja zain: bou' mja:
Überholen (n)	ကျော်တက်ခြင်း	kjo de' chin:
Kurve (f)	လမ်းအကွေ့	lan: akwei.
Wende (f)	ပစောက်ကွေ့	pa. zau' kwei.
Kreisverkehr (m)	မီးပွိုင့်အဝိုင်းပတ်	mi: bwain. awain: ba'

Einfahrt verboten	လမ်းထဲ မဝင်ရ	lan: de: ma. win ja.
Verkehr verboten	ယာဉ်မဝင်ရအမှတ်အသား	jin ma. win ja. ahma' atha:
Überholverbot	ကျော်မတက်ရ အမှတ်အသား	kjo ma. de ja. ahma' atha:
Parken verboten	ကားရပ်နားခြင်းမပြုရ	ka: ja' na gjin: ma. pju ja
Halteverbot	ကားမရပ်ရ	ka: ma. ja' ja

gefährliche Kurve (f)	အန္တရာယ်ကွေ့	an dare gwei.
Gefälle (n)	ဆင်ခြေလျှောမှတ်စောက်လမ်း	hsin gjei sho: ma' sau' lan:
Einbahnstraße (f)	တစ်လမ်းသွား	ti' lan: dhwa:
Fußgängerüberweg (m)	လူကူးမျဉ်းကြား	lu gu: mji: gja:
Schleudergefahr	ချော်နေသောလမ်း	cho nei dho: lan:
Vorfahrt gewähren!	တဖက်ကားကိုဦးစားပေးပါ	tahpa' ka: gou u: za: bei: ba

MENSCHEN. LEBENSEREIGNISSE

Lebensereignisse

181. Feiertage. Ereignis

Fest (n) — ပျော်ပွဲရှင်ပွဲ — pjo bwe: shin bwe:
Nationalfeiertag (m) — အမျိုးသားနေ့ — amjou: dha: nei.
Feiertag (m) — ပွဲတော်ရက် — pwe: do je'
feiern (vt) — အထိမ်းအမှတ်အဖြစ်ကျင်း ပသည် — a htin: ahma' ahpja' kjin: ba. de

Ereignis (n) — အဖြစ်အပျက် — a hpji' apje'
Veranstaltung (f) — အစီအစဉ် — asi asin
Bankett (n) — ဂုဏ်ပြုစားပွဲ — goun bju za: bwe:
Empfang (m) — ဧည့်ကြိုနေရာ — e. gjou nei ja
Festmahl (n) — စားသောက်ဧည့်စံပွဲ — sa: thau' e. gan bwe:

Jahrestag (m) — နှစ်ပတ်လည် — hni' ba' le
Jubiläumsfeier (f) — ရတု — jadu.
begehen (vt) — ကျင်းပသည် — kjin: ba. de

Neujahr (n) — နှစ်သစ်ကူး — hni' thi' ku:
Frohes Neues Jahr! — ပျော်ရွှင်ဖွယ်နှစ်သစ်ကူး ဖြစ်ပါစေ — pjo shin bwe: hni' ku: hpji' ba zei
Weihnachtsmann (m) — ခရစ္စမတ်သိုးသိုး — khari' sa. ma' bou: bou:

Weihnachten (n) — ခရစ္စမတ်ပွဲတော် — khari' sa. ma' pwe: do
Frohe Weihnachten! — မယ်ရီခရစ္စမတ် — me ji kha. ji' sa. ma'
Tannenbaum (m) — ခရစ္စမတ်သစ်ပင် — khari' sa. ma' thi' pin
Feuerwerk (n) — မီးရှူးမီးပန်း — mi: shu: mi: ban:

Hochzeit (f) — မင်္ဂလာဆောင်ပွဲ — min ga. la zaun bwe:
Bräutigam (m) — သတို့သား — dhadou. tha:
Braut (f) — သတို့သမီး — dhadou. thami:

einladen (vt) — ဖိတ်သည် — hpi' de
Einladung (f) — ဖိတ်စာကဒ် — hpi' sa ka'

Gast (m) — ဧည့်သည် — e. dhe
besuchen (vt) — အိမ်လည်သွားသည် — ein le dhwa: de
Gäste empfangen — ဧည့်သည်ကြိုဆိုသည် — e. dhe gjou zou de

Geschenk (n) — လက်ဆောင် — le' hsaun
schenken (vt) — ပေးသည် — pei: de
Geschenke bekommen — လက်ဆောင်ရသည် — le' hsaun ja. de
Blumenstrauß (m) — ပန်းစည်း — pan: ze:
Glückwunsch (m) — ဂုဏ်ပြုခြင်း — goun bju chin:
gratulieren (vi) — ဂုဏ်ပြုသည် — goun bju de

Glückwunschkarte (f)	ဂုဏ်ပြုကဒ်	goun bju ka'
eine Karte abschicken	ပို့ကဒ်ပေးသည်	pou. s ka' pei: de
eine Karte erhalten	ပို့.စ်ကဒ်လက်ခံရရှိသည်	pou. s ka' le' khan ja. shi. de

Trinkspruch (m)	ဆုတောင်းဂုဏ်ပြုခြင်း	hsu. daun: goun pju. gjin:
anbieten (vt)	ကျွေးသည်	kjwei: de
Champagner (m)	ရှန်ပိန်	shan pein

sich amüsieren	ပျော်ရွှင်သည်	pjo shwin de
Fröhlichkeit (f)	ပျော်ရွှင်မှု	pjo shwin hmu
Freude (f)	ပျော်ရွှင်ခြင်း	pjo shwin gjin:

Tanz (m)	အက	aka.
tanzen (vi, vt)	ကသည်	ka de

Walzer (m)	ဝေါ့လ်အက	wo. z aka.
Tango (m)	တန်ဂိုအက	tan gou aka.

182. Bestattungen. Begräbnis

Friedhof (m)	သင်္ချိုင်း	thin gjain:
Grab (n)	အုတ်ဂူ	ou' gu
Kreuz (n)	လက်ဝါးကပ်တိုင်အမှတ်အသား	le' wa: ka' tain ahma' atha:
Grabstein (m)	အုတ်ဂူကျောက်တုံး	ou' gu kjau' toun.
Zaun (m)	ခြံစည်းရိုး	chan zi: jou:
Kapelle (f)	ဝတ်ပြုဆုတောင်းရာနေရာ	wa' pju. u. daun: ja nei ja

Tod (m)	သေခြင်းတရား	thei gjin: daja:
sterben (vi)	ကွယ်လွန်သည်	kwe lun de
Verstorbene (m)	ကွယ်လွန်သူ	kwe lun dhu
Trauer (f)	ဝမ်းနည်းကြေကွဲခြင်း	wan: ne: gjei gwe gjin:

begraben (vt)	မြေမြှုပ်သဂြိုဟ်သည်	mjei hmjou' dha. gjoun de
Bestattungsinstitut (n)	အသုဘရှုရန်နေရာ	athu. ba. shu. jan nei ja
Begräbnis (n)	စျာပန	za ba. na.
Kranz (m)	ပန်းခွေ	pan gwei
Sarg (m)	ခေါင်း	gaun:
Katafalk (m)	နိဗ္ဗာန်ယာဉ်	nei' ban jan
Totenhemd (n)	လူသေဝတ်သည့်အဝတ်စ	lu dhei ba' the. awa' za.

Trauerzug (m)	အသုဘယာဉ်တန်း	athu. ba. in dan:
Urne (f)	အရိုးပြာအိုး	ajain: bja ou:
Krematorium (n)	မီးသဂြိုဟ်ရုံ	mi: dha. gjoun joun

Nachruf (m)	နာရေးသတင်း	na jei: dha. din:
weinen (vi)	ငိုသည်	ngou de
schluchzen (vi)	ရှိုက်ငိုသည်	shai' ngou de

183. Krieg. Soldaten

Zug (m)	တပ်စု	ta' su.
Kompanie (f)	တပ်ခွဲ	ta' khwe:

Regiment (n)	တပ်ရင်း	ta' jin:
Armee (f)	တပ်မတော်	ta' mado
Division (f)	တိုင်းအဆင့်	tain: ahsin.
Abteilung (f)	အလူးစစ်သားအဖွဲ့ငယ်	a htu: za' tha: ahpwe. nge
Heer (n)	စစ်တပ်ဖွဲ့	si' ta' hpwe.
Soldat (m)	စစ်သား	si' tha:
Offizier (m)	အရာရှိ	aja shi.
Soldat (m)	တပ်သား	ta' tha:
Feldwebel (m)	တပ်ကြပ်ကြီး	ta' kja' kji:
Leutnant (m)	ဗိုလ်	bou
Hauptmann (m)	ဗိုလ်ကြီး	bou gji
Major (m)	ဗိုလ်မှူး	bou hmu:
Oberst (m)	ဗိုလ်မှူးကြီး	bou hmu: gji:
General (m)	ဗိုလ်ချုပ်	bou gjou'
Matrose (m)	ရေတပ်သား	jei da' tha:
Kapitän (m)	ဗိုလ်ကြီး	bou gji
Bootsmann (m)	သင်္ဘောအရာရှိငယ်	thin: bo: aja shi. nge
Artillerist (m)	အမြောက်တပ်သား	amjau' thin de.
Fallschirmjäger (m)	လေထီးခုန်စစ်သား	lei di: goun zi' tha:
Pilot (m)	လေယာဉ်မှူး	lei jan hmu:
Steuermann (m)	လေကြောင်းပြ	lei gjaun: bja.
Mechaniker (m)	စက်ပြင်ဆရာ	se' pjin zaja
Pionier (m)	တိုင်းရှင်းသူ	main: shin: dhu
Fallschirmspringer (m)	လေထီးခုန်သူ	lei di: goun dhu
Aufklärer (m)	ကင်းထောက်	kin: dau'
Scharfschütze (m)	လက်ဖြောင့်စစ်သား	le' hpaun. zi' tha:
Patrouille (f)	လှည့်ကင်း	hle. kin:
patrouillieren (vi)	ကင်းလှည့်သည်	kin: hle. de
Wache (f)	ကင်းသမား	kin: dhama:
Krieger (m)	စစ်သည်	si' te
Patriot (m)	မျိုးချစ်သူ	mjou: gji dhu
Held (m)	သူရဲကောင်း	thu je: kaun:
Heldin (f)	အမျိုးသမီးလှ	amjou: dhami: lu
	စွမ်းကောင်း	swan: gaun:
Verräter (m)	သစ္စာဖောက်	thi' sabau'
verraten (vt)	သစ္စာဖောက်သည်	thi' sabau' te
Deserteur (m)	စစ်ပြေး	si' pjei:
desertieren (vi)	စစ်တပ်မှထွက်ပြေးသည်	si' ta' hma. dwe' pjei: de
Söldner (m)	ကြေးစားစစ်သား	kjei: za za' tha:
Rekrut (m)	တပ်သားသစ်	ta' tha: dhi'
Freiwillige (m)	မိမိဆန္ဒအရ	mi. mi. i zan da.
	အရပ်စည်ထံဝင်သူ	aja. zi' hte: win dhu
Getoetete (m)	တိုက်ပွဲကျသူ	tai' pwe: gja dhu
Verwundete (m)	ဒက်ရာရသူ	dan ja ja. dhu
Kriegsgefangene (m)	စစ်သုံ့ပန်း	si' thoun. ban:

184. Krieg. Militärische Aktionen. Teil 1

Krieg (m)	စစ်ပွဲ	si' pwe:
Krieg führen	စစ်ပွဲပါဝင်ဆင်နွှဲသည်	si' pwe: ba win zin hnwe: de
Bürgerkrieg (m)	ပြည်တွင်းစစ်	pji dwin: zi'

heimtückisch (Adv)	သွေ့ဖောက်သွေ့ဖိလျက်	thi' sabau' thwei bi le'
Kriegserklärung (f)	စစ်ကြေညာခြင်း	si' kjei nja gjin:
erklären (den Krieg ~)	ကြေညာသည်	kjei nja de
Aggression (f)	ကျူးကျော်ရန်စမှု	kju: gjo jan za. hmu.
einfallen (Staat usw.)	တိုက်ခိုက်သည်	tai' khai' te

einfallen (in ein Land ~)	ကျူးကျော်ဝင်ရောက်သည်	kju: gjo win jau' te
Invasoren (pl)	ကျူးကျော်ဝင်ရောက်သူ	kju: gjo win jau' thu
Eroberer (m), Sieger (m)	အောင်နိုင်သူ	aun nain dhu

Verteidigung (f)	ကာကွယ်ရေး	ka gwe ei:
verteidigen (vt)	ကာကွယ်သည်	ka gwe de
sich verteidigen	ခုခံကာကွယ်သည်	khu. gan ga gwe de

Feind (m), Gegner (m)	ရန်သူ	jan dhu
Feind (m)	ရန်သူ	jan dhu
Gegner (m)	ပြိုင်ဘက်	pjain be'
Feind-	ရန်သူ	jan dhu

Strategie (f)	မဟာဗျူဟာ	maha bju ha
Taktik (f)	ဗျူဟာ	bju ha

Befehl (m)	အမိန့်	amin.
Anordnung (f)	အမိန့်	amin.
befehlen (vt)	အမိန့်ပေးသည်	amin. bei: de
Auftrag (m)	ရည်မှန်းချက်	ji hman: gje'
geheim (Adj)	လျှို့ဝှက်သော	shou. hwe' te.

Gefecht (n)	တိုက်ပွဲ	tai' pwe:
Schlacht (f)	တိုက်ပွဲငယ်	tai' pwe: nge
Kampf (m)	တိုက်ပွဲ	tai' pwe:

Angriff (m)	တိုက်စစ်	tai' si'
Sturm (m)	တဟုန်ထိုးတိုက်ခိုက်ခြင်း	tahoun
stürmen (vt)	တရှိန်းတိုက်ခိုက်သည်	tara gjan: dai' khai' te
Belagerung (f)	ဝန်းရံလုပ်ကြံခြင်း	wun: jan lou' chan gjin:

Angriff (m)	ထိုးစစ်	htou: zi'
angreifen (vt)	ထိုးစစ်ဆင်နွှဲသည်	htou: zi' hsin hnwe: de

Rückzug (m)	ဆုတ်ခွာခြင်း	hsou' khwa gjin
sich zurückziehen	ဆုတ်ခွာသည်	hsou' khwa de

Einkesselung (f)	ဝန်းရံပိတ်ဆို့ထားခြင်း	wun: jan bei' zou. da: chin:
einkesseln (vt)	ဝန်းရံပိတ်ဆို့ထားသည်	wun: jan bei' zou. da: de

Bombenangriff (m)	ဗုံးကြဲရှင်း	boun: gje: gja. gjin:
eine Bombe abwerfen	ဗုံးကြဲသည်	boun: gje: gja. de
bombardieren (vt)	ဗုံးကြဲတိုက်ခိုက်သည်	boun: gje: dai' khai' te

Explosion (f)	ပေါက်ကွဲမှု	pau' kwe: hmu.
Schuss (m)	ပစ်ချက်	pi' che'
schießen (vt)	ပစ်သည်	pi' te
Schießerei (f)	ပစ်ခတ်ခြင်း	pi' che' chin:

zielen auf ...	ပစ်မှတ်ရှိန်သည်	pi' hma' chein de
richten (die Waffe)	ချိန်ရွယ်သည်	chein jwe de
treffen (ins Schwarze ~)	ပစ်မှတ်ထိသည်	pi' hma' hti. de

versenken (vt)	နစ်မြုပ်သည်	ni' mjou' te
Loch (im Schiffsrumpf)	အပေါက်	apau'
versinken (Schiff)	နစ်မြုပ်သည်	hni' hmjou' te

Front (f)	ရှေ့တန်း	shei. dan:
Evakuierung (f)	စစ်ဘေးရှောင်ခြင်း	si' bei: shaun gjin:
evakuieren (vt)	စစ်ဘေးရှောင်သည်	si' bei: shaun de

Schützengraben (m)	ကတုတ်ကျင်း	gadou kjin:
Stacheldraht (m)	သံဆူးကြိုး	than zu: gjou:
Sperre (z.B. Panzersperre)	အတားအဆီး	ata: ahsi:
Wachtturm (m)	မျှော်စင်	hmjo zin

Lazarett (n)	ရှေ့တန်းစစ်ဆေးရှ	shei. dan: zi' zei: joun
verwunden (vt)	ဒဏ်ရာရသည်	dan ja ja. de
Wunde (f)	ဒဏ်ရာ	dan ja
Verwundete (m)	ဒဏ်ရာရသူ	dan ja ja. dhu
verletzt sein	ဒဏ်ရာရစေသည်	dan ja ja. zei de
schwer (-e Verletzung)	ပြင်းထန်သော	pjin: dan dho:

185. Krieg. Militärische Aktionen. Teil 2

Gefangenschaft (f)	သုံ့ပန်း	thoun. ban:
gefangen nehmen (vt)	သုံ့ပန်းအဖြစ်ဖမ်းသည်	thoun. ban: ahpji' hpan: de
in Gefangenschaft sein	သုံ့ပန်းဖြစ်သွားသည်	thoun. ban: bji' thwa: de
in Gefangenschaft geraten	သုံ့ပန်းအဖြစ် အဖမ်းခံရသည်	thoun. ban: ahpji' ahpan: gan ja. de

Konzentrationslager (n)	ညှင်းပန်းနှိပ်စက်ရာခန်း	hnjin: ban: nei' ze' ja za. gan:
Kriegsgefangene (m)	စစ်သုံ့ပန်း	si' thoun. ban:
fliehen (vi)	လွတ်မြောက်သည်	lu' mjau' te

verraten (vt)	သစ္စာဖောက်သည်	thi' sabau' te
Verräter (m)	သစ္စာဖောက်သူ	thi' sabau' thu
Verrat (m)	သစ္စာဖောက်မှု	thi' sabau' hmu.

| erschießen (vt) | ပစ်သတ်ကွပ်မျက်ခံရသည် | pi' tha' ku' mje' khan ja. de |
| Erschießung (f) | ပစ်သတ်ကွပ်မျက်ခြင်း | pi' tha' ku' mje' chin: |

Ausrüstung (persönliche ~)	ပစ္စည်းကိရိယာများ	pji' si: gi. ji. ja mja:
Schulterstück (n)	ပခုံးဘားဒန်း	pakhoun: ba: dan:
Gasmaske (f)	ဓာတ်ငွေ့ကာမျက်နှာဖုံး	da' ngwei. ga mje' na boun:

| Funkgerät (n) | ရေဒီယိုစက်ကွင်း | rei di jou ze' kwin: |
| Chiffre (f) | လျှို့ဝှက် ကုဒ်သင်္ကေတ | shou. hwe' kou' dha |

| Geheimhaltung (f) | လျှို့ဝှက်ခြင်း | shou hwe' chin: |
| Kennwort (n) | စကားဝှက် | zaga: hwe' |

Mine (f)	မြေမြှုပ်မိုင်း	mjei hmja' main:
Minen legen	မိုင်းထောင်သည်	main: daun de
Minenfeld (n)	မိုင်းခင်းမြေ	main: mjei

Luftalarm (m)	လေကြောင်းအန္တရာယ်သ တိပေးညှိညွှန်	lei kjan: an da. ja dha. di. bei: nja. o. dhan
Alarm (m)	သတိပေးခေါ်ခြင်းလောင်းသံ	dhadi. pei: gaun: laun: dhan
Signal (n)	အချက်ပြ	ache' pja.
Signalrakete (f)	အချက်ပြမီးကျည်	ache' pja. mi: gji

Hauptquartier (n)	ဌာနချုပ်	hta. na. gjou'
Aufklärung (f)	ထောက်လှမ်းခြင်း	htau' hlan: gjin:
Lage (f)	အခြေအနေ	achei anei
Bericht (m)	အစီရင်ခံစာ	asi jin gan za
Hinterhalt (m)	ချုံတိုက်ခိုက်ခြင်း	choun gou dai' khai' chin:
Verstärkung (f)	စစ်ကူ	si' ku

Zielscheibe (f)	ပစ်မှတ်	pi' hma'
Schießplatz (m)	လေ့ကျင့်ရေးကွင်း	lei. kjin. jei: gwin:
Manöver (n)	စစ်ရေးလေ့ကျင့်မှု	si' jei: lei. gjin. hmu.

| Panik (f) | ထိပ်ထိပ်ပြာပြာဖြစ်ခြင်း | htei' htei' pja bja bji' chin: |
| Verwüstung (f) | ကြီးစွာသောအပျက်အစီး | kji: zwa dho apje' asi: |

| Trümmer (pl) | အပျက်အစီး | apje' asi: |
| zerstören (vt) | ဖျက်ဆီးသည် | hpje' hsi: de |

überleben (vi)	အသက်ရှင်ကျန်ရစ်သည်	athe' shin kjin ja' te
entwaffnen (vt)	လက်နက်သိမ်းသည်	le' ne' thain de
handhaben (vt)	ကိုင်တွယ်သည်	kain dwe de

| Stillgestanden! | သတိ | thadi. |
| Rühren! | သက်သာ | the' tha |

Heldentat (f)	စွန့်စားမှု	sun. za: hmu.
Eid (m), Schwur (m)	ကျမ်းသစ္စာ	kjan: thi' sa
schwören (vi, vt)	ကျမ်းသစ္စာဆိုသည်	kjan: thi' sa hsou de

| Lohn (Orden, Medaille) | တန်ဆာဆင်မှု | tan za zin hmu. |
| auszeichnen (mit Orden) | ဆုတံဆိပ်ချီးမြှင့်သည် | hsu. dazei' chi: hmjin. de |

| Medaille (f) | ဆုတံဆိပ် | hsu. dazei' |
| Orden (m) | ဘွဲ့တံဆိပ် | bwe. dan zi' |

Sieg (m)	အောင်ပွဲ	aun bwe:
Niederlage (f)	အရှုံး	ashoun:
Waffenstillstand (m)	စစ်ရပ်ဆိုင်းသဘော တူညီမှု	si' ja' hsain: dhabo: du nji hmu.

Fahne (f)	စ	san
Ruhm (m)	ထင်ပေါ်ကျော်ကြားမှု	htin bo gjo gja: hmu.
Parade (f)	စစ်ရေးပြ	si' jei: bja.
marschieren (vi)	စစ်ရေးပြသည်	si' jei: bja. de

186. Waffen

Waffe (f)	လက်နက်	le' ne'
Schusswaffe (f)	မီးပွင့်သေနတ်	mi: bwin. dhei na'
blanke Waffe (f)	ဓါးအမျိုးမျိုး	da: mjou: mjou:
chemischen Waffen (pl)	ဓာတုလက်နက်	da tu. le' ne'
Kern-, Atom-	နျူကလီးယား	nju ka. li: ja:
Kernwaffe (f)	နျူကလီးယားလက်နက်	nju ka. li: ja: le' ne'
Bombe (f)	ဗုံး	boun:
Atombombe (f)	အက်တမ်ဗုံး	e' tan boun:
Pistole (f)	ပစ္စတို	pji' sa. tou
Gewehr (n)	ရိုင်ဖယ်	jain be
Maschinenpistole (f)	မောင်းပြန်သေနတ်	maun: bjan dhei na'
Maschinengewehr (n)	စက်သေနတ်	se' thei na'
Mündung (f)	ပြောင်းဝ	pjaun: wa.
Lauf (Gewehr-)	ပြောင်း	pjaun:
Kaliber (n)	သေနတ်ပြောင်းအချင်း	thei na' pjan: achin:
Abzug (m)	ခလုတ်	khalou'
Visier (n)	ချိန်ရွယ်	chein kwe'
Magazin (n)	ကျည်ကပ်	kji ke'
Kolben (m)	သေနတ်ဒင်	thei na' din
Handgranate (f)	လက်ပစ်ဗုံး	le' pi' boun:
Sprengstoff (m)	ပေါက်ကွဲစေသောပစ္စည်း	pau' kwe: zei de. bji' si:
Kugel (f)	ကျည်ဆံ	kji. zan
Patrone (f)	ကျည်ဆံ	kji. zan
Ladung (f)	ကျည်ထိုးခြင်း	kji dou: gjin:
Munition (f)	ခဲယမ်းမီးကျောက်	khe: jan: mi: kjau'
Bomber (m)	ဗုံးကြဲလေယာဉ်	boun: gje: lei jin
Kampfflugzeug (n)	တိုက်လေယာဉ်	tai' lei jan
Hubschrauber (m)	ရဟတ်ယာဉ်	jaha' jan
Flugabwehrkanone (f)	လေယာဉ်ပစ်စက်သေနတ်	lei jan pi' ze' dhei na'
Panzer (m)	တင့်ကား	tin. ga:
Panzerkanone (f)	တင့်အမြောက်	tin. amjau'
Artillerie (f)	အမြောက်	amjau'
Kanone (f)	ရှေးခေတ်အမြောက်	shei: gi' amjau'
richten (die Waffe)	ချိန်ရွယ်သည်	chein jwe de
Geschoß (n)	အမြောက်ဆံ	amjau' hsan
Wurfgranate (f)	စိန်ပြောင်းကျည်	sein bjaun: gji
Granatwerfer (m)	စိန်ပြောင်း	sein bjaun:
Splitter (m)	ဗုံးစ	boun: za
U-Boot (n)	ရေအောက်နှင့်ဆိုင်သော	jei au' hnin. zain de.
Torpedo (m)	တော်ပီဒို	to pi dou
Rakete (f)	ဒုံး	doun:

laden (Gewehr)	ကျည်ထိုးသည်	kji dou: de
schießen (vi)	သေနတ်ပစ်သည်	thei na' pi' te
zielen auf ...	ချိန်သည်	chein de
Bajonett (n)	လှံစွပ်	hlan zu'

Degen (m)	ရာဝီယာဓားရှည်	ra pi ja da: shei
Säbel (m)	စစ်သုံးဓားရှည်	si' thoun: da shi
Speer (m)	လှံ	hlan
Bogen (m)	လေး	lei:
Pfeil (m)	မြား	mja:
Muskete (f)	ပြောင်းချောသေနတ်	pjaun: gjo: dhei na'
Armbrust (f)	ဒူးလေး	du: lei:

187. Menschen der Antike

vorzeitlich	ရှေးဦးကာလ	shei: u: ga la.
prähistorisch	သမိုင်းမတိုင်မီကာလ	thamain: ma. dain mi ga la.
alt (antik)	ရှေးကျသော	shei: gja. de

Steinzeit (f)	ကျောက်ခေတ်	kjau' khi'
Bronzezeit (f)	ကြေးခေတ်	kjei: gei'
Eiszeit (f)	ရေခဲခေတ်	jei ge: gei'

Stamm (m)	မျိုးနွယ်စု	mjou: nwe zu.
Kannibale (m)	လူသားစားလူရိုင်း	lu dha: za: lu jain:
Jäger (m)	မုဆိုး	mou' hsou:
jagen (vi)	အမဲလိုက်သည်	ame: lai' de
Mammut (n)	အမွေးရှည်ဆင်ကြီးတစ်မျိုး	ahmwei shei zin kji: ti' mjou:

Höhle (f)	ဂူ	gu
Feuer (n)	မီး	mi:
Lagerfeuer (n)	မီးပုံ	mi: boun
Höhlenmalerei (f)	နံရံဆေးရေးပန်းရှိ	nan jan zei: jei: ban: gji

Werkzeug (n)	ကိရိယာ	ki. ji. ja
Speer (m)	လှံ	hlan
Steinbeil (n), Steinaxt (f)	ကျောက်ပုဆိန်	kjau' pu. hsain
Krieg führen	စစ်ပွဲတွင်ပါဝင်ဆင်နွှဲသည်	si' pwe: dwin ba win zin hnwe: de
domestizieren (vt)	ယဉ်ပါးစေသည်	jin ba: zei de

Idol (n)	ရုပ်တု	jou' tu
anbeten (vt)	ကိုးကွယ်သည်	kou: kwe de
Aberglaube (m)	အယူသီးခြင်း	aju dhi: gjin:
Brauch (m), Ritus (m)	ရိုးရာထုံးတမ်းဓလေ့	jou: ja doun: dan: da lei.

Evolution (f)	ဆင့်ကဲဖြစ်စဉ်	hsin. ke: hpja' sin
Entwicklung (f)	ဖွံ့ဖြိုးတိုးတက်မှု	hpjun. bjou: dou: de' hmu.
Verschwinden (n)	ပျောက်ကွယ်ခြင်း	pjau' kwe gjin
sich anpassen	နေသားကျရန်ပြင်ဆင်သည်	nei dha: gja. jan bjin zin de

Archäologie (f)	ရှေးဟောင်းသုတေသန	shei: haun
Archäologe (m)	ရှေးဟောင်းသုတေသန နပညာရှင်	shei: haun thu. dei dha. na. bji nja shin

archäologisch	ရှေးဟောင်းသုတေသ နဆိုင်ရာ	shei: haun thu. dei dha. na. zain ja
Ausgrabungsstätte (f)	တူးဖော်ရာနေရာ	tu: hpo ja nei ja
Ausgrabungen (pl)	တူးဖော်မှုလုပ်ငန်း	tu: hpo hmu. lou' ngan:
Fund (m)	တွေ့ရှိချက်	twei. shi. gje'
Fragment (n)	အပိုင်းအစ	apain: asa.

188. Mittelalter

Volk (n)	လူမျိုး	lu mjou:
Völker (pl)	လူမျိုး	lu mjou:
Stamm (m)	မျိုးနွယ်စု	mjou: nwe zu.
Stämme (pl)	မျိုးနွယ်စုများ	mjou: nwe zu. mja:
Barbaren (pl)	အရိုင်းအစိုင်းများ	ajou: asain: mja:
Gallier (pl)	ဂေါလ်လူမျိုးများ	go l lu mjou: mja:
Goten (pl)	ဂိုတ်လူမျိုးများ	go. t lu mjou: mja:
Slawen (pl)	စလာဗ်လူမျိုးများ	sala' lu mjou: mja:
Wikinger (pl)	ဗိုက်ကင်းလူမျိုး	bai' kin: lu mjou:
Römer (pl)	ရောမလူမျိုး	ro: ma. lu mjou:
römisch	ရောမနှင့်ဆိုင်သော	ro: ma. hnin. zain de
Byzantiner (pl)	ဘိုင်ဇင်တိုင်လူမျိုးများ	bain zin dain lu mjou: mja:
Byzanz (n)	ဘိုင်ဇင်တိုင်အင်ပါယာ	bain zin dain in ba ja
byzantinisch	ဘိုင်ဇင်တိုင်နှင့်ဆိုင်သော	bain zin dain hnin. zain de.
Kaiser (m)	ကေရာဇ်	ei gaja'
Häuptling (m)	ခေါင်းဆောင်	gaun: zaun
mächtig (Kaiser usw.)	အင်အားကြီးသော	in a: kji: de.
König (m)	ဘုရင်	ba. jin
Herrscher (Monarch)	အုပ်ချုပ်သူ	ou' chou' thu
Ritter (m)	ဆာဘွဲ့ရသူရဲကောင်း	hsa bwe. ja. dhu je gaun:
Feudalherr (m)	မြေရှင်ပဒေသရာဇ်	mjei shin badei dhaja'
feudal, Feudal-	မြေရှင်ပဒေသရာဇ် စနစ်နှင့်ဆိုင်သော	mjei shin badei dhaja' sani' hnin. zain de.
Vasall (m)	မြေကျွန်	mjei gjun
Herzog (m)	မြို့.စားကြီး	mjou. za: gji:
Graf (m)	ဗြိတိသျှမှူး မတ်သူရဲကောင်း	bri ti sha hmu: ma' thu je: gaun:
Baron (m)	ဘယ်ရွန် အမတ်	be jwan ama'
Bischof (m)	ဘုန်းတော်ကြီး	hpoun do: gji:
Rüstung (f)	ချပ်ဝတ်တန်ဆာ	cha' wu' tan za
Schild (m)	ဒိုင်း	dain:
Schwert (n)	ဓား	da:
Visier (n)	စစ်မျက်နှာကာ	si' mje' na ga
Panzerhemd (n)	သံဇကာချပ်ဝတ်တန်ဆာ	than za. ga gja' wu' tan za
Kreuzzug (m)	ခရူးဆိတ်ဘာသာရေးစစ်ပွဲ	kha ju: zei' ba dha jei: zi' pwe:
Kreuzritter (m)	ခရူးဆိတ်တိုက်ပွဲဝင်သူ	kha ju: zei' dai' bwe: win dhu
Territorium (n)	နယ်မြေ	ne mjei

einfallen (vt)	တိုက်ခိုက်သည်	tai' khai' te
erobern (vt)	သိမ်းပိုက်စိုးမိုးသည်	thain: bou' sou: mou: de
besetzen (Land usw.)	သိမ်းပိုက်သည်	thain:

Belagerung (f)	ဝန်းရံလုပ်ကြံခြင်း	wun: jan lou' chan gjin:
belagert	ဝန်းရံလုပ်ကြံရသော	wun: jan lou' chan gan ja. de.
belagern (vt)	ဝန်းရံလုပ်ကြံသည်	wun: jan lou' chan de

Inquisition (f)	ကာသိုလိပ်ဘုရားကျောင်း တရားဝိရင်အဖွဲ့	ka tho li' bou ja: gjan: ta. ja: zi jin ahpwe.
Inquisitor (m)	စစ်ကြောမေးမြန်းသူ	si' kjo: mei: mjan: dhu
Folter (f)	ညှဉ်းပန်းနှိပ်စက်ခြင်း	hnjin: ban: hnei' se' chin:
grausam (-e Folter)	ရက်စက်ကြမ်းကျုတ်သော	je' se' kjan: gjou' te.
Häretiker (m)	ဒိဌိ	di hti
Häresie (f)	မိစ္ဆာဒိဌိ	mei' hsa dei' hti.

Seefahrt (f)	ပင်လယ်ပျော်	pin le bjo
Seeräuber (m)	ပင်လယ်ဓားပြ	pin le da: bja.
Seeräuberei (f)	ပင်လယ်ဓားပြုတိုက်ခြင်း	pin le da: bja. tai' chin:
Enterung (f)	လှေကုန်းပေါ်ပေါ် တိုက်ခိုက်ခြင်း	hlei goun: ba' po dou' hpou' chin:
Beute (f)	တိုက်ခိုက်၍ရရှိသောပစ္စည်း	tai' khai' ja. shi. dho: pji' si:
Schätze (pl)	ရတနာ	jadana

Entdeckung (f)	စူးစမ်းရှာဖွေခြင်း	su: zan: sha bwei gjin
entdecken (vt)	စူးစမ်းရှာဖွေသည်	su: zan: sha bwei de
Expedition (f)	စူးစမ်းလေ့လာရေးခရီး	su: zan: lei. la nei: khaji:

Musketier (m)	မြောင်းရှောသေနတ် ကိုင်စစ်သား	pjaun: gjo: dhei na' kain si' tha:
Kardinal (m)	ရှေးဂျိန်းခရစ်ယှာန် ဘုန်းတော်ကြီး	jei bjan: khaji' jan boun: do gji:
Heraldik (f)	မျိုးရိုးဘွဲ့ထိပ် များလေ့လာခြင်းပညာ	mjou: jou: bwe. dan zai' mja: lei. la gjin: pi nja
heraldisch	မျိုးရိုးပညာလေ့လာခြင်း နှင့်ဆိုင်သော	mjou: pi nja lei. la gjin: hnin. zain de.

189. Führungspersonen. Chef. Behörden

König (m)	ဘုရင်	ba jin
Königin (f)	ဘုရင်မ	ba jin ma.
königlich	ဘုရင်နှင့်ဆိုင်သော	ba, jin hnin, zain de
Königreich (n)	ဘုရင်အုပ်ချုပ်သောနိုင်ငံ	ba jin au' chou' dho nin gan

Prinz (m)	အိမ်ရှေ့ မင်းသား	ein shei. min: dha:
Prinzessin (f)	မင်းသမီး	min: dhami:

Präsident (m)	သမ္မတ	thamada.
Vizepräsident (m)	ဒုသမ္မတ	du. dhamada.
Senator (m)	အိနိတ်လွှတ်တော်အမတ်	hsi nei' hlwa' do: ama'

Monarch (m)	သက်ဦးဆံပိုင်	the'
Herrscher (m)	အုပ်ချုပ်သူ	ou' chou' thu
Diktator (m)	အာဏာရှင်	a na shin

| Tyrann (m) | ဖိနှိပ်ချုပ်ချယ်သူ | hpana' chou' che dhu |
| Magnat (m) | လုပ်ငန်းရှင်သူဌေးကြီး | lou' ngan: shin dhu dei: gji: |

Direktor (m)	ညွှန်ကြားရေးမှူး	hnjun gja: jei: hmu:
Chef (m)	အကြီးအကဲ	akji: ake:
Leiter (einer Abteilung)	မန်နေဂျာ	man nei gji
Boss (m)	အကြီးအကဲ	akji: ake:
Eigentümer (m)	ပိုင်ရှင်	pain shin

Führer (m)	ခေါင်းဆောင်	gaun: zaun
Leiter (Delegations-)	အဖွဲ့ခေါင်းဆောင်	ahpwe. gaun: zaun:
Behörden (pl)	အာဏာပိုင်အဖွဲ့	a na bain ahpwe.
Vorgesetzten (pl)	အထက်လူကြီးများ	a hte' lu gji: mja:

Gouverneur (m)	ပြည်နယ်အုပ်ချုပ်ရေးမှူး	pji ne ou' chou' jei: hmu:
Konsul (m)	ကောင်စစ်ဝန်	kaun si' wun
Diplomat (m)	သံတမန်	than taman.
Bürgermeister (m)	မြို့တော်ဝန်	mjou. do wun
Sheriff (m)	နယ်မြေတာဝန်ခံ ရဲအရာရှိ	ne mjei da wun gan je: aja shi.

Kaiser (m)	ဧကရာဇ်	ei gaja'
Zar (m)	ဇာဘုရင်	za bou jin
Pharao (m)	ရှေးအီဂျစ်နိုင်ငံဘုရင်	shei: i gji' nain ngan bu. jin
Khan (m)	ခန်	khan

190. Straße. Weg. Richtungen

| Fahrbahn (f) | လမ်း | lan: |
| Weg (m) | လမ်းကြောင်း | lan: gjaun: |

Autobahn (f)	အမြန်လမ်းမကြီး	aman lan: ma. mji:
Schnellstraße (f)	အဝေးပြေးလမ်းမကြီး	awei: bjei: lan: ma. gji:
Bundesstraße (f)	ပင်မလမ်းမကြီး	pin lan: ma. gji:

| Hauptstraße (f) | မိန်းလမ်း | mein: lan: |
| Feldweg (m) | မြေလမ်း | mjei lan |

| Pfad (m) | လူသွားလမ်း | lu dhwa: lan: |
| Fußweg (m) | လူသွားလမ်းကလေး | lu dhwa: lan: ga. lei: |

Wo?	ဘယ်မှာလဲ	be hma le:
Wohin?	ဘယ်ကိုလဲ	be gou le:
Woher?	ဘယ်ကလဲ	be ga. le:

| Richtung (f) | ဦးတည်ရာ | u: te ja |
| zeigen (vt) | ညွှန်ပြသည် | hnjun bja. de |

nach links	ဘယ်ဘက်	be be'
nach rechts	ညာဘက်	nja be'
geradeaus	တည့်တည့်	te. de.
zurück	နောက်သို့	nau' dhou.
Kurve (f)	အကွေ့	akwei.
abbiegen (nach links ~)	ကွေ့သည်	kwei. de

umkehren (vi)	ကွေသည်	kwei. de
sichtbar sein	မြင်ရသည်	mjin ja. de
erscheinen (vi)	မြင်နေရသည်	mjin nei ja. de

Aufenthalt (m)	ရပ်နားခြင်း	ja' na: gjin:
sich erholen	အနားယူသည်	ana: ju de
Erholung (f)	အနားယူခြင်း	ana: ju gjin:

sich verirren	လမ်းပျောက်သည်	lan: bjau' de
führen nach ... (Straße usw.)	ဦးတည်သည်	u: ti de
ankommen in ...	လမ်းပေါ် ထွက်လာသည်	lan: bo dwe' la de
Strecke (f)	တစ်ကန့်	ti' kan.

Asphalt (m)	ကတ္တရာစေး	ka' ta' ja zi:
Bordstein (m)	ပလက်ဖောင်းဘောင်	pa. je' hpaun: baun:
Graben (m)	လမ်းဘေးမြောင်း	lan: bei: mjaun:
Gully (m)	မန်းဟိုး	man: hou:
Straßenrand (m)	လမ်းဘေးမြေသား	lan: bei: mjei dha:
Schlagloch (n)	ရှိုင့်	chain.

gehen (zu Fuß gehen)	သွားသည်	thwa: de
überholen (vt)	ကျော်တက်သည်	kjo de' te

Schritt (m)	ခြေလှမ်း	chei hlan:
zu Fuß	ခြေလျင်သွားသည်	chei ljin dhwa: de

blockieren (Straße usw.)	ပိတ်ဆို့ထားသည်	pei' hsou. da: de
Schlagbaum (m)	မြို့အဝင်ဂိတ်	mjou. awin gei'
Sackgasse (f)	လမ်းဆုံး	lan: zoun:

191. Gesetzesverstoß Verbrecher. Teil 1

Bandit (m)	ဓားပြ	damja.
Verbrechen (n)	ရာဇဝတ်မှု	raza. wu' hma.
Verbrecher (m)	ရာဇဝတ်သား	raza. wu' tha:

Dieb (m)	သူခိုး	thu khou:
stehlen (vt)	ခိုးသည်	khou: de
Diebstahl (m), Stehlen (n)	ခိုးမှု	khou: hmu
Diebstahl (Aktivität)	ခိုးခြင်း	khou: chin:
Stehlen (n)	သူခိုး	thu khou:

kidnappen (vt)	ပြန်ပေးဆွဲသည်	pjan bei: zwe: de
Kidnapping (n)	ပြန်ပေးဆွဲခြင်း	pjan bei: zwe: gjin:
Kidnapper (m)	ပြန်ပေးသမား	pjan bei: dhama:

Lösegeld (n)	ပြန်ရွေးငွေ	pjan jwei: ngwei
Lösegeld verlangen	ပြန်ပေးဆွဲသည်	pjan bei: zwe: de

rauben (vt)	ဓားပြတိုက်သည်	damja. tai' te
Raub (m)	လုယက်မှု	lu. je' hmu.
Räuber (m)	လုယက်သူ	lu. je' dhu
erpressen (vt)	ခြိမ်းခြောက်ပြီးငွေညှစ်သည်	chein: gjau' pji: ngwe hnji' te
Erpresser (m)	ခြိမ်းခြောက်ငွေညှစ်သူ	chein: gjau' ngwe hnji' thu

Erpressung (f)	ခြိမ်းခြောက်ပြီး ငွေညှစ်ခြင်း	chein: gjau' pji: ngwe hnji' chin:
morden (vt)	သတ်သည်	tha' te
Mord (m)	လူသတ်မှု	lu dha' hmu.
Mörder (m)	လူသတ်သမား	lu dha' thama:

Schuss (m)	ပစ်ချက်	pi' che'
schießen (vt)	ပစ်သည်	pi' te
erschießen (vt)	ပစ်သတ်သည်	pi' tha' te
feuern (vi)	ပစ်သည်	pi' te
Schießerei (f)	ပစ်ချက်	pi' che'

Vorfall (m)	ဆူပူမှု	hsu. bu hmu.
Schlägerei (f)	ရန်ပွဲ	jan bwe:
Hilfe!	ကူညီပါ	ku nji ba
Opfer (n)	ရန်ပြုခံရသူ	jab bju. gan ja. dhu

beschädigen (vt)	ဖျက်ဆီးသည်	hpje' hsi: de
Schaden (m)	အပျက်အစီး	apje' asi:
Leiche (f)	အလောင်း	alaun:
schwer (-es Verbrechen)	စိုးရိမ်ဖွယ်ဖြစ်သော	sou: jein bwe bji' te.

angreifen (vt)	တိုက်ရိုက်သည်	tai' khai' te
schlagen (vt)	ရိုက်သည်	jai' te
verprügeln (vt)	ရိုက်သည်	jai' te
wegnehmen (vt)	ယူသည်	ju de
erstechen (vt)	ထိုးသတ်သည်	htou: dha' te
verstümmeln (vt)	သေရာပါဒဏ်ရာရစေသည်	thei ja ba dan ja ja. zei de
verwunden (vt)	ဒဏ်ရာရသည်	dan ja ja. de

Erpressung (f)	ခြိမ်းခြောက်ငွေညှစ်ခြင်း	chein: gjau' ngwe hnji' chin:
erpressen (vt)	ခြိမ်းခြောက်ငွေညှစ်သည်	chein: gjau' ngwe hnji' te
Erpresser (m)	ခြိမ်းခြောက်ငွေညှစ်သူ	chein: gjau' ngwe hnji' thu

Schutzgelderpressung (f)	ရာဇဝတ်ဂိုဏ်းဆွက် ကြေးကောက်ခံခြင်း	raza. wu' goun: hse' kjei: gau' chin:
Erpresser (Racketeer)	ဆက်ကြေးတောင်း-ရာ ဇဝတ်ဂိုဏ်း	hse' kjei: daun: ra za. wu' gain:
Gangster (m)	လူဆိုးဂိုဏ်းဝင်	lu zou: gain: win
Mafia (f)	မာဖီးယားဂိုဏ်း	ma bi: ja: gain:

Taschendieb (m)	ခါးပိုက်နှိုက်	kha: bai' hnai'
Einbrecher (m)	ဖောက်ထွင်းသူခိုး	hpau' htwin: dhu gou:
Schmuggel (m)	မှောင်ခို	hmaun gou
Schmuggler (m)	မှောင်ခိုသမား	hmaun gou dhama:

Fälschung (f)	လိမ်လည်အတုပြုမှု	lein le atu. bju hmu.
fälschen (vt)	အတုလုပ်သည်	atu. lou' te
gefälscht	အတု	atu.

192. Gesetzesbruch. Verbrecher. Teil 2

Vergewaltigung (f)	မုဒိမ်းမှု	mu. dein: hmu.
vergewaltigen (vt)	မုဒိမ်းကျင့်သည်	mu. dein: gjin. de

| Gewalttäter (m) | မုဒိမ်းကျင့်သူ | mu. dein: gjin. dhu |
| Besessene (m) | အရူး | aju: |

Prostituierte (f)	ပြည့်တန်ဆာ	pjei. dan za
Prostitution (f)	ပြည့်တန်ဆာမှု	pjei. dan za hmu.
Zuhälter (m)	ဖာခေါင်း	hpa gaun:

| Drogenabhängiger (m) | ဆေးစွဲသူ | hsei: zwe: dhu |
| Drogenhändler (m) | မူးယစ်ဆေးရောင်းဝယ်သူ | mu: ji' hsei: jaun we dhu |

sprengen (vt)	ပေါက်ကွဲသည်	pau' kwe: de
Explosion (f)	ပေါက်ကွဲမှု	pau' kwe: hmu.
in Brand stecken	မီးရှို့သည်	mi: shou. de
Brandstifter (m)	မီးရှို့မှုကျူးလွန်သူ	mi: shou. hmu. gju: lun dhu

Terrorismus (m)	အကြမ်းဖက်ဝါဒ	akjan: be' wa da.
Terrorist (m)	အကြမ်းဖက်သမား	akjan: be' tha. ma:
Geisel (m, f)	ဓားစာခံ	daza gan

betrügen (vt)	လိမ်လည်သည်	lein le de
Betrug (m)	လိမ်လည်မှု	lein le hmu.
Betrüger (m)	လူလိမ်	lu lein

bestechen (vt)	လာဘ်ထိုးသည်	la' htou: de
Bestechlichkeit (f)	လာဘ်ပေးလာဘ်ယူ	la' pei: la' thu
Bestechungsgeld (n)	လာဘ်	la'

Gift (n)	အဆိပ်	ahsei'
vergiften (vt)	အဆိပ်ခတ်သည်	ahsei' kha' te
sich vergiften	အဆိပ်သောက်သည်	ahsei' dhau' te

| Selbstmord (m) | မိမိကိုယ်မိမိ သတ်သေခြင်း | mi. mi. kou mi. mi. dha' thei gjin: |
| Selbstmörder (m) | မိမိကိုယ်မိမိ သတ်သေသူ | mi. mi. kou mi. mi. dha' thei dhu |

drohen (vi)	ခြိမ်းခြောက်သည်	chein: gjau' te
Drohung (f)	ခြိမ်းခြောက်မှု	chein: gjau' hmu.
versuchen (vt)	လုပ်ကြံသည်	lou' kjan de
Attentat (n)	လုပ်ကြံခြင်း	lou' kjan gjin:

| stehlen (Auto ~) | ခိုးသည် | khou: de |
| entführen (Flugzeug ~) | လေယာဉ်အပိုင်းခိုးသည် | lei jan apain zi: de |

| Rache (f) | လက်စားချေခြင်း | le' sa: gjei gjin: |
| sich rächen | လက်စားချေသည် | le' sa: gjei de |

foltern (vt)	ညှဉ်းပန်းနှိပ်စက်သည်	hnjin: ban: hnei' se' te
Folter (f)	ညှဉ်းပန်းနှိပ်စက်ခြင်း	hnjin: ban: hnei' se' chin:
quälen (vt)	နှိပ်စက်သည်	hnei' se' te

Seeräuber (m)	ပင်လယ်ဓားပြ	pin le da: bja.
Rowdy (m)	လမ်းသရဲ	lan: dhaje:
bewaffnet	လက်နက်ကိုင်ဆောင်သော	le' ne' kain zaun de.
Gewalt (f)	ရက်စက်ကြမ်းကြုတ်မှု	je' se' kjan: gjou' hmu.
ungesetzlich	တရားမဝင်သော	taja: ma. win de.

| Spionage (f) | သူလျှို့လုပ်ခြင်း | thu shou lou' chin: |
| spionieren (vi) | သူလျှို့လုပ်သည် | thu shou lou' te |

193. Polizei Recht. Teil 1

| Justiz (f) | တရားမျှတမှု | taja: hmja. ta. hmu. |
| Gericht (n) | တရားရုံး | taja: joun: |

Richter (m)	တရားသူကြီး	taja: dhu gji:
Geschworenen (pl)	ဂျူရီအဖွဲ့ဝင်များ	gju ji ahpwe. win mja:
Geschworenengericht (n)	ဂျူရီလူကြီးအဖွဲ့	gju ji lu gji: ahpwe.
richten (vt)	တရားစီရင်သည်	taja: zi jin de

Rechtsanwalt (m)	ရှေ့နေ	shei. nei
Angeklagte (m)	တရားပြိုင်	taja: bjain
Anklagebank (f)	တရားရုံးဝက်ခြံ	taja: joun: we' khjan

| Anklage (f) | စွပ်စွဲခြင်း | su' swe: chin: |
| Beschuldigte (m) | တရားစွဲခံရသာ | taja: zwe: gan ja. de. |

| Urteil (n) | စီရင်ချက် | si jin gje' |
| verurteilen (vt) | စီရင်ချက်ချသည် | si jin gje' cha. de |

Schuldige (m)	တရားခံ	tajakhan
bestrafen (vt)	ပြစ်ဒက်ပေးသည်	pji' dan bei: de
Strafe (f)	ပြစ်ဒက်	pji' dan

Geldstrafe (f)	ဒက်ငွေ	dan ngwei
lebenslange Haft (f)	တစ်သက်တစ်ကျွန်းပြစ်ဒက်	ti' te' ti' kjun: bji' dan
Todesstrafe (f)	သေဒက်	thei dan
elektrischer Stuhl (m)	လျပ်စစ်ထိုင်ခုံ	hlja' si' dain boun
Galgen (m)	ကြိုးစင်	kjou: zin

| hinrichten (vt) | ကွပ်မျက်သည် | ku' mje' te |
| Hinrichtung (f) | ကွပ်မျက်ခြင်း | ku' mje' gjin |

| Gefängnis (n) | ထောင် | htaun |
| Zelle (f) | အကျဉ်းခန်း | achou' khan: |

Eskorte (f)	အစောင့်အကြပ်	asaun. akja'
Gefängniswärter (m)	ထောင်စောင့်	htaun zaun.
Gefangene (m)	ထောင်သား	htaun dha:

| Handschellen (pl) | လက်ထိပ် | le' htei' |
| Handschellen anlegen | လက်ထိပ်စတ်သည် | le' htei' kha' te |

Ausbruch (Flucht)	ထောင်ဖောက်ပြေးခြင်း	htaun bau' pjei: gjin:
ausbrechen (vi)	ထောင်ဖောက်ပြေးသည်	htaun bau' pjei: de
verschwinden (vi)	ပျောက်ကွယ်သည်	pjau' kwe de
aus ... entlassen	ထောင်မှလွတ်သည်	htaun hma. lu' te
Amnestie (f)	လွတ်ပြင်းချမ်းသာခွင့်	lu' njein: gjan: dha gwin.

| Polizei (f) | ရဲ | je: |
| Polizist (m) | ရဲအရာရှိ | je: aja shi. |

Polizeiwache (f)	ရဲစခန်း	je: za. gan:
Gummiknüppel (m)	သံတုတ်	than dou'
Sprachrohr (n)	လက်ကိုင်စပီကာ	le' kain za. bi ka

Streifenwagen (m)	ကင်းလှည့်ကား	kin: hle. ka:
Sirene (f)	အချက်ပေးညှံသံ	ache' pei: ou' o: dhan
die Sirene einschalten	အချက်ပေးညှံခွဲသည်	ache' pei: ou' o: zwe: de
Sirenengeheul (n)	အချက်ပေးညှံခွဲသံ	ache' pei: ou' o: zwe: dhan

Tatort (m)	အခင်းဖြစ်ပွါးရာနေရာ	achin: hpji' pwa: ja nei ja
Zeuge (m)	သက်သေ	the' thei
Freiheit (f)	လွတ်လပ်မှု	lu' la' hmu.
Komplize (m)	ကြံရာပါ	kjan ja ba
verschwinden (vi)	ပုန်းသည်	poun: de
Spur (f)	ခြေရာ	chei ja

194. Polizei. Recht. Teil 2

Fahndung (f)	ဝရမ်းရှာဖွေခြင်း	wajan: sha bwei gjin:
suchen (vt)	ရှာသည်	sha de
Verdacht (m)	မသင်္ကာမှု	ma, dhin ga hmu.
verdächtig (Adj)	သံသယဖြစ်ဖွယ်ကောင်းသော	than thaja. bji' hpwe gaun: de.
anhalten (Polizei)	ရပ်သည်	ja' te
verhaften (vt)	ထိန်းသိမ်းထားသည်	htein: dhein: da: de

Fall (m), Klage (f)	အမှု	ahmu.
Untersuchung (f)	စုံစမ်းစစ်ဆေးခြင်း	soun zan: zi' hsei: gjin:
Detektiv (m)	စုံထောက်	soun dau'
Ermittlungsrichter (m)	အလွတ်စုံထောက်	alu' zoun htau'
Version (f)	အဆိုကြမ်း	ahsou gjan:

Motiv (n)	စေ့ဆော်မှု	sei. zo hmu.
Verhör (n)	စစ်ကြောမှု	si' kjo: hmu.
verhören (vt)	စစ်ကြောသည်	si' kjo: de
vernehmen (vt)	မေးမြန်းသည်	mei: mjan: de
Kontrolle (Personen-)	စစ်ဆေးသည်	si' hsei: de

Razzia (f)	ဝိုင်းဝန်းမှု	wain: wan: hmu.
Durchsuchung (f)	ရှာဖွေခြင်း	sha hpwei gjin:
Verfolgung (f)	လိုက်လံဖမ်းဆီးခြင်း	lai' lan ban: zi: gjin:
nachjagen (vi)	လိုက်သည်	lai' de
verfolgen (vt)	ခြေရာခံသည်	chei ja gan de

Verhaftung (f)	ဖမ်းဆီးခြင်း	hpan: zi: gjin:
verhaften (vt)	ဖမ်းဆီးသည်	hpan: zi: de
fangen (vt)	ဖမ်းမိသည်	hpan: mi. de
Festnahme (f)	သိမ်းခြင်း	thain: gjin:

Dokument (n)	စာရွက်စာတမ်း	sajwe' zatan:
Beweis (m)	သက်သေပြချက်	the' thei pja. gje'
beweisen (vt)	သက်သေပြသည်	the' thei pja. de
Fußspur (f)	ခြေရာ	chei ja
Fingerabdrücke (pl)	လက်ဗွေရာများ	lei' bwei ja mja:

Beweisstück (n)	သဲလွန်စ	the: lun za.
Alibi (n)	ဆင်ခြေ	hsin gjei
unschuldig	အပြစ်ကင်းသော	apja' kin: de.
Ungerechtigkeit (f)	မတရားမှု	ma. daja: hmu.
ungerecht	မတရားသော	ma. daja: de.
Kriminal-	ပြုမှုကျူးလွန်သော	pju. hmu. gju: lun de.
beschlagnahmen (vt)	သိမ်းယူသည်	thein: ju de
Droge (f)	မူးယစ်ဆေးဝါး	mu: ji' hsei: wa:
Waffe (f)	လက်နက်	le' ne'
entwaffnen (vt)	လက်နက်သိမ်းသည်	le' ne' thain de
befehlen (vt)	အမိန့်ပေးသည်	amin. bei: de
verschwinden (vi)	ပျောက်ကွယ်သည်	pjau' kwe de
Gesetz (n)	ဥပဒေ	u. ba. dei
gesetzlich	ဥပဒေနှင့် ညီညွတ်သော	u. ba. dei hnin. nji nju' te.
ungesetzlich	ဥပဒေနှင့်မညီညွတ်သော	u. ba. dei hnin. ma. nji nju' te.
Verantwortlichkeit (f)	တာဝန်ယူခြင်း	ta wun ju gjin:
verantwortlich	တာဝန်ရှိသော	ta wun shi. de.

NATUR

Die Erde. Teil 1

195. Weltall

Kosmos (m)	အာကာသ	akatha.
kosmisch, Raum-	အာကာသနှင့်ဆိုင်သော	akatha. hnin zain dho:
Weltraum (m)	အာကာသဟင်းလင်းပြင်	akatha. hin: lin: bjin
All (n)	ကမ္ဘာ	ga ba
Universum (n)	စကြဝဠာ	sa kja wa. la
Galaxie (f)	ကြယ်စုတန်း	kje zu. dan:
Stern (m)	ကြယ်	kje
Gestirn (n)	ကြယ်နက္ခတ်စု	kje ne' kha' zu.
Planet (m)	ဂြိုဟ်	gjou
Satellit (m)	ဂြိုဟ်ငယ်	gjou nge
Meteorit (m)	ဥက္ကာခဲ	ou' ka ge:
Komet (m)	ကြယ်တံခွန်	kje dagun
Asteroid (m)	ဂြိုဟ်သိမ်ဂြိုဟ်မွှာ:	gjou dhein gjou hmwa:
Umlaufbahn (f)	ပတ်လမ်း	pa' lan:
sich drehen	လည်သည်	le de
Atmosphäre (f)	လေထု	lei du.
Sonne (f)	နေ	nei
Sonnensystem (n)	နေစကြဝဠာ	nei ze kja. wala
Sonnenfinsternis (f)	နေကြတ်ခြင်း	nei gja' chin:
Erde (f)	ကမ္ဘာလုံး	ga ba loun:
Mond (m)	လ	la.
Mars (m)	အင်္ဂါဂြိုဟ်	in ga gjou
Venus (f)	သောကြာဂြိုဟ်	thau' kja gjou'
Jupiter (m)	ကြာသပတေးဂြိုဟ်	kja dha ba. dei: gjou'
Saturn (m)	စနေဂြိုဟ်	sanei gjou'
Merkur (m)	ဗုဒ္ဓဟူးဂြိုဟ်	bou' da. gjou'
Uran (m)	ယူရေနပ်ဂြိုဟ်	ju rei: na' gjou
Neptun (m)	နက်ပကျွန်းဂြိုဟ်	ne' pa. gjun: gjou
Pluto (m)	ပလုတိုဂြိုဟ်	pa lu tou gjou '
Milchstraße (f)	နဂါးငွေ့ကြယ်စုတန်း	na. ga: ngwe. gje zu dan:
Der Große Bär	မြောက်ပိုင်းဂဝံတံဘဲ:ခြကြယ်စု	mjau' pain: gajei' be:j gje zu.
Polarstern (m)	ဓ္ဝဝံကြယ်	du wan gje
Marsbewohner (m)	အင်္ဂါဂြိုဟ်သား	in ga gjou dha:
Außerirdischer (m)	အခြားကမ္ဘာဂြိုဟ်သား	apja: ga ba gjou dha

außerirdisches Wesen (n)	ဂြိုဟ်သား	gjou dha:
fliegende Untertasse (f)	ပန်းကန်ပြားပုံ	bagan: bja: bjan

Raumschiff (n)	အာကာသယာဉ်	akatha. jin
Raumstation (f)	အာကာသစခန်း	akatha. za khan:
Raketenstart (m)	လွှတ်တင်ခြင်း	hlu' tin gjin:

Triebwerk (n)	အင်ဂျင်	in gjin
Düse (f)	နော်ဇယ်	no ze
Treibstoff (m)	လောင်စာ	laun za

Kabine (f)	လေယာဉ်မောင်းအခန်း	lei jan maun akhan:
Antenne (f)	အင်တန်နာတိုင်	in tan na tain
Bullauge (n)	ပြတင်း	badin:
Sonnenbatterie (f)	နေရောင်ခြည်သုံးဘတ်ထရီ	nei jaun gje dhoun: ba' hta ji
Raumanzug (m)	အာကာသဝတ်စုံ	akatha. wu' soun

Schwerelosigkeit (f)	အလေးချိန်ကင်းမဲ့ခြင်း	alei: gjein gin: me. gjin:
Sauerstoff (m)	အောက်ဆီဂျင်	au' hsi gjin

Ankopplung (f)	အာကာသထဲချိတ်ဆက်ခြင်း	akatha. hte: chei' hse' chin:
koppeln (vi)	အာကာသထဲချိတ်ဆက်သည်	akatha. hte: chei' hse' te

Observatorium (n)	နက္ခတ်မျှော်စင်	ne' kha' ta. mjo zin
Teleskop (n)	အဝေးကြည့်မှန်ပြောင်း	awei: gji. hman bjaun:
beobachten (vt)	လေ့လာကြည့်ရှုသည်	lei. la kji. hju. de
erforschen (vt)	သုတေသနပြုသည်	thu. tei thana bjou de

196. Die Erde

Erde (f)	ကမ္ဘာမြေကြီး	ga ba mjei kji:
Erdkugel (f)	ကမ္ဘာလုံး	ga ba loun:
Planet (m)	ဂြိုဟ်	gjou

Atmosphäre (f)	လေထု	lei du.
Geographie (f)	ပထဝီဝင်	pahtawi win
Natur (f)	သဘာဝ	tha. bawa

Globus (m)	ကမ္ဘာလုံး	ga ba loun:
Landkarte (f)	မြေပုံ	mjei boun
Atlas (m)	မြေပုံစာအုပ်	mjei boun za ou'

Europa (n)	ဥရောပ	u. jo: pa
Asien (n)	အာရှ	a sha.

Afrika (n)	အာဖရိက	apha. ri. ka.
Australien (n)	ဩစတြေးလျ	thja za djei: lja

Amerika (n)	အမေရိက	· amei ji ka
Nordamerika (n)	မြောက်အမေရိက	mjau' amei ri. ka.
Südamerika (n)	တောင်အမေရိက	taun amei ri. ka.

Antarktis (f)	အန္တာတိတ်	anta di'
Arktis (f)	အာတိတ်	a tei'

197. Himmelsrichtungen

Norden (m)	မြောက်အရပ်	mjau' aja'
nach Norden	မြောက်ဘက်သို့	mjau' be' thou.
im Norden	မြောက်ဘက်မှာ	mjau' be' hma
nördlich	မြောက်အရပ်နှင့်ဆိုင်သော	mjau' aja' hnin. zain de.
Süden (m)	တောင်အရပ်	taun aja'
nach Süden	တောင်ဘက်သို့	taun be' thou.
im Süden	တောင်ဘက်မှာ	taun be' hma
südlich	တောင်အရပ်နှင့်ဆိုင်သော	taun aja' hnin. zain de.
Westen (m)	အနောက်အရပ်	anau' aja'
nach Westen	အနောက်ဘက်သို့	anau' be' thou.
im Westen	အနောက်ဘက်မှာ	anau' be' hma
westlich, West-	အနောက်အရပ်နှင့်ဆိုင်သော	anau' aja' hnin. zain dho:
Osten (m)	အရှေ့အရပ်	ashei. aja'
nach Osten	အရှေ့ဘက်သို့	ashei. be' hma
im Osten	အရှေ့ဘက်မှာ	ashei. be' hma
östlich	အရှေ့အရပ်နှင့်ဆိုင်သော	ashei. aja' hnin. zain de.

198. Meer. Ozean

Meer (n), See (f)	ပင်လယ်	pin le
Ozean (m)	သမုဒ္ဒရာ	thamou' daja
Golf (m)	ပင်လယ်ကွေ့	pin le gwe.
Meerenge (f)	ရေလက်ကြား	jei le' kja:
Festland (n)	ကုန်းမြေ	koun: mei
Kontinent (m)	တိုက်	tai'
Insel (f)	ကျွန်း	kjun:
Halbinsel (f)	ကျွန်းတွယ်	kjun: zwe
Archipel (m)	ကျွန်းစု	kjun: zu.
Bucht (f)	အော်	o
Hafen (m)	သင်္ဘောဆိပ်ကမ်း	thin: bo: zei' kan:
Lagune (f)	ပင်လယ်တုံးအိုင်	pin le doun: ain
Kap (n)	အငူ	angu
Atoll (n)	သန္တာကျောက်တန်းကျွန်းငယ်	than da gjau' tan: gjun: nge
Riff (n)	ကျောက်တန်း	kjau' tan:
Koralle (f)	သန္တာကောင်	than da gaun
Korallenriff (n)	သန္တာကျောက်တန်း	than da gjau' tan:
tief (Adj)	နက်သော	ne' te.
Tiefe (f)	အနက်	ane'
Abgrund (m)	ချောက်နက်ကြီး	chau' ne' kji:
Graben (m)	မြောင်း	mjaun:
Strom (m)	စီးကြောင်း	si: gaun:
umspülen (vt)	ဝိုင်းသည်	wain: de

Ufer (n)	ကမ်းစပ်	kan: za'
Küste (f)	ကမ်းခြေ	kan: gjei
Flut (f)	ရေတက်	jei de'
Ebbe (f)	ရေကျ	jei gja.
Sandbank (f)	သောင်စွယ်	thaun zwe
Boden (m)	ကြမ်းပြင်	kan: pjin
Welle (f)	လှိုင်း	hlain:
Wellenkamm (m)	လှိုင်းခေါင်းဖြူ	hlain: gaun: bju.
Schaum (m)	အမြှုပ်	a hmjou'
Sturm (m)	မုန်တိုင်း	moun dain:
Orkan (m)	ဟာရီကိန်းမုန်တိုင်း	ha ji gain: moun dain:
Tsunami (m)	ဆူနာမီ	hsu na mi
Windstille (f)	ရေငြိမ်	jei dhei
ruhig	ငြိမ်သက်အေးဆေးသော	njein dhe' ei: zei: de.
Pol (m)	ဝင်ရိုးစွန်း	win jou: zun
Polar-	ဝင်ရိုးစွန်းနှင့်ဆိုင်သော	win jou: zun hnin. zain de.
Breite (f)	လတ္တီတွဒ်	la' ti. tu'
Länge (f)	လောင်ဂျီတွဒ်	laun gji twa'
Breitenkreis (m)	လတ္တီတွဒ်မျဉ်း	la' ti. tu' mjin:
Äquator (m)	အီကွေတာ	i kwei: da
Himmel (m)	ကောင်းကင်	kaun: gin
Horizont (m)	မိုးကုပ်စက်ဝိုင်း	mou kou' se' wain:
Luft (f)	လေထု	lei du.
Leuchtturm (m)	မီးပြတိုက်	mi: bja dai'
tauchen (vi)	ရေငုပ်သည်	jei ngou' te
versinken (vi)	ရေမြုပ်သည်	jei mjou' te
Schätze (pl)	ရတနာ	jadana

199. Namen der Meere und Ozeane

Atlantischer Ozean (m)	အတ္တလန္တိတ် သမုဒ္ဒရာ	a' ta. lan ti' thamou' daja
Indischer Ozean (m)	အိန္ဒိယ သမုဒ္ဒရာ	indi. ja thamou. daja
Pazifischer Ozean (m)	ပစိဖိတ် သမုဒ္ဒရာ	pa. si. hpi' thamou' daja
Arktischer Ozean (m)	အာတိတ် သမုဒ္ဒရာ	a tei' thamou' daja
Schwarzes Meer (n)	ပင်လယ်နက်	pin le ne'
Rotes Meer (n)	ပင်လယ်နီ	pin le ni
Gelbes Meer (n)	ပင်လယ်ဝါ	pin le wa
Weißes Meer (n)	ပင်လယ်ဖြူ	pin le bju
Kaspisches Meer (n)	ကက်စပီယန် ပင်လယ်	ke' za. pi jan pin le
Totes Meer (n)	ပင်လယ်သေ	pin le dhe:
Mittelmeer (n)	မြေထဲပင်လယ်	mjei hte: bin le
Ägäisches Meer (n)	အေဂျိယန်းပင်လယ်	ei gi jan: bin le
Adriatisches Meer (n)	အဒရိရာတဝ်ပင်လယ်	a da yi ya ti' pin le
Arabisches Meer (n)	အာရေဘီးယန်း ပင်လယ်	a ra bi: an: bin le

Japanisches Meer (n)	ဂျပန် ပင်လယ်	gja pan pin le
Beringmeer (n)	ဘယ်ရင်း ပင်လယ်	be jin: bin le
Südchinesisches Meer (n)	တောင်တရုတ်ပင်လယ်	taun dajou' pinle

Korallenmeer (n)	ကော်ရယ်လ်ပင်လယ်	ko je l pin le
Tasmansee (f)	တက်စမန်းပင်လယ်	te' sa. man: bin le
Karibisches Meer (n)	ကာရေးဘီးယန်းပင်လယ်	ka rei: bi: jan: bin le

| Barentssee (f) | ဘာရန့်စ် ပင်လယ် | ba jan's bin le |
| Karasee (f) | ကာရာ ပင်လယ် | kara bin le |

Nordsee (f)	မြောက်ပင်လယ်	mjau' pin le
Ostsee (f)	ဘောလ်တစ်ပင်လယ်	bo' l ti' pin le
Nordmeer (n)	နော်ဝေးရှိယန်း ပင်လယ်	no wei: bin le

200. Berge

Berg (m)	တောင်	taun
Gebirgskette (f)	တောင်တန်း	taun dan:
Bergrücken (m)	တောင်ကြော	taun gjo:

Gipfel (m)	ထိပ်	htei'
Spitze (f)	တောင်ထွတ်	taun htu'
Bergfuß (m)	တောင်ခြေ	taun gjei
Abhang (m)	တောင်စောင်း	taun zaun:

Vulkan (m)	မီးတောင်	mi: daun
tätiger Vulkan (m)	မီးတောင်ရှင်	mi: daun shin
schlafender Vulkan (m)	မီးငြိမ်းတောင်	mi: njein: daun

Ausbruch (m)	မီးတောင်ပေါက်ကွဲခြင်း	mi: daun pau' kwe: gjin:
Krater (m)	မီးတောင်ဝ	mi: daun wa.
Magma (n)	ကျောက်ရည်ပူ	kjau' ji bu
Lava (f)	ချော်ရည်	cho ji
glühend heiß (-e Lava)	အရည်းပူသော	ajam: bu de.

Cañon (m)	တောင်ကြားမျိုင့်ဝမ်းနက်	taun gja: gjain. hwan: ne'
Schlucht (f)	တောင်ကြား	taun gja:
Spalte (f)	အက်ကွဲကြောင်း	e' kwe: gjaun:
Abgrund (m) (steiler ~)	ချောက်ကမ်းပါး	chau' kan: ba:

Gebirgspass (m)	တောင်ကြားလမ်း	taun gja: lan:
Plateau (n)	ကုန်းပြင်မြင့်	koun: bjin mjin:
Fels (m)	ကျောက်ဆောင်	kjau' hsain
Hügel (m)	တောင်ကုန်း	taun goun:

Gletscher (m)	ရေခဲမြစ်	jei ge: mji'
Wasserfall (m)	ရေတံခွန်	jei dan khun
Geiser (m)	ရေပူဇံး	jei bu zan:
See (m)	ရေကန်	jei gan

Ebene (f)	မြေပြန့်	mjei bjan:
Landschaft (f)	ရှုခင်း	shu. gin:
Echo (n)	ပဲ့တင်သံ	pe. din than

Bergsteiger (m)	တောင်တက်သမား	taun de' thama:
Kletterer (m)	ကျောက်တောင်တက်သမား	kjau' taun de dha ma:
bezwingen (vt)	အောင်နိုင်သ	aun nain dhu
Aufstieg (m)	တောင်တက်ခြင်း	taun de' chin:

201. Namen der Berge

Alpen (pl)	အဲလ်ပ်တောင်	e.lp daun
Montblanc (m)	မောင့်ဘလန့်ပ်တောင်	maun. ba. lan. s taun
Pyrenäen (pl)	ပိရန်းနီးစ်တောင်	pi jan: ni:s taun

Karpaten (pl)	ကာပသီယန်စ်တောင်	ka pa. dhi jan s taun
Uralgebirge (n)	ယူရယ်တောင်တန်း	ju re daun dan:
Kaukasus (m)	ကော့ကေးဆပ်တောင်တန်း	ko: kei: zi' taun dan:
Elbrus (m)	အယ်ဘရက်စ်တောင်	e ba. ja's daun

Altai (m)	အယ်လတိုင်တောင်	e la. tain daun
Tian Shan (m)	တိုင်ယန်ရှန်းတောင်	tain jan shin: daun
Pamir (m)	ပါမီယာတောင်တန်း	pa mi ja daun dan:
Himalaja (m)	ဟီမလရ္ဘာတောင်တန်း	hi. ma. wan da daun dan:
Everest (m)	ဧဝရတ်တောင်	ei wa. ja' taun

| Anden (pl) | အန်းဒီတောင်တန်း | an: di daun dan: |
| Kilimandscharo (m) | ကိလီမန်ဂျာဝိုတောင် | ki li man gja gou daun |

202. Flüsse

Fluss (m)	မြစ်	mji'
Quelle (f)	စမ်း	san:
Flussbett (n)	ရေကြောစီးကြောင်း	jei gjo: zi: gjaun:
Stromgebiet (n)	မြစ်ချိုင့်ဝှမ်း	mji' chain. hwan:
einmünden in …	စီးဝင်သည်	si: win de

| Nebenfluss (m) | မြစ်လက်တက် | mji' le' te' |
| Ufer (n) | ကမ်း | kan: |

Strom (m)	စီးကြောင်း	si: gaun:
stromabwärts	ရေစုန်	jei zoun
stromaufwärts	ရေဆန်	jei zan

Überschwemmung (f)	ရေကြီးမှု	jei gji: hmu.
Hochwasser (n)	ရေလျှံခြင်း	jei shan gjin:
aus den Ufern treten	လျှံသည်	shan de
überfluten (vt)	ရေလွှမ်းသည်	jei hlwan: de

| Sandbank (f) | ရေတိမ်ပိုင်း | jei dein bain: |
| Stromschnelle (f) | ရေအောက်ကျောက်ဆောင် | jei au' kjau' hsaun |

Damm (m)	ဆည်	hse
Kanal (m)	တူးမြောင်း	tu: mjaun:
Stausee (m)	ရေလှောင်ကန်	jei hlaun gan
Schleuse (f)	ရေလွှဲပေါက်	jei hlwe: bau'

185

Gewässer (n)	ရေတာ	jei du.
Sumpf (m), Moor (n)	ရွှံ့ ညွန့်	shwan njun
Marsch (f)	စိုုုုုုပြေ	sein. mjei
Strudel (m)	ရေဝဲ	jei we:

Bach (m)	ချောင်းကလေး	chaun: galei:
Trink- (z.B. Trinkwasser)	သောက်ရေ	thau' jei
Süß- (Wasser)	ရေချို	jei gjou

| Eis (n) | ရေခဲ | jei ge: |
| zufrieren (vi) | ရေခဲသည် | jei ge: de |

203. Namen der Flüsse

| Seine (f) | စိန်မြစ် | sein mji' |
| Loire (f) | လော်ရီမြစ် | lo ji mji' |

Themse (f)	သိမ်းမြစ်	thain: mji'
Rhein (m)	ရိုင်းမြစ်	rain: mji'
Donau (f)	ဒိန္နယုမြစ်	din na. ju mji'

Wolga (f)	ဗော်လဂါမြစ်	bo la. ga mja'
Don (m)	ဒွန်မြစ်	dun mja'
Lena (f)	လီနာမြစ်	li na mji'

Gelber Fluss (m)	မြစ်ဝါ	mji' wa
Jangtse (m)	ရန်ဇီးမြစ်	jan zi: mji'
Mekong (m)	မဲခေါင်မြစ်	me: gaun mji'
Ganges (m)	ဂင်္ဂါမြစ်	gan ga. mji'

Nil (m)	နိုင်းမြစ်	nain: mji'
Kongo (m)	ကွန်ဂိုမြစ်	kun gou mji'
Okavango (m)	အိုကာဗန်ဂိုမြစ်	ai' hou ban
Sambesi (m)	ဇမ်ဘီဇီးမြစ်	zan bi zi: mji'
Limpopo (m)	လင်ပိုပိုမြစ်	lin po pou mji'
Mississippi (m)	မစ်စစ္စပီမြစ်	mi' si. si. pi. mji'

204. Wald

| Wald (m) | သစ်တော | thi' to: |
| Wald- | သစ်တောနှင့်ဆိုင်သော | thi' to: hnin. zain de. |

Dickicht (n)	ထူထပ်သောတော	htu da' te. do:
Gehölz (n)	သစ်ပင်အုပ်	thi' pin ou'
Lichtung (f)	တောတွင်းလဟာပြင်	to: dwin: la. ha bjin

| Dickicht (n) | ချုံပိတ်ပေါင်း | choun bei' paun: |
| Gebüsch (n) | ချုံထနောင်းတော | choun hta naun: de. |

Fußweg (m)	လူသွားလမ်းကလေး	lu dhwa: lan: ga. lei:
Erosionsrinne (f)	လျို	shou
Baum (m)	သစ်ပင်	thi' pin

| Blatt (n) | သစ်ရွက် | thi' jwe' |
| Laub (n) | သစ်ရွက်များ | thi' jwe' mja: |

Laubfall (m)	သစ်ရွက်ကြွခြင်း	thi' jwe' kjwei gjin:
fallen (Blätter)	သစ်ရွက်ကြွသည်	thi' jwe' kjwei de
Wipfel (m)	အဖျား	ahpja:

Zweig (m)	အကိုင်းခွဲ	akain: khwe:
Ast (m)	ပင်မကိုင်း	pin ma. gain:
Knospe (f)	အဖူး	ahpu:
Nadel (f)	အပ်နှင့်တူသောအရွက်	a' hnin. bu de. ajwe'
Zapfen (m)	ထင်းရှူးသီး	htin: shu: dhi:

Höhlung (f)	အခေါင်းပေါက်	akhaun: bau'
Nest (n)	ငှက်သိုက်	hnge' thai'
Höhle (f)	မြေတွင်း	mjei dwin:

Stamm (m)	ပင်စည်	pin ze
Wurzel (f)	အမြစ်	amji'
Rinde (f)	သစ်ခေါက်	thi' khau'
Moos (n)	ရေညှိ	jei hnji.

entwurzeln (vt)	အမြစ်မှဆွဲနုတ်သည်	amji' hma zwe: hna' te
fällen (vt)	ခုတ်သည်	khou' te
abholzen (vt)	တောပြုန်းစေသည်	to: bjoun: zei de
Baumstumpf (m)	သစ်ငုတ်တို	thi' ngou' tou

Lagerfeuer (n)	မီးပုံ	mi: boun
Waldbrand (m)	မီးလောင်ခြင်း	mi: laun gjin:
löschen (vt)	မီးသတ်သည်	mi: tha' de

Förster (m)	တောခေါင်း	to: gaun:
Schutz (m)	သစ်တောဝန်ထမ်း	thi' to: wun dan:
beschützen (vt)	ထိန်းသိမ်းစောင့်ရှောက်သည်	htein: dhein: zaun. shau' te
Wilddieb (m)	ခိုးယူသူ	khou: ju dhu
Falle (f)	သံမဏိထောင်ချောက်	than mani. daun gjau'

sammeln (Pilze ~)	ဆွတ်သည်	hsu' te
pflücken (Beeren ~)	ခူးသည်	khu: de
sich verirren	လမ်းပျောက်သည်	lan: bjau' de

205. natürliche Lebensgrundlagen

Naturressourcen (pl)	သယံဇာတ	thajan za da.
Bodenschätze (pl)	တွင်းထွက်ပစ္စည်း	twin: htwe' pji' si:
Vorkommen (n)	နန်း	noun:
Feld (Ölfeld usw.)	ဓာတ်သတ္တုထွက်ရာမြေ	da' tha' tu dwe' ja mjei

gewinnen (vt)	တူးဖော်သည်	tu: hpo de
Gewinnung (f)	တူးဖော်ခြင်း	tu: hpo gjin:
Erz (n)	သတ္တုရိုင်း	tha' tu. jain:
Bergwerk (n)	သတ္တုတွင်း	tha' tu. dwin:
Schacht (m)	မိုင်းတွင်း	main: dwin:
Bergarbeiter (m)	သတ္တုတွင်း အလုပ်သမား	tha' tu. dwin: alou' thama:

| Erdgas (n) | တာင်ငွေ့ | da' ngwei. |
| Gasleitung (f) | ဓါတ်ငွေ့ပိုက်လိုင်း | da' ngwei. bou' lain: |

Erdöl (n)	ရေနံ	jei nan
Erdölleitung (f)	ရေနံပိုက်လိုင်း	jei nan bou' lain:
Ölquelle (f)	ရေနံတွင်း	jei nan dwin:
Bohrturm (m)	ရေနံဝင်	jei nan zin
Tanker (m)	လောင်စာတင်သင်္ဘော	laun za din dhin bo:

Sand (m)	သဲ	the:
Kalkstein (m)	ထုံးကျောက်	htoun: gjau'
Kies (m)	ကျောက်စရစ်	kjau' sa. ji'
Torf (m)	မြေသွေးခဲ	mjei zwei: ge:
Ton (m)	မြေစေး	mjei zei:
Kohle (f)	ကျောက်မီးသွေး	kjau' mi dhwei:

Eisen (n)	သံ	than
Gold (n)	ရွှေ	shwei
Silber (n)	ငွေ	ngwei
Nickel (n)	နီကယ်	ni ke
Kupfer (n)	ကြေးနီ	kjei: ni

Zink (n)	သွပ်	thu'
Mangan (n)	မင်္ဂနိစ်	ma' ga. ni:s
Quecksilber (n)	ပြဒါး	bada:
Blei (n)	ခဲ	khe:

Mineral (n)	သတ္တုစားား	tha' tu. za:
Kristall (m)	သလင်းကျောက်	thalin: gjau'
Marmor (m)	စကျင်ကျောက်	zagjin kjau'
Uran (n)	ယူရေနီယမ်	ju rei ni jan

Die Erde. Teil 2

206. Wetter

Wetter (n)	ရာသီဥတု	ja dhi nja. tu.
Wetterbericht (m)	မိုးလေဝသသန့်မှန်းချက်	mou: lei wa. dha. gan. hman: gje'
Temperatur (f)	အပူချိန်	apu gjein
Thermometer (n)	သာမိုမီတာ	tha mou mi ta
Barometer (n)	လေဖိအားတိုင်းကိရိယာ	lei bi. a: dain: gi. ji. ja
feucht	စိုထိုင်းသော	sou htain: de
Feuchtigkeit (f)	စိုထိုင်းမှု	sou htain: hmu.
Hitze (f)	အပူရှိန်	apu shein
glutheiß	ပူလောင်သော	pu laun de.
ist heiß	ပူလောင်ခြင်း	pu laun gjin:
ist warm	နွေးခြင်း	nwei: chin:
warm (Adj)	နွေးသော	nwei: de.
ist kalt	အေးခြင်း	ei: gjin:
kalt (Adj)	အေးသော	ei: de.
Sonne (f)	နေ	nei
scheinen (vi)	သာသည်	tha de
sonnig (Adj)	နေသာသော	nei dha de.
aufgehen (vi)	နေထွက်သည်	nei dwe' te
untergehen (vi)	နေဝင်သည်	nei win de
Wolke (f)	တိမ်	tein
bewölkt, wolkig	တိမ်ထူသော	tein du de
Regenwolke (f)	မိုးတိမ်	mou: dain
trüb (-er Tag)	ညို့မှိုင်းသော	njou. hmain: de.
Regen (m)	မိုး	mou:
Es regnet	မိုးရွာသည်	mou: jwa de.
regnerisch (-er Tag)	မိုးရွာသော	mou: jwa de.
nieseln (vi)	မိုးဖွဲဖွဲရွာသည်	mou: bwe: bwe: jwa de
strömender Regen (m)	သည်းထန်စွာရွာသောမိုး	thi: dan zwa jwa dho: mou:
Regenschauer (m)	မိုးပုသိန်	mou: bu. zain
stark (-er Regen)	မိုးသည်းသော	mou: de: de.
Pfütze (f)	ရေအိုင်	jei ain
nass werden (vi)	မိုးမိသည်	mou: mi de
Nebel (m)	မြူ	mju
neblig (-er Tag)	မြူထူထပ်သော	mju htu hta' te.
Schnee (m)	နှင်း	hnin:
Es schneit	နှင်းကျသည်	hnin: gja. de

207. Unwetter Naturkatastrophen

Gewitter (n)	မိုးသက်မုန်တိုင်း	mou: dhe' moun dain:
Blitz (m)	လျပ်စီး	hlja' si:
blitzen (vi)	လျပ်ပြက်သည်	hlja' pje' te
Donner (m)	မိုးကြိုး	mou: kjou:
donnern (vi)	မိုးကြိုးပစ်သည်	mou: gjou: pi' te
Es donnert	မိုးကြိုးပစ်သည်	mou: gjou: pi' te
Hagel (m)	မိုးသီး	mou: dhi:
Es hagelt	မိုးသီးကြွေသည်	mou: dhi: gjwei de
überfluten (vt)	ရေကြီးသည်	jei gji: de
Überschwemmung (f)	ရေကြီးမှု	jei gji: hmu.
Erdbeben (n)	ငလျင်	nga ljin
Erschütterung (f)	တုန်ခါခြင်း	toun ga gjin:
Epizentrum (n)	ငလျင်ဗဟိုချက်	nga ljin ba hou che'
Ausbruch (m)	မီးတောင်ပေါက်ကွဲခြင်း	mi: daun pau' kwe: gjin:
Lava (f)	ရော်ရည်	cho ji
Wirbelsturm (m)	လေဆင်နှာမောင်း	lei zin hna maun:
Tornado (m)	လေဆင်နှာမောင်း	lei zin hna maun:
Taifun (m)	တိုင်ဖွန်းမုန်တိုင်း	tain hpun moun dain:
Orkan (m)	ဟာရီကိန်းမုန်တိုင်း	ha ji gain: moun dain:
Sturm (m)	မုန်တိုင်း	moun dain:
Tsunami (m)	ဆူနာမိ	hsu na mi
Zyklon (m)	ဆိုင်ကလုန်းမုန်တိုင်း	hsain ga. loun: moun dain:
Unwetter (n)	ဆိုးရွားသောရာသီဥတု	hsou: jwa: de. ja dhi u. tu.
Brand (m)	မီးလောင်ခြင်း	mi: laun gjin:
Katastrophe (f)	ဘေးအန္တရာယ်	bei: an daje
Meteorit (m)	ဥက္ကာခဲ	ou' ka ge:
Lawine (f)	ရေခဲနှင့်ကျောက်တုံးများထိုးကျခြင်း	jei ge: hnin kjau' toun: mja: htou' gja. gjin:
Schneelawine (f)	လေတိုက်ပြီးဖြစ်နေသောနှင်းပွ	lei dou' hpji: bi' nei dho: hnin: boun
Schneegestöber (n)	နှင်းမုန်တိုင်း	hnin: moun dain:
Schneesturm (m)	နှင်းမုန်တိုင်း	hnin: moun dain:

208. Geräusche. Klänge

Stille (f)	တိတ်ဆိတ်မှု	tei' hsei' hmu.
Laut (m)	အသံ	athan
Lärm (m)	ဆူညံသံ	hsu, njan dhan,
lärmen (vi)	ဆူညံသည်	hsu. njan de
lärmend (Adj)	ဆူညံသော	hsu. njan de.
laut (in lautemTon)	ကျယ်လောင်စွာ	kje laun zwa
laut (eine laute Stimme)	ကျယ်လောင်သော	kje laun de

ständig (Adj)	ဆက်တိုင်ဖြစ်သော	hse' dain bja' de.
Schrei (m)	အော်သံ	o dhan
schreien (vi)	အော်သည်	o de
Flüstern (n)	တီးတိုးပြောသံ	ti: dou: bjo dhan
flüstern (vt)	တီးတိုးပြောသည်	ti: dou: bjo de

| Gebell (n) | ဟောင်သံ | han dhan |
| bellen (vi) | ဟောင်သည် | han de |

Stöhnen (n)	တကျီကျီမြည်သံ	ta kjwi. kjwi. mji dhan
stöhnen (vi)	တကျီကျီမြည်သည်	ta kjwi. kjwi. mji de
Husten (m)	ချောင်းဆိုးခြင်း	gaun: zou: gjin:
husten (vi)	ချောင်းဆိုးသည်	gaun: zou: de

Pfiff (m)	လေချွန်သံ	lei gjun dhan
pfeifen (vi)	လေချွန်သည်	lei gjun de
Klopfen (n)	တံခါးခေါက်သံ	daga: khau' than
klopfen (vi)	တံခါးခေါက်သည်	daga: khau' te

| krachen (Laut) | တိုက်သည် | tai' te |
| Krachen (n) | ရှိုင်းခနဲမြည်သံ | dein: ga. ne: mji dhan. |

Sirene (f)	အချက်ပေးညံ့သံ	ache' pei: ou' o: dhan
Pfeife (Zug usw.)	ညံ့ဆွဲသံ	udhja zwe: dhan
pfeifen (vi)	ညံ့ဆွဲသည်	udhja zwe: de
Hupe (f)	ဟွန်းသံ	hwun: dhan
hupen (vi)	ဟွန်းတီးသည်	hwun: di: de

209. Winter

Winter (m)	ဆောင်းရာသီ	hsaun: ja dhi
Winter-	ဆောင်းရာသီနှင့်ဆိုင်သော	hsaun: ja dhi hnin. zain de.
im Winter	ဆောင်းရာသီမှာ	hsaun: ja dhi hma

Schnee (m)	နှင်း	hnin:
Es schneit	နှင်းကျသည်	hnin: gja. de
Schneefall (m)	ဆီးနှင်းကျခြင်း	hsi: hnin: gja gjin:
Schneewehe (f)	နှင်းခဲပုံ	hnin: ge: boun

Schneeflocke (f)	ဆီးနှင်းပွင့်	hsi: hnin: bwin.
Schneeball (m)	နှင်းထုပ်လုံး	hnin: zou' loun:
Schneemann (m)	နှင်းခဲလူရုပ်	hnin: ge: lu jou'
Eiszapfen (m)	ရေခဲပန်းဆွဲ	jei ge: ban: zwe:

Dezember (m)	ဒီဇင်ဘာလ	di zin ba la.
Januar (m)	ဇန်နဝါရီလ	zan na. wa ji la.
Februar (m)	ဖေဖော်ဝါရီလ	hpei bo wa ji la

| Frost (m) | နှင်းခဲခြင်း | hnin: ge: gjin: |
| frostig, Frost- | နှင်းခဲသော | hnin: ge: de. |

unter Null	သုညအောက်	thoun nja. au'
leichter Frost (m)	နှင်းခဲ	hnin: ga:
Reif (m)	နှင်းပေါက်ခဲဖြူ	hnin: bau' khe: bju

Kälte (f)	အေးၿခင္း	ei: gjin:
Es ist kalt	အေးသည္	ei: de

Pelzmantel (m)	သားေမြးအေႏြးထည္	tha: mwei: anwei: de
Fausthandschuhe (pl)	နစ္ကန္႔လက္အိတ္	hni' kan. le' ei'

erkranken (vi)	အဖ်ားဝင္သည္	ahpja: win de
Erkältung (f)	အေအးမိၿခင္း	aei: mi. gjin:
sich erkälten	အေအးမိသည္	aei: mi. de

Eis (n)	ေရခဲ	jei ge:
Glatteis (n)	ေရခဲၿပင္ပါး	jei ge: bjin ba:
zufrieren (vi)	ေရခဲသည္	jei ge: de
Eisscholle (f)	ေရခဲေမ်ာ	jei ge: mjo:

Ski (pl)	နင္းေလ်ာစီးစက္တပ္	hnin: sho: zi: zakei'
Skiläufer (m)	နင္းေလ်ာစီးစက္တပ္သမား	hnin: sho: zi: zakei' dhama:
Ski laufen	နင္းေလ်ာစီးသည္	hnin: sho: zi: de
Schlittschuh laufen	ေရခဲၿပင္ကတ္စီးသည္	jei ge: bjin za. gei' si: de

Fauna

210. Säugetiere. Raubtiere

Raubtier (n)	သားရဲ	tha: je:
Tiger (m)	ကျား	kja:
Löwe (m)	ခြင်္သေ့	chin dhei.
Wolf (m)	ဝံပုလွေ	wun bu. lwei
Fuchs (m)	မြေခွေး	mjei gwei:
Jaguar (m)	ဂျာဂွာကျားသစ်မျိုး	gja gwa gja: dhi' mjou:
Leopard (m)	ကျားသစ်	kja: dhi'
Gepard (m)	သစ်ကျွတ်	thi' kjou'
Panther (m)	ကျားသစ်နက်	kja: dhi' ne'
Puma (m)	ပျူမားတောင်ခြေသဲ့	pju. ma: daun gjin dhei.
Schneeleopard (m)	ရေခဲတောင်ကျားသစ်	jei ge: daun gja: dhi'
Luchs (m)	လင့်ကြောင်မြီးတို	lin. gjaun mji: dou
Kojote (m)	ဝံပုလွေငယ်တစ်မျိုး	wun bu. lwei nge di' mjou:
Schakal (m)	ခွေးအ	khwei: a.
Hyäne (f)	ဟိုင်းအီးနား	hain i: na:

211. Tiere in freier Wildbahn

Tier (n)	တိရစ္ဆာန်	tharei' hsan
Bestie (f)	ခြေလေးချောင်းသတ္တဝါ	chei lei: gjaun: dhadawa
Eichhörnchen (n)	ရှဉ့်	shin.
Igel (m)	ဖြူကောင်	hpju gaun
Hase (m)	တောယုန်ကြီး	to: joun gji:
Kaninchen (n)	ယုန်	joun
Dachs (m)	ခွေးတူဝက်တူကောင်	khwei: du we' tu gaun
Waschbär (m)	ရက်ကွန်းဝံ	je' kwan: wan
Hamster (m)	မြီးတိုပါးတွဲကြွက်	mji: dou ba: dwe: gjwe'
Murmeltier (n)	မားမိုတ်ကောင်	ma: mou. t gaun
Maulwurf (m)	ပွေး	pwei:
Maus (f)	ကြွက်	kjwe'
Ratte (f)	မြေကြွက်	mjei gjwe'
Fledermaus (f)	လင်းနို့	lin: nou.
Hermelin (n)	အားမင်ကောင်	a: min gaun
Zobel (m)	ဆေသဘဲ	hsei be
Marder (m)	အသားစားအကောင်ငယ်	atha: za: akaun nge
Wiesel (n)	သားစားဖျံ	tha: za: bjan
Nerz (m)	မင့်ခရေမွေပါ	min kh mjwei ba

193

| Biber (m) | ဖျံကြီးတစ်မျိုး | hpjan gji: da' mjou: |
| Fischotter (m) | ဖျံ | hpjan |

Pferd (n)	မြင်း	mjin:
Elch (m)	ဦးချိုပြားသော သမင်ကြီး	u: gjou bja: dho: thamin gji:
Hirsch (m)	သမင်	thamin
Kamel (n)	ကုလားအုတ်	kala: ou'

Bison (m)	အမေရိကန်ပြောင်	amei ji kan pjaun
Wisent (m)	အောရက်စ်	o: re' s
Büffel (m)	ကျွဲ	kjwe:

Zebra (n)	မြင်းကျား	mjin: gja:
Antilope (f)	အပြေးမြန်သော တောဆိတ်	apjei: mjan de. hto: zei'
Reh (n)	ဒရယ်ငယ်တစ်မျိုး	da. je nge da' mjou:
Damhirsch (m)	ဒရယ်	da. je
Gämse (f)	တောင်ဆိတ်	taun zei'
Wildschwein (n)	တောဝက်ထီး	to: we' hti:

Wal (m)	ဝေလငါး	wei la. nga:
Seehund (m)	ပင်လယ်ဖျံ	pin le bjan
Walroß (n)	ဝါရပ်စ်ဖျံ	wo: ra's hpjan
Seebär (m)	အမွေးပါသောပင် လယ်ဖျံ	amwei: pa dho: bin le hpjan
Delfin (m)	လင်းပိုင်	lin: bain

Bär (m)	ဝက်ဝံ	we' wun
Eisbär (m)	ဝိုလာဝက်ဝံ	pou la we' wan
Panda (m)	ပန်ဒါဝက်ဝံ	pan da we' wan

Affe (m)	မျောက်	mjau'
Schimpanse (m)	ချင်ပင်ဇီမျောက်ဝံ	chin pin zi mjau' wan
Orang-Utan (m)	အော်ရန်အူတန်လူဝံ	o ran u tan lu wun
Gorilla (m)	ဂေါ်ရီလာမျောက်ဝံ	go ji la mjau' wun
Makak (m)	မာကာကေ့မျောက်	ma ga gwei mjau'
Gibbon (m)	မျောက်လွှဲကျော်	mjau' hlwe: gjo

Elefant (m)	ဆင်	hsin
Nashorn (n)	ကြံ့	kjan.
Giraffe (f)	သစ်ကုလားအုတ်	thi' ku. la ou'
Flusspferd (n)	ရေမြင်း	jei mjin:

| Känguru (n) | သားပိုက်ကောင် | tha: bai' kaun |
| Koala (m) | ကိုအာလာဝက်ဝံ | kou a la we' wun |

Manguste (f)	မွေးပါ	mwei ba
Chinchilla (n)	ချင်းချီလာ	chin: chi la
Stinktier (n)	စကန့်ခ်ဖျံ	sakan. kh hpjan
Stachelschwein (n)	ဖြူ	hpju

212. Haustiere

Katze (f)	ကြောင်	kjaun
Kater (m)	ကြောင်ထီး	kjaun di:
Hund (m)	ခွေး	khwei:

Pferd (n)	မြင်း	mjin:
Hengst (m)	မြင်းထီး	mjin: di:
Stute (f)	မြင်းမ	mjin: ma.

Kuh (f)	နွား	nwa:
Stier (m)	နွားထီး	nwa: di:
Ochse (m)	နွားထီး	nwa: di:

Schaf (n)	သိုး	thou:
Widder (m)	သိုးထီး	thou: hti:
Ziege (f)	ဆိတ်	hsei'
Ziegenbock (m)	ဆိတ်ထီး	hsei' hti:

| Esel (m) | မြည်း | mji: |
| Maultier (n) | လား | la: |

Schwein (n)	ဝက်	we'
Ferkel (n)	ဝက်ကလေး	we' ka lei:
Kaninchen (n)	ယုန်	joun

| Huhn (n) | ကြက် | kje' |
| Hahn (m) | ကြက်ဖ | kje' pha. |

Ente (f)	ဘဲ	be:
Enterich (m)	ဘဲထီး	be: di:
Gans (f)	ဘဲငန်း	be: ngan:

| Puter (m) | ကြက်ဆင် | kje' hsin |
| Pute (f) | ကြက်ဆင် | kje' hsin |

Haustiere (pl)	အိမ်မွေးတိရစ္ဆာန်များ	ein mwei: ti. ji. swan mja:
zahm	ယဉ်ပါးသော	jin ba: de.
zähmen (vt)	ယဉ်ပါးစေသည်	jin ba: zei de
züchten (vt)	သားပေါက်သည်	tha: bau' te

Farm (f)	စိုက်ပျိုးမွေးမြူရေးခြံ	sai' pjou: mwei: mju jei: gjan
Geflügel (n)	ကြက်ဉ္ဆတ်တိရစ္ဆာန်	kje' ti ji za hsan
Vieh (n)	ကျွဲနွားတိရစ္ဆာန်	kjwe: nwa: tarei. zan
Herde (f)	အုပ်	ou'

Pferdestall (m)	မြင်းဇောင်း	mjin: zaun:
Schweinestall (m)	ဝက်ခြံ	we' khan
Kuhstall (m)	နွားတင်းကုပ်	nwa: din: gou'
Kaninchenstall (m)	ယုန်အိမ်	joun ein
Hühnerstall (m)	ကြက်လှောင်အိမ်	kje' hlaun ein

213. Hunde. Hunderassen

Hund (m)	ခွေး	khwei:
Schäferhund (m)	သိုးကျောင်းခွေး	thou: kjaun: gwei:
Deutsche Schäferhund (m)	ဂျာမနီသိုးကျောင်းခွေး	gja ma. ni hnin. gjaun: gwei:
Pudel (m)	ပူဒယ်လ်ခွေး	pu de I gwei:
Dachshund (m)	ဒတ်ရှန်ခွေး	da' shan: gwei:
Bulldogge (f)	ခွေးဘီလူး	khwei: bi lu:

Boxer (m)	ဘောက်ဆာခွေး	bo' hsa gwei:
Mastiff (m)	အိမ်စောင့်ခွေးကြီးတစ်မျိုး	ein zaun. gwei: gji: di' mjou:
Rottweiler (m)	ရော့ဝီလာခွေး	ro. wi la gwei:
Dobermann (m)	ဒိုဘာမင်န်းခွေး	dou ba min: gwei:
Basset (m)	ခြေတံတိုအမဲလိုက်ခွေး	chei dan dou ame: lai' gwei:
Bobtail (m)	ခွေးပုတစ်မျိုး	khwei: bu di' mjou:
Dalmatiner (m)	ဒယ်မေးရှင်းခွေး	de mei: shin gwe:
Cocker-Spaniel (m)	ကိုကာစပန်နီရယ်ခွေး	kou ka sa. pan ni je khwei:
Neufundländer (m)	နယူးဖောင်လန်ခွေး	na. ju: hpaun lan gwe:
Bernhardiner (m)	ကြက်ခြေနီခွေး	kje' chei ni khwei:
Eskimohund (m)	စွတ်ဖားဆွဲခွေး	su' hpa: zwe: gwei:
Chow-Chow (m)	တရုတ်ပြည်ပေါက် အမွေးထူခွေး	tajou' pji bau' amwei: htu gwei:
Spitz (m)	စပစ်ဇ်ခွေး	sapi's khwei:
Mops (m)	ပဂ်ခွေး	pa' gwei:

214. Tierlaute

Gebell (n)	ဟောင်သံ	han dhan
bellen (vi)	ဟောင်သည်	han de
miauen (vi)	ကြောင်အော်သည်	kjaun o de
schnurren (Katze)	ညိမ့်ညိမ့်လေးမြည်သံပေးသည်	njein. njein. le: mje dhan bei: de
muhen (vi)	နွားအော်သည်	nwa: o de
brüllen (Stier)	တိရစ္ဆာန်အော်သည်	tharei' hsan o de
knurren (Hund usw.)	မာန်ဖီသည်	man bi de
Heulen (n)	အူသံ	u dhan
heulen (vi)	အူသည်	u de
winseln (vi)	ရှည်လျားစူးရှစွာအော်သည်	shei lja: zu: sha. zwa o de
meckern (Ziege)	သိုးအော်သည်	thou: o de
grunzen (vi)	တအီအီမြည်သည်	ta. i i mji de
kreischen (vi)	တစီစီအော်မြည်သည်	ta. zi. zi. jo mje de
quaken (vi)	ဖားအော်သည်	hpa: o de
summen (Insekt)	တဝီဝီအော်သည်	ta. wi wi o de
zirpen (vi)	ကျည်ကျည်ကျာကျာအော်သည်	kji kji kja kja o de

215. Jungtiere

Tierkind (n)	သားပေါက်	tha: bau'
Kätzchen (n)	ကြောင်ပေါက်ကလေး	kjaun bau' ka. lei:
Mausjunge (n)	ကြွက်ပေါက်ကလေး	kjwe' bau' ka. lei:
Hündchen (n), Welpe (m)	ခွေးကလေး	khwei: galei:
Häschen (n)	ယုန်ပေါက်ကလေး	joun bau' kalei:
Kaninchenjunge (n)	ယုန်ကလေး	joun galei:

Wolfsjunge (n)	ဝံပုလွေပေါက်ကလေး	wun lwei bau' ka. lei:
Fuchsjunge (n)	မြေခွေးပေါက်ကလေး	mjei gwei: bau' kalei:
Bärenjunge (n)	ဝက်ဝံပေါက်ကလေး	we' wun bau' ka. lei:

Löwenjunge (n)	ခြင်္သေ့ပေါက်ကလေး	chin dhei. bau' kalei:
junger Tiger (m)	ကျားပေါက်ကလေး	kja: bau' ka. lei:
Elefantenjunge (n)	ဆင်ပေါက်ကလေး	hsin bau' ka. lei:

Ferkel (n)	ဝက်ကလေး	we' ka lei:
Kalb (junge Kuh)	နွားပေါက်ကလေး	nwa: bau' ka. lei:
Ziegenkitz (n)	ဆိတ်ပေါက်ကလေး	hsei' pau' ka. lei:
Lamm (n)	သိုးပေါက်ကလေး	thou: bau' kalei:
Hirschkalb (n)	သမင်ပေါက်ကလေး	thamin bau' kalei:
Kamelfohlen (n)	ကုလားအုတ်ပေါက်ကလေး	mjin: bau' kalei:

junge Schlange (f)	မြွေပေါက်ကလေး	mwei bau' kalei:
Fröschlein (n)	ဖားပေါက်ကလေး	hpa: bau' ka. lei:

junger Vogel (m)	ငှက်ပေါက်ကလေး	hnge' pau' ka. lei:
Küken (n)	ကြက်ပေါက်ကလေး	kje' pau' ka. lei:
Entlein (n)	ဘဲပေါက်ကလေး	pe: bau' ga. lei:

216. Vögel

Vogel (m)	ငှက်	hnge'
Taube (f)	ခို	khou
Spatz (m)	စာကလေး	sa ga. lei:
Meise (f)	စာဝတီးငှက်	sa wadi: hnge'
Elster (f)	ငှက်ကျား	hnge' kja:

Rabe (m)	ကျီးနက်	kji: ne'
Krähe (f)	ကျီးကန်း	kji: kan:
Dohle (f)	ဥရောပကျီးတစ်မျိုး	u. jo: pa gji: di' mjou:
Saatkrähe (f)	ကျီးအ	kji: a.

Ente (f)	ဘဲ	be:
Gans (f)	ဘဲငန်း	be: ngan:
Fasan (m)	ရစ်ငှက်	ji' hnge'

Adler (m)	လင်းယုန်	lin: joun
Habicht (m)	သိမ်းငှက်	thain: hnge'
Falke (m)	အမဲလိုက်သိမ်းငှက်တစ်မျိုး	ame lai' thein: hnge' ti' mjou:
Greif (m)	လင်းတ	lin: da.
Kondor (m)	တောင်အမေရိကလင်းတ	taun amei ri. ka. lin: da.

Schwan (m)	ငန်း	ngan:
Kranich (m)	ငှက်ကုလား	hnge' ku. la:
Storch (m)	ချည်ခင်ဇွပ်ငှက်	che gin zu' hnge'

Papagei (m)	ကြက်တူရွေး	kje' tu jwei:
Kolibri (m)	ငှက်ပိတုန်း	hnge' pi. doun:
Pfau (m)	ဥဒေါင်း	u. daun:
Strauß (m)	ငှက်ကုလားအုတ်	hnge' ku. la: ou'
Reiher (m)	ဗျိုင်းငှက်	nga hi' hnge'

197

| Flamingo (m) | တိုးကြားနီ | kjou: kja: ni |
| Pelikan (m) | ငှက်ကြီးဝမ်းပို | hnge' kji: wun bou |

| Nachtigall (f) | တေးဆိုငှက် | tei: hsou hnge' |
| Schwalbe (f) | ပျံလွှား | pjan hlwa: |

Drossel (f)	မြေလူးငှက်	mjei lu: hnge'
Singdrossel (f)	တေးဆိုမြေလူးငှက်	tei: hsou mjei lu: hnge'
Amsel (f)	ငှက်မည်း	hnge' mji:

Segler (m)	ပျံလွှားတစ်မျိုး	pjan hlwa: di' mjou:
Lerche (f)	ဘီလုံးငှက်	bi loun: hnge'
Wachtel (f)	ငုံး	ngoun:

Specht (m)	သစ်တောက်ငှက်	thi' tau' hnge'
Kuckuck (m)	ဥဩငှက်	udhja hnge'
Eule (f)	ဇီးကွက်	zi: gwe
Uhu (m)	သိမ်းငှက်အနွယ်ဝင်ဇီးကွက်	thain: hnge' anwe win zi: gwe'
Auerhahn (m)	ရစ်	ji'
Birkhahn (m)	ရစ်နက်	ji' ne'
Rebhuhn (n)	ခါ	kha

Star (m)	ကျွဲဆက်ရက်	kjwe: hse' je'
Kanarienvogel (m)	စာဝါငှက်	sa wa hnge'
Haselhuhn (n)	ရစ်ညို	ji' njou
Buchfink (m)	စာကျွေခေါင်း	sa gjwe: gaun:
Gimpel (m)	စာကျွေခေါင်းငှက်	sa gjwe: gaun: hngwe'

Möwe (f)	စင်ရော်	sin jo
Albatros (m)	ပင်လယ်စင်ရော်ကြီး	pin le zin jo gji:
Pinguin (m)	ပင်ဂွင်း	pin gwin:

217. Vögel. Gesang und Laute

singen (vt)	ငှက်တေးဆိုသည်	hnge' tei: zou de
schreien (vi)	အော်သည်	o de
kikeriki schreien (vi)	တွန်သည်	tun de
kikeriki	ကြက်တွန်သံ	kje' twan dhan

gackern (vi)	ကြက်မကာတော်သည်	kje' ma. ka. do de
krächzen (vi)	ကိုးအာသည်	kji: a de
schnattern (Ente)	တက်တက်အောင်သည်	ta. ge' ge' aun de
piepsen (vi)	ကျည်ကျည်ကျာကျာမြည်သည်	kji kji kja kja mji de
zwitschern (vi)	တွတ်ထိုးသည်	tu' htou: de

218. Fische. Meerestiere

Brachse (f)	ငါးကြင်းတစ်မျိုး	nga: gjin: di' mjou
Karpfen (m)	ငါးကြင်း	nga gjin:
Barsch (m)	ငါးပြေမတစ်မျိုး	nga: bjei ma. di' mjou:
Wels (m)	ငါးခူ	nga: gu
Hecht (m)	ပိုက်ငါး	pai' nga

| Lachs (m) | ဆော်လမွန်ငါး | hso: la. mun nga: |
| Stör (m) | စတာဂျင်ငါးကြီးမျိုး | sata gjin nga: gji: mjou: |

Hering (m)	ငါးသလောက်	nga: dha. lau'
atlantische Lachs (m)	ဆော်လမွန်ငါး	hso: la. mun nga:
Makrele (f)	မက်ကရယ်ငါး	me' ka. je nga:
Scholle (f)	ဥရောပငါးခွေးလျှာတစ်မျိုး	u. jo: pa nga: gwe: sha di' mjou:

Zander (m)	ငါးပြုမအ္ဂနယ်ဝင်ငါးတစ်မျိုး	nga: bjei ma. anwe win nga: di' mjou:
Dorsch (m)	ငါးကြီးဆီထုတ်သောငါး	nga: gji: zi dou' de. nga:
Tunfisch (m)	တူနာငါး	tu na nga:
Forelle (f)	ထရောက်ငါး	hta. jau' nga:

Aal (m)	ငါးရှဉ့်	nga: shin.
Zitterrochen (m)	ငါးလက်ထုံ	nga: le' htoun
Muräne (f)	ငါးရှဉ့်ကြီးတစ်မျိုး	nga: shin. gji: da' mjou:
Piranha (m)	အသားစားငါးငယ်တစ်မျိုး	atha: za: nga: nge ti' mjou:

Hai (m)	ငါးမန်း	nga: man:
Delfin (m)	လင်းပိုင်	lin: bain
Wal (m)	ဝေလငါး	wei la. nga:

Krabbe (f)	ကဏန်း	kanan:
Meduse (f)	ငါးဖန်ရွက်	nga: hpan gwe'
Krake (m)	ရေဘဝဲ	jei ba. we:

Seestern (m)	ကြယ်ငါး	kje nga:
Seeigel (m)	သိပ်ဆူပို	than ba. gjou'
Seepferdchen (n)	ရေနဂါး	jei naga:

Auster (f)	ကမာကောင်	kama kaun
Garnele (f)	ပုဇွန်	bazun
Hummer (m)	ကျောက်ပုဇွန်	kjau' pu. zun
Languste (f)	ကျောက်ပုဇွန်	kjau' pu. zun

219. Amphibien Reptilien

| Schlange (f) | မြွေ | mwei |
| Gift-, giftig | အဆိပ်ရှိသော | ahsei' shi. de. |

Viper (f)	မြွေပွေး	mwei bwei:
Kobra (f)	မြွေဟောက်	mwei hau'
Python (m)	စပါးအုံးမြွေ	saba: oun: mwei
Boa (f)	စပါးကြီးမြွေ	saba: gji: mwei

Ringelnatter (f)	မြက်လျှောမြွေ	mje' sho: mwei
Klapperschlange (f)	ခလောက်ဆွဲမြွေ	kha. lau' hswe: mwei
Anakonda (f)	အနာကွန်ဒါမြွေ	ana kun da mwei

Eidechse (f)	တွားသွားသတ္တဝါ	twa: dhwa: tha' tawa
Leguan (m)	ဖွတ်	hpu'
Waran (m)	ပုတ်သင်	pou' thin

Salamander (m)	ရေပုတ်သင်	jei bou' thin
Chamäleon (n)	ပုတ်သင်ညို့	pou' thin njou
Skorpion (m)	ကင်းမြီးကောက်	kin: mji: kau'

Schildkröte (f)	လိပ်	lei'
Frosch (m)	ဖား	hpa:
Kröte (f)	ဖားပြုပ်	hpa: bju'
Krokodil (n)	မိကျောင်း	mi. kjaun:

220. Insekten

Insekt (n)	ပိုးမွား	pou: hmwa:
Schmetterling (m)	လိပ်ပြာ	lei' pja
Ameise (f)	ပုရွက်ဆိတ်	pu. jwe' hsei'
Fliege (f)	ယင်ကောင်	jin gaun
Mücke (f)	ခြင်	chin
Käfer (m)	ပိုးတောင်မာ	pou: daun ma

Wespe (f)	နကျယ်ကောင်	na. gje gaun
Biene (f)	ပျား	pja:
Hummel (f)	ပိတုန်း	pi. doun:
Bremse (f)	မှက်	hme'

| Spinne (f) | ပင့်ကု | pjin. gu |
| Spinnennetz (n) | ပင့်ကုအိမ် | pjin gu ein |

Libelle (f)	ပဇင်း	bazin
Grashüpfer (m)	နံကောင်	hnan gaun
Schmetterling (m)	ပိုးဖလံ	pou: ba. lan

Schabe (f)	ပိုးဟပ်	pou: ha'
Zecke (f)	မွား	hmwa:
Floh (m)	သန်း	than:
Kriebelmücke (f)	မှက်အသေးစား	hme' athei: za:

Heuschrecke (f)	ကျိုင်းကောင်	kjain: kaun
Schnecke (f)	ခရု	khaju.
Heimchen (n)	ပုရစ်	paji'
Leuchtkäfer (m)	ပိုးစုန်းကြူး	pou: zoun: gju:
Marienkäfer (m)	လေဒီဘတ်ပိုးတောင်မာ	lei di ba' pou: daun ma
Maikäfer (m)	အုန်းပိုး	oun: bou:

Blutegel (m)	မျှော့	hmjo.
Raupe (f)	ပေါက်ဖက်	pau' hpe'
Wurm (m)	တီကောင်	ti gaun
Larve (f)	ပိုးတုံးလုံး	pou: doun: loun:

221. Tiere. Körperteile

Schnabel (m)	ငှက်နှုတ်သီး	hnge' hnou' thi:
Flügel (pl)	တောင်ပံ	taun pan
Fuß (m)	ခြေထောက်	chei htau'

Gefieder (n)	အမွေး	ahmwei
Feder (f)	၃က်မွေး	hnge' hmwei:
Haube (f)	အမောက်	amou'

Kiemen (pl)	ပါးဟက်	pa: he'
Laich (m)	ငါးဥ	nga: u.
Larve (f)	ပိုးလောက်လန်း	pou: lau' lan:
Flosse (f)	ဆူးတောင်	hsu: daun
Schuppe (f)	ကြေးခွံ	kjei: gwan

Stoßzahn (m)	အစွယ်	aswe
Pfote (f)	ခြေသည်းရှည်ပါသောဖဝါး	chei dhi: shi ba dho: ba. wa:
Schnauze (f)	နှတ်သီး	hnou' thi:
Rachen (m)	ပါးစပ်	pa: zi'
Schwanz (m)	အမြီး	ami:
Barthaar (n)	နှတ်ခမ်းမွေး	hnou' khan: hmwei:

| Huf (m) | ခွါ | khwa |
| Horn (n) | ဦးချို | u: gjou |

Panzer (m)	လိပ်ကျောကွံ	lei' kjo: ghwan
Muschel (f)	အခွံ	akhun
Schale (f)	ဥခွံ	u. gun

| Fell (n) | အမွေး | ahmwei |
| Haut (f) | သားရေ | tha: ei |

222. Tierverhalten

fliegen (vi)	ပျံသည်	pjan de
herumfliegen (vi)	ဝဲသည်	we: de
wegfliegen (vi)	ပျံထွက်သွားသည်	pjan dwe' dwa: de
schlagen (mit den Flügeln ~)	အတောင်ခတ်သည်	ataun khai' te

picken (vt)	နှတ်သီးဖြင့်ဆိတ်သည်	hnou' thi: bjin. zei' te
bebrüten (vt)	ဝပ်သည်	wu' te
ausschlüpfen (vi)	ဥမှသားပေါက်သည်	u. hma. dha: bau' te
ein Nest bauen	အသိုက်ပြုလုပ်သည်	athai' pju. lou' dhe

kriechen (vi)	တွားသွားသည်	twa: dhwa: de
stechen (Insekt)	တုပ်သည်	tou' te
beißen (vt)	ကိုက်သည်	kou' de

schnüffeln (vt)	အနံ့ခံနှာ့သည်	anan. khan hna shun. de
bellen (vi)	ဟောင်သည်	han de
zischen (vi)	ရှူးရှူးရဲ	shu: shu: she: she:
	အသံပြုသည်	athan bju. de
erschrecken (vt)	ခြောက်လှန့်သည်	chau' hlan. de
angreifen (vt)	တိုက်ခိုက်သည်	tai' khai' te

nagen (vi)	ကိုက်ဖြတ်သည်	kou' hpja' te
kratzen (vt)	ကုတ်သည်	kou' te
sich verstecken	ပုန်းသည်	poun: de
spielen (vi)	ကစားသည်	gaza: de

jagen (vi)	အမဲလိုက်သည်	ame: lai' de
Winterschlaf halten	ဆောင်းစိသည်	hsaun: gou de
aussterben (vi)	မျိုးသုဉ်းသည်	mjou: dhou: de

223. Tiere. Lebensräume

| Lebensraum (f) | ကျက်စားရာဒေသ | kje' za: ja dei dha. |
| Wanderung (f) | ပြောင်းရွှေ့နေထိုင်ခြင်း | pjaun: shwei nei dain gjin: |

Berg (m)	တောင်	taun
Riff (n)	ကျောက်တန်း	kjau' tan:
Fels (m)	ကျောက်တောင်	kjau' hsain

Wald (m)	သစ်တော	thi' to:
Dschungel (m, n)	တောရိုင်း	to: jain:
Savanne (f)	အပူပိုင်းမြင်ခင်းလွင်ပြင်	apu bain: gjin gin: lwin pjin
Tundra (f)	တန်ဖြာ-ကျက်တီးမြေ	tun dra kje' bi: mjei

Steppe (f)	မြက်ခင်းလွင်ပြင်	mje' khin: lwin bjin
Wüste (f)	သဲကန္တာရ	the: gan da ja.
Oase (f)	အိုအေစစ်	ou ei zi'

Meer (n), See (f)	ပင်လယ်	pin le
See (m)	ရေကန်	jei gan
Ozean (m)	သမုဒ္ဒရာ	thamou' daja

Sumpf (m)	ရွှံ့ညွန်	shwan njun
Süßwasser-	ရေချို	jei gjou
Teich (m)	ရေကန်ငယ်	jei gan nge
Fluss (m)	မြစ်	mji'

Höhle (f), Bau (m)	သားရဲလှောင်အိမ်တွင်း	tha: je: hlaun ein twin:
Nest (n)	ငှက်သိုက်	hnge' thai'
Höhlung (f)	အခေါင်းပေါက်	akhaun: bau'
Loch (z.B. Wurmloch)	မြေတွင်း	mjei dwin:
Ameisenhaufen (m)	ပုရွက်ဆိတ်တောင်ပို့	cha. daun bou.

224. Tierpflege

| Zoo (m) | တိရစ္ဆာန်ဥယျာဉ် | tharei' hsan u. jin |
| Schutzgebiet (n) | စားကျက် | sa: gja' |

Zucht (z.B. Hunde~)	တိရစ္ဆာန်မျိုးဖောက်သူ	tharei' hsan mjou: hpau' thu
Freigehege (n)	လှောင်အိမ်	hlaun ein
Käfig (m)	လှောင်အိမ်	hlaun ein
Hundehütte (f)	ခွေးအိမ်	khwei: ein

Taubenschlag (m)	ချိုးအိမ်	khou ein
Aquarium (n)	အလှမွေးငါးကန်	ahla. mwei: nga: gan
Delphinarium (n)	လင်းပိုင်မွေးကန်	lin: bain mwei kan
züchten (vt)	သားဖောက်သည်	tha: bau' te
Wurf (m)	သားဖောက်အုပ်စု	tha: bau' ou' zu.

zähmen (vt)	ယဉ်ပါးစေသည်	jin ba: zei de
dressieren (vt)	လေ့ကျင့်ပေးသည်	lei. kjin. bei: de
Futter (n)	အစာ	asa
füttern (vt)	အစာကျွေးသည်	asa gjwei: de.

Zoohandlung (f)	အိမ်မွေးတိရစ္ဆာန်ဆိုင်	ein mwei: ti. ji. swan zain
Maulkorb (m)	နှုတ်သီးစွပ်	hnou' thi: zu'
Halsband (n)	လည်ပတ်	le ba'
Rufname (m)	အမည်	amji
Stammbaum (m)	ဆွေးမျိုးရိုးမှုတ်တမ်း	khwei: mjou: jou: hma' tan:

225. Tiere. Verschiedenes

Rudel (Wölfen)	အုပ်	ou'
Vogelschwarm (m)	အုပ်	ou'
Schwarm (~ Heringe usw.)	အုပ်	ou'
Pferdeherde (f)	အုပ်	ou'

Männchen (n)	အထီး	a hti:
Weibchen (n)	အမ	ama.

hungrig	ဆာလောင်သော	hsa laun de.
wild	တောရိုင်း	to: jain:
gefährlich	အန္တရာယ်ရှိသော	an dare shi. de.

226. Pferde

Pferd (n)	မြင်း	mjin:
Rasse (f)	အမျိုးအစားကောင်းသောမြင်း	amjou: asa: gaun: dho: mjin:

Fohlen (n)	မြင်းပေါက်	mjin: bau'
Stute (f)	မြင်းမ	mjin: ma.

Mustang (m)	မာစတန်မြင်း	ma za. dan mjin:
Pony (n)	မြင်းပု	mjin: bu.
schweres Zugpferd (n)	ဆိုင်းမြင်း	khain: mjin:

Mähne (f)	လည်ဆံမွေး	le zan hmwei:
Schwanz (m)	အမြီး	ami:

Huf (m)	ခွါ	khwa
Hufeisen (n)	မြင်းသံခွါ	mjin: dhan gwa
beschlagen (vt)	မြင်းသံခွါရိုက်သည်	mjin: dhan gwa jai' te
Schmied (m)	ပန်းပဲသမား	pan: be: dhama:

Sattel (m)	မြင်းကုန်းနီး	mjin: goun: ni:
Steigbügel (m)	ခြေနင်းကွင်း	chei nin: gwin:
Zaum (m)	မြင်းဇက်ကြိုး	mjin: ze' kjou:
Zügel (pl)	မြင်းထိန်းကြိုး	mjin: dein: gjou:
Peitsche (f)	ကြာပွတ်	kja bu'
Reiter (m)	မြင်းစီးသူ	mjin: zi: dhu
satteln (vt)	မြင်းကုန်းနီးချုပ်သည်	mjin: goun: ni: gjou' te

besteigen (vt)	မြင်းပေါ်တက်သည်	mjin: bo da' te
Galopp (m)	မြင်းခုန်စိုင်းစီးခြင်း	mjin: oun: zain: zi: gjin:
galoppieren (vi)	မြင်းခုန်စိုင်းစီးသည်	mjin: oun: zain: zi: de
Trab (m)	ရွှေးပြေးသည်	jwa. jwa. bjei: de
im Trab	ရွှေးပြေးသည့်ခြေလှမ်း	jwa. jwa. bjei: de. gjei hlan:
traben (vi)	ရွှေးစီးသည်	jwa. jwa. zi: de
Rennpferd (n)	ပြိုင်မြင်း	pjain mjin:
Rennen (n)	မြင်းပြိုင်ခြင်း	mjin: bjain gjin:
Pferdestall (m)	မြင်းဇောင်း	mjin: zaun:
füttern (vt)	အစာကျွေးသည်	asa gjwei: de.
Heu (n)	မြက်ခြောက်	mje' khau'
tränken (vt)	ရေတိုက်သည်	jei dai' te
striegeln (vt)	ရေချိုးပေးသည်	jei gjou bei: de
Pferdewagen (m)	မြင်းသည်လှည်း	mjin: de hli:
weiden (vi)	စားကျက်တွင်လွှတ်ထားသည်	sa: gja' twin hlu' hta' de
wiehern (vi)	မြင်းဟီသည်	mjin: hi de
ausschlagen (Pferd)	မြင်းကန်သည်	mjin: gan de

Flora

Baum (m)	သစ်ပင်	thi' pin
Laub-	ရွက်ပြတ်	jwe' pja'
Nadel-	ထင်းရှုးပင်နှင့်ဆိုင်သော	htin: shu: bin hnin, zain de.
immergrün	အဲဘားဂရင်းပင်	e ba: ga rin: bin
Apfelbaum (m)	ပန်းသီးပင်	pan: dhi: bin
Birnbaum (m)	သစ်တော်ပင်	thi' to bin
Kirschbaum (m)	ချယ်ရီသီးပင်	che ji dhi: bin
Süßkirschbaum (m)	ချယ်ရီသီးအချိုပင်	che ji dhi: akjou bin
Sauerkirschbaum (m)	ချယ်ရီသီးအချဉ်ပင်	che ji dhi: akjin bin
Pflaumenbaum (m)	သီးပင်	hsi: bin
Birke (f)	ဘုဇပတ်ပင်	bu. za. ba' pin
Eiche (f)	ဝက်သစ်ချပင်	we' thi' cha. bin
Linde (f)	လင်ဒန်ပင်	lin dan pin
Espe (f)	ပေါ့ပလာပင်တစ်မျိုး	po. pa. la bin di' mjou:
Ahorn (m)	မေပယ်ပင်	mei pe bin
Fichte (f)	ထင်းရှုးပင်တစ်မျိုး	htin: shu: bin ti' mjou:
Kiefer (f)	ထင်းရှုးပင်	htin: shu: bin
Lärche (f)	ကတော့ပုံထင်းရှုးပင်	ka dau. boun din: shu: pin
Tanne (f)	ထင်းရှုးပင်တစ်မျိုး	htin: shu: bin ti' mjou:
Zeder (f)	သစ်ကတိုးပင်	thi' gadou: bin
Pappel (f)	ပေါ့ပလာပင်	po. pa. la bin
Vogelbeerbaum (m)	ရာအန်ပင်	ra an bin
Weide (f)	မိုးမဂပင်	mou: ma. ga. bin
Erle (f)	အိုလ်ဒါပင်	oun da bin
Buche (f)	ယင်းသစ်	jin: dhi'
Ulme (f)	အမ်ပင်	an bin
Esche (f)	အက်ရှ်အပင်	e' sh apin
Kastanie (f)	သစ်အယ်ပင်	thi' e
Magnolie (f)	တတိုင်းမွေးပင်	ta tain: hmwei: bin
Palme (f)	ထန်းပင်	htan: bin
Zypresse (f)	စိုက်ပရက်စ်ပင်	sai' pa. je's pin
Mangrovenbaum (m)	လမုပင်	la. mu. bin
Baobab (m)	ကန္တာရပေါက်ပင်တစ်မျိုး	kan ta ja. bau' bin di' chju:
Eukalyptus (m)	ယူကလစ်ပင်	ju kali' pin
Mammutbaum (m)	ဆီဂွိုလာပင်	hsi gwou la pin

228. Büsche

Strauch (m)	ချုံပုတ်	choun bou'
Gebüsch (n)	ချုံ	choun
Weinstock (m)	စပျစ်	zabji'
Weinberg (m)	စပျစ်ခြံ	zabji' chan
Himbeerstrauch (m)	ရတ်စဘယ်ရီ	re' sa be ji
schwarze Johannisbeere (f)	ဘလက်ကားရန့်	ba. le' ka: jan.
rote Johannisbeere (f)	အနီရောင်ဘယ်ရီသီး	ani jaun be ji dhi:
Stachelbeerstrauch (m)	ကုလားဆီးဖြူပင်	kala: zi: hpju pin
Akazie (f)	အကေရှားပင်	akei sha: bin:
Berberitze (f)	ဘားဘယ်ရီပင်	ba: be' ji bin
Jasmin (m)	စံပယ်ပင်	san be bin
Wacholder (m)	ဂျူနီပါပင်	gju ni ba bin
Rosenstrauch (m)	နှင်းဆီချုံ	hnin: zi gjun
Heckenrose (f)	တောရိုင်းနှင်းဆီပင်	to: ein: hnin: zi bin

229. Pilze

Pilz (m)	မှို	hmou
essbarer Pilz (m)	စားသုံးနိုင်သောမှို	sa: dhoun: nein dho: hmou
Giftpilz (m)	အဆိပ်ရှိသောမှို	ahsei shi. de. hmou
Hut (m)	မှိုပွင့်	hmou bwin.
Stiel (m)	မှိုခြေထောက်	hmou gjei dau'
Steinpilz (m)	မှိုခြင်ထောင်	hmou gjin daun
Rotkappe (f)	ထိပ်အဝါရောင်ရှိသောမှို	htei' awa jaun shi. de. hmou
Birkenpilz (m)	ခြေထောက်ရှည်မှိုတစ်မျိုး	chei htau' shi hmou di' mjou:
Pfifferling (m)	ချန်တရယ်မှို	chan ta. je hmou
Täubling (m)	ရာဇလယ်လာမှို	ja. ze la hmou
Morchel (f)	ထိပ်ပွလုံးသောမှို တစ်မျိုး	htei' loun: dho: hmou di' mjou:
Fliegenpilz (m)	အနီရောင်ရှိသော မှိုတစ်မျိုး	ani jaun shi. dho: hmou di' mjou:
Grüner Knollenblätterpilz	ဒက်ကွဲပ်မှို	de' ke. p hmou

230. Obst. Beeren

Frucht (f)	အသီး	athi:
Früchte (pl)	အသီးများ	athi: mja:
Apfel (m)	ပန်းသီး	pan: dhi:
Birne (f)	သစ်တော်သီး	thi' to dhi:
Pflaume (f)	ဆီးသီး	hsi: dhi:
Erdbeere (f)	စတော်ဘယ်ရီသီး	sato be ri dhi:
Kirsche (f)	ချယ်ရီသီး	che ji dhi:

Sauerkirsche (f)	ချယ်ရီချဉ်သီး	che ji gjin dhi:
Süßkirsche (f)	ချယ်ရီချိုသီး	che ji gjou dhi:
Weintrauben (pl)	စပျစ်သီး	zabji' thi:
Himbeere (f)	ရတ်စဘယ်ရီ	re' sa be ji
schwarze Johannisbeere (f)	ဘလက်ကားရန့်	ba. le' ka: jan.
rote Johannisbeere (f)	အနီရောင်ဘယ်ရီသီး	ani jaun be ji dhi:
Stachelbeere (f)	ကလားဆီးဖြူ	ka. la: his: hpju
Moosbeere (f)	ကရမ်ဘယ်ရီ	ka. jan be ji
Apfelsine (f)	လိမ္မော်သီး	limmo dhi:
Mandarine (f)	ပျားလိမ္မော်သီး	pja: lein mo dhi:
Ananas (f)	နာနတ်သီး	na na' dhi:
Banane (f)	ငှက်ပျောသီး	hnge' pjo: dhi:
Dattel (f)	စွန်ပလွံသီး	sun palun dhi:
Zitrone (f)	သံပုယိုသီး	than bu. jou dhi:
Aprikose (f)	တရုတ်ဆီးသီး	jau' hsi: dhi:
Pfirsich (m)	မက်မွန်သီး	me' mwan dhi:
Kiwi (f)	ကီဝီသီး	ki wi dhi
Grapefruit (f)	ဂရိတ်ဖရုသီး	ga. ri' hpa. ju dhi:
Beere (f)	ဘယ်ရီသီး	be ji dhi:
Beeren (pl)	ဘယ်ရီသီးများ	be ji dhi: mja:
Preiselbeere (f)	အနီရောင်ဘယ်ရီသီးတစ်မျိုး	ani jaun be ji dhi: di: mjou:
Walderdbeere (f)	စတော်ဘယ်ရီရိုင်း	sato be ri jain:
Heidelbeere (f)	ဘီလ်ဘယ်ရီအသီး	bi' l be ji athi:

231. Blumen. Pflanzen

Blume (f)	ပန်း	pan:
Blumenstrauß (m)	ပန်းစည်း	pan: ze:
Rose (f)	နှင်းဆီပန်း	hnin: zi ban:
Tulpe (f)	ကျူးလစ်ပန်း	kju: li' pan:
Nelke (f)	ဇော်မွှားပန်း	zo hmwa: bin:
Gladiole (f)	သစ္စာပန်း	thi' sa ban:
Kornblume (f)	အပြာရောင်တောပန်းတစ်မျိုး	apja jaun dho ban: da' mjou:
Glockenblume (f)	ခေါင်းရန်းအပြာပန်း	gaun: jan: apja ban:
Löwenzahn (m)	တောပန်းအဝါတစ်မျိုး	to: ban: awa ti' mjou:
Kamille (f)	မေ့မြို့ပန်း	mei. mjou. ban:
Aloe (f)	ရှားစောင်းလက်ပတ်ပင်	sha: zaun: le' pa' pin
Kaktus (m)	ရှားစောင်းပင်	sha: zaun: bin
Gummibaum (m)	ရော်ဘာပင်	jo ba bin
Lilie (f)	နှင်းပန်း	hnin: ban:
Geranie (f)	ကြွေပန်းတစ်မျိုး	kjwei ban: da' mjou:
Hyazinthe (f)	ဗေဒါပန်း	bei da ba:
Mimose (f)	ထိကရုံးကြီးပင်	hti. ga. joun: gji: bin
Narzisse (f)	နားစီဆက်စ်ပင်	na: zi ze's pin
Kapuzinerkresse (f)	တောင်ကြာကလေး	taun gja galei:

Orchidee (f)	သစ်ခွပင်	thi' khwa. bin
Pfingstrose (f)	စနပန်း	san dapan:
Veilchen (n)	ဝိုင်အိုးလက်	bain: ou le'

Stiefmütterchen (n)	ပေါင်ဒါပန်း	paun da ban:
Vergissmeinnicht (n)	ခင်မမေ့ပန်း	khin ma. mei. pan:
Gänseblümchen (n)	ဒေဇီပန်း	dei zi bin

Mohn (m)	ဘိန်းပင်	bin: bin
Hanf (m)	ဆေးခြောက်ပင်	hsei: chau' pin
Minze (f)	ပူဇိန	pu zi nan

| Maiglöckchen (n) | နင်းပန်းတစ်မျိုး | hnin: ban: di' mjou: |
| Schneeglöckchen (n) | နင်းခေါင်းလောင်းပန်း | hnin: gaun: laun: ban: |

Brennnessel (f)	ဖက်ယားပင်	hpe' ja: bin
Sauerampfer (m)	မှော်ရှည်ပင်	hmjo gji bin
Seerose (f)	ကြာ	kja
Farn (m)	ဖန်းပင်	hpan: bin
Flechte (f)	သစ်ကပ်မှော်	thi' ka' hmo

Gewächshaus (n)	ဖန်လုံအိမ်	hpan ain
Rasen (m)	မြက်ခင်း	mje' khin:
Blumenbeet (n)	ပန်းစိုက်ခင်း	pan: zai' khan:

Pflanze (f)	အပင်	apin
Gras (n)	မြက်	mje'
Grashalm (m)	ရွက်ရှန်း	jwe' chun:

Blatt (n)	အရွက်	ajwa'
Blütenblatt (n)	ပွင့်ချပ်	pwin: gja'
Stiel (m)	ပင်စည်	pin ze
Knolle (f)	ဥမြစ်	u. mi'

| Jungpflanze (f) | အစို့အညှောက် | asou./a hnjau' |
| Dorn (m) | ဆူး | hsu: |

blühen (vi)	ပွင့်သည်	pwin: de
welken (vi)	ညှိုးနွမ်းသည်	hnjou: nun: de
Geruch (m)	အနံ့	anan.
abschneiden (vt)	ရိတ်သည်	jei' te
pflücken (vt)	ခူးသည်	khu: de

232. Getreide, Körner

Getreide (n)	နံစားပင်တို့၏ အစေ့အဆန်	hnan za: bin dou. i. asei. ahsan
Getreidepflanzen (pl)	ကောက်ပဲသီးနံ	kau' pe; dhi; nan
Ähre (f)	အနံ	ahnan

Weizen (m)	ဂျုံ	gja. mei. ka:
Roggen (m)	ဂျုံရိုင်း	gjoun jain:
Hafer (m)	မြင်းစားဂျုံ	mjin: za: gjoun
Hirse (f)	ကောက်ပဲသီးနံပင်	kau' pe: dhi: nan bin

Gerste (f)	မူယောစပါး	mu. jo za. ba:
Mais (m)	ပြောင်းဖူး	pjaun: bu:
Reis (m)	ဆန်စပါး	hsan zaba
Buchweizen (m)	ပန်းကျို	pan: gjun

Erbse (f)	ပဲစေ့	pe: zei.
weiße Bohne (f)	ပိုလံစားပဲ	bou za: be:
Sojabohne (f)	ပဲပုပ်ပဲ	pe: bou' pe
Linse (f)	ပဲနကလေး	pe: ni ga. lei:
Bohnen (pl)	ပဲအမျိုးမျိုး	pe: amjou: mjou:

233. Gemüse. Grünzeug

Gemüse (n)	ဟင်းသီးဟင်းရွက်	hin: dhi: hin: jwe'
grünes Gemüse (pl)	ဟင်းခတ်အမွေးရွက်	hin: ga' ahmwei: jwe'

Tomate (f)	ခရမ်းချဉ်သီး	khajan: chan dhi:
Gurke (f)	သခွါးသီး	thakhwa: dhi:
Karotte (f)	မုန်လာဥနီ	moun la u. ni
Kartoffel (f)	အာလူး	a lu:
Zwiebel (f)	ကြက်သွန်နီ	kje' thwan ni
Knoblauch (m)	ကြက်သွန်ဖြူ	kje' thwan bju

Kohl (m)	ဂေါ်ဘီ	go bi
Blumenkohl (m)	ပန်းဂေါ်ဘီ	pan: gozi
Rosenkohl (m)	ဂေါ်ဘီထုပ်အသေးစား	go bi dou' athei: za:
Brokkoli (m)	ပန်းဂေါ်ဘီအစိမ်း	pan: gozi asein:

Rote Bete (f)	မုန်လာဥနီလုံး	moun la u. ni loun:
Aubergine (f)	ခရမ်းသီး	khajan: dhi:
Zucchini (f)	ဘူးသီး	bu: dhi:
Kürbis (m)	ဖရုံသီး	hpa joun dhi:
Rübe (f)	တရုတ်မုန်လာဥ	tajou' moun la u.

Petersilie (f)	တရုတ်နံနံပင်	tajou' nan nan bin
Dill (m)	စမြိတ်ပင်	samjei' pin
Kopf Salat (m)	ဆလပ်ရွက်	hsa. la' jwe'
Sellerie (m)	တရုတ်နံနံကြီး	tajou' nan nan gji:
Spargel (m)	ကညွတ်မာပင်	ka. nju' ma bin
Spinat (m)	ဒေါက်ခွ	dau' khwa.

Erbse (f)	ပဲပင်	pe: bin
Bohnen (pl)	ပဲအမျိုးမျိုး	pe: amjou: mjou:
Mais (m)	ပြောင်းဖူး	pjaun: bu:
weiße Bohne (f)	ပိုလံစားပဲ	bou za: be:

Pfeffer (m)	ငရုတ်သီး	nga jou' thi:
Radieschen (n)	မုန်လာဥသေး	moun la u. dhei:
Artischocke (f)	အာတီချော	a ti cho.

REGIONALE GEOGRAPHIE

Länder. Nationalitäten

Europa (n)	ဥရောပ	u. jo: pa
Europäische Union (f)	ဥရောပသမဂ္ဂ	u. jo: pa dha: me' ga.
Europäer (m)	ဥရောပသား	u. jo: pa dha:
europäisch	ဥရောပနှင့်ဆိုင်သော	u. jo: pa hnin. zain de
Österreich	သြစတြီးယား	o. sa. tji: ja:
Österreicher (m)	သြစတြီးယန်းအမျိုးသား	o. sa. tji: jan: amjou: dha:
Österreicherin (f)	သြစတြီးယန်းအမျိုးသမီး	o. sa. tji: jan: amjou: dhami:
österreichisch	သြစတြီးယားနှင့်ဆိုင်သော	o. sa. tji: ja: hnin. zain de.
Großbritannien	အင်္ဂလန်	angga. lan
England	အင်္ဂလန်	angga. lan
Brite (m)	အင်္ဂလန်နိုင်ငံသား	angga. lan nain ngan dha:
Britin (f)	အင်္ဂလန်နိုင်ငံသူ	angga. lan nain ngan dhu
englisch	အင်္ဂလန်နှင့်ဆိုင်သော	angga. lan hnin. zein dho:
Belgien	ဘယ်လ်ဂျီယံ	be l gji jan
Belgier (m)	ဘယ်လ်ဂျီယံအမျိုးသား	be l gji jan dha:
Belgierin (f)	ဘယ်လ်ဂျီယံအမျိုးသမီး	be l gji jan dhami:
belgisch	ဘယ်လ်ဂျီယံနှင့်ဆိုင်သော	be l gji jan hnin. zain de.
Deutschland	ဂျာမန်	gja man
Deutsche (m)	ဂျာမန်အမျိုးသား	gja man amjou: dha:
Deutsche (f)	ဂျာမန်အမျိုးသမီး	gja man amjou: dhami:
deutsch	ဂျာမန်နှင့်ဆိုင်သော	gja man hnin. zain de.
Niederlande (f)	နယ်သာလန်	ne dha lan
Holland (n)	ဟော်လန်	ho lan
Holländer (m)	ဒတ်ရှ်အမျိုးသား	da' ch amjou: dha:
Holländerin (f)	ဒတ်ရှ်အမျိုးသမီး	da' ch amjou: dhami:
holländisch	ဒတ်ရှ်နှင့်ဆိုင်သော	da' ch hnin. zain de
Griechenland	ဂရိ	ga. ri.
Grieche (m)	ဂရိအမျိုးသား	ga. ri. amjou: dha:
Griechin (f)	ဂရိအမျိုးသမီး	ga. ri. amjou: dhami:
griechisch	ဂရိနှင့်ဆိုင်သော	ga. ri. hnin. zain de.
Dänemark	ဒိန်းမတ်	dein: ma'
Däne (m)	ဒိန်းမတ်သား	dein: ma' dha:
Dänin (f)	ဒိန်းမတ်သူ	dein: ma' dhu
dänisch	ဒိန်းမတ်နှင့်ဆိုင်သော	dein: ma' hnin. zain de.
Irland	အိုင်ယာလန်	ain ja lan
Ire (m)	အိုင်ယာလန်အမျိုးသား	ain ja lan amjou: dha:

Irin (f)	အိုင်ယာလန်အမျိုးသမီး	ain ja lan amjou: dha. mi:
irisch	အိုင်ယာလန်နှင့်ဆိုင်သော	ain ja lan hnin. zain de.
Island	အိုက်စလန်း	ai' sa lan:
Isländer (m)	အိုက်စလန်းသား	ai' sa lan: dha:
Isländerin (f)	အိုက်စလန်းသူ	ai' sa lan: dhu
isländisch	အိုက်စလန်းနှင့်ဆိုင်သော	ai' sa lan: hnin. hsain de.
Spanien	စပိန်	sapein
Spanier (m)	စပိန်အမျိုးသား	sapein mjou: dha:
Spanierin (f)	စပိန်အမျိုးသမီး	sapein mjou: dhami:
spanisch	စပိန်နှင့်ဆိုင်သော	sapein hnin. zain de.
Italien	အီတလီ	ita. li
Italiener (m)	အီတလီအမျိုးသား	ita. li amjou: dha:
Italienerin (f)	အီတလီအမျိုးသမီး	ita. li amjou: dhami:
italienisch	အီတလီနှင့်ဆိုင်သော	ita. li hnin. zain de.
Zypern	လူးပရက်စ်	hsu: pa. je' s te.
Zypriot (m)	လူးပရက်စ်သား	hsu: pa. je' s tha:
Zypriotin (f)	လူးပရက်စ်သူ	hsu: pa. je' s thu
zyprisch	လူးပရက်စ်နှင့်ဆိုင်သော	hsu: pa. je' s hnin. zain de.
Malta	မာတာ	ma ta
Malteser (m)	မာတာသား	ma ta dha:
Malteserin (f)	မာတာသူ	ma ta dhami:
maltesisch	မာတာနှင့်ဆိုင်သော	ma ta hnin. zain de.
Norwegen	နော်ဝေး	no wei:
Norweger (m)	နော်ဝေးအမျိုးသား	no wei: amjou: dha:
Norwegerin (f)	နော်ဝေးအမျိုးသမီး	no wei: amjou: dhami:
norwegisch	နော်ဝေးနှင့်ဆိုင်သော	no wei: hnin. zain de.
Portugal	ပေါ်တူဂီ	po tu gi
Portugiese (m)	ပေါ်တူဂီအမျိုးသား	po tu gi amjou: dha:
Portugiesin (f)	ပေါ်တူဂီအမျိုးသမီး	po tu gi amjou: dhami:
portugiesisch	ပေါ်တူဂီနှင့်ဆိုင်သော	po tu gi hnin. zain de.
Finnland	ဖင်လန်	hpin lan
Finne (m)	ဖင်လန်အမျိုးသား	hpin lan dha:
Finnin (f)	ဖင်လန်အမျိုးသမီး	hpin lan dhami:
finnisch	ဖင်လန်နှင့်ဆိုင်သော	hpin lan hnin. zain de.
Frankreich	ပြင်သစ်	pjin dhi'
Franzose (m)	ပြင်သစ်အမျိုးသား	pjin dhi' amjou: dha:
Französin (f)	ပြင်သစ်အမျိုးသမီး	pjin dhi' amjou: dhami:
französisch	ပြင်သစ်နှင့်ဆိုင်သော	pjin dhi' hnin. zain de.
Schweden	ဆွီဒင်	hswi din
Schwede (m)	ဆွီဒင်အမျိုးသား	hswi din amjou: dha:
Schwedin (f)	ဆွီဒင်အမျိုးသမီး	hswi din amjou: dhami:
schwedisch	ဆွီဒင်နှင့်ဆိုင်သော	hswi din hnin. zain de.
Schweiz (f)	ဆွစ်ဇာလန်	hswa' za lan
Schweizer (m)	ဆွစ်ဇာလန်အမျိုးသား	hswa' za lan amjou: dha:
Schweizerin (f)	ဆွစ်ဇာလန်အမျိုးသမီး	hswa' za lan amjou: dhami:

schweizerisch	ဆွစ်ဇာလန်နှင့်ဆိုင်သော	hswa' za lan hnin. zain de.
Schottland	စကော့တလန်	sa. ko: talan
Schotte (m)	စကော့တလန်အမျိုးသား	sa. ko: talan mjou: dha:
Schottin (f)	စကော့တလန်အမျိုးသမီး	sa. ko: talan mjou: dha:
schottisch	စကော့တလန်နှင့်ဆိုင်သော	sa. ko: talan hnin. zain de.

Vatikan (m)	ဗာတီကန်	ba di gan
Liechtenstein	ဗာတီကန်လူမျိုး	ba di gan dhu mjo:
Luxemburg	လူဆင်ဘော့	lju hsan bo.
Monaco	မိုနာကို	mou na kou

235. Mittel- und Osteuropa

Albanien	အယ်လ်ဘေးနီးယား	e l bei: ni: ja:
Albaner (m)	အယ်လ်ဘေးနီးယားအမျိုးသား	e l bei: ni: ja amjou: dha:
Albanerin (f)	အယ်လ်ဘေးနီးယားအမျိုးသမီး	e l bei: ni: ja: amjou: dhami:
albanisch	အယ်လ်ဘေးနီးယားနှင့်ဆိုင်သော	e l bei: ni: ja: hnin. zain de.

Bulgarien	ဘူလ်ဂေးရီးယား	bou gei: ji: ja
Bulgare (m)	ဘူလ်ဂေးရီးယားအမျိုးသား	bou gei: ji: ja amjou: dha:
Bulgarin (f)	ဘူလ်ဂေးရီးယားအမျိုးသမီး	bou gei: ji: ja amjou: dhami:
bulgarisch	ဘူလ်ဂေးရီးယားနှင့်ဆိုင်သော	bou gei: ji: ja hnin. zain de.

Ungarn	ဟန်ဂေရီ	han gei ji
Ungar (m)	ဟန်ဂေရီအမျိုးသား	han gei ji amjou: dha:
Ungarin (f)	ဟန်ဂေရီအမျိုးသမီး	han gei ji amjou: dhami:
ungarisch	ဟန်ဂေရီနှင့်ဆိုင်သော	han gei ji hnin. zain de.

Lettland	လတ်ဗီယန်	la' bi jan
Lette (m)	လတ်ဗီယန်အမျိုးသား	la' bi jan amjou: dha:
Lettin (f)	လတ်ဗီယန်အမျိုးသမီး	la' bi jan amjou: dhami:
lettisch	လတ်ဗီယန်နှင့်ဆိုင်သော	la' bi jan hnin. zein de.

Litauen	လစ်သူနီယဲ	li' thu ni jan
Litauer (m)	လစ်သူနီယဲအမျိုးသား	li' thu ni jan amjou: dha:
Litauerin (f)	လစ်သူနီယဲအမျိုးသမီး	li' thu ni jan amjou: dhami:
litauisch	လစ်သူနီယဲနှင့်ဆိုင်သော	li' thu ni jan hnin. zain de.

Polen	ပိုလန်	pou lan
Pole (m)	ပိုလန်အမျိုးသား	pou lan amjou: dha:
Polin (f)	ပိုလန်အမျိုးသမီး	pou lan amjou: dhami:
polnisch	ပိုလန်နှင့်ဆိုင်သော	pou lan hnin. zain de.

Rumänien	ရူမေးနီးယား	ru mei: ni: ja:
Rumäne (m)	ရူမေးနီးယားအမျိုးသား	ru mei: ni: ja: amjou: dha:
Rumänin (f)	ရူမေးနီးယားအမျိုးသမီး	ru mei: ni: ja: amjou: dha:
rumänisch	ရူမေးနီးယားနှင့်ဆိုင်သော	ru mei: ni: ja: hnin. zain de.

Serbien	ဆယ်ဗီယဲ	hse bi jan.
Serbe (m)	ဆာဗီယဲအမျိုးသား	hsa bi jan amjou: dha:
Serbin (f)	ဆာဗီယဲအမျိုးသမီး	hsa bi jan amjou: dhami:
serbisch	ဆာဗီယဲနှင့်ဆိုင်သော	hsa bi jan hnin. zain de.
Slowakei (f)	ဆလိုဗာကီယာ	hsa. lou ba ki ja
Slowake (m)	ဆလိုဗာကီယာအမျိုးသား	hsa. lou ba ki ja amjou: dha:

Slowakin (f)	ဆလိုဗာကီယာ အမျိုးသမီး	hsa. lou ba ki ja amjou: dhami:
slowakisch	ဆလိုဗာကီယာနှင့်ဆိုင်သော	hsa. lou ba ki ja hnin. zain de.
Kroatien	ခရိုအေးရှား	kha. jou ei: sha:
Kroate (m)	ခရိုအေးရှားအမျိုးသား	kha. jou ei: sha: amjou: dha:
Kroatin (f)	ခရိုအေးရှား အမျိုးသမီး	kha. jou ei: sha: amjou: dhami:
kroatisch	ခရိုအေးရှား နှင့်ဆိုင်သော	kha. jou ei: sha: hnin. zain de.
Tschechien	ချက်	che'
Tscheche (m)	ချက်အမျိုးသား	che' amjou: dha:
Tschechin (f)	ချက်အမျိုးသမီး	che' amjou: dhami:
tschechisch	ချက်နှင့်ဆိုင်သော	che' hnin. zain de.
Estland	အက်စ်တိုးနီးယား	e's to' ni: ja:
Este (m)	အက်စ်တိုးနီးယံအမျိုးသား	e's to' ni: ja: dha:
Estin (f)	အက်စ်တိုးနီးယံအမျိုးသမီး	e's to' ni: ja: dhami:
estnisch	အက်စ်တိုးနီးယားနှင့်ဆိုင်သော	e's to' ni: ja: hnin. zain de
Bosnien und Herzegowina	ဘော့စ်နီးယားနှင့်ဟာ ဇီဂိုဗီနာ	bo'. ni: ja: hnin. ha zi gou bi na
Makedonien	မက်ဆီဒိုးနီးယား	me' hsi: dou: ni: ja:
Slowenien	ဆလိုဗီနီးယား	hsa. lou bi ni: ja:
Montenegro	မွန်တန်နီဂရို	mun dan ni ga. jou

236. Frühere UdSSR Republiken

Aserbaidschan	အာဇာဘိုင်ဂျန်း	a za bain gjin:
Aserbaidschaner (m)	အာဇာဘိုင်ဂျန်းအမျိုးသား	a za bain gjin: dha:
Aserbaidschanerin (f)	အာဇာဘိုင်ဂျန်းအမျိုးသမီး	a za bain gjin: dhami:
aserbaidschanisch	အာဇာဘိုင်ဂျန်းနှင့်ဆိုင်သော	a za bain gjin: hnin. zain de.
Armenien	အာမေးနီးယား	a me: ni: ja:
Armenier (m)	အာမေးနီးယားအမျိုးသမီး	a me: ni: ja: amjou: dhami:
Armenierin (f)	အာမေးနီးယားအမျိုးသမီး	a me: ni: ja: amjou: dhami:
armenisch	အာမေးနီးယားနှင့်ဆိုင်သော	a me: ni: ja: hnin. zain de.
Weißrussland	ဘီလာရုစ်	bi la ju'
Weißrusse (m)	ဘီလာရုစ်အမျိုးသား	bi la ju' amjou: dha:
Weißrussin (f)	ဘီလာရုစ်အမျိုးသမီး	bi la ju' amjou: dhami:
weißrussisch	ဘီလာရုစ်နှင့်ဆိုင်သော	bi la ju' hnin. zain de.
Georgien	ဂျော်ဂျီယာ	gjo gji ja
Georgier (m)	ဂျော်ဂျီယာအမျိုးသား	gjo gji ja amjou: dhami:
Georgierin (f)	ဂျော်ဂျီယာအမျိုးသမီး	gjo gji ja amjou: dha:
georgisch	ဂျော်ဂျီယာနှင့်ဆိုင်သော	gjo gji ja hnin. zain de.
Kasachstan	ကာဇက်စတန်	ka ze' satan
Kasache (m)	ကာဇက်စတန်အမျိုးသမီး	ka ze' satan amjou: dhami:
Kasachin (f)	ကာဇက်စတန်အမျိုးသမီး	ka ze' satan amjou: dhami:
kasachisch	ကာဇက်စတန်နှင့်ဆိုင်သော	ka ze' satan hnin. zain de.
Kirgisien	ကစ်ရီကစ္စတန်	ki' ji ki' za. tan

Kirgise (m)	ကင်ရဂ်ကစ္စတန်အမျိုးသား	ki' ji ki' za. tan amjou: dha:
Kirgisin (f)	ကင်ရဂ်ကစ္စတန်အမျိုးသမီး	ki' ji ki' za. tan amjou: dhami:
kirgisisch	ကင်ရဂ်ကစ္စတန်နှင့်ဆိုင်သော	ki' ji ki' za. tan hnin. zain de.

Moldawien	မိုဒိုရ	mou dou ja
Moldauer (m)	မိုဒိုရအမျိုးသား	mou dou ja amjou: dha:
Moldauerin (f)	မိုဒိုရအမျိုးသမီး	mou dou ja amjou: dhami:
moldauisch	မိုဒိုရနှင့်ဆိုင်သော	mou dou ja hnin. zain de.

Russland	ရုရှား	ru. sha:
Russe (m)	ရုရှားအမျိုးသား	ru sha: amjou: dha:
Russin (f)	ရုရှားအမျိုးသမီး	ru. sha: amjou: dhami:
russisch	ရုရှားနှင့်ဆိုင်သော	ru. sha: hnin. zain de.

Tadschikistan	တာဂျစ်ကစ္စတန်	ta gji' ki' sa. tan
Tadschike (m)	တာဂျစ်အမျိုးသား	ta gji' amjou: dha:
Tadschikin (f)	တာဂျစ်အမျိုးသမီး	ta gji' amjou: dhami:
tadschikisch	တာဂျစ်နှင့်ဆိုင်သော	ta gji' hnin. zain de.

Turkmenistan	တပ်မင်နစ္စတန်	ta' min ni' sa. tan
Turkmene (m)	တပ်မင်နစ္စတန်အမျိုးသား	ta' min ni' sa. tan amjou: dha:
Turkmenin (f)	တပ်မင်နစ္စတန်အမျိုးသမီး	ta' min ni' sa. tan amjou: dhami:
turkmenisch	တုပ်မင်နစ္စတန်နှင့်ဆိုင်သော	ta' min ni' sa. tan hnin. zain de.

Usbekistan	ဥဘဘက်ကစ္စတန်	u. za. be' ki' sa. tan
Usbeke (m)	ဥဘဘက်အမျိုးသား	u. za. be' amjou: dha:
Usbekin (f)	ဥဘဘက်အမျိုးသမီး	u. za. be' amjou: dha:
usbekisch	ဥဘဘုက်ကစ္စတန်နှင့်ဆိုင်သော	u. za. be' ki' sa. tan hnin. zain de.

Ukraine (f)	ယူကရိန်း	ju ka. jein:
Ukrainer (m)	ယူကရိန်းအမျိုးသား	ju ka. jein: amjou: dha:
Ukrainerin (f)	ယူကရိန်းအမျိုးသမီး	ju ka. jein: amjou: dhami:
ukrainisch	ယူကရိန်းနှင့်ဆိုင်သော	ju ka. jein: hnin. zain de.:

237. Asien

Asien	အာရှ	a sha.
asiatisch	အာရှနှင့်ဆိုင်သော	a sha. hnin. zain de.

Vietnam	ဗိယက်နမ်	bi je' nan
Vietnamese (m)	ဗိယက်နမ်အမျိုးသား	bi ja' nan amjou: dha:
Vietnamesin (f)	ဗိယက်နမ်အမျိုးသမီး	bi je' nan amjou dha mi:
vietnamesisch	ဗိယက်နမ်နှင့်ဆိုင်သော	bi je' nan hnin. zain de.

Indien	အိန္ဒိယ	indi. ja
Inder (m)	အိန္ဒိယအမျိုးသား	indi. ja amjou: dha:
Inderin (f)	အိန္ဒိယအမျိုးသမီး	indi. ja amjou: dhami:
indisch	အိန္ဒိယနှင့်ဆိုင်သော	indi. ja hnin. zain de.

Israel	အစ္စရေး	a' sa. jei:
Israeli (m)	အစ္စရေးအမျိုးသား	a' sa. jei: amjou: dha:

| Israeli (f) | အစ္စရေးအမျိုးသမီး | a' sa. jei: amjou: dhami: |
| israelisch | အစ္စရေးနှင့်ဆိုင်သော | a' sa. jei: hnin. zain de. |

Jude (m)	ဂျူး	gju:
Jüdin (f)	ဂျူးအမျိုးသမီး	gju: amjou: dhami:
jüdisch	ဂျူးအမျိုးသား	gju: amjou: dha:

China	တရုတ်	tajou'
Chinese (m)	တရုတ်အမျိုးသား	tajou' amjou: dha:
Chinesin (f)	တရုတ်အမျိုးသမီး	tajou' amjou: dhami:
chinesisch	တရုတ်နှင့်ဆိုင်သော	tajou' hnin. zain de.

Koreaner (m)	ကိုးရီးယားအမျိုးသား	kou: ji: ja: amjou: dha:
Koreanerin (f)	ကိုးရီးယားအမျိုးသမီး	kou: ji: ja: amjou: dhami:
koreanisch	ကိုးရီးယားနှင့်ဆိုင်သော	kou: ji: ja: hnin. zain de.

Libanon (m)	လက်ဘနွန်	le' ba. nun
Libanese (m)	လက်ဘနွန်အမျိုးသား	le' ba. nun amjou: dha:
Libanesin (f)	လက်ဘနွန်အမျိုးသမီး	le' ba. nun amjou: dhami:
libanesisch	လက်ဘနွန်နှင့်ဆိုင်သော	le' ba. nun hnin zain de

Mongolei (f)	မွန်ဂိုလီးယား	mun gou li: ja:
Mongole (m)	မွန်ဂိုလီးယားအမျိုးသား	mun gou li: ja: amjou: dha:
Mongolin (f)	မွန်ဂိုလီးယားအမျိုးသမီး	mun gou li: ja: amjou: dhami:
mongolisch	မွန်ဂိုလီးယားနှင့်ဆိုင်သော	mun gou li: ja: hnin. zain de.

Malaysia	မလေးရှား	ma. lei: sha:
Malaie (m)	မလေးရှားအမျိုးသား	ma. lei: sha: amjou: dha:
Malaiin (f)	မလေးရှားအမျိုးသမီး	ma. lei: sha: amjou: dhami:
malaiisch	မလေးရှားနှင့်ဆိုင်သော	ma. lei: sha: hnin. zain de.

Pakistan	ပါကစ္စတန်	pa ki' sa. tan
Pakistaner (m)	ပါကစ္စတန်အမျိုးသား	pa ki' sa. tan dha:
Pakistanerin (f)	ပါကစ္စတန်အမျိုးသမီး	pa ki' sa. tan dhami:
pakistanisch	ပါကစ္စတန်နှင့်ဆိုင်သော	pa ki' sa. tan hnin. zain de

Saudi-Arabien	ဆော်ဒီအာရေဗီးယား	hso: di a jei. bi: ja:
Araber (m)	အာရပ်အမျိုးသား	a ra' amjou: dha:
Araberin (f)	အာရပ်အမျိုးသမီး	a ra' amjou: dhami:
arabisch	အာရပ်နှင့်ဆိုင်သော	a ra' hnin. zain de.

Thailand	ထိုင်း	htain:
Thailänder (m)	ထိုင်းအမျိုးသား	htain: amjou: dha:
Thailänderin (f)	ထိုင်းအမျိုးသမီး	htain: amjou: dhami:
thailändisch	ထိုင်းနှင့်ဆိုင်သော	htain: hnin. zain de.

Taiwan	ထိုင်ဝမ်	htain wan
Taiwaner (m)	ထိုင်ဝမ်အမျိုးသား	htain wan amjou: dha:
Taiwanerin (f)	ထိုင်ဝမ်အမျိုးသမီး	htain wan amjou: dhami:
taiwanisch	ထိုင်ဝမ်နှင့်ဆိုင်သော	htain wan hnin. zain de.

Türkei (f)	တူရကီ	tu ra. ki
Türke (m)	တူရကီအမျိုးသား	tu ra. ki amjou: dha:
Türkin (f)	တူရကီအမျိုးသမီး	tu ra. ki amjou: dhami:
türkisch	တူရကီနှင့်ဆိုင်သော	tu ra. ki hnin. zain de
Japan	ဂျပန်	gja pan

Japaner (m)	ဂျပန်အမျိုးသား	gja pan amjou: dha:
Japanerin (f)	ဂျပန်အမျိုးသမီး	gja pan amjou: dhami:
japanisch	ဂျပန်နှင့်ဆိုင်သော	gja pan hnin. zain de

Afghanistan	အာဖဂန်နစ္စတန်	apha. gan na' tan
Bangladesch	ဘင်္ဂလားဒေ့ရှ်	bang la: dei. sh
Indonesien	အင်ဒိုနီးရှား	in do ni: sha:
Jordanien	ဂျော်ဒန်	gjo dan

Irak	အီရတ်	ira'
Iran	အီရန်	iran
Kambodscha	ကမ္ဘောဒီးယား	ga khan ba di: ja:
Kuwait	ကူဝိတ်	ku wi'

Laos	လာအို	la ou
Myanmar	မြန်မာ	mjan ma
Nepal	နီပေါ	ni po:
Vereinigten Arabischen Emirate	အာရပ်နိုင်ငံများ	a ra' nain ngan mja:

Syrien	ဆီးရီးယား	hsi: ji: ja:
Palästina	ပါလက်စတိုင်း	pa le' sa tain:
Südkorea	တောင်ကိုရီးယား	taun kou ri: ja:
Nordkorea	မြောက်ကိုရီးယား	mjau' kou ji: ja:

238. Nordamerika

Die Vereinigten Staaten	အမေရိကန် ပြည်ထောင်စု	amei ji kan pji htaun zu
Amerikaner (m)	အမေရိကန်အမျိုးသား	amei ji kan amjou: dha:
Amerikanerin (f)	အမေရိကန်အမျိုးသမီး	amei ji kan amjou: dhami:
amerikanisch	အမေရိကန်	amei ji kan

Kanada	ကနေဒါနိုင်ငံ	ka. nei da nain gan
Kanadier (m)	ကနေဒါအမျိုးသား	ka. nei da amjou: dha:
Kanadierin (f)	ကနေဒါအမျိုးသမီး	ka. nei da amjou: dhami:
kanadisch	ကနေဒါနိုင်ငံ နှင့် ဆိုင်သော	ka. nei da nain gan hnin. zain de.

Mexiko	မက္ကစီကိုနိုင်ငံ	me' ka. hsi kou nain ngan
Mexikaner (m)	မက္ကစီကို အမျိုးသား	me' ka. hsi kou amjou: dha:
Mexikanerin (f)	မက္ကစီကို အမျိုးသမီး	me' ka. hsi kou amjou: dhami:
mexikanisch	မက္ကစီကိုနိုင်ငံနှင့်ဆိုင်သော	me' ka. hsi kou hnin. zain de.

239. Mittel- und Südamerika

Argentinien	အာဂျင်တီးနား	agin ti: na:
Argentinier (m)	အာဂျင်တီးနားအမျိုးသား	agin ti: na: amjou: dha:
Argentinierin (f)	အာဂျင်တီးနားအမျိုးသမီး	agin ti: na: amjou: dhami:
argentinisch	အာဂျင်တီးနားနှင့်ဆိုင်သော	agin ti: na: hnin. zain de.
Brasilien	ဘရာဇီးလ်	ba. ra zi'l

Brasilianer (m)	ဘရာဇီးလ်ယံအမျိုးသား	ba. ra zi'l amjou: dha:
Brasilianerin (f)	ဘရာဇီးလ်ယံအမျိုးသမီး	ba. ra zi'l amjou: dhami:
brasilianisch	ဘရာဇီးလ်နှင့်ဆိုင်သော	ba. ra zi'l hnin. zain de.

Kolumbien	ကိုလမ်းဘီးယား	kou lan: bi: ja:
Kolumbianer (m)	ကိုလမ်းဘီးယားအမျိုးသား	kou lan: bi: ja: amjou: dha:
Kolumbianerin (f)	ကိုလမ်းဘီးယားအမျိုးသမီး	kou lan: bi: ja: amjou: dhami:
kolumbianisch	ကိုလမ်းဘီးယားနှင့်ဆိုင်သော	kou lan: bi: ja: hnin. lain de.

Kuba	ကျူးဘား	kju: ba:
Kubaner (m)	ကျူးဘားအမျိုးသား	kju: ba: amjou: dha:
Kubanerin (f)	ကျူးဘားအမျိုးသမီး	kju: ba: amjou: dhami:
kubanisch	ကျူးဘားနှင့်ဆိုင်သော	kju: ba: hnin. zain de.

Chile	ချီလီ	chi li
Chilene (m)	ချီလီအမျိုးသား	chi li amjou: dha:
Chilenin (f)	ချီလီအမျိုးသမီး	chi li amjou: dhami:
chilenisch	ချီလီနှင့်ဆိုင်သော	chi li hnin. zain de.

Bolivien	ဘိုလစ်ဘီးယား	bou la' bi: ja:
Venezuela	ဗယ်နီဇွဲလား	be ni zwe: la:
Paraguay	ပါရာဂွေး	pa ja gwei:
Peru	ပီရူး	pi ju:

Suriname	ဆူရီနိမ်း	hsu. ji nei:
Uruguay	အူရူဂွေး	ou. ju gwei:
Ecuador	အီကွေဒေါ်	i kwei: do:

Die Bahamas	ဘာဟာမက်	ba ha me'
Haiti	ဟိုင်တီ	hain ti
Dominikanische Republik	ဒိုမီနီကန်	dou mi ni kan
Panama	ပနားမား	pa. na: ma:
Jamaika	ဂျေမေးကား	g'me:kaa:

240. Afrika

Ägypten	အီဂျစ်	igji'
Ägypter (m)	အီဂျစ်အမျိုးသား	igji' amjou: dha:
Ägypterin (f)	အီဂျစ်အမျိုးသမီး	igji' amjou: dhami;
ägyptisch	အီဂျစ်နှင့်ဆိုင်သော	igji' hnin. zain de.

Marokko	မော်ရိုကို	mo jou gou
Marokkaner (m)	မော်ရိုကိုအမျိုးသား	mou jou gou amjou: dha:
Marokkanerin (f)	မော်ရိုကိုအမျိုးသမီး	mou jou gou amjou: dhami:
marokkanisch	မော်ရိုကိုနှင့်ဆိုင်သော	mou jou gou hnin. zain de.

Tunesien	တူနစ်ရှား	tu ni' sha:
Tunesier (m)	တူနစ်ရှားအမျိုးသား	tu ni' sha: amjou: dha:
Tunesierin (f)	တူနစ်ရှားအမျိုးသမီး	tu ni' sha: amjou: dhami:
tunesisch	တူနစ်ရှားနှင့်ဆိုင်သော	tu ni' sha: hnin. zain de.

Ghana	ဂါနာ	ga na
Sansibar	ဇန်ဇီဘာ	zan zi ba
Kenia	ကင်ညာ	kin nja

Libyen	လီဗီယာ	li bi ja
Madagaskar	မာဒဂါကာစကာ	ma de' ka za ga

Namibia	နမ်မီးဘီးယား	nami: bi: ja:
Senegal	ဆယ်နီဂေါ်	hse ni go
Tansania	တန်ဇားနီးယား	tan za: ni: ja:
Republik Südafrika	တောင်အာဖရိက	taun a hpa. ji. ka.

Afrikaner (m)	အာဖရိကတိုက်သား	apha. ri. ka. dhai' tha:
Afrikanerin (f)	အာဖရိကာသူ	apha. ri. ka. dhu
afrikanisch	အာဖရိကန်နှင့်ဆိုင်သော	apha. ri. kan hnin. zain de.

241. Australien. Ozeanien

Australien	သြစတြေးလျ	thja za djei: lja
Australier (m)	သြစတြေးလျားအမျိုးသား	o. sa. tjei: lja: amjou: dha:
Australierin (f)	သြစတြေးလျားအမျိုးသမီး	o. sa. tjei: lja: amjou: dhami:
australisch	သြစတြေးလျနှင့်ဆိုင်သော	o. sa. tjei: lja: hnin. zain de.

Neuseeland	နယူးဇီလန်	na. ju: zi lan
Neuseeländer (m)	နယူးဇီလန်အမျိုးသား	na. ju: zi lan dha:
Neuseeländerin (f)	နယူးဇီလန်အမျိုးသမီး	na. ju: zi lan dhami:
neuseeländisch	နယးဇီလန်နှင့်ဆိုင်သော	na. ja: zi lan hnin. zain de

Tasmanien	တာဝ်မေးနီးယား	ta. s mei: ni: ja:
Französisch-Polynesien	ပြင်သစ် ပေါ်လီးနီးရှား	pjin dhi' po li: ni: sha:

242. Städte

Amsterdam	အမ်စတာဒမ်မြို့	an za ta dan mjou.
Ankara	အမ်ကာရာမြို့	an ga ja mjou.
Athen	အေသင်မြို့	e thin mjou.

Bagdad	ဘဂ္ဂဒတ်မြို့	ba' ga. da mjou.
Bangkok	ဘန်ကောက်မြို့	ban gou' mjou.
Barcelona	ဘာစီလိုနာမြို့	ba zi lou na mjou.
Beirut	ဘီရာဂျူမြို့	bi ja ju. mjou.
Berlin	ဘာလင်မြို့	ba lin mjou.

Bombay	မွန်ဘိုင်းမြို့	mun bain mjou.
Bonn	ဘွန်းမြို့	bwun: mjou.
Bordeaux	ဘော်ဒိုးမြို့	bo dou: mjou.
Bratislava	ဘရာတတ်ဆလာဗာမြို့	ba. ra ta' hsa. la ba mjou.
Brüssel	ဘရပ်ဆဲလ်မြို့	ba. ja' hse:' mjou.
Budapest	ဘူဒါပတ်စ်မြို့	bu da pa' s mjou.
Bukarest	ဗူးဂရက်မြို့	bu: ga. ja' mjou.

Chicago	ရှီကာဂိုမြို့	chi ka gou mjou.
Daressalam	ဒါရုစလမ်မြို့	da ju za. lan mjou.
Delhi	ဒေလီမြို့	dei li mjou.
Den Haag	ဒဟာဂုမြို့	da. ha gu: mjou.
Dubai	ဒူဘိုင်းမြို့	du bain mjou.

Dublin	ဒပ်ဗလင်မြို့	da' ba lin mjou.
Düsseldorf	ဂျူဆက်ဒေါ်ဖဲမြို့	gju hse' do. hp mjou.
Florenz	ဖလောရန့်စ်မြို့	hpa. lau jan s mjou.
Frankfurt	ဖရန့်ဖွတ်မြို့	hpa. jan. hpa. t. mjou.
Genf	ဂျန်ဗာမြို့	gja. ni ba mjou.
Hamburg	ဟန်းဘွာဂ်မြို့	han: ba. k mjou.
Hanoi	ဟနွိုင်းမြို့	ha. noin: mjou.
Havanna	ဟာဗားနားမြို့	ha ba: na: mjou.
Helsinki	ဟယ်လ်ဆင်ကီမြို့	he l hsin ki mjou.
Hiroshima	ဟီရိုရှီးမားမြို့	hi jou si: ma: mjou.
Hongkong	ဟောင်ကောင်မြို့	haun: gaun: mjou.
Istanbul	အစ္စတန်ဘူလ်မြို့	a' sa. tan bun mjou.
Jerusalem	ဂျေရုဆလင်မြို့	gjei jou hsa. lin mjou.
Kairo	ကိုင်ရိုမြို့	kain jou mjou.
Kalkutta	ကာလကတ္တားမြို့	ka la ka' ta mjou.
Kiew	ကီးယေဗ်မြို့	ki: je' mjou.
Kopenhagen	ကိုပင်ဟောဂင်မြို့	kou pin hei: gin mjou.
Kuala Lumpur	ကွာလာလမ်ပူမြို့	kwa lan pu mjou.
Lissabon	လစ်စဘွန်းမြို့	li' sa bun: mjou.
London	လန်ဒန်မြို့	lan dan mjou.
Los Angeles	လော့အိန်ဂျယ်လိဂျ်မြို့	lau in gja. li mjou.
Lyon	လိုင်ယွန်မြို့	lain jun mjou.
Madrid	မက်ဒရစ်မြို့	ma' da. ji' mjou.
Marseille	မာရ့်ဆေးမြို့	ma zei: mjou.
Mexiko-Stadt	မက္ကဆီကိုမြို့	me' ka. hsi kou mjou.
Miami	မီရာမီမြို့	mi ja mi mjou.
Montreal	မွန်ထရံရယ်မြို့	mun da. ji je mjou.
Moskau	မော်စကိုမြို့	ma sa. kou mjou.
München	မြူးနစ်မြို့	mju: ni' mjou.
Nairobi	နိုင်ရိုဘီမြို့	nain jou bi mjo.
Neapel	နီပေါမြို့	ni po: mjou.
New York	နယူးယောက်မြို့	na. ju: jau' mjou.
Nizza	နိက်စ်မြို့	nai's mjou.
Oslo	အော်စလိုမြို့	o sa lou mjou.
Ottawa	အော့တဝါမြို့	o. ta wa mjou.
Paris	ပဲရစ်မြို့	pe: ji' mjou.
Peking	ပီကင်းမြို့	pi gin: mjou.
Prag	ပရက်မြို့	pa. ra' mjou.
Rio de Janeiro	ရီယိုဒေးဂျန်နီရိုမြို့	ri jou dei: gjan ni jou mjou.
Rom	ရောမမြို့	ro: ma. mjou.
Sankt Petersburg	စိန့်ပီတာစဘာတ်မြို့	sein. pi ta za ba' mjou.
Schanghai	ရှန်ဟိုင်းမြို့	shan hain: mjou.
Seoul	ဆိုးလ်မြို့	hsou: l mjou.
Singapur	စင်္ကာပူ	sin ga pu
Stockholm	စတော့ဟုမ်းမြို့	sato. houn: mjou.
Sydney	စစ်ဒနေမြို့	si' danei mjou.
Taipeh	တိုင်ပေမြို့	tain bei mjou.
Tokio	တိုကျိုမြို့	tou gjou mjou.

Toronto	တိုရွန်တိုမြို့.	tou run tou mjou.
Venedig	ဗင်းနစ်မြို့.	bin: na' s mjou.
Warschau	ဝါဆောမြို့.	wa so mjou.
Washington	ဝါရှင်တန်မြို့.	wa shin tan mjou.
Wien	ဗီယင်နာမြို့.	bi jin na mjou.

243. Politik. Regierung. Teil 1

Politik (f)	နိုင်ငံရေး	nain ngan jei:
politisch	နိုင်ငံရေးနှင့်ဆိုင်သော	nain ngan jei: hnin. zain de
Politiker (m)	နိုင်ငံရေးသမား	nain ngan jei; dhama:
Staat (m)	နိုင်ငံ	nain ngan
Bürger (m)	နိုင်ငံသား	nain ngan dha:
Staatsbürgerschaft (f)	နိုင်ငံသားအဖြစ်	nain ngan dha: ahpji'
Staatswappen (n)	နိုင်ငံတော်တံဆိပ်	nain ngan da dan zei'
Nationalhymne (f)	နိုင်ငံတော်သီချင်း	nain ngan do dhi gjin:
Regierung (f)	အစိုးရ	asou: ja. hpja' te.
Staatschef (m)	နိုင်ငံခေါင်းဆောင်	nain ngan gaun zaun
Parlament (n)	ပါလီမန်	pa li man
Partei (f)	ပါတီ	pa ti
Kapitalismus (m)	အရင်းရှင်ဝါဒ	ajin: hjin wa da.
kapitalistisch	အရင်းရှင်	ajin: shin
Sozialismus (m)	ဆိုရှယ်လစ်ဝါဒ	hsou she la' wa da.
sozialistisch	ဆိုရှယ်လစ်	hsou she la'
Kommunismus (m)	ကွန်မြူနစ်ဝါဒ	kun mu ni' wa da.
kommunistisch	ကွန်မြူနစ်	kun mu ni'
Kommunist (m)	ကွန်မြူနစ်ဝါဒယုံကြည်သူ	kun mu ni' wa da. joun kji dhu
Demokratie (f)	ဒီမိုကရေစီဝါဒ	di mou ka jei zi wa da.
Demokrat (m)	ဒီမိုကရေစီယုံကြည်သူ	di mou ka jei zi joun gji dhu
demokratisch	ဒီမိုကရေစီနှင့်ဆိုင်သော	di mou ka jei zi hnin. zain de.
demokratische Partei (f)	ဒီမိုကရေစီပါတီ	di mou ka jei zi pa ti
Liberale (m)	လစ်ဘရယ်	li' ba. je
liberal	လစ်ဘရယ်နှင့်ဆိုင်သော	li' ba. je hnin. zain de.
Konservative (m)	ကွန်ဆာဗေးတစ်လိုလားသူ	kun sa bei: ti' lou la: dhu:
konservativ	ကွန်ဆာဗေးတစ်နှင့်ဆိုင်သော	kun sa bei: ti' hnin. zain de.
Republik (f)	သမ္မတနိုင်ငံ	thamada. nain ngan
Republikaner (m)	သမ္မတစနစ်လိုလားသူ	thamada. zani' lou la: dhu
Republikanische Partei (f)	သမ္မတစနစ်လိုလားသော	thamada. zani' lou la: de.
Wahlen (pl)	ရွေးကောက်ပွဲ	jwei: kau' pwe:
wählen (vt)	မဲပေးရွေးချယ်သည်	me: bei: jwei: gje de
Wähler (m)	မဲဆန္ဒရှင်	me: hsan da. shin
Wahlkampagne (f)	မဲဆွယ်ပွဲ	me: hswe bwe:
Abstimmung (f)	ဆန္ဒမဲပေးခြင်း	hsan da. me: pwei: gjin

| abstimmen (vi) | ဆန္ဒမဲပေးသည် | hsan da. me: pwei: de |
| Abstimmungsrecht (n) | ဆန္ဒမဲပေးခွင့် | hsan da. me: khwin. |

Kandidat (m)	ကိုယ်စားလှယ်လောင်း	kou za: hle laun:
kandidieren (vi)	ရွေးကောက်ပွဲဝင်သည်	jwei: kau' pwe: win de
Kampagne (f)	လုပ်ဆောင်မှုများ	lou' zaun hmu. mja:

| Oppositions- | အတိုက်အခံဖြစ်သော | atoi' akhan hpja' tho: |
| Opposition (f) | အတိုက်အခံပါတီ | atoi' akhan ba di |

Besuch (m)	အလည်အပတ်	ale apa'
Staatsbesuch (m)	တရားဝင်အလည်အပတ်	taja: win alei apa'
international	အပြည်ပြည်ဆိုင်ရာဖြစ်သော	apji pji zain ja bja' de.

| Verhandlungen (pl) | ဆွေးနွေးပွဲ | hswe: nwe: bwe: |
| verhandeln (vi) | ဆွေးနွေးသည် | hswe: nwe: de |

244. Politik. Regierung. Teil 2

Gesellschaft (f)	လူထု	lu du
Verfassung (f)	ဖွဲ့စည်းပုံအခြေ ခံဥပဒေ	hpwe. zi: boun akhei gan u. ba. dei
Macht (f)	အာဏာ	a na
Korruption (f)	ခြစားမှု	cha. za: hmu.

| Gesetz (n) | ဥပဒေ | u. ba. dei |
| gesetzlich (Adj) | တရားဥပဒေဘောင် တွင်းဖြစ်သော | taja: u ba dei baun twin: bji' te. |

| Gerechtigkeit (f) | တရားမျှတခြင်း | taja: hmja. ta. gjin: |
| gerecht | တရားမျှတသော | taja: hmja. ta. de. |

Komitee (n)	ကော်မတီ	ko ma. din
Gesetzentwurf (m)	ဥပဒေကြမ်း	u. ba. dei gjan:
Budget (n)	ဘတ်ဂျက်	ba' gje'
Politik (f)	မူဝါဒ	mu wa da.
Reform (f)	ပြုပြင်ပြောင်းလဲမှု	pju. bjin bjaun: le: hmu.
radikal	အစွန်းရောက်သော	aswan: jau' de.

Macht (f)	အား	a:
mächtig (Adj)	အင်အားကြီးသော	in a: kji: de.
Anhänger (m)	ထောက်ခံအားပေးသူ	htau' khan a: bei: dhu
Einfluss (m)	သြဇာ	o: za

Regime (n)	အစိုးရစနစ်	asou: ja. za. na'
Konflikt (m)	အငြင်းပွားမှု	anjin: bwa: hmu.
Verschwörung (f)	လျှို့ဝှက်ပူးပေါင်း ကြံစည်ချက်	shou. hwe' pu: baun: kjan ze gje'
Provokation (f)	ရန်စခြင်း	jan za gjin:

stürzen (vt)	ဖြုတ်ချသည်	hpjou' cha. de
Sturz (m)	ဖြုတ်ချခြင်း	hpjou' cha. chin:
Revolution (f)	တော်လှန်ရေး	to hlan jei:
Staatsstreich (m)	အာဏာသိမ်းခြင်း	a na thein: gjin:

Militärputsch (m)	လက်နက်နှင့် အာဏာသိမ်းခြင်း	le' ne' hnin.a na dhain: gjin:
Krise (f)	အရေးအခဲကာလ	akhe' akhe: ga la.
Rezession (f)	စီးပွါးရေးကျဆင်းခြင်း	si: bwa: jei: gja zin: gjin:
Demonstrant (m)	ဆန္ဒပြသူ	hsan da. bja dhu
Demonstration (f)	ဆန္ဒပြပွဲ	hsan da. bja bwe:
Ausnahmezustand (m)	စစ်အခြေအနေ	si' achei anei
Militärbasis (f)	စစ်စခန်း	si' sakhan

Stabilität (f)	တည်ငြိမ်မှု	ti njein hnu
stabil	တည်ငြိမ်သော	ti njein de.

Ausbeutung (f)	ခေါင်းပုံဖြတ်ခြင်း	gaun: boun bja' chin:
ausbeuten (vt)	ခေါင်းပုံဖြတ်သည်	gaun: boun bja' te

Rassismus (m)	လူမျိုးကြီးဝါဒ	lu mjou: gji: wa da.
Rassist (m)	လူမျိုးရေးခွဲခြားသူ	lu mjou: jei: gwe: gjal dhu
Faschismus (m)	ဖက်ဆစ်ဝါဒ	hpe' hsi' wa da.
Faschist (m)	ဖက်ဆစ်ဝါဒီ	hpe' hsi' wa di

245. Länder. Verschiedenes

Ausländer (m)	နိုင်ငံခြားသား	nain ngan gja: dha:
ausländisch	နိုင်ငံခြားနှင့်ဆိုင်သော	nain ngan gja: hnin. zain de.
im Ausland	နိုင်ငံရပ်ခြား	nain ngan ja' cha:

Auswanderer (m)	အခြားနိုင်ငံတွင်အခြေချသူ	apja: nain ngan dwin agjei gja dhu
Auswanderung (f)	အခြားနိုင်ငံတွင်အခြေချခြင်း	apja: nain ngan dwin agjei gja gjin:
auswandern (vi)	အခြားနိုင်ငံတွင်အခြေချသည်	apja: nain ngan dwin agjei gja de

Westen (m)	အနောက်အရပ်	anau' aja'
Osten (m)	အရှေ့အရပ်	ashei. aja'
Ferner Osten (m)	အရှေ့ဖျား	ashei. bja:

Zivilisation (f)	လူ့နေမှုစနစ်ထွန်းကားခြင်း	lu nei hma za ni' htun: ga: gjin:
Menschheit (f)	လူသားခြင်းစာနာမှု	lu dha: gjin: za na hmu
Welt (f)	ကမ္ဘာ	ga ba
Frieden (m)	ငြိမ်းချမ်းရေး	njein: gjan: jei:
Welt-	ကမ္ဘာတစ်ခွင်ဖြစ်နေသော	ga ba ta khwin hpji' nei de.

Heimat (f)	မွေးရပ်မြေ	mwei: ja' mjei
Volk (n)	ပြည်သူလူထု	pji dhu lu du.
Bevölkerung (f)	လူဦးရေ	lu u: ei
Leute (pl)	လူများ	lu mja:
Nation (f)	လူမျိုး	lu mjou:
Generation (f)	မျိုးဆက်	mjou: ze'

Territorium (n)	နယ်မြေ	ne mjei
Region (f)	အပိုင်း	apain:
Staat (z.B. ~ Alaska)	ပြည်နယ်	pji ne
Tradition (f)	အစဉ်အလာ	asin ala

| Brauch (m) | ဓလေ့ | da lei. |
| Ökologie (f) | ဂေဟဗေဒ | gei ha. bei da. |

Indianer (m)	အိန္ဒိယလူမျိုး	indi. ja thu amjou:
Zigeuner (m)	ဂျစ်ပစီ	gji' pa. si
Zigeunerin (f)	ဂျစ်ပစီမိန်းကလေး	gji' pa. si min: ga. lei
Zigeuner-	ဂျစ်ပစီနှင့်ဆိုင်သော	gji' pa. si hnin. zain de.

Reich (n)	အင်ပါယာ	in pa jaa
Kolonie (f)	ကိုလိုနီ	kou lou ni
Sklaverei (f)	ကျွန်ဘဝ	kjun: ba. wa.
Einfall (m)	ကျူးကျော်ခြင်း	kju: gjo gjin:
Hunger (m)	ငတ်မွတ်ခြင်းသား	nga' mwa' khin: dhei:

246. Wichtige Religionsgruppen. Konfessionen

| Religion (f) | ဘာသာအယူဝါဒ | ba dha alu wa da. |
| religiös | ဘာသာရေးကိုင်းရှိုင်းသော | ba dha jei: gain: shin: de. |

Glaube (m)	ယုံကြည်ကိုးကွယ်မှု	joun kji gou: gwe hmu.
glauben (vt)	ယုံကြည်ကိုးကွယ်သည်	joun kji gou: gwe de
Gläubige (m)	ယုံကြည်ကိုးကွယ်သူ	joun kji gou: gwe dhu

| Atheismus (m) | ဖန်ဆင်းရှင်ဘုရား မဲ့ဝါဒ | hpan zin: shin bu ja: me. wa da. |
| Atheist (m) | ဖန်ဆင်းရှင်ဘုရား မဲ့ဝါဒ | hpan zin: shin bu ja: me. wa di |

Christentum (n)	ခရစ်ယာန်ဘာသာ	khari' jan ba dha
Christ (m)	ခရစ်ယာန်	khari' jan
christlich	ခရစ်ယာန်နှင့်ဆိုင်သော	khari' jan hnin. zain de

Katholizismus (m)	ရိုမန်ကက်သလစ်ဝါဒ	jou man ga' tha. li' wa da.
Katholik (m)	ကက်သလစ်ဝိုက်းဝင်	ka' tha li' goun: win
katholisch	ကက်သလစ်နှင့်ဆိုင်သော	ka' tha li' hnin zein de

Protestantismus (m)	ပရိုတက်စတင့်ဝါဒ	pa. jou te' sa tin. wa da.
Protestantische Kirche (f)	ပရိုတက်စတင့်အသင်းတော်	pa. jou te' sa tin athin: do
Protestant (m)	ပရိုတက်စတင့်ဝိုက်းဝင်	pa. jou te' sa tin gain: win

Orthodoxes Christentum (n)	အော်သိုဒေါ့ဝါဒ	o dhou do. athin wa da.
Orthodoxe Kirche (f)	အော်သိုဒေါ့အသင်းတော်	o dhou do. athin: do
orthodoxer Christ (m)	အော်သိုဒေါ့နှင့်ဆိုင်သော	o dhou do. athin: de.

Presbyterianismus (m)	ပရက်စ်ဘိုင်တီးရီးယန်းဝါဒ	pa. je's bain di: ji: jan: wa da.
Presbyterianische Kirche (f)	ပရက်စ်ဘိုင်တီးရီ ယန်အသင်းတော်	pa. je's bain di: ji: jan athin: do
Presbyterianer (m)	ပရက်စ်ဘိုင်တီးရီး ယန်းဝိုက်းဝင်	pa. je's bain di: ji: jan: gain: win

Lutherische Kirche (f)	လူသာရင်ဝါဒ	lu dha jin wa da.
Lutheraner (m)	လူသာရင်ဝိုက်းဝင်	lu dha jin gain: win
Baptismus (m)	နှစ်ခြင်းအသင်းတော်	hni' chin: a thin: do
Baptist (m)	နှစ်ခြင်းဝိုက်းဝင်	hni' chin: gain: win

Anglikanische Kirche (f)	အင်္ဂလိကန်အသင်းတော်	angga. li kan - athin: do
Anglikaner (m)	အင်္ဂလိကန်ဂိုဏ်းဝင်	angga. li kan gain win
Mormonismus (m)	မောမောန်ဝါဒ	mo maun wa da.
Mormone (m)	မော်မောန်ဂိုဏ်းဝင်	mo maun gain: win
Judentum (n)	ဂျူးဘာသာ	gju: ba dha
Jude (m)	ဂျူးဘာသာဝင်	gju: ba dha win
Buddhismus (m)	ဗုဒ္ဓဘာသာ	bou' da. ba dha
Buddhist (m)	ဗုဒ္ဓဘာသာဝင်	bou' da. ba dha win
Hinduismus (m)	ဟိန္ဒူဘာသာ	hin du ba dha
Hindu (m)	ဟိန္ဒူဘာသာဝင်	hin du ba dha win
Islam (m)	အစ္စလမ်ဘာသာ	a' sa. lan ba dha
Moslem (m)	မွတ်စလင်ဘာသာဝင်	mu' sa lin ba dha win
moslemisch	မွတ်စလင်နှင့်ဆိုင်သော	mu' sa lin hnin. zain de.
Schiismus (m)	ရှီးအိုက်အစ္စလာမ်ဂိုဏ်း	shi: ai' asa. lan gain:
Schiit (m)	ရှီးအိုက်ထောက်ခံသူ	shi: ai' htau' khan dhu
Sunnismus (m)	စွန်နီအစ္စလာမ်ဂိုဏ်း	sun ni i' sa lan gain:
Sunnit (m)	စွန်နီထောက်ခံသူ	sun ni dau' khan dhu

247. Religionen. Priester

Priester (m)	ခရစ်ယာန်ဘုန်းကြီး	khari' jan boun: gji:
Papst (m)	ပုပ်ရဟန်းမင်းကြီး	pou' ja. han: min: gji:
Mönch (m)	ဘုန်းကြီး	hpoun: gji:
Nonne (f)	သီလရှင်	thi la shin
Pfarrer (m)	သင်းအုပ်ဆရာ	thin: ou' zaja
Abt (m)	ကျောင်းထိုင်ဆရာတော်	kjaun: dain zaja do
Vikar (m)	ဗီကာဘုန်းတော်ကြီး	bi ka boun: do kji:
Bischof (m)	ဘစ်ရှော့ပ်ဘုန်းကြီး	ba' shau' hpoun: gja:
Kardinal (m)	ကာဒီနယ်ဘုန်းကြီး	ka di ne boun: gji:
Prediger (m)	ခရစ်ယာန်တရားဟောဆရာ	khari' jan da. ja ho: zaja
Predigt (f)	တရားဟောခြင်း	taja ho: gjin:
Gemeinde (f)	အသင်းတော်နှင့်သက် ဆိုင်သူများ	athin: do hnin. dha' hsain: dhu mja:
Gläubige (m)	ယုံကြည်ကိုးကွယ်သူ	joun kji gou: gwe dhu
Atheist (m)	ဖန်ဆင်းရှင်မရှိ ယုံကြည်သူ	hpan zin: shin ma. shi. joun gji dhu

248. Glauben. Christentum. Islam

Adam	အာဒံ	adan
Eva	ဧဝ	ei wa.

Gott (m)	ဘုရား	hpaja:
Herr (m)	ဘုရားသခင်	hpaja: dha gin
Der Allmächtige	ထာဝရဘုရားသခင်	hta wa. ja. bu. ja: dha. gin
Sünde (f)	အပြစ်	apja'
sündigen (vi)	မကောင်းမှုပြုသည်	ma. gaun: hmu. bju. de
Sünder (m)	မကောင်းမှုပြုလုပ်သူ	ma. gaun: hmu. bju. lou' thu
Sünderin (f)	မကောင်းမှုပြုလုပ်သူ	ma. gaun: hmu. bju. lou' thu
Hölle (f)	ငရဲ	nga. je:
Paradies (n)	ကောင်းကင်ဘုံ	kaun: gin boun
Jesus	ယေရှု	jei shu
Jesus Christus	ယေရှုခရစ်တော်	jei shu khari' to
der Heiliger Geist	သန့်ရှင်းသောဝိညာဉ်တော်	than. shin: dho: bein njin do
der Erlöser	ကယ်တင်ရှင်သခင်	ke din shin dhakhin
die Jungfrau Maria	ဘုရားသခင်၏ မိခင်အပျိုစင်မာရိ	hpaja: dha gin i. amjou za' ma ji.
Teufel (m)	မကောင်းဆိုးဝါး	ma. gaun: zou: wa:
teuflisch	မကောင်းဆိုးဝါး နှင့်ဆိုင်သော	ma. gaun: zou: wa: hnin. zain de.
Satan (m)	ဆာတန်မာရ်နတ်	hsa tan ma na'
satanisch	စေတန်မာရ်နတ်ဖြစ်သော	sei tan man na' hpji' te.
Engel (m)	ဘုရားသခင်၏တမန်	hpaja: dha gin i. da man
Schutzengel (m)	ကိုယ်စောင့်ကောင်းကင်တမန်	kou zaun. kan: kin da. man
Engel(s)-	အပြစ်ကင်းစင်သော	apja' kin: zin de.
Apostel (m)	တမန်တော်	taman do
Erzengel (m)	ကောင်းကင်တမန်မင်း	kaun: gin da. man min:
Antichrist (m)	အန္တိခရစ်-ခရစ်တော် ကိုဆန့်ကျင်သူ	anti khari' - khari' to kou zin. kjin dhu
Kirche (f)	အသင်းတော်	athin: do
Bibel (f)	ခရစ်ယာန်သမ္မာကျမ်းစာ	khari' jan dhan ma gjan: za
biblisch	သမ္မာကျမ်းလာ	than ma gjan: la
Altes Testament (n)	ဓမ္မဟောင်းကျမ်း	dama. hain gjan:
Neues Testament (n)	ဓမ္မသစ်ကျမ်း	dama. dha' kjan:
Evangelium (n)	ခရစ်ဝင်ကျမ်း	khari' win gjan:
Heilige Schrift (f)	သန့်ရှင်းမြင့်မြတ် သောသမ္မာကျမ်းစာ	than. shin: mjin. mja' te. than ma gjan: za
Himmelreich (n)	ကောင်းကင်ဘုံ	kaun: gin boun
Gebot (n)	ကျင့်စောင့်ရမည့် ပညတ်တရား	kjin. zain. ja. mji. ba. nja' ta ja:
Prophet (m)	ပရောဖက်	pa. jo. hpe'
Prophezeiung (f)	ကြိုတင်ဟောကိန်း	kjou din ho: kein:
Allah	အလ္လာဟ်	al la'
Mohammed	မိုဟာမက်	mou ha ma'
Koran (m)	ကိုရန်ကျမ်း	kou jan kjein:
Moschee (f)	ဗလီ	bali
Mullah (m)	ဗလီဆရာ	bali zaja

| Gebet (n) | ဆုတောင်းစကား | hsu. daun: zaga: |
| beten (vi) | ရှိခိုးသည် | shi. gou: de |

Wallfahrt (f)	ဘုရားဖူးခရီး	hpaja: hpu: ga ji:
Pilger (m)	ဘုရားဖူး	hpaja: hpu:
Mekka (n)	မက္ကာမြို့	me' ka mjou.

Kirche (f)	ခရစ်ယာန်ဘုရားကျောင်း	khari' jan bu. ja: gjaun:
Tempel (m)	ဘုရားကျောင်း	hpaja: gjaun:
Kathedrale (f)	ဘုရားရှိးကျောင်းတော်	hpaja: gjaun: do:
gotisch	ဂေါ့သစ်စ် ဗိသုကာဖြစ်သော	go. dhi' kh bi. dhou ka bji' de
Synagoge (f)	ဂျူးဘုရားရှိးကျောင်း	gju: bou ja: shi. gou: kjaun:
Moschee (f)	ဗလီ	bali

Kapelle (f)	ဝတ်ပြုရာတောင်းရာနေရာ	wa' pju. u. daun: ja nei ja
Abtei (f)	ခရစ်ယာန်ကျောင်းတိုက်	khari' jan gjaun: dai'
Nonnenkloster (n)	သီလရှင်ကျောင်	thi la shin kjaun:
Mönchskloster (n)	ဘုန်းကြီးကျောင်	hpoun: gji: gjaun:

Glocke (f)	ခေါင်းလောင်း	gaun: laun:
Glockenturm (m)	ခေါင်းလောင်းစင်	gaun: laun: zin
läuten (Glocken)	တီးသည်	ti: de

Kreuz (n)	လက်ဝါးကပ်တိုင်	le' wa: ka' tain
Kuppel (f)	လိပ်ခုံးပုံအဆိုး	lei' khoun: boun amou:
Ikone (f)	ခရစ်ယာန်သူတော်စင်ပုံ	khari' jan dhu do zin boun

Seele (f)	အသက်ဝိညည်	athe'
Schicksal (n)	ကံတရား	kan daja:
das Böse	အဆိုး	ahsou:
Gute (n)	ကောင်းမှု	kaun: hma.

Vampir (m)	သွေးစုပ်ဖုတ်ကောင်	thwei: zou' hpou' kaun
Hexe (f)	စုန်းမ	soun: ma.
Dämon (m)	နတ်ဆိုး	na' hsou:
Geist (m)	ဝိညာဉ်	wi. njan

| Sühne (f) | အပြစ်မှကယ်နှတ်ခံရြင်း | apja' hma. ge hnou' knan ja. gjin: |
| sühnen (vt) | အပြစ်မှကယ်နှတ်သည် | apja' hma. ge nou' te |

Gottesdienst (m)	အသင်းတော်ဝတ်ပြုစည်းဝေး	athin: do wu' pju zi: wei:
die Messe lesen	ဝတ်ပြုသည်	wa' pju. de
Beichte (f)	ဝန်ခံရြင်း	wun khan gjin:
beichten (vi)	အပြစ်ဝန်ခံသည်	apja' wun gan de

Heilige (m)	သူတော်စင်	thu do zin
heilig	မြင့်မြတ်သော	mjin. mja' te.
Weihwasser (n)	သန့်ရှင်းမြင့်မြတ်သောရေ	than. shin: mjin. mja' te. jei

Ritual (n)	ထုံးတမ်းအလေ့	htoun: dan: dalei.
rituell	ထုံးတမ်းအလေ့ဖြစ်သော	htoun: dan: dalei. bji' te.
Opfer (n)	ယစ်ပူဇော်ရြင်း	ji' pu zo gjin:

| Aberglaube (m) | အယူသီရြင်း | aju dhi: gjin: |
| abergläubisch | အယူသီသော | aju dhi: de |

Nachleben (n)	တမလွန်	tamalun
ewiges Leben (n)	ထာဝရ ရှင်သန် ခြင်းဘဝ	hta wa. ja. shin dhan gjin: ba. wa.

VERSCHIEDENES

249. Verschiedene nützliche Wörter

Anfang (m)	အစ	asa.
Anstrengung (f)	အားထုတ်ကြိုးပမ်းမှု	a: htou' kjou: ban: hmu.
Anteil (m)	အပိုင်း	apain:
Art (Typ, Sorte)	အမျိုးအစား	amjou: asa:
Auswahl (f)	ရွေးချယ်မှု	jwei: che hmu.
Barriere (f)	အတားအဆီး	ata: ahsi:
Basis (f)	အခြေခံ	achei khan
Beispiel (n)	နမူနာ	na. mu na
bequem (gemütlich)	သက်သောင့်သက်သာရှိသော	the' thaun. dhe' tha shi. de
Bilanz (f)	ဟန်ချက်ညီမျှမှု	han gje' nji hma. hmu.
Ding (n)	ပစ္စည်း	pji' si:
dringend (Adj)	အမြန်လိုသော	aman lou de.
dringend (Adv)	အမြန်	aman
Effekt (m)	အကျိုးဆက်	akjou: amja' hse'
Eigenschaft (Werkstoff~)	အရည်အချင်း	aji achin:
Element (n)	အစိတ်အပိုင်း	asei' apain:
Ende (n)	အဆုံး	ahsoun:
Entwicklung (f)	ဖွံ့ဖြိုးတိုးတက်မှု	hpjun. bjou: dou: de' hmu.
Fachwort (n)	ဝေါဟာရ	wo: ha ra.
Fehler (m)	အမှား	ahma:
Form (z.B. Kugel-)	ပုံသဏ္ဌာန်	poun thadan
Fortschritt (m)	တိုးတက်မှု	tou: te'
Gegenstand (m)	အရာ	aja
Geheimnis (n)	လျှို့ဝှက်ချက်	shou. hwe' che'
Grad (Ausmaß)	အတိုင်းအတာ	atain: ata
Halt (m), Pause (f)	ရပ်နားခြင်း	ja' na: gjin:
häufig (Adj)	မကြာခဏဖြစ်သော	ma. gja gan bji' de.
Hilfe (f)	အကူအညီ	aku anji
Hindernis (n)	အဟန့်အတား	ahan. ata:
Hintergrund (m)	နောက်ခံ	nau' khan
Ideal (n)	စံပြ	san bja.
Kategorie (f)	အမျိုးအစား	amjou: asa:
Kompensation (f)	လျော်ကြေး	jo kjei:
Labyrinth (n)	ဝက်ပါ	win gaba
Lösung (Problem usw.)	ဖြေရှင်းချက်	hpjei shin: gje'
Moment (m)	အခိုက်	akhai'
Nutzen (m)	အကျိုး	akjou:
Original (Schriftstück)	မူရင်း	mu jin:
Pause (kleine ~)	ရပ်ခြင်း	ja' chin:

Position (f)	နေရာ	nei ja
Prinzip (n)	အခြေခံသဘောတရား	achei khan dha. bo da. ja:
Problem (n)	ပြဿနာ	pjadhana
Prozess (m)	ဖြစ်စဉ်	hpji' sin

Reaktion (f)	တုံ့ပြန်မှု	toun. bjan hmu
Reihe (Sie sind an der ~)	အလှည့်	ahle.
Risiko (n)	စွန့်စားခြင်း	sun. za: gjin:
Serie (f)	အစဉ်	asin

Situation (f)	အခြေအနေ	achei anei
Standard-	စံဖြစ်သော	san bji' te.
Standard (m)	စံ	san
Stil (m)	ပုံစံ	poun zan

System (n)	စနစ်	sani'
Tabelle (f)	ဇယား	za ja:
Tatsache (f)	အချက်အလက်	ache' ale'
Teilchen (n)	အမှုန့်	ahmoun.
Tempo (n)	အရှိန်	ashein

Typ (m)	အမျိုးအစား	amjou: asa:
Unterschied (m)	ကွာဟချက်	kwa ha. che'
Ursache (z.B. Todes-)	အကြောင်း	akjaun:
Variante (f)	အမျိုးကွဲ	amjou: asa: gwe:
Vergleich (m)	နှိုင်းယှဉ်ခြင်း	hnain: shin gjin:

Wachstum (n)	ကြီးထွားမှု	kji: htwa: hmu.
Wahrheit (f)	အမှန်တရား	ahman da ja:
Weise (Weg, Methode)	နည်းလမ်း	ne: lan:
Zone (f)	ဇုန်	zoun
Zufall (m)	တိုက်ဆိုင်မှု	tai' hsain hmu.

250. Bestimmungswörter. Adjektive. Teil 1

abgemagert	ပိန်ကပ်ကပ်ဖြစ်သော	pein ga' ka' hpji' te.
ähnlich	တူညီသော	tu nji de.
alt (z.B. die -en Griechen)	ရှေးကျသော	shei: gja. de
alt, betagt	ဟောင်းသော	haun: de.
andauernd	ရှည်ကြာသော	shei gja de.

angenehm	သာယာသော	tha ja de.
arm	ဆင်းရဲသော	hsin: je: de.
ausgezeichnet	ထိပ်တန်းဖြစ်သော	htei' tan: hpi' te.
ausländisch, Fremd-	နိုင်ငံခြားနှင့်ဆိုင်သော	nain ngan gja: hnin. zain de.
Außen-, äußer	အပြင်ပန်းဖြစ်သော	apjin ban hpja' te.

bedeutend	အရာရောက်သော	aja jau' de.
begrenzt	အကန့်အသတ်ရှိသော	akan. atha' shi. de.
beständig	အမြဲတမ်းဖြစ်သော	amje: dan: bji' te.
billig	ဈေးပေါသော	zei: po: de.

| bitter | ခါးသော | kha: de. |
| blind | မမြင်ရသော | ma. mjin ja. de. |

brauchbar	အသုံးဝင်သော	athoun: win de.
breit (Straße usw.)	ကျယ်သော	kje de.
bürgerlich	အများပြည်သူနှင့်ဆိုင်သော	amja: pji dhu hnin. zain de.

dankbar	ကျေးဇူးတင်သော	kjei: zu: din de.
das wichtigste	အရေးအကြီးဆုံးသော	ajei: akji: zoun: de.
der letzte	နောက်ဆုံးဖြစ်သော	nau' hsoun: bji' te.
dicht (-er Nebel)	ထူထပ်သော	htu da' te.
dick (-e Mauer usw.)	ထူသော	htu de.

dick (-er Nebel)	ထူထပ်သော	htu da' te.
dumm	မိုက်မဲ ထုံထိုင်းသော	mai' me: doun dain: de.
dunkel (Raum usw.)	မှောင်သော	hmaun de.
dunkelhäutig	ညိုသော	njou de.

durchsichtig	ဖောက်ထွင်းမြင်နိုင်သော	hpau' htwin: mjin nain de.
düster	မှုန် မှိုင်းနေသော	hmoun hmain: nei de.
einfach	လွယ်ကူသော	lwe gu de.
einfach (Problem usw.)	လွယ်ကူသော	lwe gu de.

einzigartig (einmalig)	ပြိုင်ဘက်ကင်းသော	pjain be' kin: de.
eng, schmal (Straße usw.)	ကျဉ်းသော	kjin de.
ergänzend	ထပ်ဖြည့်သော	hta' hpi. de.
ermüdend (Arbeit usw.)	ပင်ပန်းနေသော	pin ban: nei de
feindlich	ရန်လိုသော	jan lou de.

fern (weit entfernt)	ဝေးကွာသော	wei: kwa de.
fern (weit)	ဝေးသော	wei: de.
fett (-es Essen)	အဆီများသော	ahsi mja: de.
feucht	စိုထိုင်းသော	sou htain: de
flüssig	အရည်ဖြစ်သော	aja hpja' te.

frei (-er Eintritt)	လွတ်လပ်သော	lu' la' de.
frisch (Brot usw.)	လတ်ဆတ်သော	la' hsa' te.
froh	ပျော်ရွှင်သော	pjo shwin de.
fruchtbar (-er Böden)	အကျိုးဖြစ်ထွန်းသော	akjou: hpji' htun: de.

früher (-e Besitzer)	အရင်ကဖြစ်သော	ajin ka. hpja' de.
ganz (komplett)	အားလုံးဖြစ်သော	a: loun: bji' te.
gebraucht	သုံးပြီးသားဖြစ်သော	thoun: bji: dha: bji' te.
gebräunt (sonnen-)	အသားညိုသော	atha: njou de.
gedämpft, matt (Licht)	မှိန်ဖျသော	hmein bja de.

gefährlich	အန္တရာယ်ရှိသော	an dare shi. de.
gegensätzlich	ဆန့်ကျင်ဘက်ဖြစ်သော	hsan. gjin ba' hpja' te.
gegenwärtig	ပစ္စုပ္ပန်ဖြစ်သော	pji' sou' pan bji' te.
gemeinsam	ပူးတွဲဖြစ်သော	pu: twe: bji' te.
genau, pünktlich	တိကျသော	ti. gja. de.

gerade, direkt	ဖြောင့်တန်းသော	hpjaun. dan: de.
geräumig (Raum)	ကျယ်ဝန်းသော	kje wan de.
geschlossen	ပိတ်ထားသော	pei' ta: de.
gesetzlich	ဥပဒေနှင့် ညီညွတ်သော	u. ba. dei hnin. nji nju' te.
gewöhnlich	သာမန်ဖြစ်သော	tha man bji' te.
glatt (z.B. poliert)	ချောမွတ်သော	cho: mu' te.
glatt, eben	ညီညာပြန့်ပြူးသော	nji nja bjan. bju: de.

gleich (z.B. ~ groß)	တူညီသော	tu nji de.
glücklich	ပျော်ရွှင်သော	pjo shwin de.
groß	ကြီးသော	kji: de.
gut (das Buch ist ~)	ကောင်းသော	kaun: de.
gut (gütig)	သဘောကောင်းသော	thabo: kaun: de.
hart (harter Stahl)	မာကြောသော	ma gjo: de.
Haupt-	အဓိက	adi. ka.
hauptsächlich	အဓိက	adi. ka.
Heimat-	မွေးရာဇာတိဖြစ်သော	mwei: ja za di. bji' te.
heiß	ပူသော	pu dho:
Hinter-	နောက်ကျောဖြစ်သော	nau' kjo: bji' te.
höchst	အမြင့်ဆုံးဖြစ်သော	amjin. zoun: bje' te.
höflich	ယဉ်ကျေးသော	jin gjei: de.
hungrig	ဆာလောင်သော	hsa laun de.
in Armut lebend	ခိုကိုးရာမဲ့သော	khou gou: ja me. de.
innen-	အတွင်းပိုင်းဖြစ်သော	atwin: bain: bji' tho:
jung	ငယ်ရွယ်သော	ngwe jwe de.
kalt (Getränk usw.)	အေးသော	ei: de.
Kinder-	ကလေးများနှင့်ဆိုင်သော	kalei: mja: hnin.zain de.
klar (deutlich)	ရှင်းလင်းသော	shin: lin: de.
klein	သေးသော	thei: de.
klug, clever	သွက်လက်ထက်မြက်သော	thwe' le' the' mja' te.
knapp (Kleider, zu eng)	ကျပ်သော	kja' te.
kompatibel	လိုက်ဘက်ညီသော	lai' be' nji de.
kostenlos, gratis	အခမဲ့	akha me.
krank	နေမကောင်းသော	nei ma. kaun: de.
kühl (-en morgen)	အေးမြသော	ei: mja. de.
künstlich	သဘာဝအတိုင်းမဟုတ်သော	tha. bawa ahtain: ma. hou' te.
kurz (räumlich)	တိုသော	tou de.
kurz (zeitlich)	တိုတောင်းသော	tou daun: de.
kurzsichtig	အဝေးမှုန်သော	awei: hmun de.

251. Bestimmungswörter. Adjektive. Teil 2

lang (langwierig)	ရှည်လျားသော	shei lja: de.
laut (-e Stimme)	ကျယ်လောင်သော	kje laun de
lecker	အရသာရှိသော	aja. dha shi. de.
leer (kein Inhalt)	ဘာမျှမရှိသော	ba hmja. ma. shi. de.
leicht (wenig Gewicht)	ပေါ့ပါးသော	po. ba: de.
leise (~ sprechen)	တိုးသော	tou: dho:
licht (Farbe)	ဖျော့သော	hpjo. de.
link (-e Seite)	ဘယ်	be
mager, dünn	ပိန်သော	pein de.
matt (Lack usw.)	မှိုင်းသော	main: dho:
möglich	ဖြစ်နိုင်သော	hpji' nein de.
müde (erschöpft)	ပင်ပန်းသော	pin ban: de.

| Nachbar- | အိမ်နီးချင်းဖြစ်သော | ein ni: na: gjin: hpji' tho: |
| nachlässig | နမော်နမဲ့နိုင်သော | na. mo na. me nain de. |

nächst	အနီးဆုံး	ani: zoun:
nächst (am -en Tag)	နောက်ရောက်လာမည်ဖြစ်သော	nau' jau' la me bji' te.
nah	နီးသော	ni: de.
nass (-e Kleider)	စိုစွတ်သော	sou zu' te.

negativ	ဆန့်ကျင်ဘက်ဖြစ်သော	hsan. gjin ba' hpja' te.
nervös	စိတ်လှုပ်ရှားသော	sei' hlou' sha: de.
nett (freundlich)	ချစ်စရာကောင်းသော	chi' saja kaun: de.
neu	အသစ်ဖြစ်သော	athi' hpji' te.
nicht groß	မကြီးသော	ma. gji: de.

nicht schwierig	မခက်ခဲသော	ma. ge' khe: de.
normal	ပုံမှန်ဖြစ်သော	poun hman gji' te.
nötig	လိုအပ်သော	lou a' de.
notwendig	မရှိမဖြစ်သော	ma. shi ma. bji' te.

obligatorisch, Pflicht-	မလုပ်မနေဖြစ်သော	ma. lou' ma. nei bji' te.
offen	ဖွင့်ထားသော	hpwin. da: de.
öffentlich	အများပြည်သူနှင့်ဆိုင်သော	amja: pji dhu hnin. zain de.
original (außergewöhnlich)	မူရင်းဖြစ်သော	mu jin: bji' te.

persönlich	ကိုယ်ပိုင်	kou bain
platt (flach)	ညီညာပြန့်ပြူးသော	nji nja bjan. bju: de.
privat (in Privatbesitz)	ကိုယ်ပိုင်	kou bain
pünktlich (Ich bin gerne ~)	အချိန်မှန်ကန်တိကျသော	achein hman kan ti. gja. de.
rätselhaft	လျှို့ဝှက်ဆန်းကြယ်သော	shou. hwe' hsan: gje de.

recht (-e Hand)	ညာဘက်	nja be'
reif (Frucht usw.)	မှည့်သော	hme. de.
richtig	မှန်ကန်သော	hman gan de.
riesig	အလွန်ကြီးမားသော	alun gji: ma: de.
riskant	အန္တရာယ်များသော	an dare mja: de.

roh (nicht gekocht)	အစိမ်းသက်သက်ဖြစ်သော	asain: dhe' dhe' hpja' te.
ruhig	ဒေးဆေးသော	ei: hsei: de.
salzig	ငန်သော	ngan de.
sauber (rein)	သန့်ရှင်းသော	than. shin: de.
sauer	ရှဉ့်သော	q'useaa

scharf (-e Messer usw.)	ချွန်ထက်သော	chwan de' te.
schlecht	ဆိုးသော	hsou: de.
schmutzig	ညစ်ပတ်သော	nji' pa' te.
schnell	မြန်သော	mjan de.
schön (-es Mädchen)	လှပသော	hla. ba. de.

schön (-es Schloß usw.)	လှပသော	hla. ba. de.
schwer (~ an Gewicht)	လေးလံသော	lei: lan de.
schwierig	ခက်ခဲသော	khe: khe: de.
schwierig (-es Problem)	ခက်ခဲသော	khe' khe: de.
seicht (nicht tief)	တိမ်သော	tein de

| selten | ရှားပါးသော | sha: ba: de. |
| sicher (nicht gefährlich) | လုံခြုံသော | loun gjoun de. |

sonnig	နေသာသော	nei dha de.
sorgfältig	စေ့စပ်သော	sei. sa' te.
sorgsam	ဂရုစိုက်သော	ga ju. sai' te.
speziell, Spezial-	အထူးဖြစ်သော	a htu: hpja' te.
stark (-e Konstruktion)	အစိုင်အခဲဖြစ်သော	asoun akhe:
stark (kräftig)	သန်မာသော	than ma de.
still, ruhig	တိတ်ဆိတ်သော	tei' hsei' te
süß	ချိုသော	chou de.
Süß- (Wasser)	ရေချို	jei gjou
teuer	ဈေးကြီးသော	zei: kji: de.
tiefgekühlt	အေးခဲနေသော	ei: khe: nei de.
tot	သေနေသော	thei nei de.
traurig	ဝမ်းနည်းသော	wan: ne: de.
traurig, unglücklich	ဝမ်းနည်းသော	wan: ne: de.
trocken (Klima)	ခြောက်သော	chau' de.
übermäßig	လွန်ကဲသော	lun ge: de.
unbedeutend	အရေးမပါသော	ajei: ma. ba de.
unbeweglich	လှုပ်ရှားမှုကင်းသော	hlou' sha: hmu. gin: de.
undeutlich	မရှင်းလင်းသော	ma. shin: lin: de.
unerfahren	အတွေ့အကြုံမရှိသော	atwei. akjoun ma. shi. dho:
unmöglich	မဖြစ်နိုင်သော	ma. bji' nain de.
Untergrund- (geheim)	လျှို့ဝှက်စွာလုပ်သော	shou. hwe' swa lou' te.
unterschiedlich	ကွဲပြားခြားနားသော	kwe: bja: gja: na: de.
ununterbrochen	နားချိန်မရှိသော	na: gjein ma. shi. de.
unverständlich	နားမလည်နိုင်သော	ma: ma. le nain de.
vergangen	အတိတ်ကဖြစ်သော	ati' ka. hpja' te.
verschieden	အမျိုးစုံသော	amjou: zoun de.
voll (gefüllt)	ပြည့်သော	pjei. de.
vorig (in der -en Woche)	လွန်ခဲ့သော	lun ge. de.
vorzüglich	အလွန်ကောင်းသော	alun kaun: de.
wahrscheinlich	ဖြစ်နိုင်ခြေရှိသော	hpji' nain gjei shi. de.
warm (mäßig heiß)	နွေးထွေးသော	nwei: dwei: de.
weich (-e Wolle)	နူးညံ့သော	nu: njan. de.
wichtig	အရေးကြီးသော	ajei: akji: de.
wolkenlos	တိမ်ကင်းစင်သော	tain gin: dhin de.
zärtlich	ကြင်နာသနားတတ်သော	kjin na dha. na: da' de.
zentral (in der Mitte)	အလယ်ဗဟိုဖြစ်သော	ale ba hou hpji' te.
zerbrechlich (Porzellan usw.)	ကွဲလွယ်သော	kwe: lwe de.
zufrieden	ကျေနပ်သော	kjei na' de.
zufrieden (glücklich und ~)	အားရကျေနပ်သော	a: ei kjei nin de.

500 WICHTIGE VERBEN

252. Verben A-D

abbiegen (vi)	ကွေ့သည်	kwei. de
abhacken (vt)	ခုတ်ဖြတ်သည်	khou' bja' te
abhängen von ...	မူတည်သည်	mu de de
ablegen (Schiff)	ရွန့်ပစ်သည်	sun. bi' de
abnehmen (vt)	ဖြုတ်ချသည်	hpjou' cha. de
abreißen (vt)	ဆွတ်ဖြဲသည်	hsou' hpje: de
absagen (vt)	ငြင်းဆန်သည်	njin: zan de
abschicken (vt)	ပို့သည်	pou. de
abschneiden (vt)	ဖြတ်သည်	hpja' te
adressieren (an ...)	အမည်တပ်သည်	amji din te
ähnlich sein	တူသည်	tu de
amputieren (vt)	ဖြတ်တောက်ကုသသည်	hpja' tau' ku. dha de
amüsieren (vt)	ဖျော်ဖြေသည်	hpjo bjei de
anbinden (vt)	ချည်နှောင်သည်	che naun de
ändern (vt)	ပြောင်းလဲသည်	pjaun: le: de
andeuten (vt)	တောင်းပြောသည်	saun: bjo: de
anerkennen (vt)	မှတ်မိသည်	hma' mi. de
anflehen (vt)	အနူးအညွတ်တောင်းပန်သည်	anu: anwi' taun: ban de
Angst haben (vor ...)	ကြောက်သည်	kjau' te
anklagen (vt)	စွပ်စွဲသည်	su' swe: de
anklopfen (vi)	တံခါးခေါက်သည်	daga: khau' te
ankommen (der Zug)	လာရောက်သည်	la jau' te
anlegen (Schiff)	ဆိုက်ကပ်သည်	hseu' ka' de
anstecken (~ mit ...)	ရောဂါကူးသည်	jo ga gu: de
anstreben (vt)	ရည်မှန်းသည်	ji hman: de
antworten (vi)	ဖြေသည်	hpjei de
anzünden (vt)	မီးညှိသည်	mi: hnji de
applaudieren (vi)	လက်ခုပ်သြဘာပေးသည်	le' khou' thja ba bei: de
arbeiten (vi)	အလုပ်လုပ်သည်	alou' lou' te
ärgern (vt)	စိတ်ဆိုးအောင်လုပ်သည်	sei' hsou: aun lou' te
assistieren (vi)	ကူညီသည်	ku nji de
atmen (vi)	အသက်ရှုသည်	athe' shu de
attackieren (vt)	တိုက်ခိုက်သည်	tai' hsai' te
auf ... zählen	အားကိုးသည်	a: kou: de
auf jmdn böse sein	စိတ်ဆိုးသည်	sei' hsou: de
aufbringen (vt)	ဒေါသထွက်အောင်လုပ်သည်	do: dha. dwe' aun lou' te
aufräumen (vt)	သန့်ရှင်းရေးလုပ်သည်	than. shin: jei: lou' te
aufschreiben (vt)	ရေးထားသည်	jei: da: de

aufseufzen (vi)	သက်ပြင်းချသည်	the' pjin: gja. de
aufstehen (vi)	အိပ်ရာထသည်	ei' ja hta. de
auftauchen (U-Boot)	ပေါ်လာသည်	po la de

ausdrücken (vt)	ဖော်ပြသည်	hpjo bja. de
ausgehen (vi)	ထွက်သည်	htwe' te
aushalten (vt)	သည်းခံသည်	thi: khan de
ausradieren (vt)	ဖျက်ပစ်သည်	hpje' pa' te

ausreichen (vi)	လုံလောက်သည်	loun lau' te
ausschalten (vt)	မီးပိတ်သည်	mi: pi' te
ausschließen (vt)	ထုတ်သည်	tou' te
aussprechen (vt)	အသံထွက်သည်	athan dwe' te

austeilen (vt)	ဝေငှသည်	wei hnga. de
auswählen (vt)	ရွေးချယ်သည်	jwei: che de
auszeichnen (mit Orden)	ချီးမြှင့်သည်	chi: hmjin. de
baden (vt)	ရေချိုးပေးသည်	jei gjou bei: de
bedauern (vt)	နောင်တရသည်	naun da. ja. de

bedeuten (bezeichnen)	ဆိုလိုသည်	hsou lou de
bedienen (vt)	တည်ခင်းသည်	ti khin: de
beeinflussen (vt)	ဩဇာလွှမ်းသည်	o: za hlan: de
beenden (vt)	ပြီးသည်	pji: de
befehlen (vt)	အမိန့်ပေးသည်	amin. bei: de

befestigen (vt)	ခိုင်မာစေသည်	khain ma zei de
befreien (vt)	လွတ်မြောက်စေသည်	lu' mjau' sei de
befriedigen (vt)	ကျေနပ်စေသည်	kjei na' sei de
begießen (vt)	ရေလောင်းသည်	jei laun: de

beginnen (vt)	စတင်သည်	sa. tin de
begleiten (vt)	လိုက်ပို့သည်	lai' pou. de
begrenzen (vt)	ချုပ်ချယ်သည်	chou' che de
begrüßen (vt)	နှုတ်ဆက်သည်	hnou' hsei' te

behalten (alte Briefe)	သိမ်းဆည်းသည်	thain: zain: de
behandeln (vt)	ကုသည်	ku. de
behaupten (vt)	အခိုင်အမာပြောဆိုသည်	akhain ama pjo hsou de
bekannt machen	မိတ်ဆက်ပေးသည်	mi' hse' pei: de
belauschen (Gespräch)	ချောင်းပြီးနားထောင်သည်	gaun: bji: na: daun de

beleidigen (vt)	စိတ်ထိခိုက်စေသည်	sei' hti. gai' sei de
beleuchten (vt)	မီးထွန်းသည်	mi: dwan: de
bemerken (vt)	သတိထားမိသည်	dhadi. da: mi. de
beneiden (vt)	မနာလိုဖြစ်သည်	ma. na lou bji' te

benennen (vt)	အမည်ပေးသည်	amji bei: de
benutzen (vt)	သုံးစွဲသည်	thoun: zwe: de
beobachten (vt)	စောင့်ကြည့်သည်	saun. gji. de
berichten (vt)	သတင်းပို့သည်	dhadin: bou. de

bersten (vi)	အက်ကွဲသည်	e' kwe: de
beruhen auf ...	အခြေခံသည်	achei khan dhe
beruhigen (vt)	ငြိမ်သက်စေသည်	njein dhe' sei de
berühren (vt)	ထိသည်	hti. de

beseitigen (vt)	ဖယ်ရှားသည်	hpe sha: de
besitzen (vt)	ပိုင်ဆိုင်သည်	pain zain de
besprechen (vt)	ဆွေးနွေးသည်	hswe: nwe: de
bestehen auf	တိုက်တွန်းပြောဆိုသည်	tou' tun: bjo: zou de
bestellen (im Restaurant)	မှာသည်	hma de

bestrafen (vt)	အပြစ်ပေးသည်	apja' pei: de
beten (vi)	ရှိုးသည်	shi. gou: de
beunruhigen (vt)	စိတ်ပူပန်အောင်လုပ်သည်	sei' pu aun lou' te
bewachen (vt)	ကာကွယ်စောင့်ရှောက်သည်	ka gwe zaun. sha' te

bewahren (vt)	ထိန်းသည်	htein: de
beweisen (vt)	သက်သေပြသည်	the' thei pja. de
bewundern (vt)	ရှိုးကျူးသည်	chi: kju: de
bezeichnen (bedeuten)	ဆိုလိုသည်	hsou lou de
bilden (vt)	ဖွဲ့စည်းသည်	hpwe. zi: de

binden (vt)	တုပ်နှောင်သည်	tou' hnaun de
bitten (jmdn um etwas ~)	တောင်းဆိုသည်	taun: hsou: de
blenden (vt)	ကန်းစေသည်	kan: zei de
brechen (vt)	ဖျက်ဆီးသည်	hpje: hsi: de
bügeln (vt)	မီးပူတိုက်သည်	mi: bu tai' te

253. Verben E-H

danken (vi)	ကျေးဇူးတင်သည်	kjei: zu: din de
denken (vi, vt)	ထင်သည်	htin de
denunzieren (vt)	လူသိရှင်ကြားစွပ်စွဲ ရှုတ်ချသည်	lu dhi shin gja: zu' swe: sha' khja. de
dividieren (vt)	စားသည်	sa: de

dressieren (vt)	လေ့ကျင့်ပေးသည်	lei. kjin. bei: de
drohen (vi)	ခြိမ်းခြောက်သည်	chein: gjau' te
eindringen (vi)	ထိုးဖောက်သည်	tou: bau' te
einen Fehler machen	မှားသည်	hma: de
einen Schluss ziehen	ကောက်ချက်ချသည်	kau' che' cha. de

einladen (zum Essen ~)	ဖိတ်သည်	hpi' de
einpacken (vt)	ထုပ်သည်	htou' te
einrichten (vt)	တပ်ဆင်သည်	ta' hsin de
einschalten (vt)	ဖွင့်သည်	hpwin. de

einschreiben (vt)	ထည့်သွင်းရေးထားသည်	hte dhwin: jei: da: de
einsetzen (vt)	ထည့်သည်	hte de.
einstellen (Personal ~)	လုပ်အားခေါ်းသည်	lou' a: hnga: de
einstellen (vt)	ရပ်သည်	ja' te

einwenden (vt)	ငြင်းသည်	njin: de
empfehlen (vt)	အကြံပြုထောက်ခံသည်	akjan pju htau' khan de
entdecken (Land usw.)	ရှာဖွေတွေ့ရှိသည်	sha hpwei dwei. shi. de
entfernen (Flecken ~)	ဖယ်ရှားသည်	hpe sha: de

| entscheiden (vt) | ဆုံးဖြတ်သည် | hsoun: hpja' te |
| entschuldigen (vt) | ခွင့်လွှတ်သည် | khwin. hlu' te |

| entzücken (vt) | ညှို့သည် | hnjou. de |
| erben (vt) | အမွေဆက်ခံသည် | amwei ze' khan de |

erblicken (vt)	လျပ်တပျက်မြင်သည်	lja' ta bje' mjin de
erfinden (das Rad neu ~)	တီထွင်သည်	ti htwin de
erinnern (vt)	သတိပေးသည်	dhadi. pei: de
erklären (vt)	ရှင်းပြသည်	shin: bja. de

erlauben (jemandem etwas)	ခွင့်ပြုသည်	khwin bju. de
erlauben, gestatten (vt)	ခွင့်ပြုသည်	khwin bju. de
erleichtern (vt)	လွယ်စေသည်	lwe zei de
ermorden (vt)	သတ်သည်	tha' te

ermüden (vt)	ပင်ပန်းစေသည်	pin ban: zei de
ermutigen (vt)	အားပေးသည်	a: bei: de
ernennen (vt)	ခန့်အပ်သည်	khan. a' te
erörtern (vt)	စဉ်းစားသည်	sin: za: de

erraten (vt)	မှန်းဆသည်	hman za de
erreichen (Nordpol usw.)	ရောက်သည်	jau' te
erröten (vi)	မျက်နှာနီသည်	mje' hna ni de
erscheinen (am Horizont ~)	ပေါ်လာသည်	po la de

erscheinen (Buch usw.)	ထွက်သည်	htwe' te
erschweren (vt)	ခဲခက်စေသည်	khe: ga' sei de
erstaunen (vt)	အံ့သြစေသည်	an. o: sei: de
erstellen (einer Liste ~)	ရေးဆွဲသည်	jei: zwe: de
ertrinken (vi)	ရေနစ်သည်	jei ni' te

erwähnen (vt)	ဖော်ပြသည်	hpjo bja. de
erwarten (vt)	မျှော်လင့်သည်	hmjo. lin. de
erzählen (vt)	ပြောပြသည်	pjo: bja. de
erzielen (Ergebnis usw.)	ရရှိသည်	ja. hji. de

essen (vi, vt)	စားသည်	sa: de
existieren (vi)	တည်ရှိသည်	ti shi. de
fahren (mit 90 km/h ~)	သွားသည်	thwa: de
fallen lassen	ဖြုတ်ချသည်	hpjou' cha. de

fangen (vt)	ဖမ်းသည်	hpan: de
finden (vt)	ရှာတွေ့သည်	sha dwei. de
fischen (vt)	ငါးဖမ်းသည်	nga: ban: de
fliegen (vi)	ပျံသည်	pjan de
folgen (vi)	လိုက်သည်	lai' te

fortbringen (vt)	ယူသွားသည်	ju dhwa: de
fortsetzen (vt)	ဆက်လုပ်သည်	hse' lou' te
fotografieren (vt)	ဓာတ်ပုံရိုက်သည်	da' poun jai' te
frühstücken (vi)	နံနက်စာစားသည်	nan ne' za za: de
fühlen (vt)	အာရုံခံစားသည်	a joun gan za: dhi

führen (vt)	ဦးဆောင်သည်	u: zaun de
füllen (mit Wasse usw.)	ဖြည့်သည်	hpjei. de
füttern (vt)	အစာကျွေးသည်	asa gjwei: de.
garantieren (vt)	အာမခံပေးသည်	a ma. gan bei: de
geben (sein Bestes ~)	ပေးသည်	pei: de

gebrauchen (vt)	အသုံးပြုသည်	athoun: bju. de
gefallen (vi)	ကြိုက်သည်	kjai' de
gehen (zu Fuß gehen)	သွားသည်	thwa: de

gehorchen (vi)	လိုက်နာသည်	lai' na de
gehören (vi)	ပိုင်ဆိုင်သည်	pain zain de
gelegen sein	တည်ရှိသည်	ti shi. de
genesen (vi)	ရောဂါပျောက်သည်	jo ga bjau' te

gereizt sein	ဒေါသထွက်သည်	do: dha. dwe' de
gernhaben (vt)	ကြိုက်သည်	kjai' de
gestehen (Verbrecher)	ဝန်ခံသည်	wun khan de
gießen (Wasser ~)	လောင်းထုသည်	laun: de. de

glänzen (vi)	မီးရောင်ထွက်သည်	mi: jaun htwe' te
glauben (Er glaubt, dass ...)	ထင်သည်	htin de
graben (vt)	တူးသည်	tu: de
gratulieren (vi)	ဂုဏ်ပြုသည်	goun bju de

gucken (spionieren)	ချောင်းကြည့်သည်	chaun: gje. de
haben (vt)	ရှိသည်	shi. de
handeln (in Aktion treten)	ပြုလုပ်သည်	pju. lou' te
hängen (an der Wand usw.)	ချိတ်သည်	chei' te

heiraten (vi)	မိန်းမယူသည်	mein: ma. ju de
helfen (vi)	ကူညီသည်	ku nji de
herabsteigen (vi)	အောက်ဆင်းသည်	au' hsin: de
hereinkommen (vi)	ဝင်သည်	win de
herunterlassen (vt)	အောက်ချသည်	au' cha. de

hinzufügen (vt)	ထည့်သည်	hte de.
hoffen (vi)	မျှော်လင့်သည်	hmjo. lin. de
hören (Geräusch ~)	ကြားသည်	ka: de
hören (jmdm zuhören)	နားထောင်သည်	na: daun de

254. Verben I-R

imitieren (vt)	အတုလုပ်သည်	atu. lou' te
impfen (vt)	ကာကွယ်ဆေးထိုးသည်	ka gwe hsei: dou: de
importieren (vt)	တင်သွင်းသည်	tin dhwin: de
in Gedanken versinken	တွေးသည်	twei: de

in Ordnung bringen	အစီအစဉ်တကျထားသည်	asi asin da. gja. da: de
informieren (vt)	အကြောင်းကြားသည်	akjaun: kja: de
instruieren (vt)	ညွှန်ကြားသည်	hnjun gja: de
interessieren (vt)	စိတ်ဝင်စားစေသည်	sei' win za: zei de

isolieren (vt)	ခွဲခြားထားသည်	khwe: gja: da: de
jagen (vi)	အမဲလိုက်သည်	ame: lai' de
kämpfen (~ gegen)	တိုက်ခိုက်သည်	tai' hsai' te
kämpfen (sich schlagen)	တိုက်သည်	tai' te
kaufen (vt)	ဝယ်သည်	we de
kennen (vt)	သိသည်	thi. de
kennenlernen (vt)	မိတ်ဆက်သည်	mi' hse' te

klagen (vi)	တိုင်ပြောသည်	tain bjo: de
kompensieren (vt)	လျော်ကြေးပေးသည်	jo kjei: bei: de
komponieren (vt)	ရေးဖွဲ့သီကုံးသည်	jei: bwe dhi goun: de
kompromittieren (vt)	နာမည်ဖျက်သည်	na me bje' te
konkurrieren (vi)	ပြိုင်ဆိုင်သည်	pjain zain de
können (v mod)	တတ်နိုင်သည်	ta' nain de
kontrollieren (vt)	ထိန်းချုပ်သည်	htein: gjou' te
koordinieren (vt)	ညှိနိုင်းဆောင်ရွက်သည်	hnji. hnain: zaun jwe' te
korrigieren (vt)	အမှားပြင်သည်	ahma: pjin de
kosten (vt)	ကုန်ကျသည်	koun kja de
kränken (vt)	စော်ကားသည်	so ga: de
kratzen (vt)	ကုတ်သည်	kou' te
Krieg führen	စစ်ပွဲတွင်ပါဝင်ဆင်	si' pwe: dwin ba win zin
	နွှဲသည်	hnwe: de
lächeln (vi)	ပြုံးသည်	pjoun: de
lachen (vi)	ရယ်သည်	je de
laden (Ein Gewehr ~)	ကျည်ထိုးသည်	kji dou: de
laden (LKW usw.)	ကုန်တင်သည်	koun din de
lancieren (starten)	စတင်သည်	sa. tin de
laufen (vi)	ပြေးသည်	pjei: de
leben (vi)	နေသည်	nei de
lehren (vt)	သင်ပေးသည်	thin bei: de
leiden (vi)	နာကျင်ခံစားသည်	na gjin hmu. gan za: de
leihen (Geld ~)	ရေးယူသည်	chei: dhu de
leiten (Betrieb usw.)	ညွှန်ကြားသည်	hnjun gja: de
lenken (ein Auto ~)	ကားမောင်းသည်	ka: maun: de
lernen (vt)	သင်ယူလေ့လာသည်	thin ju lei. la de
lesen (vi, vt)	ဖတ်သည်	hpa' te
lieben (vt)	ချစ်သည်	chi' te
liegen (im Bett usw.)	လဲသည်	hle: de
losbinden (vt)	ဖြေသည်	hpjei de
löschen (Feuer)	မီးငြိမ်းသတ်သည်	mi: njein: dha' te
lösen (Aufgabe usw.)	ဖြေရှင်းသည်	hpjei shin: de
loswerden (jmdm. od etwas)	ရှင်းပစ်သည်	shin: ba' te
lügen (vi)	လိမ်ပြောသည်	lain bjo: de
machen (vt)	ပြုလုပ်သည်	pju. lou' te
markieren (vt)	မှတ်သည်	hma' te
meinen (glauben)	ယုံကြည်သည်	joun kji de
memorieren (vt)	မှတ်ထားသည်	hma' hta: de
mieten (ein Boot ~)	ငှားရမ်းသည်	hna: jan: de
mieten (Haus usw.)	ငှားသည်	hnga: de
mischen (vt)	ရောသည်	jo: de
mitbringen (vt)	ယူလာသည်	ju la de
mitteilen (vt)	အကြောင်းကြားသည်	akjaun: kja: de
müde werden	ပင်ပန်းသည်	pin ban: de
multiplizieren (vt)	မြှောက်သည်	hmjau' de

müssen (v mod)	ရမည်	ja. me
nachgeben (vi)	အလျှော့ပေးသည်	asho. bei: de
nehmen (jmdm. etwas ~)	၀ိတ်ပင်ထားသည်	pei' hsou. da: de

nehmen (vt)	ယူသည်	ju de
noch einmal sagen	ထပ်လုပ်သည်	hta' lou' te
nochmals tun (vt)	ပြန်ပြင်သည်	pjan bjin de
notieren (vt)	ရေးမှတ်သည်	jei: hma' te

nötig sein	အလိုရှိသည်	alou' shi. de
notwendig sein	လိုအပ်သည်	lou a' te
öffnen (vt)	ဖွင့်သည်	hpwin. de
passen (Schuhe, Kleid)	သင့်တော်သည်	thin. do de
pflücken (Blumen)	ခူးသည်	khu: de

planen (vt)	စီစဉ်သည်	si zin de
prahlen (vi)	ကြွားသည်	kjwa: de
projektieren (vt)	ပုံရိပ်သည်	poun zan zwe: de
protestieren (vi)	ကန့်ကွက်သည်	kan gwe' te

provozieren (vt)	ရန်စသည်	jan za de
putzen (vt)	သန့်ရှင်းအောင်လုပ်သည်	than. shin: aun: lou' te
raten (zu etwas ~)	အကြံပေးသည်	akjan bei: de
rechnen (vt)	ရေတွက်သည်	jei dwe' te

regeln (vt)	ဖြေရှင်းသည်	hpjei shin: de
reinigen (vt)	သန့်ရှင်းရေးလုပ်သည်	than. shin: jei: lou' te
reparieren (vt)	ပြင်သည်	pjin de
reservieren (vt)	မှာသည်	hma de

retten (vt)	ကယ်ဆယ်သည်	ke ze de
richten (den Weg zeigen)	ဦးတည်သည်	u: te de
riechen (an etwas ~)	ရှူကြည့်သည်	shu gjei. de
riechen (gut ~)	အနံ့ထွက်သည်	anan. htwei de

ringen (Sport)	နပန်းလုံးသည်	naban: loun: de
riskieren (vt)	စွန့်စားသည်	sun. za: de
rufen (seinen Hund ~)	ခေါ်သည်	kho de
rufen (um Hilfe ~)	ခေါ်သည်	kho de

255. Verben S-U

säen (vt)	မျိုးကြဲသည်	mjou: gje: de
sagen (vt)	ပြောသည်	pjo: de
schaffen (Etwas Neues zu ~)	ဖန်တီးသည်	hpan di: de
schelten (vt)	ဆူသည်	hsu. de

schieben (drängen)	တွန်းသည်	tun: de
schießen (vi)	ပစ်သည်	pi' te
schlafen gehen	အိပ်ရာဝင်သည်	ei' ja win de
schlagen (mit ...)	ခိုက်ရန်ဖြစ်သည်	khai' jan bji' te

| schlagen (vt) | ရိုက်သည် | jai' te |
| schließen (vt) | ပိတ်သည် | pei' te |

schmeicheln (vi)	မြှောက်သည်	hmjau' de
schmücken (vt)	အလှဆင်သည်	ahla. zin dhe
schreiben (vi, vt)	ရေးသည်	jei: de
schreien (vi)	အော်သည်	o de
schütteln (vt)	လှုပ်ခါသည်	hlou' kha de
schweigen (vi)	နှုတ်ဆိတ်သည်	hnou' hsei' te
schwimmen (vi)	ရေကူးသည်	jei ku: de
schwimmen gehen	ရေကူးသည်	jei ku: de
sehen (vt)	ကြည့်သည်	kji. de
sein (Lehrer ~)	ဖြစ်သည်	hpji' te
sein (müde ~)	ဖြစ်နေသည်	hpji' nei de
sich abwenden	နောက်ကိုလှည့်သည်	nau' kou hle. de
sich amüsieren	ပျော်ရွှင်သည်	pjo shwin de
sich anschließen	ပေါင်းစပ်သည်	paun: za' te
sich anstecken	ကူးစက်သည်	ku: ze' te
sich aufregen	စိတ်ပူသည်	sei' pu de
sich ausruhen	အနားယူသည်	ana: ju de
sich beeilen	အလျင်စလိုပြုသည်	aljin za lou pju. de
sich benehmen	ပြုမူဆက်ဆံသည်	pju. hmu. ze' hsan de
sich beschmutzen	ညစ်ပေသွားသည်	nji' pei dhwa: de
sich datieren	ရက်စွဲတပ်သည်	je' swe: da' te
sich einmischen	ကြားဝင်သည်	ka: win de
sich empören	မခံမရပ်နိုင်ဖြစ်သည်	ma. gan ma. ja' nain bji' te
sich entschuldigen	တောင်းပန်သည်	thaun: ban de
sich erhalten	မပျက်မစီးဖြစ်နေသည်	ma. bje' ma. zi: bji' nei de
sich erinnern	မှတ်မိသည်	hma' mi. de
sich interessieren	စိတ်ဝင်စားသည်	sei' win za: de
sich kämmen	ဖြီးသည်	hpji: de
sich konsultieren mit …	တိုင်ပင်သည်	tain bin de
sich konzentrieren	အာရုံစူးစိုက်သည်	a joun su: zai' dhi
sich langweilen	ပျင်းသည်	pjin: de
sich nach … erkundigen	စုံစမ်းသည်	soun zan: de
sich nähern	ချဉ်းကပ်သည်	chan: ga' te
sich rächen	လက်စားချေသည်	le' sa: gjei de
sich rasieren	ရိတ်သည်	jei' te
sich setzen	ထိုင်သည်	htain de
sich Sorgen machen	စိတ်ပူသည်	sei' pu de
sich überzeugen	လက်ခံယုံကြည်စေသည်	le' khan joun gji zei de
sich unterscheiden	ခြားနားသည်	hpja: na: de
sich vergrößern	မြင့်တက်သည်	mjin. da' te
sich verlieben	ချစ်မိသည်	chi' mi. de
sich verteidigen	ခုခံသည်	khu. gan de
sich vorstellen	စိတ်ကူးသည်	sei' ku: de
sich waschen	ရေချိုးသည်	jei gjou: de
sitzen (vi)	ထိုင်သည်	htain de
spielen (Ball ~)	ကစားသည်	gaza: de

spielen (eine Rolle ~)	သရုပ်ဆောင်သည်	thajou' hsaun de
spotten (vi)	သရော်သည်	thajo: de
sprechen mit ...	ပြောသည်	pjo: de
spucken (vi)	ထွေးသည်	htwei: de
starten (Flugzeug)	ပျံတက်သည်	pjan de' te
stehlen (vt)	ခိုးသည်	khou: de
stellen (ins Regal ~)	နေရာချသည်	nei ja gja de
stimmen (vi)	ဆန္ဒမဲပေးသည်	hsan da. me: pwei: de
stoppen (haltmachen)	ရပ်သည်	ja' te
stören (nicht ~!)	နောင့်ယှက်သည်	hnaun. hje' te
streicheln (vt)	ပွတ်သပ်သည်	pu' tha' te
suchen (vt)	ရှာသည်	sha de
sündigen (vi)	မကောင်းမှုပြုသည်	ma. gaun: hmu. bju. de
tauchen (vi)	ရေငုပ်သည်	jei ngou' te
tauschen (vt)	ပြောင်းလဲသည်	pjaun: le: de
täuschen (vt)	လိမ်ပြောသည်	lain bjo: de
teilnehmen (vi)	ပါဝင်ဆင်နွှဲသည်	pa win zin hnwe: de
trainieren (vi)	လေ့ကျင့်သည်	lei. kjin. de
trainieren (vt)	လေ့ကျင့်ပေးသည်	lei. kjin. bei: de
transformieren (vt)	ပုံစံပြောင်းလဲသည်	poun zan bjaun: le: de
träumen (im Schlaf)	အိပ်မက်မက်သည်	ei' me' me' te
träumen (wünschen)	စိတ်ကူးယဉ်သည်	sei' ku: jin de
trinken (vt)	သောက်သည်	thau' te
trocknen (vt)	အခြောက်လှန်းသည်	a chou' hlan: de
überragen (Schloss, Berg)	မိုးနေသည်	mou: nei de
überrascht sein	အံ့သြသည်	an. o. de
überschätzen (vt)	တန်ဖိုးပြန်ဖြတ်သည်	tan bou: bjan bja' te
übersetzen (Buch usw.)	ဘာသာပြန်သည်	ba dha bjan de
überwiegen (vi)	လွှမ်းမိုးသည်	hlwan: mou: de
überzeugen (vt)	လက်ခံယုံကြည်စေသည်	le' khan joun gji zei de
umarmen (vt)	ဖက်သည်	hpe' te
umdrehen (vt)	မှောက်သည်	hmau' de
unternehmen (vt)	ပြုလုပ်ဆောင်ရွက်သည်	pju. lou' hsaun jwe' te
unterschätzen (vt)	လျှော့တွက်သည်	sho. dwe' de
unterschreiben (vt)	လက်မှတ်ထိုးသည်	le' hma' htou: de
unterstreichen (vt)	အလေးထားဖော်ပြသည်	a lei: da: hpo pja. de
unterstützen (vt)	ထောက်ခံသည်	htau' khan de

256. Verben V-Z

verachten (vt)	အထင်သေးသည်	a htin dhei: de
veranstalten (vt)	ကျင်းပသည်	kjin: ba. de
verbieten (vt)	တားမြစ်သည်	ta: mji' te
verblüfft sein	စိတ်ရှုပ်ထွေးသည်	sei' shou' htwei: de
verbreiten (Broschüren usw.)	ဖြန့်ဝေသည်	hpjan. wei de
verbreiten (Geruch)	ပြန့်သည်	pjan. de

verbrennen (vt)	မီးရှို့သည်	mi: shou. de
verdächtigen (vt)	သံသယရှိသည်	than thaja. shi. de
verdienen (Lob ~)	ထိုက်တန်သည်	htai' tan de
verdoppeln (vt)	နှစ်ဆဖြစ်စေသည်	hni' has. bji' sei de
vereinfachen (vt)	လွယ်ကူစေသည်	lwe gu zei de
vereinigen (vt)	ပေါင်းစည်းသည်	paun: ze: de
vergessen (vt)	မေ့သည်	mei. de
vergießen (vt)	ဖိတ်ကျသည်	hpi' kja de
vergleichen (vt)	နှိုင်းယှဉ်သည်	hnain: shin de
vergrößern (vt)	မြှင့်တင်သည်	hmja. din de
verhandeln (vi)	စေ့စပ်ညှိနှိုင်းသည်	sei. sa' njou hmain: de
verjagen (vt)	မောင်းထုတ်သည်	maun: dou' te
verkaufen (vt)	ရောင်းသည်	jaun: de
verlangen (vt)	တိုက်တွန်းသည်	tai' tun: de
verlassen (vt)	ချန်သည်	chan de
verlassen (vt)	ပစ်ထားသည်	pi' hta: de
verlieren (Regenschirm usw.)	ပျောက်သည်	pjau' te
vermeiden (vt)	ရှောင်သည်	shaun de
vermuten (vt)	ယူဆသည်	ju za. de
verneinen (vt)	ငြင်းပယ်သည်	njin: be de
vernichten (Dokumente usw.)	ဖျက်ဆီးသည်	hpje' hsi: de
verringern (vt)	လျှော့သည်	sho. de
versäumen (vt)	ပျက်ကွက်သည်	pje' kwe' te
verschieben (Möbel usw.)	ရွှေ့သည်	shwei. de
verschütten (vt)	သွန်မိသည်	thun mi. de
verschwinden (vi)	ပျောက်ကွယ်သည်	pjau' kwe de
versprechen (vt)	ကတိပေးသည်	gadi pei: de
verstecken (vt)	ဖုံးကွယ်သည်	hpoun: gwe de
verstehen (vt)	နားလည်သည်	na: le de
verstummen (vi)	နှုတ်ဆိတ်သွားသည်	hnou' hsei' thwa: de
versuchen (vt)	ကြိုးစားသည်	kjou: za: de
verteidigen (vt)	ကာကွယ်သည်	ka gwe de
vertrauen (vt)	ယုံကြည်သည်	joun kji de
verursachen (vt)	အကြောင်းရင်းဖြစ်သည်	akjaun: jin: hpji' te
verurteilen (vt)	ပြစ်ဒဏ်ပေးသည်	pji' dan bei: de
vervielfältigen (vt)	မိတ္တူကူးသည်	mi' tu gu: de
verwechseln (vt)	ရောထွေးသည်	jo: dwei: de
verwirklichen (vt)	ဆောင်ရွက်သည်	hsaun jwe' de
verzeihen (vt)	ခွင့်လွှတ်သည်	khwin. hlu' te
vorankommen	တိုးတက်သည်	tu: te' te
voraussehen (vt)	ကြိုမြင်သည်	kjou mjin de
vorbeifahren (vi)	ဖြတ်သွားသည်	hpja' thwa: de
vorbereiten (vt)	ပြင်ဆင်သည်	pjin zin de
vorschlagen (vt)	အဆိုပြုသည်	ahsou bju. de
vorstellen (vt)	မိတ်ဆက်ပေးသည်	mi' hse' pei: de
vorwerfen (vt)	အပြစ်တင်သည်	apja' tin te

vorziehen (vt)	ပိုကြိုက်သည်	pou gjai' te
wagen (vt)	လုပ်ရဲသည်	lou' je: de
wählen (vt)	ရွေးသည်	jwei: de
wärmen (vt)	နွေးသည်	hnwei: de
warnen (vt)	သတိပေးသည်	dhadi. pei: de
warten (vi)	စောင့်သည်	saun. de
waschen (das Auto ~)	ဆေးသည်	hsei: de
waschen (Wäsche ~)	လျှော်ဖွပ်သည်	sho ba' de
wechseln (vt)	အပြန်အလှန်လဲသည်	apjan a hlan le: de
wecken (vt)	နှိုးသည်	hnou: de
wegfahren (vi)	ထွက်ရှာသည်	htwe' kha de
weglassen (Wörter usw.)	ပယ်သည်	pe de
weglegen (vt)	သိမ်းဆည်းသည်	thain: zain: de
wehen (vi)	တိုက်ခတ်သည်	tai' hsai' te
weinen (vi)	ငိုသည်	ngou de
werben (Reklame machen)	ကြော်ငြာသည်	kjo nja de
werden (vi)	ဖြစ်လာသည်	hpji' la de
werfen (vt)	ပစ်သည်	pi' te
widmen (vt)	ရည်ညွှန်းသည်	ji hman: de
wiegen (vi)	အလေးချိန်ရှိသည်	a lei: chein shi. de
winken (mit der Hand)	လက်ပြသည်	le' pja de
wissen (vt)	သိသည်	thi. de
Witz machen	စနောက်သည်	sanau' te
wohnen (vi)	နေထိုင်သည်	nei dain de
wollen (vt)	လိုချင်သည်	lou gjin de
wünschen (vt)	လိုချင်သည်	lou gjin de
zahlen (vt)	ပေးချေသည်	pei: gjei de
zeigen (den Weg ~)	ညွှန်ပြသည်	hnjun bja. de
zeigen (jemandem etwas ~)	ပြသည်	pja. de
zerreißen (vi)	ပြတ်သည်	pja' te
zertreten (vt)	ဖိသတ်သည်	hpi. dha' te
ziehen (Seil usw.)	ဆွဲသည်	hswe: de
zielen auf …	ချိန်သည်	chein de
zitieren (vt)	ကိုးကားသည်	kou: ga: de
zittern (vi)	တုန်သည်	toun de
zu Abend essen	ညစာစားသည်	nja. za za: de
zu Mittag essen	နေ့လယ်စာစားသည်	nei. le za za de
zubereiten (vt)	ချက်ပြုတ်သည်	che' pjou' te
züchten (Pflanzen)	စိုက်ပျိုးသည်	sai' pjou: de
zugeben (eingestehen)	ဝန်ခံသည်	wun khan de
zur Eile antreiben	လောသည်	lo de
zurückdenken (vi)	သတိရသည်	dhadi. ja. de
zurückhalten (vt)	တားဆီးသည်	ta: zi: de
zurückkehren (vi)	ပြန်သည်	pjan de
zurückschicken (vt)	ပြန်ပို့သည်	pjan bou. de

zurückziehen (vt)	ပယ်ဖျက်သည်	pe hpje' te
zusammenarbeiten (vi)	ပူးပေါင်းဆောင်ရွက်သည်	pu: baun: zaun jwe' te
zusammenzucken (vi)	သိမ့်သိမ့်တုန်သည်	thein. dhein. doun de
zustimmen (vi)	သဘောတူသည်	dhabo: tu de
zweifeln (vi)	သံသယဖြစ်သည်	than thaja. bji' te
zwingen (vt)	အတင်းလုပ်နိုင်းသည်	atin: lou' khain: dhe

www.ingramcontent.com/pod-product-compliance
Lightning Source LLC
Chambersburg PA
CBHW071322090426
42738CB00012B/2761